AF756805

Der Windows 10 MCA Trainer
Microsoft 365 Certified Associate
Modern Desktop-Administrator

Vorbereitung zur MCA-Prüfung MD-101

Nicole Laue
Thomas Steinberger

Der Windows 10 MCA Trainer
Microsoft 365 Certified Associate
Modern Desktop-Administrator

Vorbereitung zur MCA-Prüfung MD-101

Verlag Nicole Laue

FSC
www.fsc.org
MIX
Papier aus verantwortungsvollen Quellen
Paper from responsible sources
FSC® C105338

Bibliografische Information der Deutschen Bibliothek:
Die Deutsche Bibliothek verzeichnet diese Publikation in der Deutschen Nationalbibliografie; detaillierte bibliografische Daten sind im Internet über http://dnb.ddb.de abrufbar.

Herstellung: BOD, Books on Demand, Norderstedt
Titelfoto: iStock.com/ NicoElNino
ISBN: 978-3-937239-95-8

Inhaltsverzeichnis

Für wen ist dieses Buch? 7

Übungsumgebung 7

Einrichten der virtuellen Maschinen 8

Software 13

Danksagung 14

1 Betriebssysteme bereitstellen und aktualisieren 15

1.1 Einführung 15

1.2 Implementierung von Windows 10 mit Dynamic Deployment 17

1.3 Planung und Implementierung von Windows 10 mit Windows Autopilot 72

1.4 Geräte auf Windows 10 aktualisieren 98

1.5 Verwalten von Aktualisierungen 105

1.6 Geräteauthentifizierung verwalten 130

1.7 Zusammenfassung, Übungen / Aufgaben 139

2 Verwalten von Richtlinien und Profilen 149

2.1 Einführung 149

2.2 Gruppenrichtlinien und Richtlinien in Microsoft Intune 150

2.3 Verwalten von Richtlinien in Microsoft Intune 155

2.4 Geräteprofile 173

2.5 Profile für Benutzer 185

2.6 Zusammenfassung, Übungen / Aufgaben 207

3 Verwalten und Pflegen von Geräten 215

3.1 Einführung 215

3.2 Schutz mit Windows Defender 215

3.3 Microsoft Intune Geräteanmeldung und Inventar verwalten 247

3.4 Überwachung der Clients mit Windows Analytics 276

3.5 Zusammenfassung, Übungen / Aufgaben 288

4 Verwalten von Apps und Daten 299

4.1 Einführung 299

4.2 Co-Verwaltung mit Microsoft Intune und SCCM 299
4.3 Apps mithilfe von Microsoft Intune bereitstellen...............304
4.4 Office 365 ProPlus bereitstellen...317
4.5 Softwareinstallation mit Gruppenrichtlinien 336
4.6 RemoteApps 350
4.7 Internet Explorer Unternehmensmodus konfigurieren 360
4.8 Überwachung der App-Zuweisungen.................................364
4.9 Zurücksetzen von Unternehmensdaten................................366
4.10 Zusammenfassung, Übungen / Aufgaben...........................370
Anhang A: 379
Lösungen zu den Aufgaben 379
Anhang B: 385
Einrichten Zugang Office 365 385
Anhang C: 393
Installation des System Configuration Managers 393
Index 407

Für wen ist dieses Buch?

Dieses Buch ist für alle diejenigen geschrieben, die sich mit dem Themengebiet „Windows 10" auseinandersetzen möchten.

Dieses Themengebiet entspricht der MCA-Prüfung MD-101 „Windows 10-Managing Modern Desktops" und ist als Vorbereitung zum Bestehen dieser Prüfung zu sehen.

Hierbei ist besonders an zwei Hauptgruppen gedacht worden:

- Privatleute, die sich die Kenntnisse im Selbststudium aneignen möchten
- Schulungsunternehmen, die eine Schulungsunterlage benötigen

Dieses Buch ist für beide Personengruppen gleichermaßen geeignet, da es sowohl für das Selbststudium geschrieben wurde, als auch als hochwertige Schulungsunterlage eingesetzt werden kann.

Ein Schulungsbuch kann nur gut sein, wenn das Erlernte sofort in praktischen Übungen ausprobiert werden kann. Aus diesem Grund werden exakte Installationsanleitungen mitgeliefert, die Ihnen die Möglichkeit geben, alle praktischen Übungen absolvieren zu können.

Übungsumgebung

Die Hardwarevoraussetzungen für eine Übungsumgebung sind nicht besonders hoch. Sie können jeden Computer dafür benutzen, der folgende Mindestvoraussetzungen erfüllt:

- 8 GB Arbeitsspeicher
- 500 GB freien Festplattenspeicher

Für die Übungen installieren Sie eine Virtualisierungssoftware, hier können Sie beispielsweise Microsoft Hyper-V benutzen.

In einer Klassenumgebung sollte jeder Teilnehmer einen eigenen PC mit Hyper-V zur Verfügung haben.

Sollten Sie auch die Übungen in Kapitel 4 machen wollen, sollten Sie deutlich mehr Arbeitsspeicher zur Verfügung stellen!

Einrichten der virtuellen Maschinen

Bevor Sie mit dem Kurs beginnen, sollten Sie die virtuellen Maschinen vorkonfigurieren.

Virtuelle Maschine „DC“

Erstellen Sie die neue virtuelle Maschine mit Namen „DC“ der Generation 2 und achten Sie darauf, dass der virtuelle Switch „Privat“ konfiguriert ist.

Fügen Sie der virtuellen Maschine ein DVD-Laufwerk hinzu und bearbeiten Sie die Startsequenz, so dass die Maschine vom DVD-Laufwerk startet.

Sorgen Sie dafür, dass die Windows Server 2016 oder 2019 Installations-DVD entweder als reale DVD oder als .iso-Datei in dieser Maschine zur Verfügung stehen.

Installieren Sie das Betriebssystem mit grafischer Oberfläche mit den Standardeinstellungen.

Nach der Installation startet das Betriebssystem neu und Sie nehmen folgende Konfigurationen vor:

- Beim Neustart werden Sie nach einem Administratorkennwort gefragt. Legen Sie dieses als „Kennw0rt!“ fest. (Bitte beachten Sie: Dieses Kennwort enthält die Ziffer „0“ und am Ende ein „!“)
- Klicken Sie im Dashboard auf „lokaler Server“ auf „Computername“. Ändern Sie den Namen auf „DC“. Führen Sie den benötigten Neustart durch
- Klicken Sie im Dashboard auf „Ethernet“ und wählen Sie dann mit der rechten Maustaste die Eigenschaften der Netzwerkkarte aus
- Wählen Sie die Eigenschaften von „IPv4“ und geben folgende statischen Werte ein:
    - IP-Adresse: 192.168.1.100
    - Subnetzmaske: 255.255.255.0
    - Bevorzugter DNS-Server: 192.168.1.100
- Klicken Sie im Dashboard auf „Verwalten“ und wählen Sie „Rollen und Features hinzufügen“
- Wählen Sie „Rollenbasierte oder featurebasierte Installation“ aus

- Bestätigen Sie im nächsten Fenster den Server „DC“
- Wählen Sie „Active Directory Domänendienste“ aus und bestätigen Sie die benötigten Features
- Wählen Sie DHCP-Server aus und bestätigen Sie die benötigten Features
- Auf den nächsten Seiten klicken Sie auf „Weiter“
- Bestätigen Sie die Installation
- Nach der Installation sehen Sie im oberen Bereich des Dashboards ein Ausrufezeichen auf gelbem Dreieck. Klicken Sie hierauf
- Wählen Sie „Server zu einem Domänencontroller heraufstufen“
- Wählen Sie „Neue Gesamtstruktur hinzufügen“
- Name der Stammdomäne: Meistertrainer.info
- Gesamtstrukturfunktionsebene: Windows Server 2016
- Domänenfunktionsebene: Windows Server 2016
- Lassen Sie die Domänencontrollerfunktionen in der Standardeinstellung
- Geben Sie das DSRM-Kennwort an: Kennw0rt! (Bitte beachten Sie: Dieses Kennwort enthält die Ziffer „0“ und am Ende ein „!“)
- Klicken Sie bei „DNS-Optionen“ auf „Weiter“
- Bestätigen Sie den NetBios Domänennamen „MEISTERTRAINER“
- Bestätigen Sie die Pfade
- Klicken Sie bei „Optionen prüfen“ auf „Weiter“
- Klicken Sie bei „Voraussetzungsüberprüfung“ auf „Installieren“
- Der Assistent installiert Active Directory, nach einem Neustart steht der Domänencontroller zur Verfügung
- Klicken Sie im oberen Bereich des Dashboards auf das Ausrufezeichen auf gelbem Dreieck
- Wählen Sie „DHCP-Konfiguration abschließen“
- Klicken Sie bei „Beschreibung“ auf „Weiter“
- Lassen Sie die Einstellungen bei „Autorisierung“ und klicken Sie auf „Commit ausführen“

- Klicken Sie auf „Schließen“
- Klicken Sie auf „Tools – DHCP“
- Klicken Sie mit der rechten Maustaste auf „IPv4“ und wählen Sie „Neuer Bereich“
- Folgen Sie dem Assistenten
- Bei Bereichsname geben Sie ein „Classroom“
- Bei „IP-Adressbereich“ geben Sie folgende Daten ein
    - Start-IP-Adresse: 192.168.1.10
    - End-IP-Adresse: 192.168.1.20
- Ändern Sie die weiteren Einstellungen nicht und klicken Sie auf „Weiter“
- Bei „Ausschlüsse und Verzögerung hinzufügen“, „Leasedauer“ und „Optionen“ lassen Sie die Standardeinstellungen
- Klicken Sie nun den Assistenten mit „Weiter“ bis zum Ende durch
- Schließen Sie die DHCP-Konsole

Virtuelle Maschine „Server1“

Erstellen Sie die neue virtuelle Maschine mit Namen „Server1“ der Generation 2 und achten Sie darauf, dass der virtuelle Switch „Privat“ konfiguriert ist.

Fügen Sie der virtuellen Maschine ein DVD-Laufwerk hinzu und bearbeiten Sie die Startsequenz, so dass die Maschine vom DVD-Laufwerk startet.

Sorgen Sie dafür, dass die Windows Server 2016 oder 2019 Installations-DVD entweder als reale DVD oder als .iso-Datei in dieser Maschine zur Verfügung stehen.

- Installieren Sie das Betriebssystem mit grafischer Oberfläche mit den Standardeinstellungen
- Vergeben Sie das Kennwort „Kennw0rt!“ (Bitte beachten Sie: Dieses Kennwort enthält die Ziffer „0“ und am Ende ein „!“)
- Melden Sie sich nach der Installation als „Administrator“ an
    - Öffnen Sie im Servermanager „lokaler Server“

- Klicken Sie auf „Ändern“ bei „Arbeitsgruppe“
- Geben Sie dem Computer den Namen „Server1“ und geben Sie bei Domäne ein „Meistertrainer.info“
- Bestätigen Sie die Abfragen und starten Sie auf Anfrage den Rechner neu
- Melden Sie sich nach dem Neustart als Administrator der Domäne an
- Wählen Sie die Eigenschaften von „IPv4“ und geben folgende statischen Werte ein:
    - IP-Adresse: 192.168.1.101
    - Subnetzmaske: 255.255.255.0
    - Bevorzugter DNS-Server: 192.168.1.100

Virtuelle Maschine „SCCM“

Erstellen Sie die neue virtuelle Maschine mit Namen „SCCM“ der Generation 2 und achten Sie darauf, dass der virtuelle Switch „Privat“ konfiguriert ist.

Fügen Sie der virtuellen Maschine ein DVD-Laufwerk hinzu und bearbeiten Sie die Startsequenz, so dass die Maschine vom DVD-Laufwerk startet.

Sorgen Sie dafür, dass die Windows Server 2016 oder 2019 Installations-DVD entweder als reale DVD oder als .iso-Datei in dieser Maschine zur Verfügung stehen.

- Installieren Sie das Betriebssystem mit grafischer Oberfläche mit den Standardeinstellungen
- Vergeben Sie das Kennwort „Kennw0rt!“ (Bitte beachten Sie: Dieses Kennwort enthält die Ziffer „0“ und am Ende ein „!“)
- Melden Sie sich nach der Installation als „Administrator“ an
    - Öffnen Sie im Servermanager „lokaler Server“
- Klicken Sie auf „Ändern“ bei „Arbeitsgruppe“
- Geben Sie dem Computer den Namen „SCCM1“ und geben Sie bei Domäne ein „Meistertrainer.info“

- Bestätigen Sie die Abfragen und starten Sie auf Anfrage den Rechner neu
- Melden Sie sich nach dem Neustart als Administrator der Domäne an.
- Wählen Sie die Eigenschaften von „IPv4“ und geben folgende statischen Werte ein:
    - IP-Adresse: 192.168.1.102
    - Subnetzmaske: 255.255.255.0
    - Bevorzugter DNS-Server: 192.168.1.100

ACHTUNG!
Die Maschine „SCCM“ benötigt mindestens 8 GB RAM, besser mehr. Wenn Sie nur eine kleinere Übungsumgebung haben, sollten Sie diese Maschine nicht installieren.

Virtuelle Maschine „W10“

Erstellen Sie die neue virtuelle Maschine mit Namen „W10“ der Generation 2 und achten Sie darauf, dass der virtuelle Switch „Privat“ konfiguriert ist.

Fügen Sie der virtuellen Maschine ein DVD-Laufwerk hinzu und bearbeiten Sie die Startsequenz, so dass die Maschine vom DVD-Laufwerk startet.

Sorgen Sie dafür, dass die Windows 10 Installations- DVD entweder als reale DVD oder als .iso-Datei in dieser Maschine zur Verfügung steht.

- Führen Sie eine Standardinstallation von Windows 10 Pro oder Enterprise durch
- Legen Sie den Benutzer „User1“ an
- Vergeben Sie das Kennwort „Kennw0rt!“ (Bitte beachten Sie: Dieses Kennwort enthält die Ziffer „0“ und am Ende ein „!“)
- Melden Sie sich nach der Installation als „User1“ an.
- Öffnen Sie die Systemsteuerung und wählen Sie
    - System und Sicherheit
    - System
    - Einstellungen ändern

- Klicken Sie auf „Ändern“
- Geben Sie dem Computer den Namen „W10“ und geben Sie bei Domäne ein „Meistertrainer.info“
- Bestätigen Sie die Abfragen und starten Sie auf Anfrage den Rechner neu
- Melden Sie sich nach dem Neustart als Administrator der Domäne an

Erstellen Sie nun auf „DC“, „Server1“, „SCCM“ und „W10“ jeweils einen Prüfpunkt und nennen Sie diesen Prüfpunkt „Installation“.

Virtuelle Maschine „W10-Azure“

Erstellen Sie die neue virtuelle Maschine mit Namen „W10-Azure“ der Generation 2 und achten Sie darauf, dass der virtuelle Switch „extern“ konfiguriert ist.

Fügen Sie der virtuellen Maschine ein DVD-Laufwerk hinzu und bearbeiten Sie die Startsequenz, so dass die Maschine vom DVD-Laufwerk startet.

Sorgen Sie dafür, dass die Windows 10 Installations- DVD entweder als reale DVD oder als .iso-Datei in dieser Maschine zur Verfügung steht.

- Führen Sie eine Standardinstallation von Windows 10 Pro oder Enterprise durch
- Legen Sie den Benutzer „User1“ an
- Vergeben Sie das Kennwort „Kennw0rt“ ! (Bitte beachten Sie: Dieses Kennwort enthält die Ziffer „0“ und am Ende ein „!“)
- Melden Sie sich nach der Installation als „User1“ an.

Erstellen Sie nun auf „W10-Azure“ einen Prüfpunkt und nennen Sie diesen Prüfpunkt „Installation“.

Software

Für die Übungen benötigen Sie folgende Evaluierungskopien:

- Windows Server 2016 oder 2019
- Windows 10 ab Version Enterprise

Die meisten dieser Evaluierungskopien können Sie bei Microsoft erhalten. Natürlich können Sie auch Vollversionen verwenden, die dann nicht aktiviert werden müssen.

Folgende Software sollten Sie vorab herunterladen und sie allen Teilnehmern zur Verfügung stellen:

- Microsoft Assessment and Deployment Toolkit
- Microsoft Deployment Toolkit (MDT)
- System Center Configuration Manager Current Branch (SCCM)

Danksagung

An dieser Stelle möchte ich mich bei den vielen hilfreichen Freunden und Mitarbeitern bedanken, die erst ermöglicht haben, dass dieses Buch entstehen kann.

Sie waren mir als Betaleser eine große Hilfe und haben freiwillig ihre Freizeit geopfert. Mit ihrem großen Fachwissen waren sie ein wichtiger Bestandteil der Entstehung dieses Buches.

1 Betriebssysteme bereitstellen und aktualisieren

Prüfungsanforderungen von Microsoft:

- Planung und Implementierung von Windows 10 mit Dynamic Deployment
- Planung und Implementierung von Windows 10 mit Windows Autopilot
- Geräte auf Windows 10 aktualisieren
- Verwalten von Aktualisierungen
- Geräteauthentifizierung verwalten

Quelle: Microsoft

1.1 Einführung

In einer Unternehmensumgebung ist die Einzelplatzinstallation eines Betriebssystems eher die Ausnahme. Hier ist das Massenrollout, also die Installation von mehreren Maschinen gleichzeitig wichtig.

Generell gibt es zwei grundsätzliche Vorgehensweisen bei der Installation und später auch die Aktualisierung des Betriebssystems:

- On-Premise
- Cloudbasiert

On-Premise

Dies ist die bis dato herkömmliche Herangehensweise, in diesem Fall existiert eine Active-Directory-Domäne, in der alle Benutzer, Gruppen und Geräte verwaltet werden.

Installationen von Betriebssystemen finden hier innerhalb der Domäne mit den gegebenen Möglichkeiten statt.

Cloudbasiert

In letzter Zeit gewinnt das Azure Active Directory immer mehr Bedeutung. Hier findet die Verwaltung von Benutzern, Gruppen und Geräten nicht mehr ausschließlich in der Active Directory Domäne statt, sondern kann teilweise oder ganz in das Azure Active Directory ausgelagert werden, das ein Online-Service von Microsoft ist.

1.1.1 Microsoft 365

Azure Active Directory ist Bestandteil des Abonnements Microsoft 365, einem neuen Produkt, mit dem Sie eine Unternehmensumgebung verwalten können.

Es besteht aus

- Windows 10 Lizenzen
- Office 365
- und diversen Verwaltungswerkzeugen mit Namen „Enterprise Mobility + Security“

Betrachten wir die Komponente „Enterprise Mobility + Security”.

Dies ist in erster Linie eine Sammlung von diversen Verwaltungswerkzeugen, mit deren Hilfe Sie Ihr Unternehmen abbilden können.

Folgende Tools sind enthalten:

- Azure Active Directory
- Microsoft Intune
- Azure Information Protection
- Advanced Threat Analytics

Mit vielen dieser Funktionen werden wir uns in diesem Buch auseinandersetzen.

Bitte beachten Sie:

Microsoft überarbeitet und verändert die Konsolen von Azure Active Directory, Microsoft Intune und so weiter häufig. Manchmal werden sie auch an eine andere Stelle ausgelagert. Es kann sein, dass diese bereits ein anderes Aussehen haben, wenn Sie mit diesem Buch arbeiten.

1.1.2 Einrichten von Azure Active Directory

Azure AD verfolgt eine andere Philosophie als das On-Premise Active Directory.

Azure Active Directory verwaltet „Mandanten“.

Sobald Sie sich für Office 365, Sharepoint oder Exchange Online registriert haben, werden Sie automatisch ein Azure AD-Mandant und können alle Benutzer im Unternehmen sowie die Kennwörter, Berechtigungen, Benutzerdaten usw. verwalten.

Bereits vorhandene On-Premise Active Directorys können mit einem Tool mit Namen „AD-Connect“ an ein Azure Active Directory angeschlossen werden.

Hierbei synchronisieren sich alle im Active Directory vorhandenen Benutzer ins Azure Active Directory.

Damit stehen Ihnen alle Funktionen sowohl der Domäne als auch alle Azure Funktionen nach einer einzigen Anmeldung zur Verfügung.

1.2 Implementierung von Windows 10 mit Dynamic Deployment

Dynamische Bereitstellungsmethoden sind Methoden, mit denen Sie Anwendungen und Einstellungen für bestimmte Anwendungsgebiete konfigurieren können.

Dadurch können Sie Installationsmedien erstellen, die alle Anforderungen enthalten und mit denen viele Rechner installiert werden können.

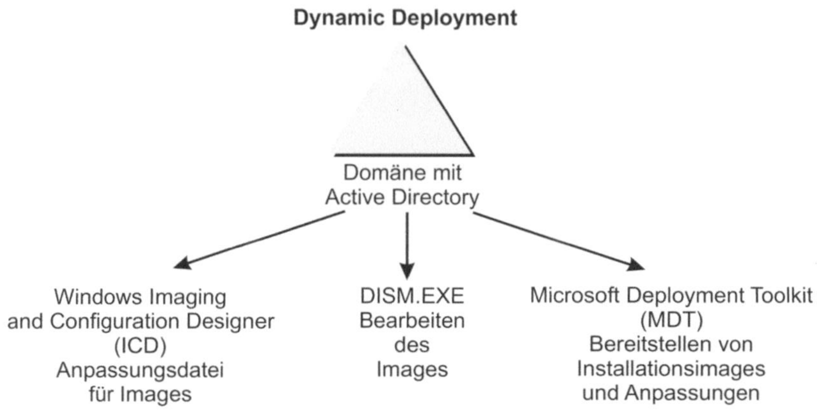

Abbildung 1.1: Prinzip Dynamic Deployment

1.2.1 Verteilen von Windows 10

Das Verteilen einer Installation ist die Grundvoraussetzung für Massenrollouts. Immer wenn viele Rechner mit ein und demselben Betriebssystem ausgestattet werden müssen, ist es nicht mehr möglich, eine Installation über eine DVD zu starten, wie wir es bisher gemacht haben.

Massenrollouts setzen Vorbereitung voraus, unter anderem darf es nicht mehr nötig sein, die Informationen, wie Seriennummer oder Sprachversion manuell an jedem Computer eingeben zu müssen.

In vielen früheren Versionen war ein Massenrollout relativ schwierig, da jeder Computer einzeln installiert werden musste. Dies konnte zwar mit einigen Dateien vereinfacht werden, aber das Prinzip der Einzelinstallation blieb. Selbst mit Tools, die ein Image eines installierten Systems weiterverbreitet haben, stieß man schnell an die Grenzen des machbaren, da für eine solche Verteilung gleiche, oder zumindest ähnliche Hardware nötig war.

Windows 10 wird nicht durch Aufrufen eines Installationsprogrammes installiert, sondern hat ein komplett anderes Konzept.

Windows 10 ist imagebasiert

Das klingt nicht überragend neu, denn es war ja bisher auch schon möglich, von installierten Systemen Images zu erstellen, und diese zu verteilen.

Doch Windows 10 wird bereits als Image ausgeliefert!

Dies ist sehr wohl neu, und wirft einige Fragen auf. Wie ist es möglich, dass ein Image auf den verschiedensten Hardwarekonfigurationen installiert werden kann?

Microsoft hat es geschafft, ein Imageformat zu kreieren, das völlig hardwareunabhängig ist. Dieses Format arbeitet auch mit einer hohen Kompressionsrate, deswegen ist es möglich, dass auf einem Windows 10 Installationsmedium mehrere Versionen von Windows 10 vorhanden sind! Das Format nennt sich „.WIM“ (Windows Imaging Microsoft).

Die relevanten Daten befinden sich in zwei Dateien:

- Install.WIM
- Boot.WIM

Das eröffnet natürlich für das Massenrollout neue Möglichkeiten.

Windows 10 ist sprachneutral

Alle Sprachpakete (inklusive Englisch) sind optionale Komponenten und können einzeln zum Betriebssystem hinzugefügt werden.

Das kann man erkennen, wenn man in der Registry einige Einträge mit den Einträgen vergleicht, die in früheren Windows Versionen zu finden waren.

Windows 10 startet die Installation nicht mehr im DOS-Modus

Viele vorherigen Windows Versionen haben die Installation immer im DOS-Modus gestartet.

Windows 10 dagegen startet die Installation mit Windows PE .

Windows PE basiert auf dem Windows 10 Kernel und ist ein eigenes, kleines Betriebssystem, das aber nur eingeschränkte Funktion hat. Mit diesem System wird die Installation gestartet. Windows PE findet sich in der Datei „Boot.WIM“.

1.2.2 Der Windows Imaging and Configuration Designer (ICD)

Wie Sie sehen, dreht sich beim Installieren von Windows 10 alles um Images. Das bedeutet auch, dass Images angepasst werden können, und zwar auf verschiedenste Arten.

Zum einen kann das Image selber verändert werden. Der andere Weg ist, eine „Anpassungsdatei“ zu erstellen, die zusammen mit dem Image bei der Installation gelesen wird und deren Einstellungen ebenfalls umgesetzt werden.

Wenn Sie eine solche Anpassungsdatei erstellen möchten, gibt Microsoft Ihnen ein sehr gutes Tool zur Hand, den „Imageerstellungs- und Konfigurations-Designer (ICD)“.

Mit diesem Tool erstellen Sie „Bereitstellungspakete“, die Anpassungseinstellungen enthalten, also die zusätzlichen Einstellungen, die Sie dem Windows Image hinzufügen wollen.

Der „ICD“ ist Bestandteil des „Windows Assessment and Deployment Kits“.

Starten Sie dessen Installation erneut und wählen Sie

- Imageerstellungs- und Konfigurations-Designer (ICD)
- Konfigurationsdesigner

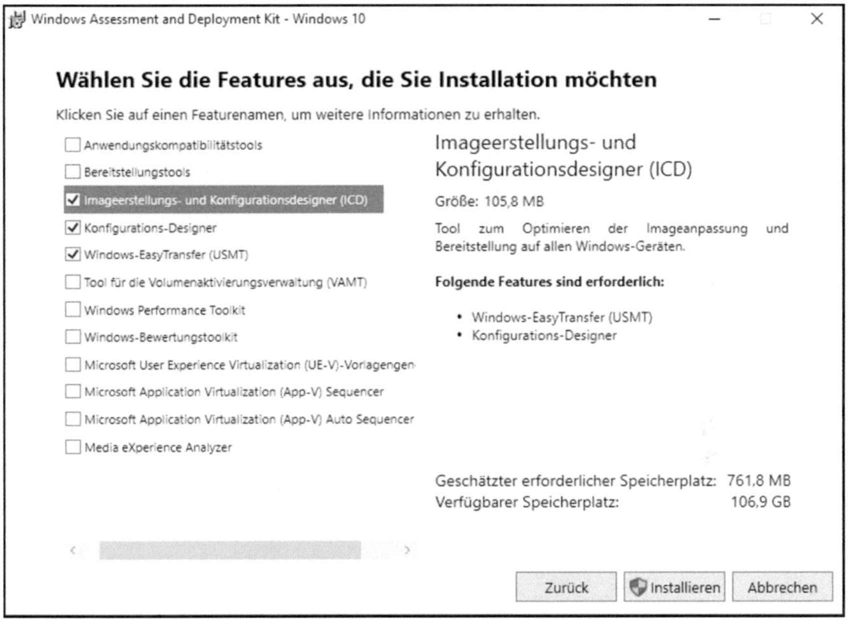

Abbildung 1.2: ICD Installation

Bevor Sie nun mit dem Erstellen von Images beginnen, wollen wir noch kurz auf einige Fakten eingehen.

Welche Images können mit ICD konfiguriert werden?

- Windows 10-Image für Desktopeditionen (Home, Pro und Enterprise)
- Windows 10 Mobile-Image
- Windows 10 IoT Core-Image

Auf welchen Betriebssystemen kann ICD installiert werden, um Images zu erstellen?

- Windows 8.1
- Windows 8
- Windows 10
- Windows Server 2019
- Windows Server 2016

- Windows Server 2012 R2
- Windows Server 2012
- Windows Server 2008 R2

Nach der Installation des Windows Assessment and Deployment Kits können wir das Erstellen von Bereitstellungspaketen starten.

Wir starten den „Windows Designer für die Imageerstellung und –konfiguration“.

Abbildung 1.3: Windows Designer für die Imageerstellung und -konfiguration

Sie sehen eine Auswahl, Sie können Desktopgeräte, Geräte mit anderer Hardware bereitstellen und eine erweiterte Bereitstellung machen.

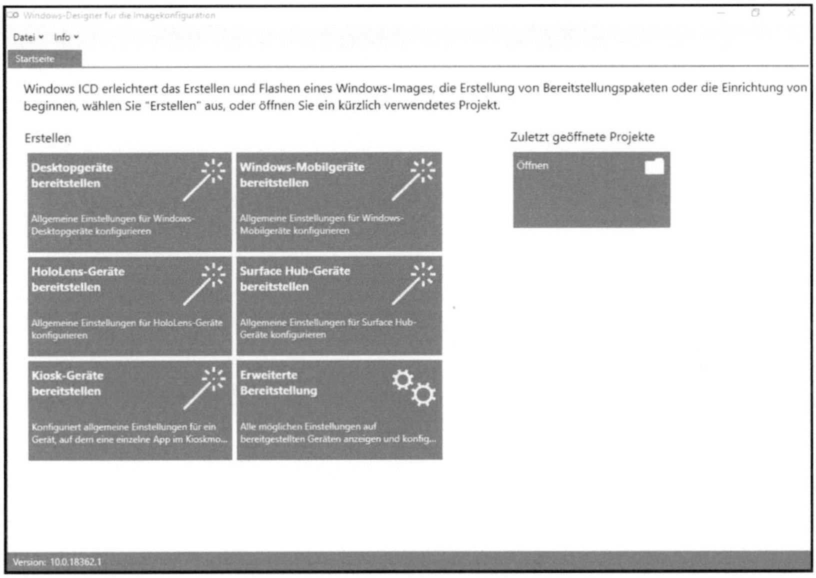

Abbildung 1.4: Auswahl

Die Auswahlen für eine bestimmte Hardware enthalten nur eingeschränkte Möglichkeiten der Konfiguration, haben dafür aber einen angenehmen Assistenten.

Wir klicken auf „Desktopgeräte bereitstellen“.

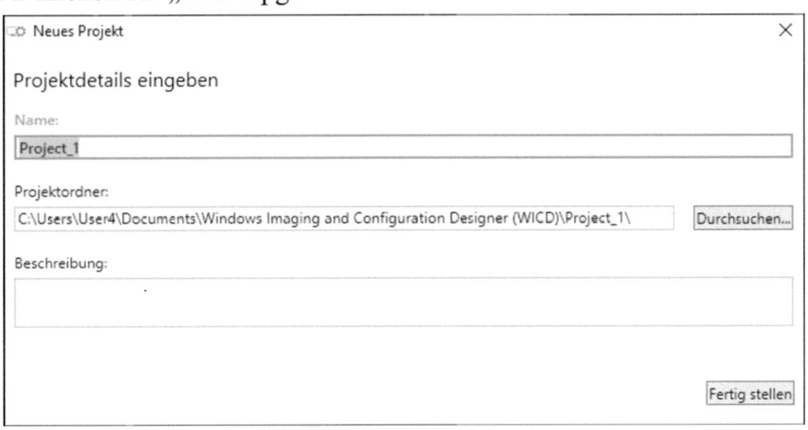

Abbildung 1.5: Neues Projekt

Wir geben dem neuen Projekt einen Namen und bestätigen den Speicherort.

Dann startet ein Assistent.

Dieser Assistent erlaubt uns, bestimmte Einstellungen zu machen.

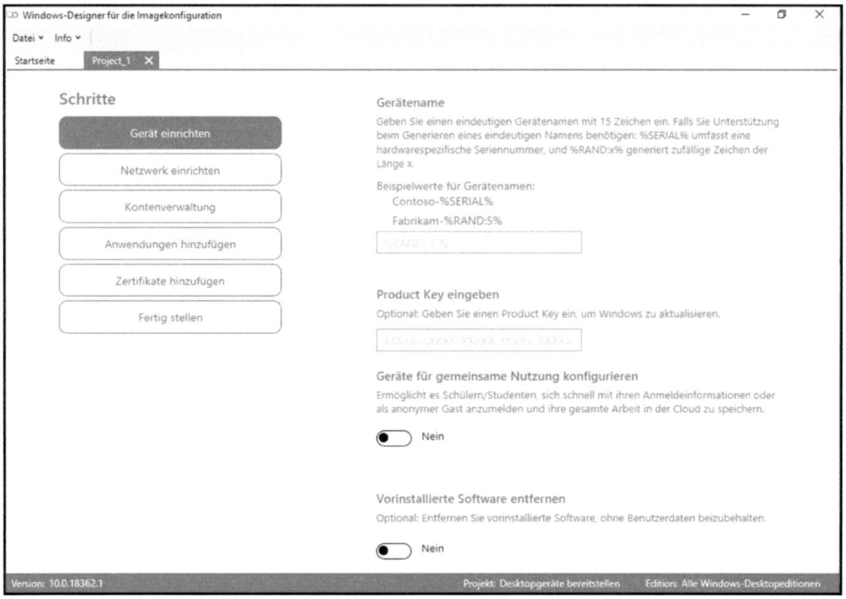

Abbildung 1.6: Einstellungen

Beispielsweise können Sie hier für mehrere Rechner, die Sie installieren möchten, mithilfe von Variablen verschiedene Gerätenamen definieren.

Eine gute Möglichkeit, individuelle „sprechende“ Computernamen zu definieren, ist folgende:

Zunächst geben Sie die Zeichenfolge ein, die für alle Rechner identisch sein soll, also beispielsweise der Name der Abteilung „Einkauf-“:

Danach möchten Sie eine aufsteigende Nummerierung. Die Variable dafür ist

%RAND:X%

Das „X“ steht für die Anzahl der Stellen, die nach der Zeichenfolge vergeben werden.

Wenn Sie also nur 10 Geräte installieren möchten, können Sie das mit einer einzigen Stelle darstellen (Ziffer 0-9).

Ein Beispiel:

Sie haben 8 Rechner, die „Einkauf-1“ bis „Einkauf-8“ heißen sollen.

Dann ist die Variable für den Computernamen:

Einkauf-%RAND:1%

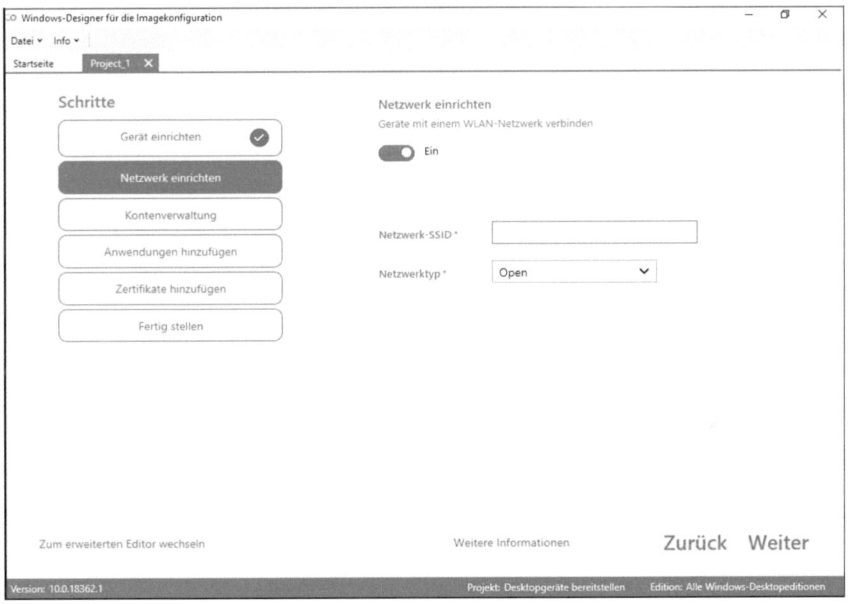

Abbildung 1.7: Netzwerk einrichten

Danach haben Sie die Möglichkeit, ein WLAN einzurichten, das dann für alle installierten Rechner automatisch verfügbar ist.

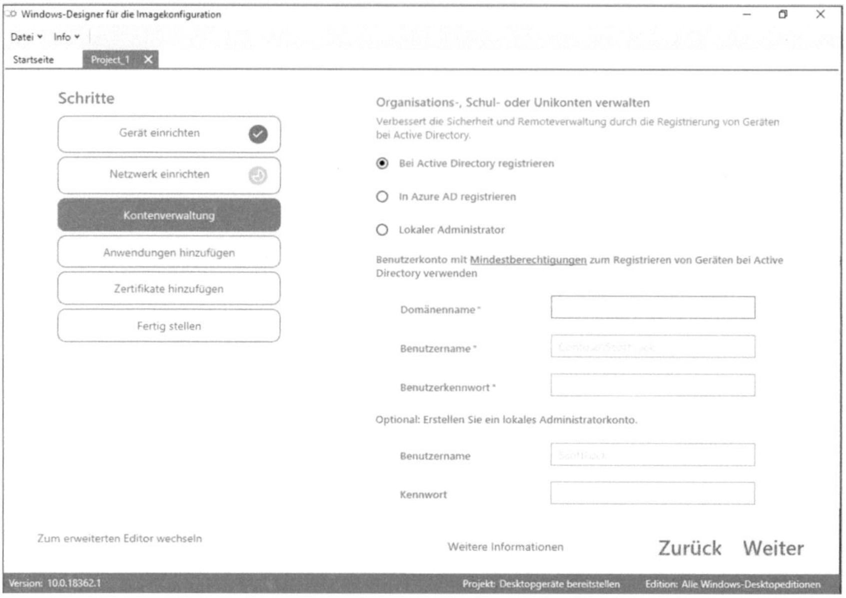

Abbildung 1.8: Kontoverwaltung

Hier haben Sie drei Möglichkeiten, wie die Konten der zu installierenden Rechner in Zukunft verwaltet werden sollen:

- Active Directory
- Azure AD
- Lokale Verwaltung

Sie sehen, auch eine direkte Aufnahme in ein Active Directory oder ein Azure Active Directory ist möglich.

Bei einer Aufnahme in ein Active Directory oder ein Azure Active Directory muss natürlich ein Konto angegeben werden, das dafür berechtigt ist.

In diesem Fall ist eine Angabe zwingend erforderlich.

Optional kann auch ein lokales Administratorkonto angegeben werden.

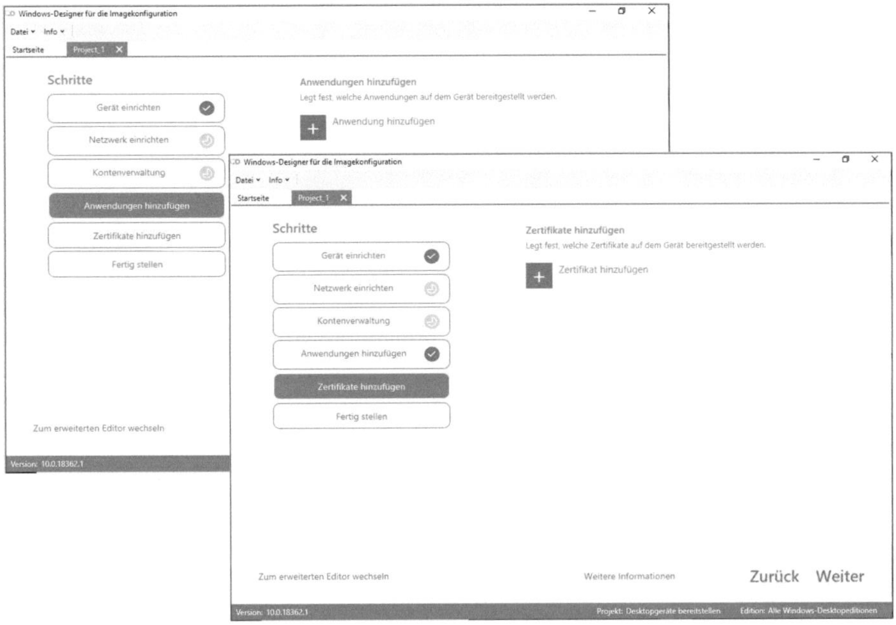

Abbildung 1.9: Anwendungen und Zertifikate

In den nächsten Schritten können Anwendungen und Zertifikate hinzugefügt werden.

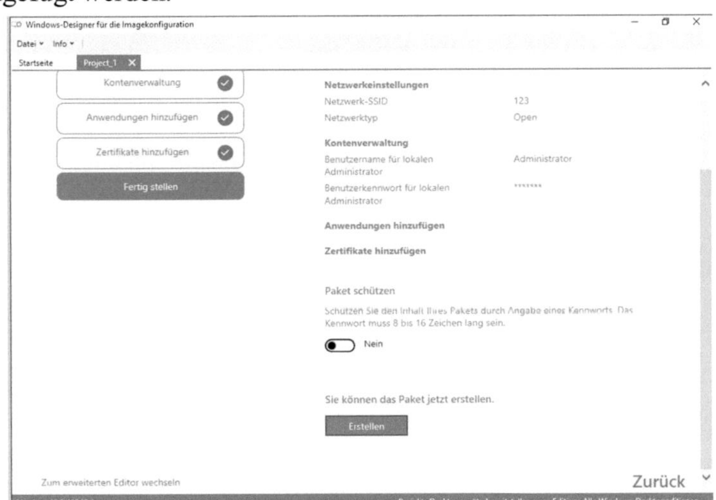

Abbildung 1.10: Zusammenfassung

Zum Schluss sehen wir noch eine Zusammenfassung, und danach können wir das Paket erstellen.

Betrachten wir den Speicherort des Pakets.

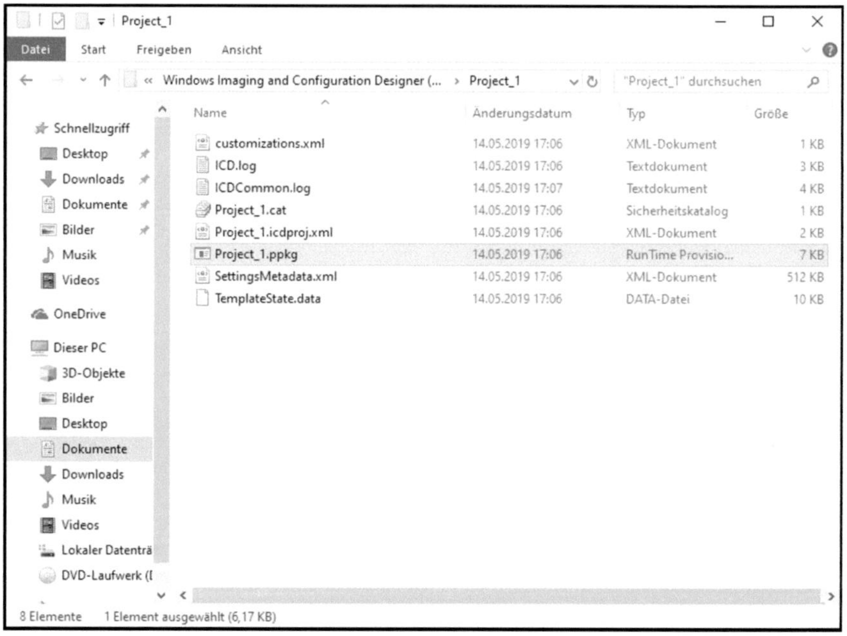

Abbildung 1.11: ppkg-Paket

Wir sehen, es gibt ein Bereitstellungspaket mit der Endung .ppkg und diverse andere Dateien. Alle Dateien zusammen werden später benötigt.

Kehren wir zurück zur Startseite. Wir haben gesehen, der Assistent führt uns durch die Erstellung des Pakets, gibt uns aber wenig Freiraum.

Wenn wir das Bereitstellungspaket mehr anpassen möchten, müssen wir „Erweiterte Bereitstellung“ wählen.

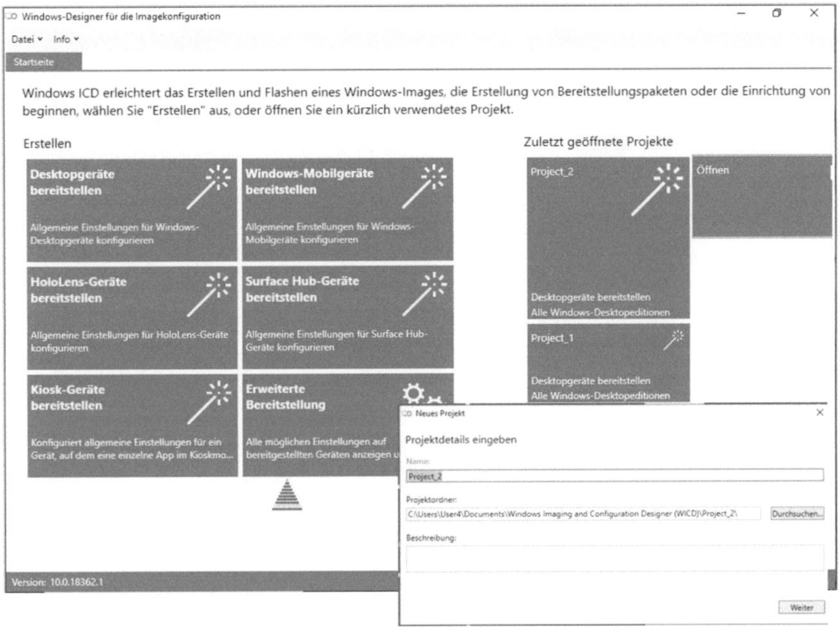

Abbildung 1.12: Erweiterte Bereitstellung

Auch hier können wir einen Namen und einen Speicherort wählen.

Dann müssen wir uns entscheiden, ob eine bestimmte Version von Windows bereitgestellt werden soll oder ob die Bereitstellung für alle Windows Versionen gelten soll.

Im nächsten Schritt können Sie ein bereits vorhandenes Bereitstellungspaket importieren.

Das würde bedeuten, dass wir zuvor bereits ein Bereitstellungspaket erstellt haben, und dieses nun zusätzlich benutzen wollen.

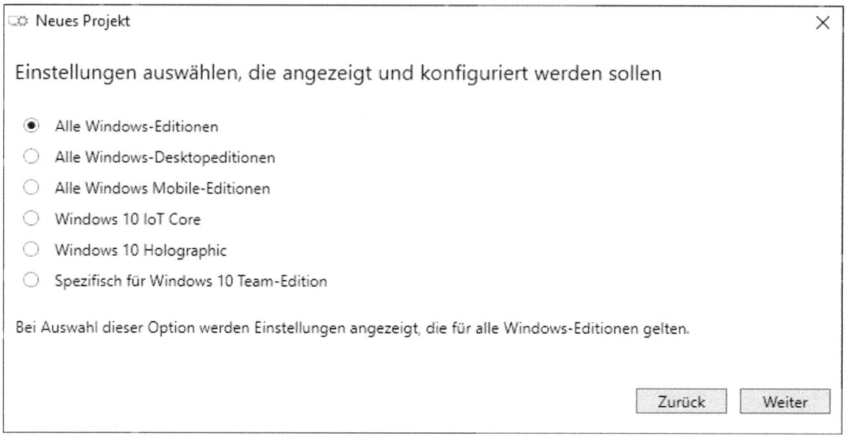

Abbildung 1.13: Auswahl Windows Version

Es erscheint das Fenster „Verfügbare Anpassungen“.

Hier können wir nun nach Herzenslust alle gewünschten Einstellungen machen.

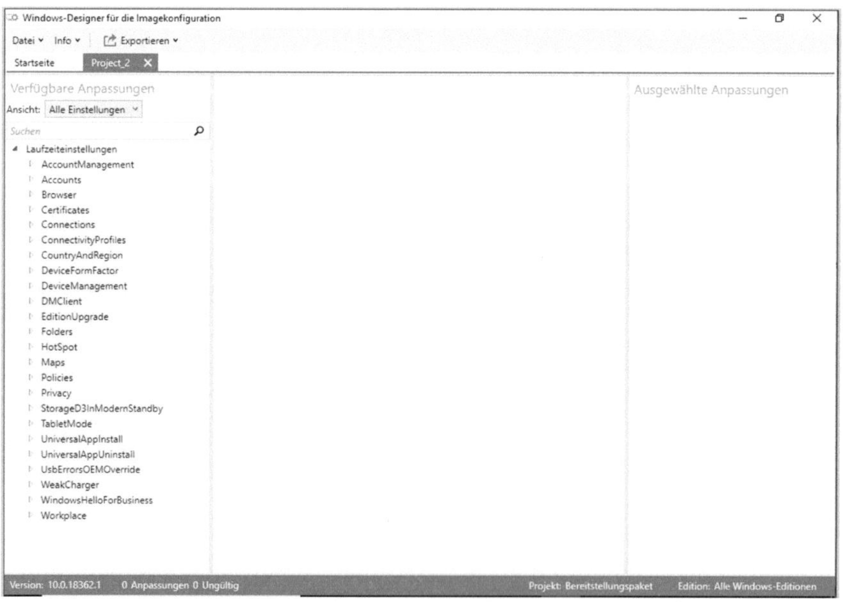

Abbildung 1.14: Anpassungen

Diese Projekt können wir jederzeit speichern unter „Datei-Speichern". Dann können Sie an diesem Projekt weiterarbeiten.

Wenn wir alle gewünschten Einstellungen gemacht haben, und das Bereitstellungspaket generieren möchten, klicken wir auf „Exportieren – Bereitstellungspaket".

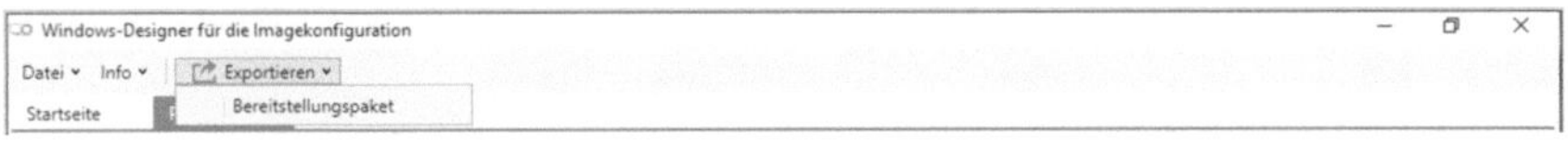

Abbildung 1.15: Bereitstellungspaket

Nun geben wir dem Paket einen Namen und wählen alle gewünschten Parameter aus.

Dann wird das Paket erstellt.

Was können wir nun mit diesem Bereitstellungspakt anfangen?

Nun, wir können diese ppkg-Datei auf ein USB-Laufwerk kopieren und das USB-Gerät bei der Installation aktiv am Gerät haben. Dann wird diese Datei ausgelesen und die darauf enthaltenen Daten werden angewendet. Damit wird die Installation angepasst.

Das Paket kann aber auch nachträglich angewendet werden, indem man es mit einem Doppelklick öffnet. Dazu werden natürlich administrative Rechte benötigt.

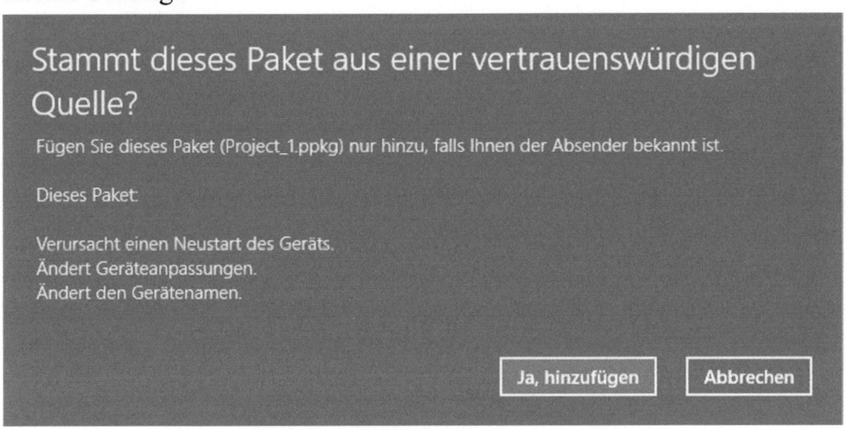

Abbildung 1.16: Paket wird angewendet

1.2.3 Ein Image bearbeiten mit DISM.EXE

Wir haben gesehen, die Anpassung eines Images ist mit ICD sehr einfach. Es gibt aber noch andere Möglichkeiten, ein Image zu bearbeiten.

Updates, Treiber und Sprachpakete hinzufügen

Wenn Sie das Installationsimage bearbeiten möchten, können Sie dafür auch das Tool „DISM.EXE“ benutzen, das im Lieferumfang von Windows 10 enthalten ist.

Infos über das Image

Zunächst sollten Sie sich Informationen über das Image anzeigen lassen.

> **ACHTUNG!**
> Die folgenden Befehle werden immer mit einer Eingabeaufforderung ausgeführt, die mit dem Parameter „Als Administrator ausführen“ geöffnet wird!

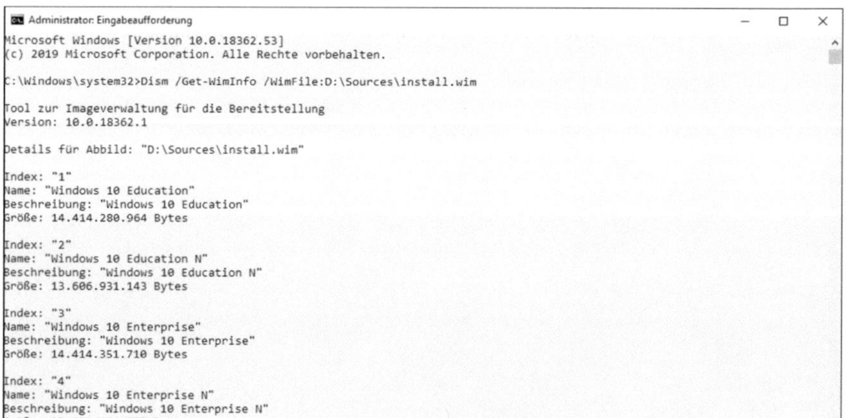

Abbildung 1.17: Informationen

Dies tun Sie mit dem Befehl

dism /Get-WimInfo /WimFile:<Pfad>\<NameDesImages>

Wenn Sie also Informationen über die Datei „Install.wim” haben möchten, die sich auf der DVD im Laufwerk D:\ befindet, lautet der Befehl wie folgt:

dism /Get-WimInfo /WimFile:D:\sources\install.wim>

Sie sehen, dass unter anderem die Version „Windows 10 Enterprise N“ in dieser Imagedatei vorhanden ist, und die Indexnummer 4 hat. Wichtig ist, dass Sie sich die Indexnummer merken, denn nun können Sie über einzelne Installationen genauere Informationen betrachten, mit dem Befehl:

dism /Get-WimInfo /WimFile:<Pfad>\<NameDesImages> /index:<Nummer des Index>

Der Befehl lautet in unserem Fall:

dism /Get-WimInfo /WimFile:D:\sources\install.wim /index:4

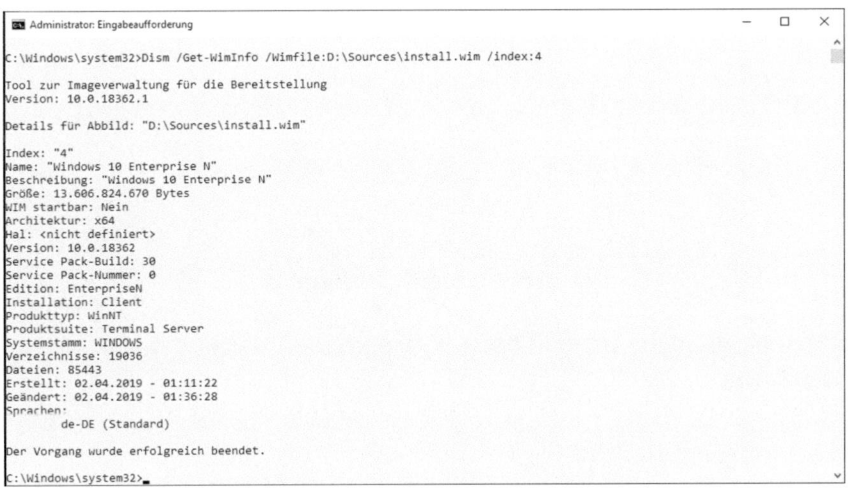

Abbildung 1.18: Informationen über den Index 4

Mounten des Images

Bevor Sie ein Image bearbeiten können, müssen Sie es mounten, also „offline verfügbar machen“.

Das bedeutet, das Image wird entpackt und in einem Ordner bereitgestellt.

Dazu sollten Sie das Image auf die Festplatte kopieren. Wenn Sie versuchen, ein Image von einer CD oder DVD zu mounten, erhalten Sie eine Fehlermeldung, da diese Datenträger schreibgeschützt sind.

Also kopieren Sie die Datei auf die Festplatte. Erstellen Sie auch einen Ordner, in den Sie die Datei mounten möchten, z.B. den Ordner C:\Mount.

Die Syntax für das Mounten ist:

dism /Mount-Wim /wimfile:<Pfad der wim-Datei> /index:<IndexNummer> /MountDir:<Ordner>

In unserem Beispiel ist dies folgender Befehl:

dism /Mount-Wim /wimfile:C:\install\install.wim /index:1 /MountDir:C:\Mount

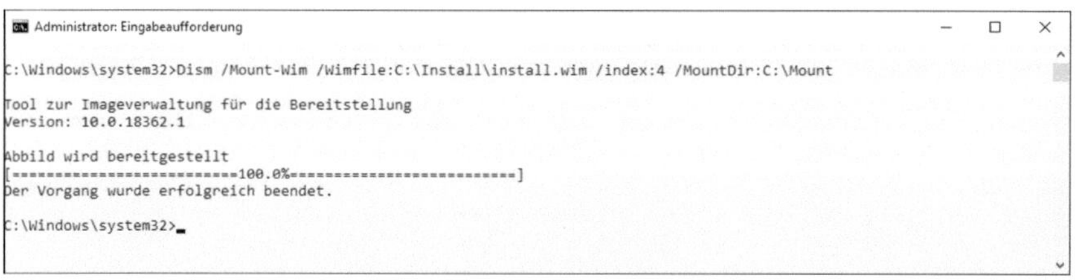

Abbildung 1.19: Mounten

Informationen über Treiber, Features, Sprachen, Updates

Nachdem das Image jetzt gemountet ist, können Sie Informationen über diese Images anfordern.

Die Syntax ist hierfür folgende:

Treiberinformationen:

dism /image:<gemounteterPfad> /Get-Drivers

Informationen über Windows Features:

dism /image:<gemounteterPfad> /Get-Features

Informationen über Feature-Packs, Sprachpakete, Updates, etc:

dism /image:<gemounteterPfad> /Get-Packages

Als Beispiel lassen wir uns hier die Treiber anzeigen:

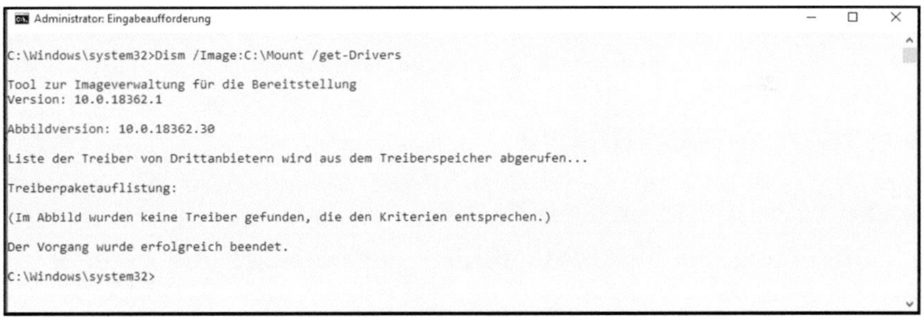

Abbildung 1.20: Treiber

Das Image bearbeiten

Nun können Sie das Image nach Herzenslust bearbeiten.

Features Deaktivieren:

dism /image:< gemounteterPfad> /Disable-Feature:<NameDesFeatures>

Pakete hinzufügen:

Dism /image: <gemounteterPfad> /Add-Package <PfadDcsPakcts>\<NamcDcsPakcts>

Apps hinzufügen:

Dism /Add-ProvisionedAppxPackage: Fügt eine Anwendung für alle Benutzer hinzu

Dism / Add-AppxPackage: Fügt eine Anwendung für einen Benutzer hinzu

Änderungen im Image speichern

Nach jeder Änderung sollten Sie diese Änderungen speichern.

Dies tun Sie mit dem Befehl

Dism /Commit-Wim /MountDir:<gemounteterPfad>

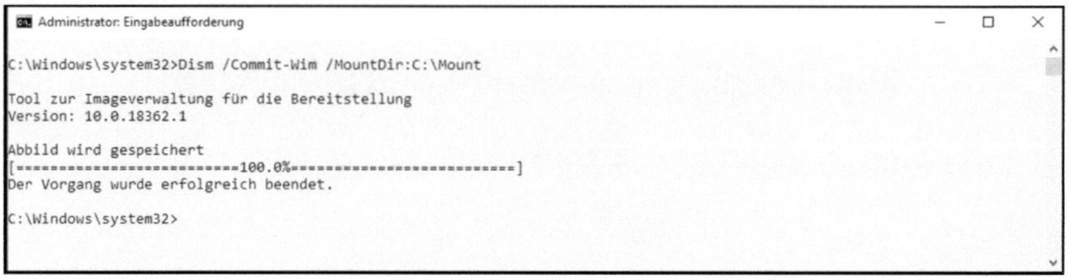

Abbildung 1.21: Änderungen speichern

Bereitstellung aufheben

Der letzte Schritt ist, das Image wieder zu „unmounten", und die Änderungen endgültig in dieses Image zu speichern.

Dism /unmount-WIM /MountDir:<gemounteterPfad> /commit

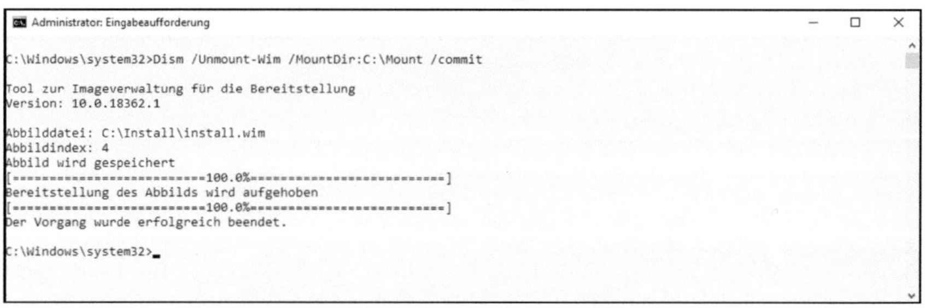

Abbildung 1.22: Bereitstellung aufheben

Hierbei wird das bearbeitete Image wieder in die ursprüngliche Datei zurückgespeichert. Deswegen darf diese auch nicht schreibgeschützt sein!

1.2.4 Das Klonen einer vorhandenen Maschine

Nun wissen wir genau, wie ein Image erstellt oder bearbeitet werden kann.

Allerdings wäre es doch sehr praktisch, wenn es eine Möglichkeit gäbe einen vorhandenen Computer zu klonen, mit allen Einstellungen und installierten Programmen.

Mit Windows 10 haben Sie die Möglichkeit, einen Referenzcomputer einzurichten, und diesen Computer mit den installierten Programmen auf beliebig viele andere Clients zu übertragen, egal, ob die Hardware sich unterscheidet.

Dazu gehen Sie folgenden Weg:

- Sie installieren den Referenzcomputer
- Sie installieren die Programme auf dem Referenzcomputer
- Sie entfernen die SID und andere eindeutige Erkennungsmerkmale vom Referenzcomputer
- Sie erstellen ein Image des Referenzcomputers

Dieses Image können Sie dann an andere Computer verteilen.

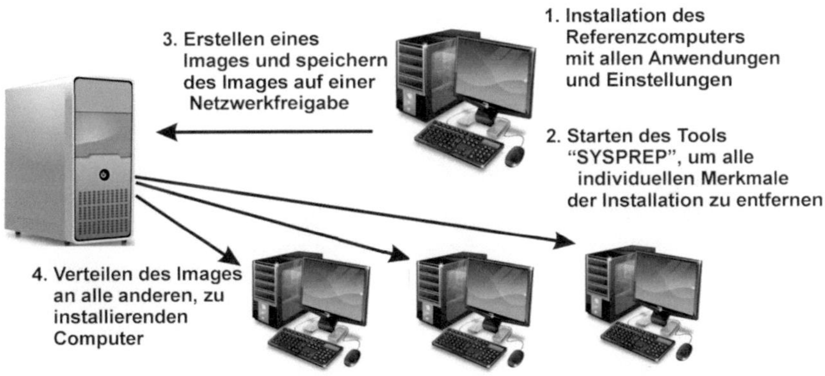

Abbildung 1.23: Das Prinzip des Klonvorgangs

Das Entfernen der eindeutigen Erkennungsmerkmale, wie Computernamen, SID oder ähnliches ist nötig, damit jeder Computer innerhalb des Netzwerks einmalig ist. Wenn Sie diese Informationen vom Referenzcomputer nicht entfernen, erhalten Sie lauter gleiche Computer mit lauter gleichen Namen und SIDs, was natürlich nicht möglich ist.

1.2.5 Erstellen eines BOOT-PE Mediums

Bevor Sie einen Computer mit SYSPREP seiner Identität berauben, sollten Sie sich eine Boot-CD erstellen, mit der Sie nach dem Ausführen von SYSPREP den Computer klonen können.

Nach dem Ausführen von SYSPREP wird der Computer heruntergefahren. Wenn Sie ihn wieder starten, werden Sie nach den eindeutigen Informationen gefragt. Das wollen wir aber solange vermeiden, bis wir ein neutrales Image dieses Rechners erstellt haben. Also müssen wir den Computer mit einer Start-CD starten.

Auf dieser CD sollte im Idealfall natürlich auch ein Imagetool vorhanden sein.

Dafür werden wir ein Windows PE Boot-Medium erstellen.

Windows PE ist eine abgespeckte Version des Windows Betriebssystems, mit dem Sie einen Computer starten können. Auf diesem Medium können auch noch zusätzliche Tools sein, mit denen Sie beispielsweise ein Image ziehen können.

Installieren Sie hierfür die „Bereitstellungstools“ des „Assessment and Deployment Kits“ und die Windows-PE Umgebung, die seit dem ADK 1809 getrennt installiert werden muss.

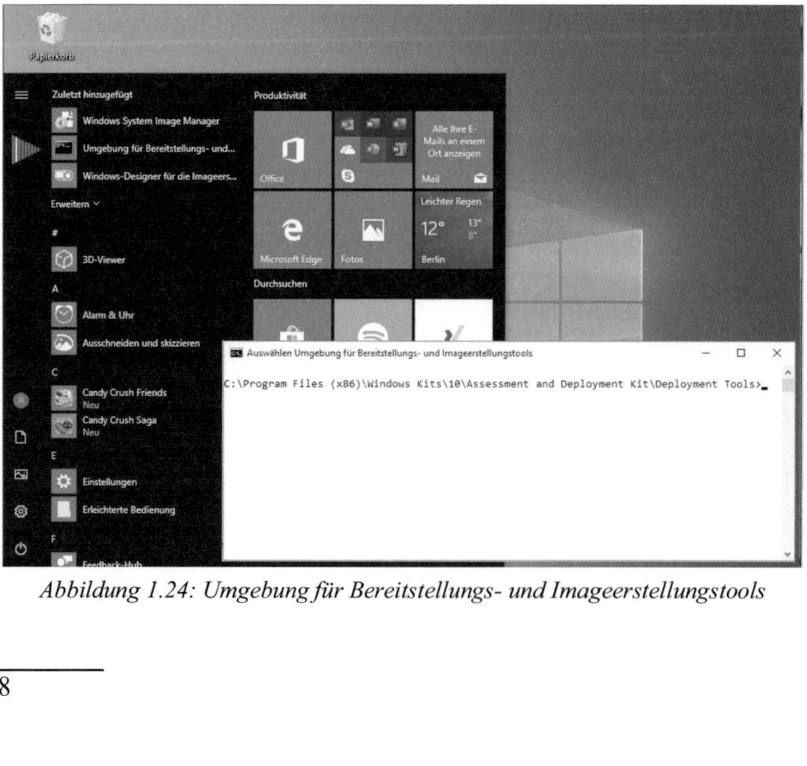

Abbildung 1.24: Umgebung für Bereitstellungs- und Imageerstellungstools

Zum Erstellen eines Windows PE Boot-Mediums benutzen Sie die „Umgebung für Bereitstellungs – und Imageerstellungstools".

Sie müssen in diesem Tool viele Eingaben über die Befehlszeile machen, es gibt hierfür keine GUI.

Sie lassen nun von dem PE Tool eine Ordnerstruktur erstellen, mit der Sie eine Boot-CD mit Windows PE machen können. Dies tun Sie mit dem Befehl

Copype amd64 <Laufwerk\Ordner>

In unserem Fall möchten wir im Laufwerk C: einen Ordner mit Namen „Winpe" erstellen und die Daten dorthin kopieren.

Dann ist die Kommandozeile folgende:

Copype amd64 C:\Winpe

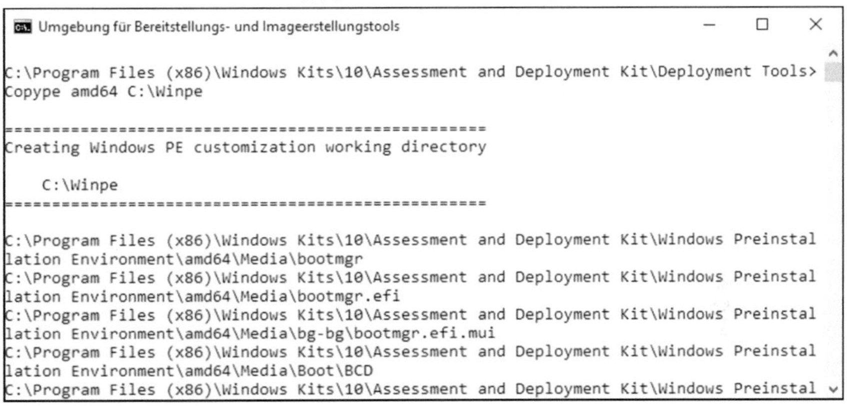

Abbildung 1.25: Erstellen der Verzeichnisstruktur für Boot PE

ACHTUNG!
Je nachdem, welchen Prozessor Sie verwenden, müssen Sie andere Befehle eingeben, entweder „x86" oder „amd64"!

Das Erstellen der Ordnerstruktur dauert eine Weile.

Im nächsten Schritt mounten Sie die Datei „Boot.wim".

Diese befindet sich in der eben erstellten Ordnerstruktur im Verzeichnis „Media\Sources".

Zum Mounten öffnen Sie eine PowerShell Konsole als Administrator. Lassen Sie die „Umgebung für Bereitstellungs – und Imageerstellungstools“ im Hintergrund geöffnet.

Hier geben Sie folgenden Befehl ein:

Mount-WindowsImage –ImagePath <PfadDerDateiBoot.wim> -Index <NummerDesImages> -Path <Zielpfad>

Wenn wir also unser Image in den Ordner C:\WinPE\Mount mounten wollen, lautet der Befehl:

Mount-WindowsImage –ImagePath C:\Winpe\Media\Sources\Boot.wim -Index 1 -Path C:\Winpe\Mount

Abbildung 1.26: Mounten des Images

Nun können noch zusätzliche Tools eingebunden werden. Dies machen Sie mit folgenden PowerShell-Befehlen:

Add-WindowsDriver –Path

Add-WindowsPackage –Path

Nachdem das Image bearbeitet ist, muss das Mounten beendet werden und die Änderungen in der Dateistruktur gespeichert werden.

Dafür geben Sie folgenden Befehl ein:

Dismount-WindowsImage –Path <PfadDesGemountetenImages> -Save

In unserem Fall ist das folgender Befehl:

Dismount-WindowsImage –Path C:\Winpe\Mount -Save

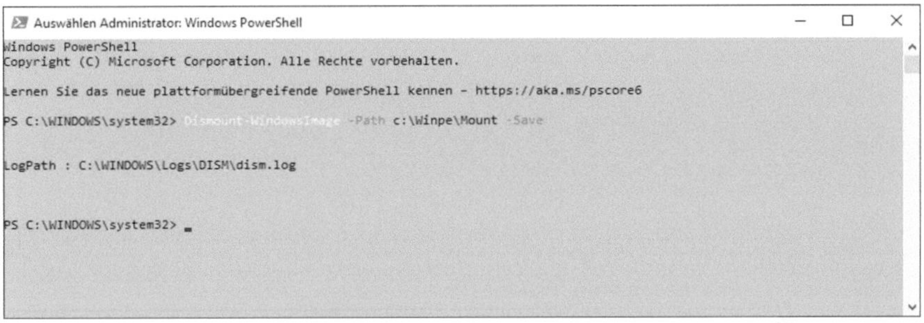

Abbildung 1.27: Dismounten

Zu guter Letzt muss diese Verzeichnisstruktur noch in eine .iso-Datei gepackt werden, die dann gebrannt werden kann.

Dazu schließen Sie die PowerShell Konsole und kehren zu der noch geöffneten „Umgebung für Bereitstellungs – und Imageerstellungstools“ zurück.

Hier erstellen Sie zunächst ein Verzeichnis, in dem die ISO-Datei gespeichert werden soll:

MD <Pfad>

Wenn der Pfad c:\BootMedium heißen soll, ist der Befehl:

MD C:\BootMedium

Nun erstellen Sie die ISO-Datei mit folgendem Befehl:

MakeWinpeMedia /iso <PfadDerDateien> <Zielpfad>\<NameDerDatei>

Wenn die Datei WinPE.iso heißen soll, lautet der Befehl:

MakeWinpeMedia /iso C:\WinPE C:\BootMedium\WinPE.iso

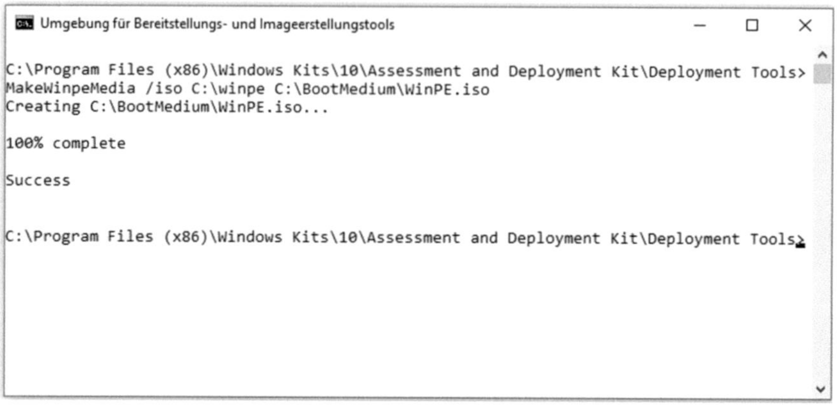

Abbildung 1.28: Erstellen der ISO-Datei

Diese ISO-Datei brennen Sie nun auf CD oder erstellen Sie einen bootfähigen USB-Stick.

1.2.6 Klonen des Clients

Auf dem Client, den Sie klonen möchten, starten Sie nun das Systemvorbereitungsprogramm „Sysprep". Es befindet sich im %Systemroot%\System32\Sysprep.

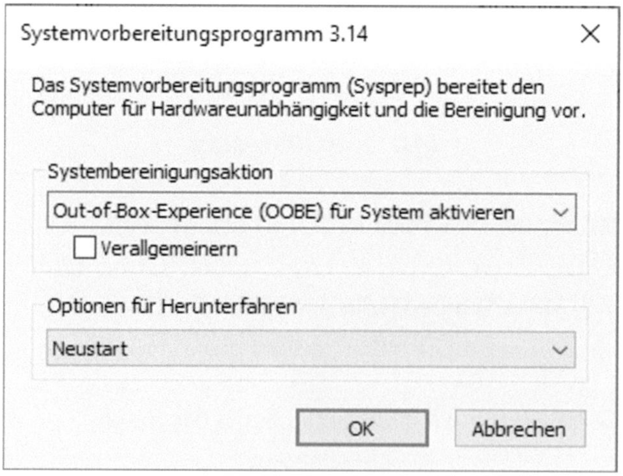

Abbildung 1.29: Sysprep

Nach dem Ausführen des Programmes wird der Rechner heruntergefahren.

ACHTUNG!
Sysprep kann auch an der Befehlszeile mit diversen Parametern angewendet werden. Manche dieser Parameter sind für ein vollautomatisiertes Rollout zwingend notwendig.

Parameter	**Bedeutung**
/quiet	Führt die Datei „Sysprep.exe" ohne Bestätigungsmeldungen aus
/generalize	Bereitet die Abbilderstellung der Windows-Installation vor. Wenn diese Option angegeben wird, werden alle eindeutigen Systeminformationen aus der Windows-Installation entfernt
/audit	Startet den Computer im Überwachungsmodus neu. Mit dem Überwachungsmodus können Sie Windows zusätzliche Treiber oder Anwendungen hinzufügen. Sie können außerdem eine Installation von Windows testen, bevor diese an einen Endbenutzer gesendet wird
/oobe	Startet den Computer im Modus der Windows-Willkommensseite neu. Mithilfe der Windows-Willkommensseite können Endbenutzer ihr Windows-Betriebssystem anpassen, Benutzerkonten erstellen, einen Namen für den Computer festlegen und andere Aufgaben durchführen. Alle Einstellungen in der Konfigurationsphase oobeSystem einer Antwortdatei werden unmittelbar vor dem Start der Windows-Willkommensseite verarbeitet
/reboot	Startet den Computer neu
/shutdown	Fährt den Computer nach Beenden von Sysprep herunter

/quit	Schließt Sysprep nach dem Ausführen der angegebenen Befehle
/unattend: Dateiname	Wendet Einstellungen in einer Antwortdatei während der unbeaufsichtigten Installation auf Windows an

1.2.7 Das Image erstellen

Den Rechner starten Sie mit der zuvor erstellten BOOT-PE-CD.

Dann rufen Sie den Befehl „Dism“ auf, den wir schon zuvor besprochen haben.

Dism /Capture-Image /Imagefile: <ZielpfadDesImages> \<NameDesImages> /CaptureDir:<SystemLaufwerk> /Name:<Anzeigename>

1.2.8 Das Verteilen eines Images

Images müssen verteilt werden, egal, ob sie direkt von der DVD benutzt werden, oder ob sie bearbeitet worden sind.

Dafür gibt es mehrere Möglichkeiten, unter anderem:

- Starten des Clients mit der Boot-PE-CD und Zuweisung des Images (Einzelplatzinstallation)
- Vollautomatische Bereitstellung durch den Windows-Dienst WDS

Damit diese Bereitstellungsformen sinnvoll angewendet werden können, ist es noch nötig, eine Antwortdatei zu erstellen, denn bei allen Installationsarten müssen einige Daten, wie Rechnername oder Domänenzugehörigkeit, am Ende des Installationsvorgangs per Hand eingegeben werden.

Sollten wir auch das vermeiden wollen, ist die beste Lösung dafür das Erstellen einer Antwortdatei.

Windows 10 benötigt für die automatisierte Installation eine .xml-Datei mit Namen „autounattend.xml“. Diese wird für eine unbeaufsichtigte Einzelplatzinstallation auf einem Wechseldatenträger, wie einem USB-Stick gespeichert, der während der Installation angeschlossen sein muss. Windows 10 sucht bei Beginn der Installation automatisch nach dieser

Datei, und wendet sie an, wenn sie vorhanden ist.

Erstellen einer Antwortdatei

Eine Antwortdatei kann auch mit dem ADK erstellt werden. Zunächst sollten Sie die Windows 10 DVD in eine Freigabe auf dem Rechner kopieren.

Dann starten Sie den „Windows System Image Manager".

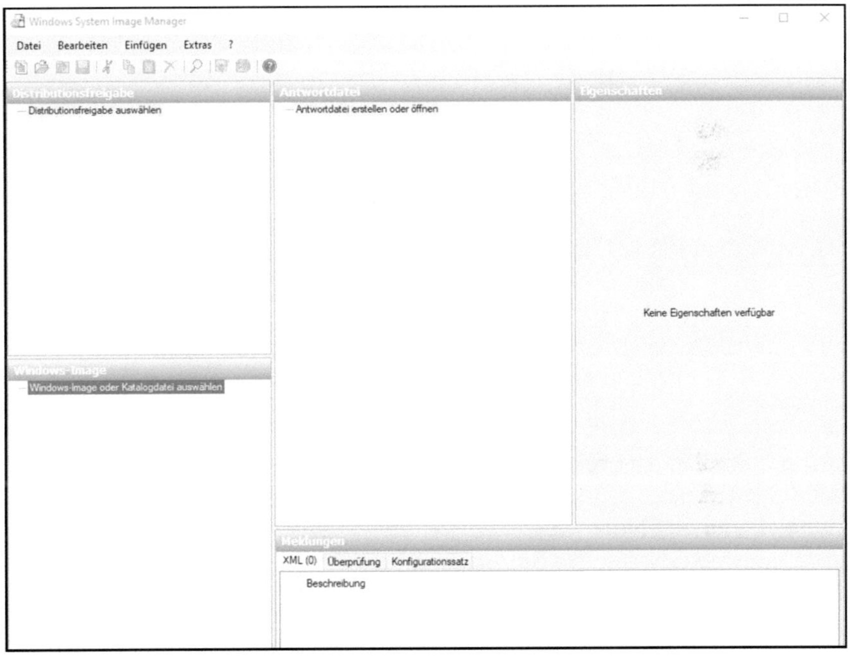

Abbildung 1.30: Windows System Image Manager

Sie erhalten zunächst ein leeres Fenster.

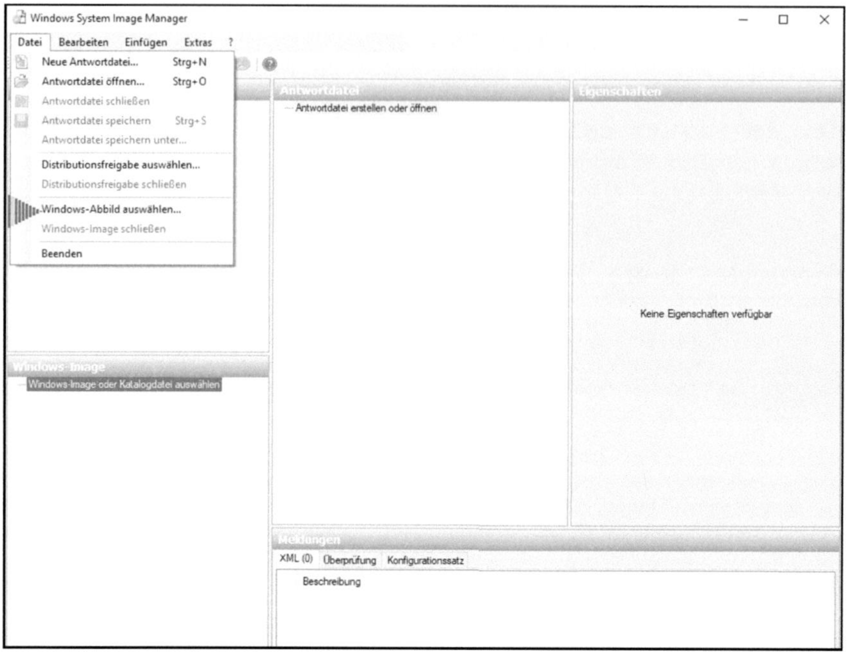

Abbildung 1.31: Abbild auswählen

Um mit der Erzeugung einer Antwortdatei zu beginnen, muss zuerst ein Abbild (also eine .wim-Datei) gewählt werden. Dies ist die install.wim. Diese Datei befindet sich im Ordner „sources“ des Windows 10-Installationsmediums, das Sie zuvor auf die Festplatte kopiert haben.

Das Image wird untersucht, eine Katalogdatei wird erstellt.

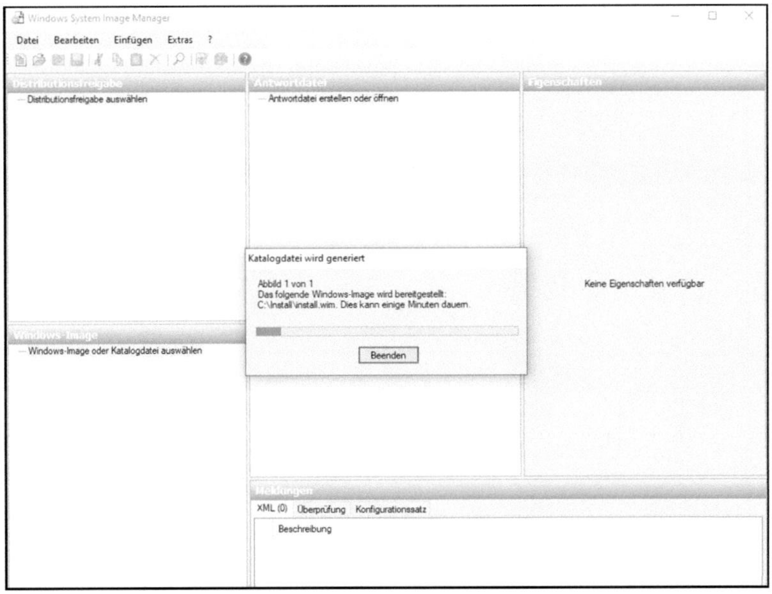

Abbildung 1.32: Katalogdatei wird erstellt

Nun werden alle möglichen Komponenten unterhalb des ausgewählten Systems angezeigt.

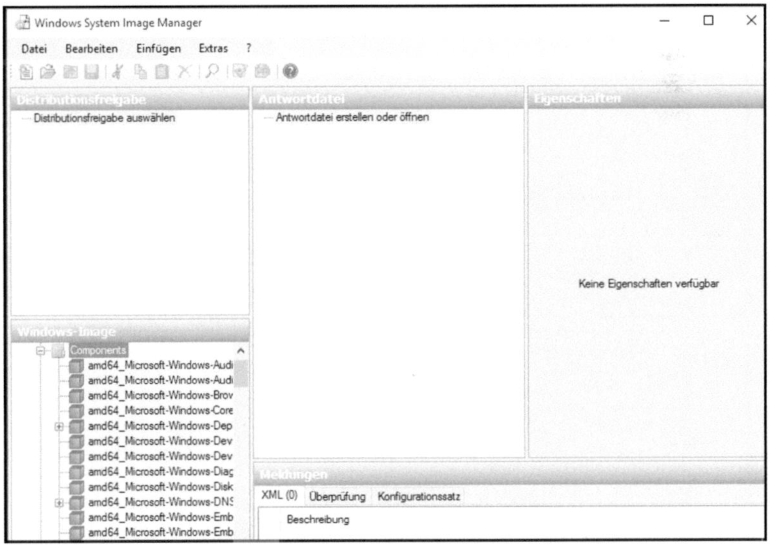

Abbildung 1.33: Komponenten

Im nächsten Schritt erstellen Sie eine leere Antwortdatei. Diese können Sie nun mit den verschiedenen Komponenten füllen.

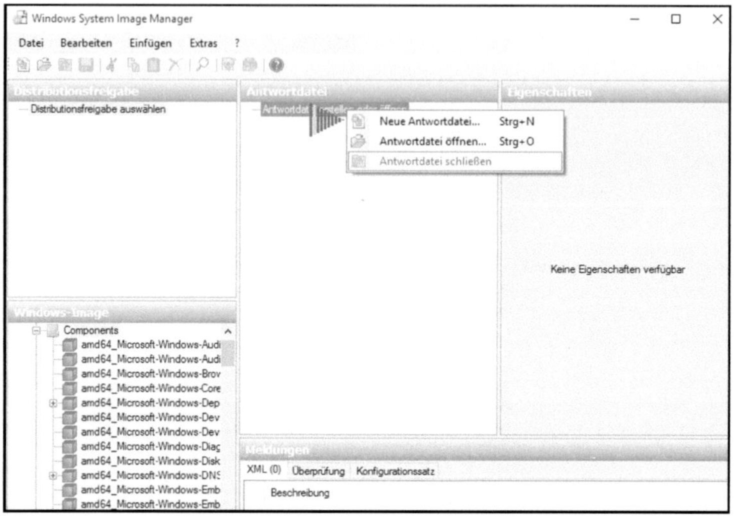

Abbildung 1.34: Neue Antwortdatei erstellen

Dazu klicken Sie die einzelnen Komponenten an und fügen sie an die richtige Stelle ein.

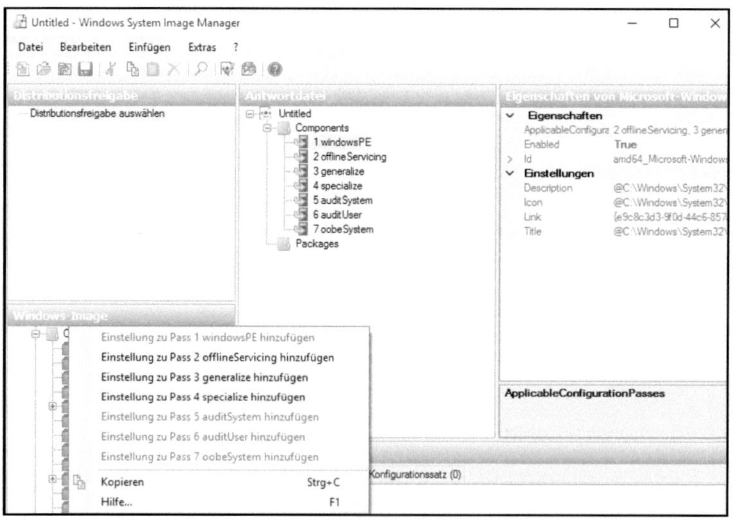

Abbildung 1.35: Komponenten hinzufügen

Doch was ist die richtige Stelle?

Eine Installation besteht aus 7 möglichen Phasen. Nicht alle Phasen sind in jeder Art der Installation vorhanden, beispielsweise ist die Installation anders, wenn Sie von einer DVD installieren, als wenn Sie mit dism ein Abbild erstellt haben, nachdem Sie SYSPREP angewendet haben.

Die 7 Phasen sind folgende:

windowsPE

Hier werden die Komponenten eingefügt, die die grundsätzlichen Einstellungen des Betriebssystems beinhalten, und noch während der PE-Phase ausgeführt werden, beispielsweise Partitionen auf der Festplatte oder die Eingabe des Product Keys.

offlineServicing

Mit dieser Komponente werden einem Image Updates zugewiesen. Auch Sprachpakete, oder Sicherheitsupdates können hier hinzugefügt werden.

generalize

Wenn Sie ein Systemabbild mit „sysprep" und dem Parameter „/generalize" erstellt haben, können Sie an dieser Stelle Konfigurationen machen. Diese Komponente wird nur benutzt, wenn ein Abbild mit „Sysprep/ generalize" erstellt worden ist.

specialize

Hier können systemspezifische Konfigurationen zugewiesen werden. Beispielsweise kann man Netzwerkeinstellungen, internationale Einstellungen, sowie Domäneninformationen konfigurieren.

auditSystem

Wenn Sie ein Systemabbild mit „sysprep" und dem Parameter „/audit" erstellt haben, können Sie an dieser Stelle Konfigurationen machen.

Die Einstellungen betreffen die Zeitspanne, kurz bevor der Benutzer sich anmeldet.

auditUser

Hier werden Einstellungen für die unbeaufsichtigte Installation im

Benutzerkontext im Überwachungsmodus verarbeitet.

oobeSystem

Hier werden die Einstellungen zugewiesen, die kurz bevor der „Willkommensbildschirm“ erscheint relevant sind.

Sobald Sie die Komponenten an die richtige Stelle in der Antwortdatei gesetzt haben, können Sie die Einstellungen konfigurieren.

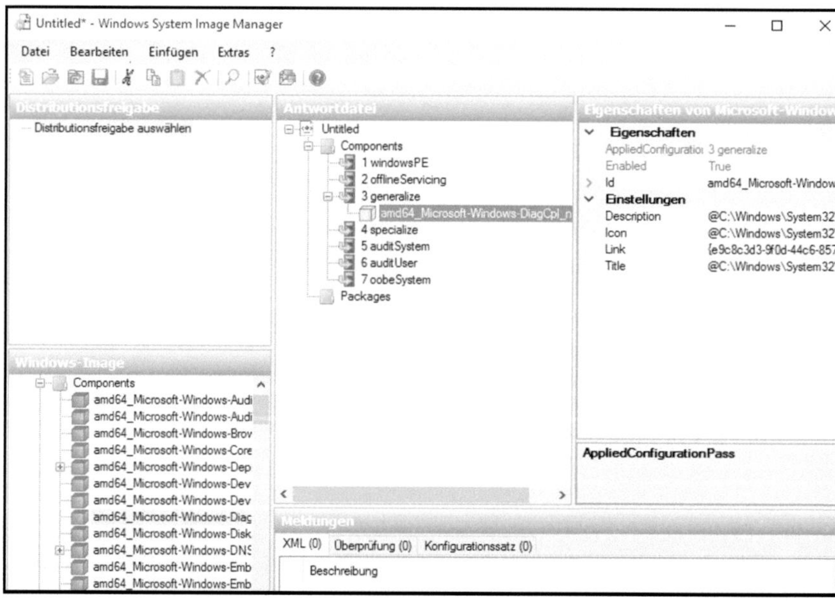

Abbildung 1.36: Konfiguration der Einstellungen

Zum Schluss müssen Sie diese Datei nur noch unter dem Namen „autounattend.xml“ speichern, und auf ein Wechselmedium kopieren.

1.2.9 MDT 2013 Update 2

Eine weitere Möglichkeit, Betriebssysteme und eingebundene Anwendungen zu verteilen, ist das kostenlose Microsoft Deployment Toolkit.

Dies ist das leider zu Unrecht völlig unterschätzte Bindeglied zwischen dem Windows Deployment Server (WDS) und dem kostenpflichtigen System Center Configuration Manager (SCCM) für größere Umgebungen. Gerade in mittelständischen Unternehmen sollte es bis zur SCCM-Größe unverzichtbar sein. Es erspart dem Administrator durch seine hohe Flexibilität viel Zeit und Geld bei der Installation von Rechnern.

Natürlich kann auch Windows 10 hiermit ausgerollt werden.

Voraussetzungen

Die Voraussetzungen für ein einsatzbereites Microsoft Deployment Toolkit sind relativ leicht zu erfüllen. Es empfiehlt sich ein Server mit mindestens Windows 2012 R2, der zwei Festplatten hat. Eine Platte für das Betriebssystem und eine größere Platte für das MDT, den oder die Deployment Shares und temporär auch die Quelldateien, wie Anwendungen, Treiber und Betriebssysteme. Wenn Sie den Server virtuell aufsetzen, dann können Sie später problemlos den Plattenplatz erweitern. Für den Moment sind zweimal 60 GB genug.

Installation des Assessment und Deployment Kits (ADK)

Vor der Installation des Microsoft Deployment Kits ist es erforderlich das ADK für die jeweils aktuelle Version von Windows 10[1] bereitzustellen, denn es beinhaltet etliche Programme, die das MDT braucht, zum Beispiel WinPE und die Deployment Tools, wie dism (Deployment Image Servicing and Management). Das aktuelle ADK wird immer etwas zeitversetzt zur aktuellen Windows 10 Version ungefähr ein bis zwei Wochen später freigegeben. Achten Sie hier auf Aktualität, denn offiziell wird ein Deployment einer neuen Windows 10 nur mit dem dazugehörigen Assessment und Deployment Kit unterstützt.

[1] Download: https://docs.microsoft.com/en-us/windows-hardware/get-started/adk-install

Seit Windows 10 1803 hat Microsoft das ADK in zwei separate Teile aufgeteilt. Diese beiden Teile sind das ADK selbst sowie die Windows PE Tools. Letztere sind notwendig, um unter anderem später die Boot-Images zu erzeugen. Beachten Sie bitte, dass Sie hier zunächst nur kleine, ca. 2 MB große Web-Installer herunterladen. Installieren Sie zuerst das ADK mit der adksetup.exe und anschließend die Windows PE Tools mittels der adkwinpesetup.exe. Beim Start der exe-Datei haben Sie jeweils die Wahl, ob Sie das ADK auf der verwendeten Maschine installieren wollen oder zum späteren Gebrauch komplett in einen angegebenen (Netzwerk-)Ordner herunterladen möchten. Das vollständige ADK mit den PE-Tools ist rund 6,5 GB groß.

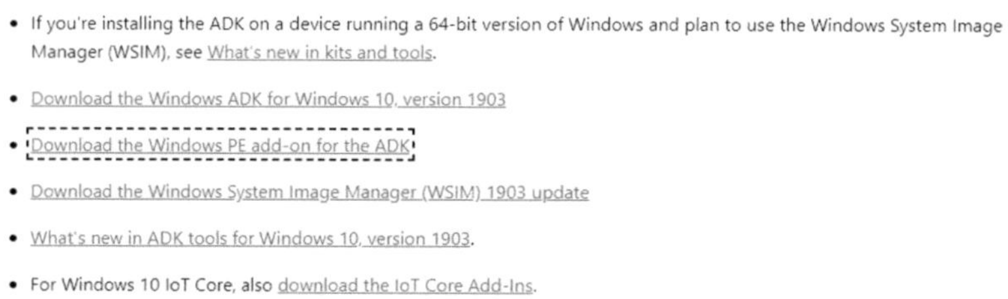

Abbildung 1.37: Zwei separate Downloads für das ADK

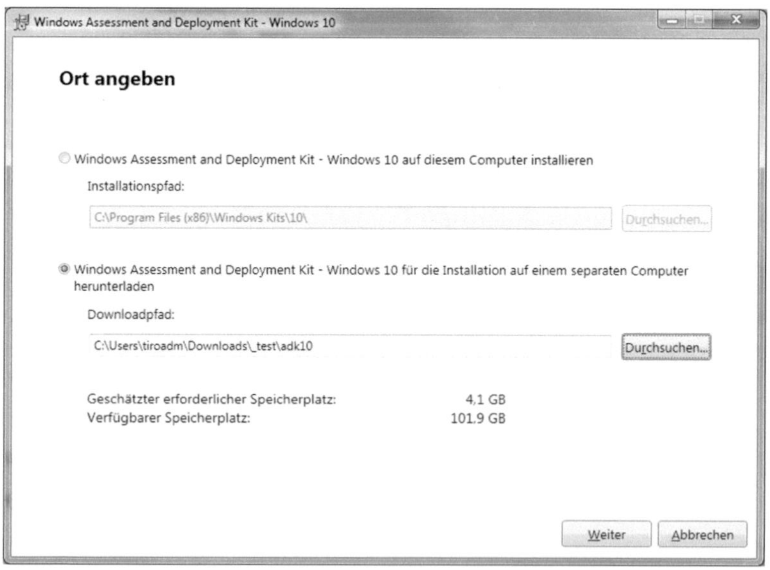

Abbildung 1.38: ADK für die spätere Verwendung

Die eigentliche Installation des Assessment und Deployment Kits und der PE-Tools ist geradlinig und schnell bewerkstelligt. Belassen Sie den vorgegebenen Standardpfad.

Abbildung 1.39: Standardinstallationspfad

Bestätigen Sie das Programm zur Verbesserung der Benutzerfreundlichkeit (Customer Experience Improvement Program (CEIP)) und die Lizenzvereinbarungen und starten Sie die Installation. Zwingend notwendig sind nur die Bestandteile Deployment Tools, das Windows Preinstallation Environment (Windows PE = WinPE) und das User State Migration Tool (USMT).

HINWEIS:
Neu hinzugekommen ist der Windows Image and Configuration Designer (kurz: WICD). Damit lassen sich Images, Deployments und Bereitstellungspakete (engl. Provisioning Packages) für alle Windows Geräte erstellen.

Abbildung 1.40: Notwendige Features für das MDT

Die Installation des kompletten ADKs ist, je nach Ihrer Internetverbindung, in einigen Minuten erfolgreich beendet und Sie können das MDT 2013 installieren. Die momentane MDT-Version ist Build 8456 (Stand August 2019).

Installation des MDT 2013 Update 2

Auch die Installation des MDT 2013 ist geradlinig. Behalten Sie nach der Zustimmung zur Lizenz alle Standardwerte bei.

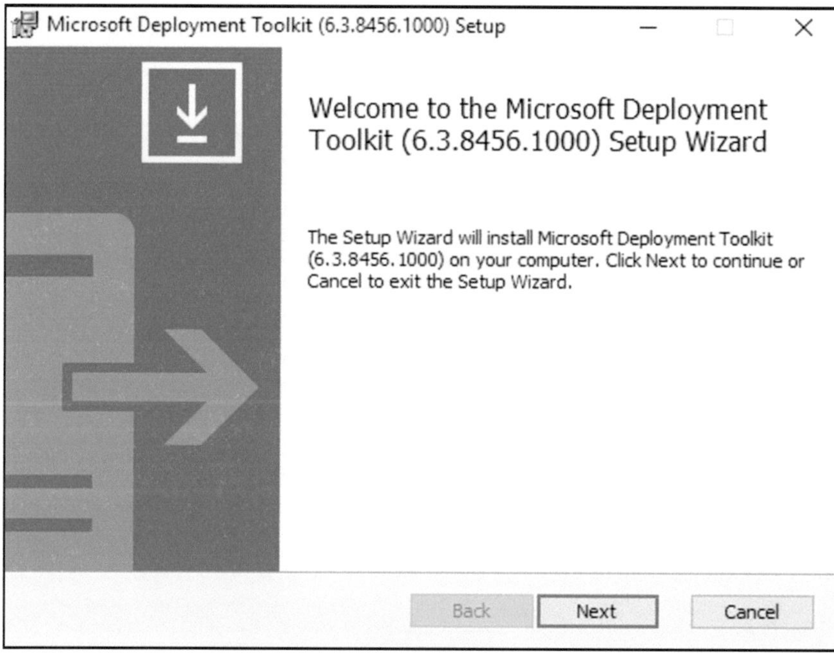

Abbildung 1.41: Setup-Assistent MDT 2013

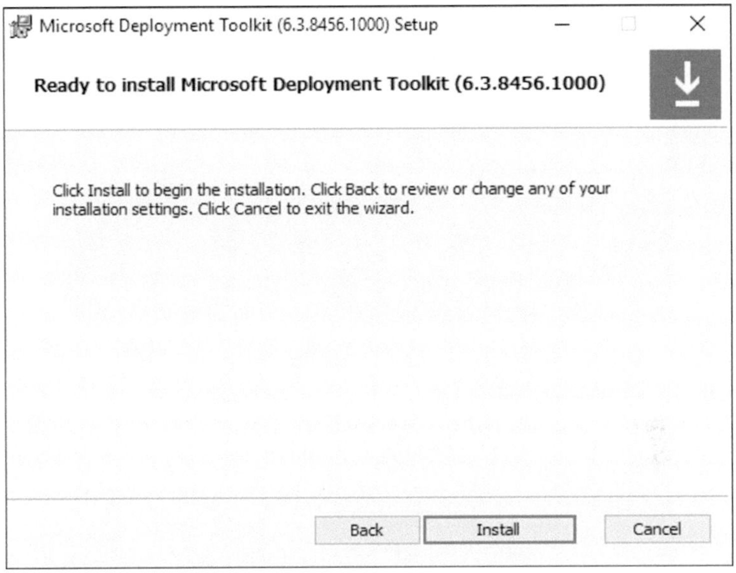

Abbildung 1.42: Start der Installation

Das MDT ist in wenigen Momenten fertig installiert und bereit für grundlegende Konfigurationen.

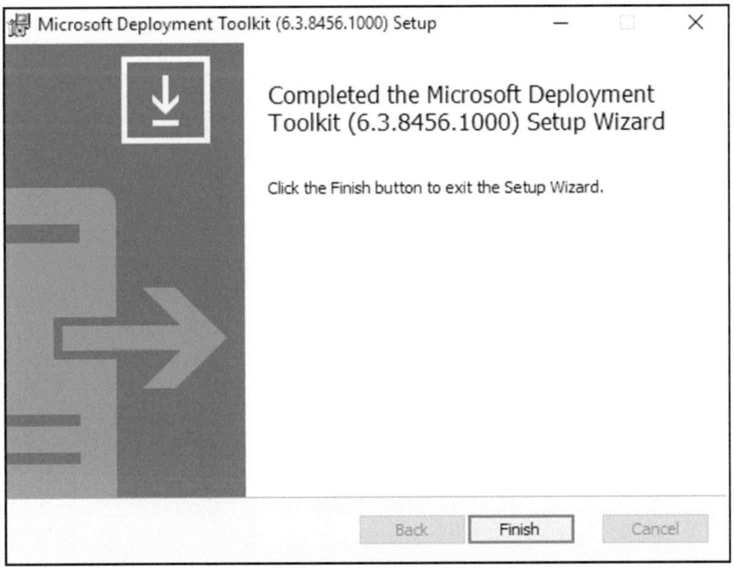

Abbildung 1.43: Fertig

Erstellung eines Deployment Shares

Starten Sie die „Deployment Workbench" als Administrator über das Startmenü. Da Sie diese Verknüpfung oft benötigen werden, empfiehlt sich gleich diese Anwendung mittels rechter Maustaste an der Taskleiste anzuheften.

Abbildung 1.44: Start der Deployment Workbench

Der erste Konfigurationsschritt ist die Erstellung eines Deployment Shares. Klicken Sie dazu mit der rechten Maustaste auf „Deployment Shares" und wählen Sie „New Deployment Share".

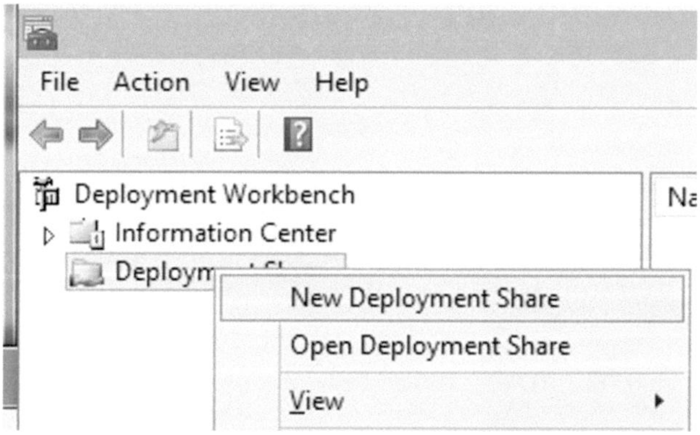

Abbildung 1.45: Erstellung eines neuen Deployment Shares

Ändern Sie den Installationspfad auf die zweite Platte Ihres Servers.

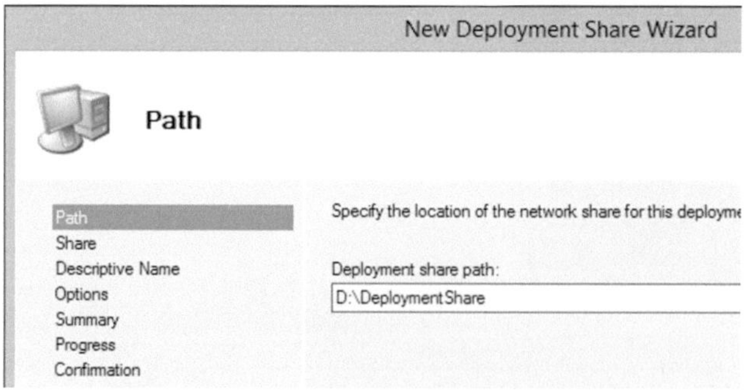

Abbildung 1.46: Pfadänderung auf Platte 2

Belassen Sie die weiteren Optionen, wie Share-Namen, Beschreibung und Optionen, bei den voreingestellten Werten und beenden Sie den Assistenten. Die Erstellung des Deployment Shares geht flott von statten. Somit haben Sie Ihren ersten Deployment Share erstellt und können mit dem Import eines Betriebssystems beginnen.

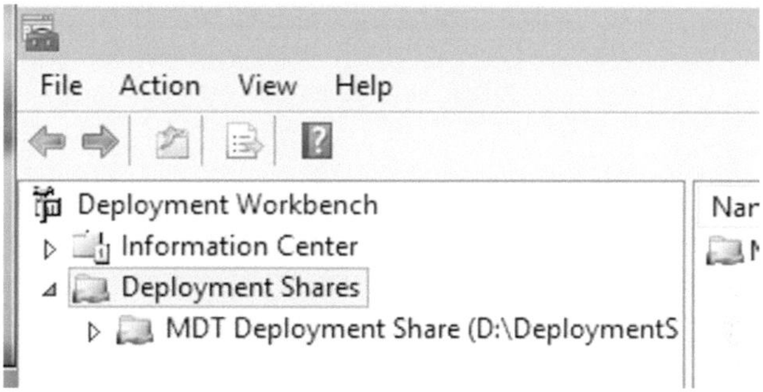

Abbildung 1.47: Fertiger Deployment Share

Import von Betriebssystemen

Eine Praxis-Empfehlung gleich zu Beginn. Organisieren Sie Ihre Betriebssysteme in Ordnern. Diese Vorgehensweise wird sich später in Übersichtlichkeit auszahlen.

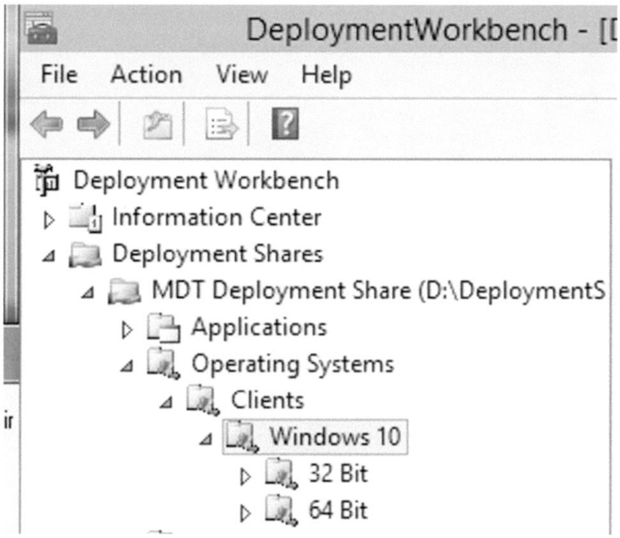

Abbildung 1.48: Eine mögliche Ordnerstruktur

Eine Ordnerstruktur ist schnell erstellt. Erweitern Sie Ihren eben erstellten Deployment Share (hier: MDT Deployment Share) bis zum Knoten „Operating Systems“. Rufen Sie mit der rechten Maustaste das Kontextmenü auf und wählen Sie „New Folder“. Klicken Sie „Next, Next, Finish“ durch den Assistenten. Je nach vorher festgelegter Struktur legen Sie nun die Ordnerstruktur fest. Nehmen Sie als oberste Struktur z.B. Clients, dann können Sie unterhalb noch den Ordner „Windows 10“ und darunter die Ordner „32 Bit“ und „64 Bit“ anlegen usw.

Über das Kontextmenü können Sie den Import-Assistenten starten. Entscheiden Sie an dieser Stelle, ob Sie einen kompletten Satz von Installationsdateien (was einer DVD oder einer eingebundenen ISO-Datei entspricht), ein angepasstes fertiges Image (alle relevanten Firmen-Anwendungen wären bereits in die WIM-Datei integriert) oder ein bestehendes Image von einem Windows Deployment Server (WDS) importieren wollen. Geben Sie den Pfad zu den Wim-Dateien an. Beenden Sie den Assistenten. Danach wird das Windows-Image in das MDT integriert. Wiederholen Sie das mit allen Betriebssystemen, die Sie auf diese Art verteilen möchten.

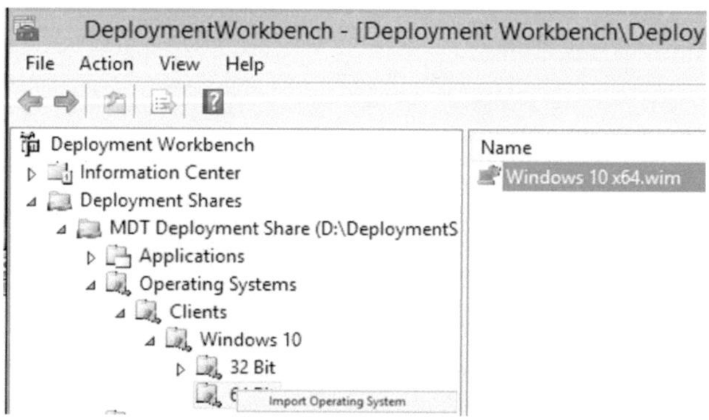

Abbildung 1.49: Importiertes Windows 10 x64

Import von Treibern

Für den Import von Treibern gilt das Gleiche, wie für Betriebssysteme. Organisieren Sie das Ganze in Ordnern, beispielsweise nach der Syntax „Hersteller – Modell“.

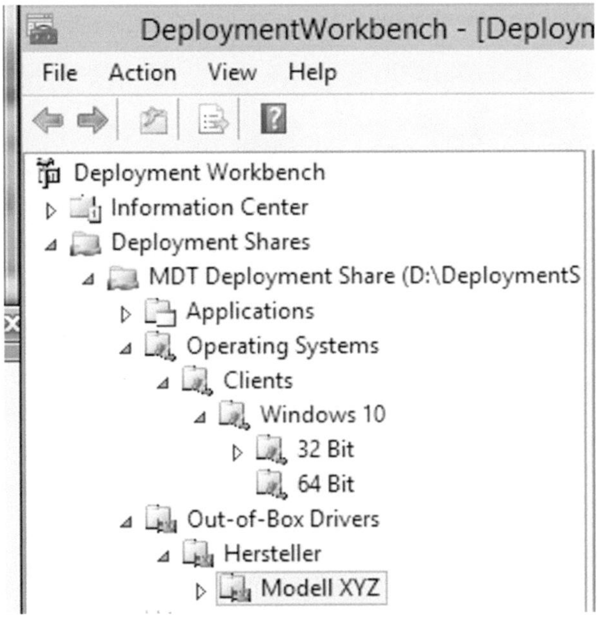

Abbildung 1.50: Ordnerstruktur für Treiber

Den Import von Treibern starten Sie wieder über das Kontextmenü des erweiterten „Out-of-box Drivers"-Knotens auf dem Ordner Ihres Modells. Sie brauchen an dieser Stelle nur das Verzeichnis mit den gewünschten Treibern angeben. Den Rest erledigt das MDT von selbst. Wiederholen Sie diesen Vorgang für alle Modelle, die in Ihrer Umgebung vorhanden sind.

Wenn Ihre Firmenrechner von den großen Herstellern Dell, HP oder Lenovo kommen, dann sind Sie in der glücklichen Lage deren Treiberpakete als cab-Dateien komplett herunterladen und importieren zu können.[2] Diese sind normalerweise nach Modell sortiert. Die Größe der Treiberpakete variiert pro Modell stark zwischen einigen MB bis zu 2 GB.

---

[2] http://support.lenovo.com/en_GB/downloads/detail.page?LegacyDocID=SCCM-INDEX

http://en.community.dell.com/techcenter/enterprise-client/w/wiki/2065.dell-command-deploy-driver-packs-for-enterprise-client-os-deployment

http://www8.hp.com/us/en/ads/clientmanagement/drivers-bios.html#softpaq-download-mng#softpaq-download-mng?404m=rt404Mb,cache-ccto0#softpaq-download-mng%23softpaq-download-mng

Import von Anwendungen

Auch bei den Anwendungen sollten Sie eine Ordnerstruktur konsequent umsetzen.

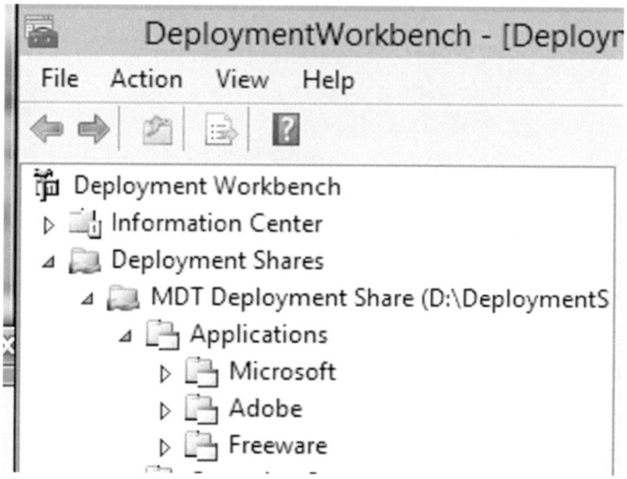

Abbildung 1.51: Ordnerstruktur für Anwendungen

Grundsätzlich gibt es keine Probleme, wenn Ihre Software als funktionierendes MSI-Paket zur Verfügung steht. Bei einem MSI-Paket ist die Syntax stets „`msiexec.exe /i <Name des MSI-Pakets“ /qn`“

Sie können aber auch exe-Dateien in das MDT importieren, falls die Anwendung eine Option zur stillen/ unbeaufsichtigten Installation bietet. Dies ist zum Beispiel bei dem beliebten VLC-Player der Fall.

Starten Sie den Assistenten über die rechte Maustaste auf dem entsprechenden Knoten in Ihrer Ordnerstruktur (hier: Freeware). In diesem Fall ist es eine Software mit den Quelldateien, geben Sie die erforderlichen Informationen ein und navigieren Sie zu dem Ordner im Dateisystem, in dem die VLC.exe liegt. Geben Sie im Menüpunkt „Command Details“ unter „Command line:“ „vlc-3.0.7-win32.exe /L=1031 /S“ ein, wenn Sie diese Version zur Verfügung haben. Ansonsten passen Sie den Namen auf die aktuelle bzw. eine ältere Version an. Beenden Sie den Assistenten mit „Next, Next, Finish“.

Damit haben Sie den VLC-Player als Anwendung importiert und Sie kann ab sofort als Anwendung bei der Installation ausgewählt werden. Verfahren Sie analog mit allen Ihren Anwendungen weiter.

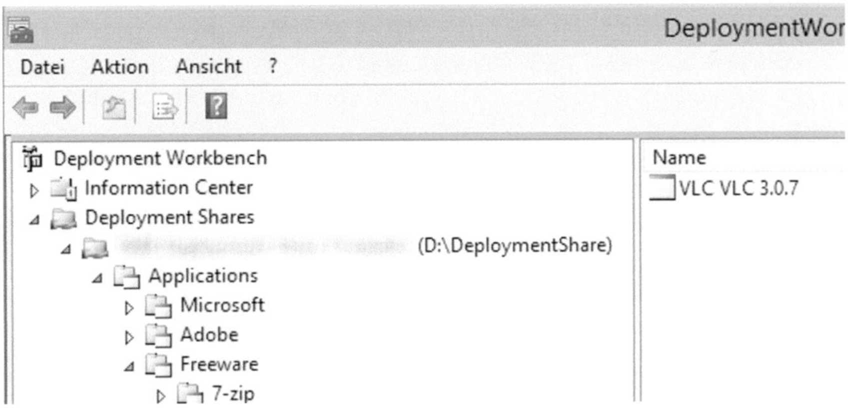

Abbildung 1.52: Der importierte VLC-Player

Falls Sie bestimmte Anwendungen immer installieren wollen, dann können Sie sich die jeweilige Arbeit ersparen, die Anwendung bei jeder Installation erneut auszuwählen. Öffnen Sie die Eigenschaften der gewünschten Anwendung im MDT und kopieren Sie die Application GUID inklusive der geschweiften Klammern.

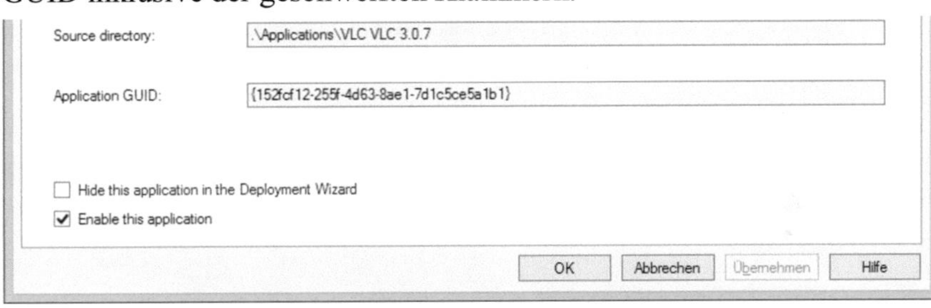

Abbildung 1.53: Kopieren Sie die Application GUID

Fügen Sie diesen Wert als letzte Zeile in der customsettings.ini ein und schreiben Sie vor diese GUID „`Applications001=`“. Ab dem nächsten Deployment ist diese Anwendung bereits ausgewählt und wird installiert.

Erstellung einer Task Sequenz

Mit einer Task Sequenz steuern Sie, was während der Installation geschehen soll. Sie können eine alternative Partitionierung festlegen, welche Anwendung auf alle Fälle installiert werden soll, ob Windows Updates noch während der Installation vom lokalen WSUS angewandt oder welches Ihrer Skripte nach Abschluss der Installation ausgeführt werden sollen. Was immer als Skript bereitgestellt werden kann, kann auch als Task Sequenz Schritt eingebunden werden.

Sie erstellen eine neue Task Sequenz über das Kontextmenü des Knotens „Task Sequences“. Vergeben Sie einen sprechenden Namen und eine eindeutige Task-ID. Wählen Sie die „Standard Client Task Sequence“ für Client-Betriebssysteme als Vorlage und wählen das richtige importierte Betriebssystem aus der angezeigten Liste aus. Tragen Sie noch Ihren Firmennamen unter „Organization“ ein und belassen Sie alle anderen Einstellungen.

In den Eigenschaften der eben erstellten Task Sequenz haben Sie nun die Möglichkeiten alle Ihre Vorgaben nach Ihren Wünschen einzustellen.

Unter anderem ist es auch möglich, hier einen Produktschlüssel zu hinterlegen.

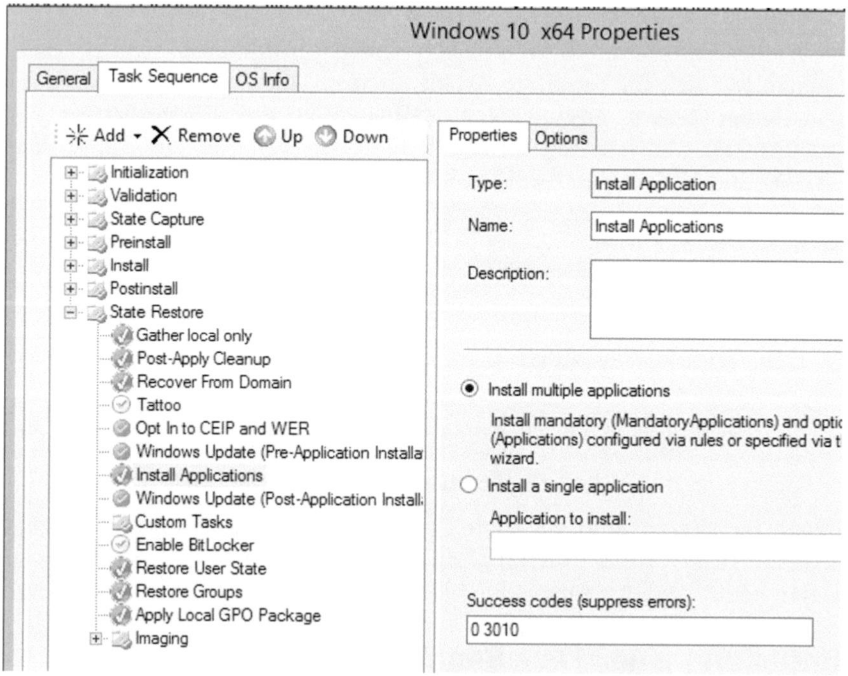

Abbildung 1.54: Eigenschaften einer Task Sequenz

Wie Sie sehen besteht die Möglichkeit, Windows Updates sowohl vor, als auch nach den Anwendungen zu installieren. Das ist beispielsweise nützlich, wenn man für eine Anwendung X einen bestimmten Patchstand benötigt. Sie haben an dieser Stelle alle Optionen der Installation, um genaue Vorgaben zu machen, wie der Client oder Server nach beendetem Rollout aussehen soll.

Boot-Images

Nachdem alle Einstellungen bis hierher vorgenommen worden sind, müssen Sie noch die Boot-Images erzeugen, damit Sie entweder einen bootbaren USB-Stick erstellen, eine bootbare CD brennen oder einen Import auf einem Windows Deployment Server (WDS) durchführen können. Dies erledigen Sie über das Kontextmenü des Deployment Shares. Wählen Sie „Update Deployment Share" und klicken Sie sich „Next, Next, Finish" durch den Assistenten. Die Erstellung dauert eine ziemliche Weile.

Danach stehen Ihnen die Boot-Images in 32 Bit/ 64 Bit im Dateisystem zur weiteren Verwendung bereit.

Installieren Sie nun das x86-Boot-Image[3] auf einen USB-Stick oder CD/ DVD. Natürlich können Sie dieses auch auf einem WDS importieren, wenn Sie PXE-Boot verwenden.

Roll-Out

Nun wird es Zeit die bisherige Arbeit einem Praxistest zu unterziehen.

Erstellen Sie in einer Virtualisierungslösung Ihrer Wahl einen neuen Client. Hyper-V und VMware sind die beiden Lösungen, die durch Ihre Marktanteile die größte Verbreitung haben und daher gibt es hier erfahrungsgemäß die wenigsten Probleme. Weisen Sie dieser virtuellen Maschine eine „ältere Netzwerkkarte" zu, damit Sie vom Netzwerk booten können, falls Sie das vorhaben. Unter Hyper-V ist dies der „Legacy Network Adapter". Unter VMware die E1000-Karte.

Grundsätzlich lassen sich alle folgenden Schritte mit einem gewissen Aufwand automatisieren, bzw. mit einem einfachen Eintrag in die CustomSettings.ini auch ausblenden.

[3] Das x86-Boot-Image kann sowohl 32 Bit als auch 64 Bit Betriebssysteme booten.

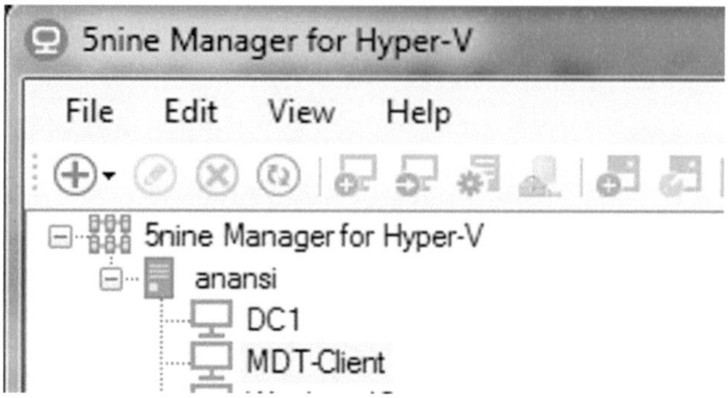

Abbildung 1.55: Eine neue virtuelle Maschine zum Test

Die Verbindung zum Server funktioniert.

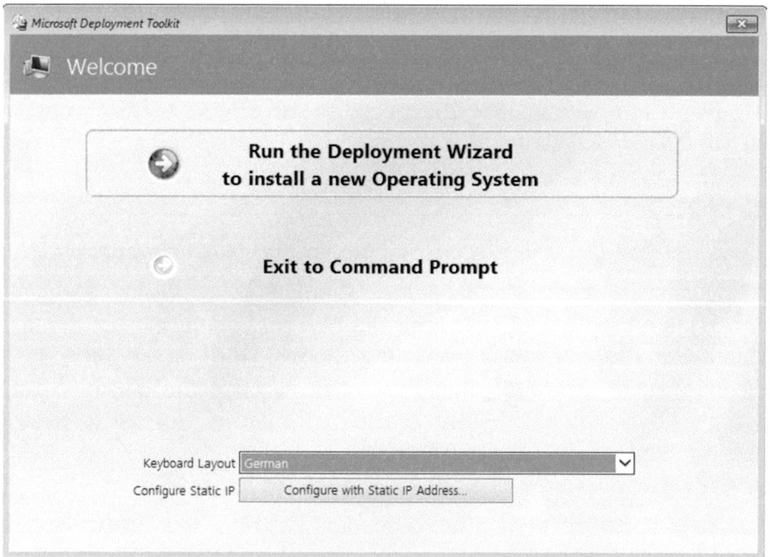

Abbildung 1.56: Eine erfolgreiche Verbindung

Als nächstes werden Sie aufgefordert einen Benutzer mit Passwort anzugeben, der sich auf den Deployment Share verbinden darf und der die Installation samt Domänenbeitritt durchführen darf. Hier in dieser Umgebung ist das der Unternehmensadministrator.

ACHTUNG!
Richten Sie bei sich einen separaten Domänenbenutzer ein, der maximal die Berechtigungen für diese Aufgabenstellung hat.

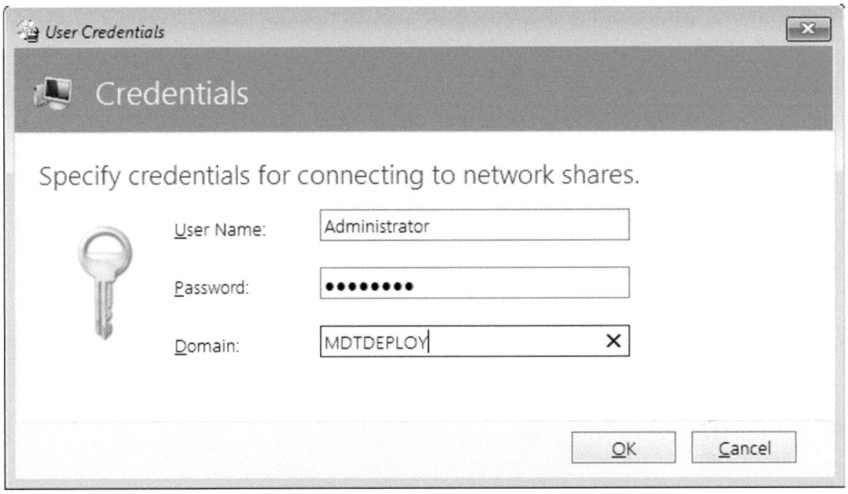

Abbildung 1.57: Benutzerangaben

Nun können Sie auswählen, welche der hinterlegten Task Sequenzen samt Betriebssystem für diesen Rechner ausgeführt werden soll.

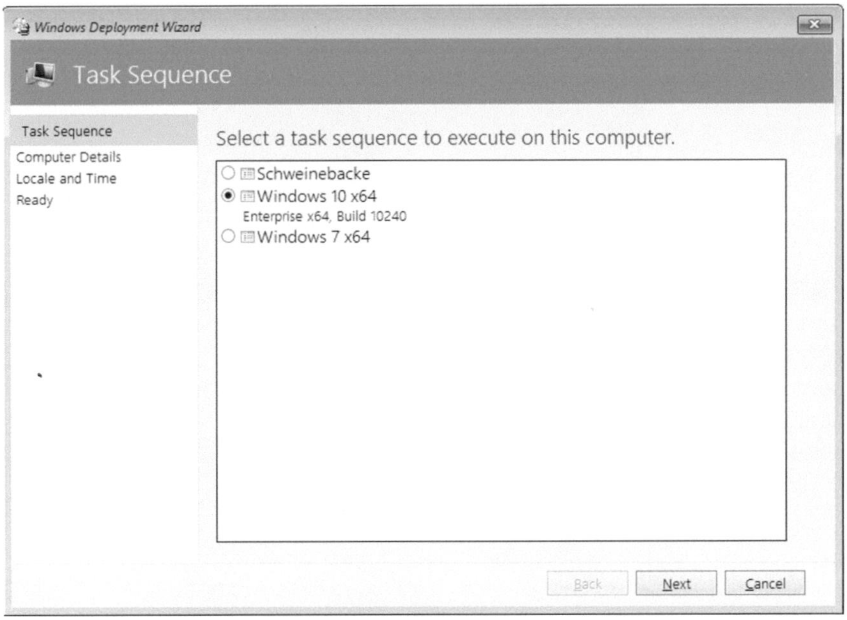

Abbildung 1.58: Gewählte Task Sequenz Windows 10 x64

Geben Sie anschließend den gewünschten Rechnernamen an. Die meisten Firmen haben dahingehende Namenskonventionen. Wenn der Rechner schon während der Installation Ihrer Domäne beitreten soll, dann geben Sie diese Domäne und den Benutzer samt Passwort dafür an.

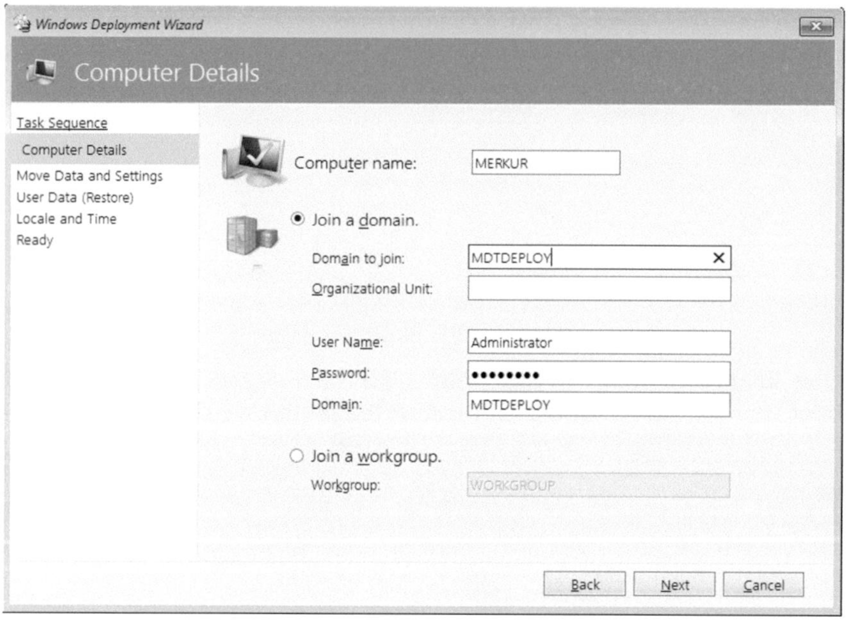

Abbildung 1.59: Angabe von Rechnername und Domänenbeitritt

An dieser Stelle können Sie bei einem Refresh des Rechners die vorhandenen Benutzerprofile sichern. Diese Funktion übernimmt im Hintergrund das User State Migration Tool (USMT), das schon seit Windows XP dabei ist. Wer schon länger die Windows-Zertifizierungen absolviert, dem sind die Begriffe „scanstate" und „loadstate" selbstverständlich vertraut.

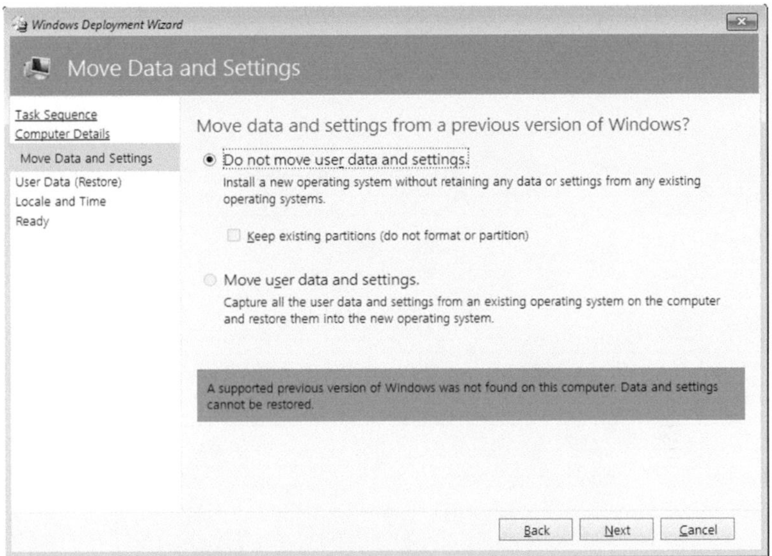

Abbildung 1.60: Sicherung der Benutzerprofile

Natürlich möchten Sie die automatisierte Sicherung hinterher auch wieder auf dem gleichen Weg zurücksichern.

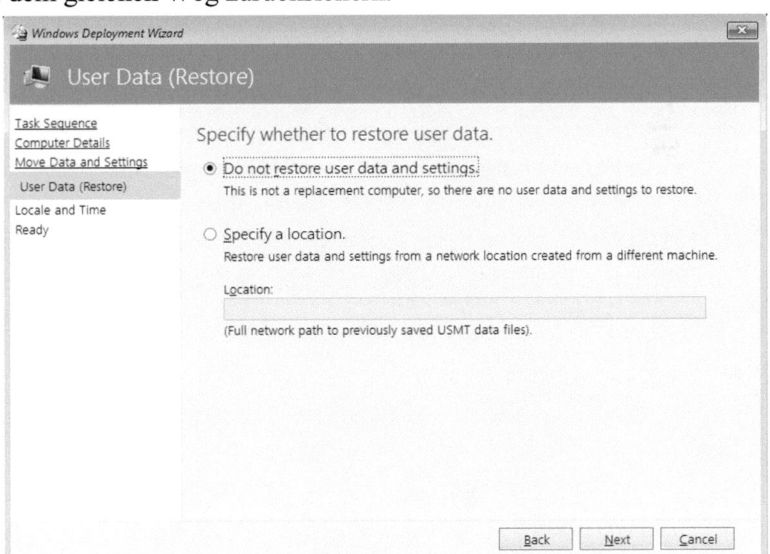

Abbildung 1.61: Rücksicherung der Benutzerprofile

Stellen Sie die Ländereinstellungen, wie Tastatur-Layout, Zeitzone und Währung auf den gewünschten Wert.

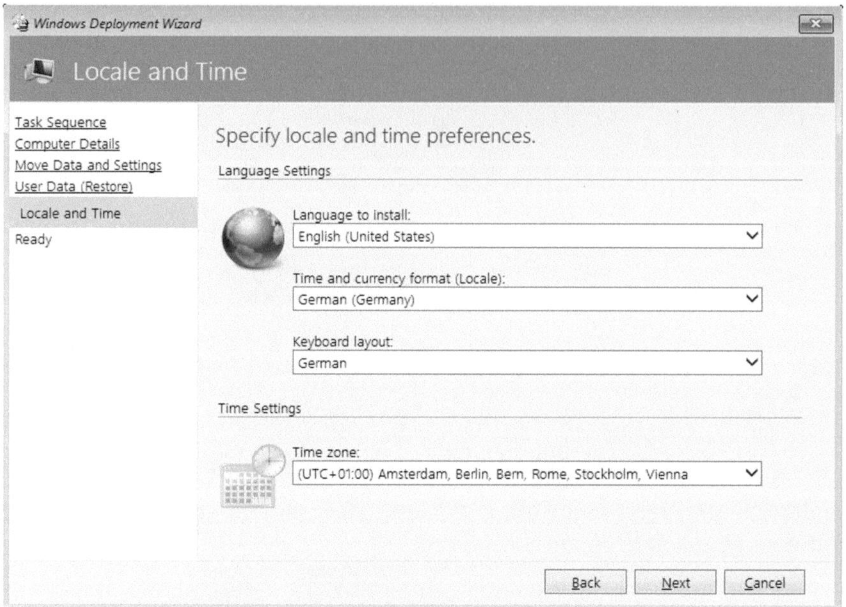

Abbildung 1.62: Angabe der Länderspezifikation

Wählen Sie alle Anwendungen, die in Ihrem MDT importiert wurden und auf diesem Rechner mit installiert werden sollen, aus.

Beenden Sie den Assistenten und starten Sie das Deployment. Es wird Zeit für einen Kaffee.

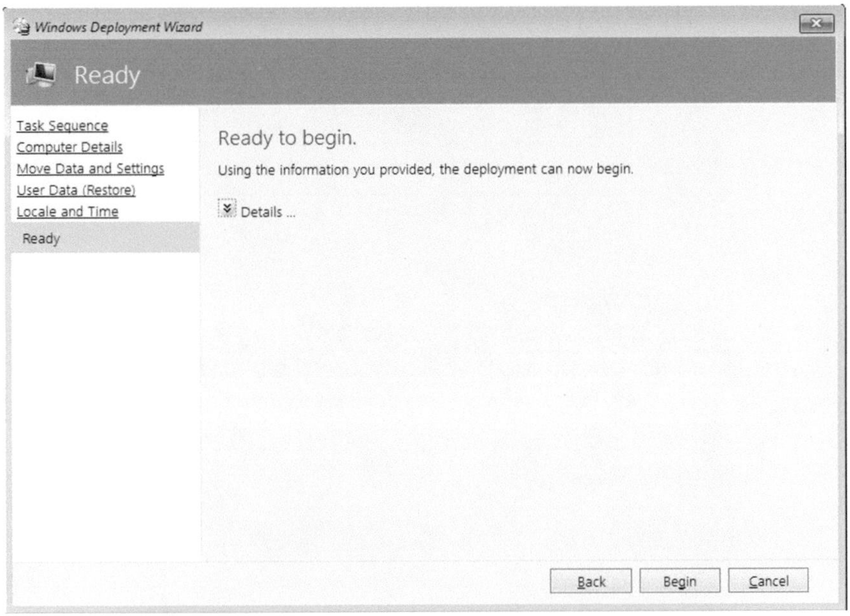

Abbildung 1.63: Die Installation ist noch einen Klick entfernt

Abbildung 1.64: Los geht's

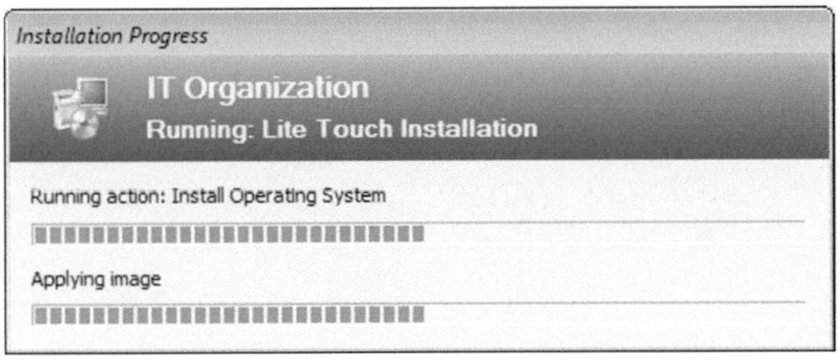

Abbildung 1.65: Das Image wird angewandt

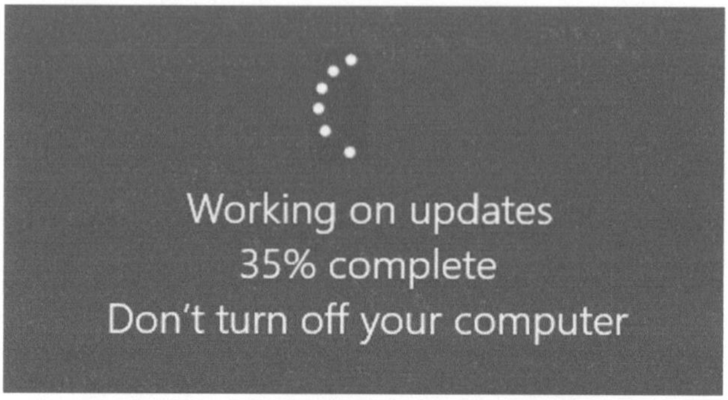

Abbildung 1.66: Kurz vor Ende der Installation

Abbildung 1.67: Eine kleine Schwindelei ;-)

Abbildung 1.68: Windows 10 ist fertig

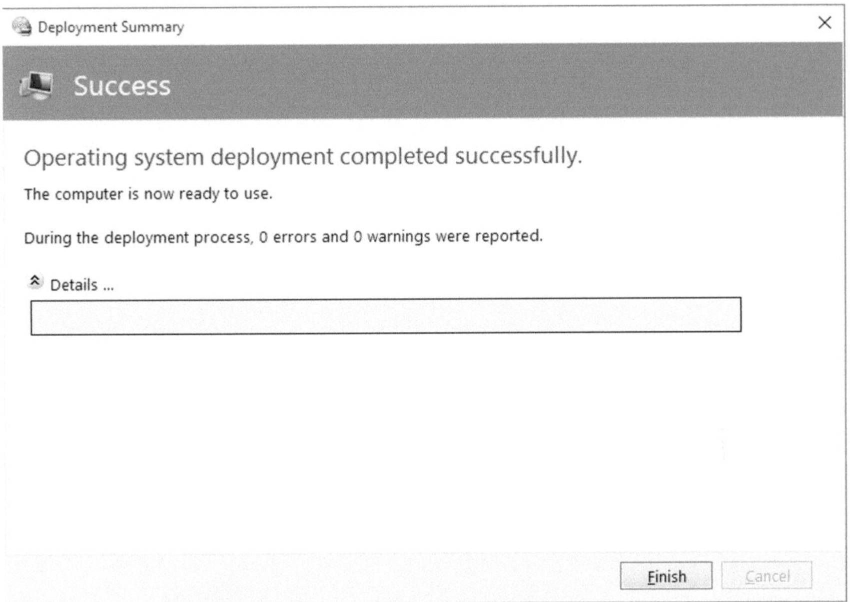

Abbildung 1.69: Ein erfolgreiches Deployment

Weitere Möglichkeiten

In diesem Abschnitt bekommen Sie einen kleinen Überblick, was das MDT noch für Sie tun kann.

Sie können mittels MDT die Standard-WIM-Datei von der DVD neu mit allen Ihren Standard-Firmen-Anwendungen erstellen (Stichwort: Re-Imaging). Alle Ihre Anwendungen wären dann bereits mit der Installation von Windows vorhanden und warten nur noch auf die Konfiguration.

> **HINWEIS:**
> Bitte beachten Sie, dass nicht jede Windows Lizenz automatisch zum Re-Imaging verwendet werden darf. Informieren Sie sich bitte vorher ausführlich bei Ihrem bevorzugten Händler, ob diese Option bei der von Ihnen verwendeten Lizenz möglich ist. Auf der sicheren Seite sind Sie mit einer Volumenlizenz.

Mit der zusätzlichen Verwendung eines angepassten Images haben Sie die volle Freiheit, ob Sie einen Client/ Server schnell oder flexibel installieren wollen.

Das MDT bietet darüber hinaus einen Client-Refresh an. Starten Sie das Deployment als Administrator von einem funktionierenden Client aus, dann bleibt das Profil erhalten, während das Betriebssystem und die Anwendungen quasi eine Neuinstallation erfahren. Dies eignet sich auch hervorragend für einen Architekturwechsel (32 Bit zu 64 Bit und umgekehrt), aber auch für einen Versionswechsel. Zum Beispiel von Windows 7 zu Windows 10.

Wenn Sie bereits einen Windows Deployment Server im Einsatz haben, dann ist mit geringem Aufwand mittels PXE eine Netzwerkinstallation verfügbar. Damit entfallen die obligatorischen USB-Sticks und Boot-CDs. Vor der versehentlichen Installation durch Ihre Benutzer verwenden Sie ein eigenes Passwort für den Installationsbenutzer.

Sollten Sie mehrere Standorte haben, steht Ihnen das „Linked Deployment“ zur Verfügung. Damit replizieren Sie Ihre Daten zu den anderen Standorten. Die Arbeit muss nur einmal gemacht werden und die Installationen laufen dann über lokale Netzwerke.

Für häufige Rechnerwechsel empfiehlt sich die MDT Database. Damit können Sie vorab alle MAC-Adressen in die Datenbank einpflegen (Stichwort: Prestaging) und schon Rechnernamen und Anwendungen für die kommende Installation zuweisen.

1.3 Planung und Implementierung von Windows 10 mit Windows Autopilot

Ein völlig anderer Ansatz für die Bereitstellung ist die Automatisierung mit Windows Autopilot.

Autopilot installiert Windows 10 nicht, der Client muss bereits vor der Bereitstellung Windows 10 installiert haben, bei Autopilot werden lediglich unternehmensrelevante Einstellungen vorgenommen.

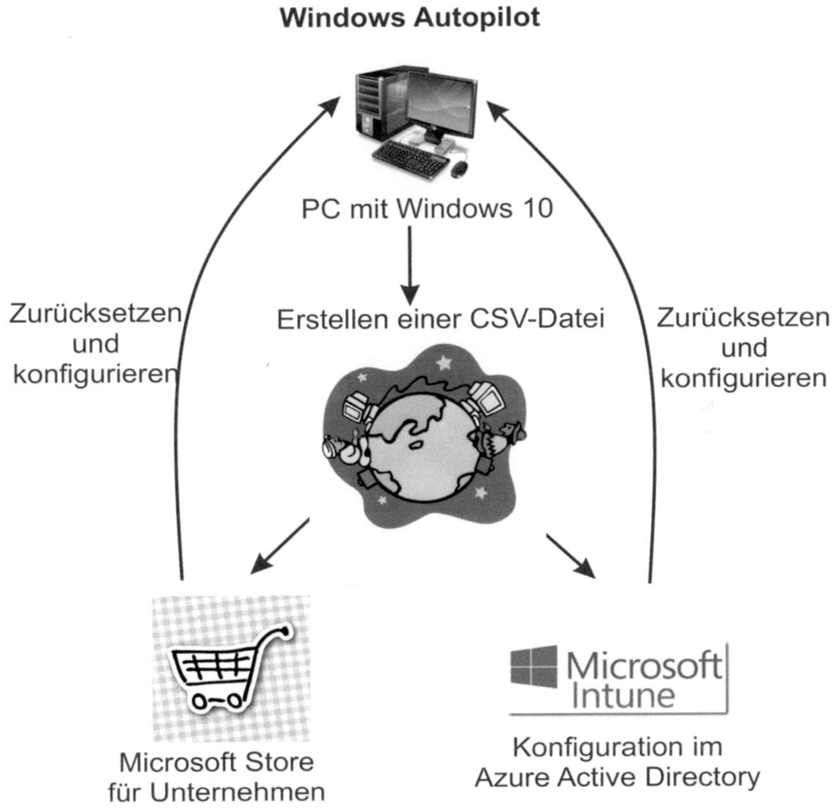

Abbildung 1.70: Prinzip Windows Autopilot

1.3.1 Voraussetzungen für Windows Autopilot

Azure Active Directory

Windows Autopilot funktioniert cloudbasiert, das heißt Azure Active Directory ist eine zwingende Voraussetzung.

Außerdem ist Windows Autopilot Bestandteil von entweder Microsoft Store für Unternehmen oder Microsoft Intune. Beide fordern ebenfalls ein Azure Active Directory.

Die Geräte benötigen ein vorinstalliertes Windows 10

Da Autopilot nicht installiert, sondern lediglich konfiguriert, muss Windows 10 Pro, Enterprise, oder Education ab der Version 1703 auf den Geräten vorinstalliert sein.

Microsoft Intune oder Microsoft Store für Unternehmen

Um die Konfiguration von Windows Autopilot vornehmen lassen zu können, wird entweder Microsoft Intune oder der Microsoft Store für Unternehmen benötigt. Einer dieser Clouddienste muss im Unternehmen verfügbar sein.

Internetverbindung

Da die Konfiguration cloudbasiert stattfindet, muss natürlich eine Internetverbindung vorhanden sein.

Die Geräte müssen registriert sein

Windows Autopilot muss die Geräte, die konfiguriert werden sollen, vorab kennen. Bevor eine Konfiguration stattfinden kann, müssen bestimmte Informationen über das Gerät hochgeladen werden, wie beispielsweise die Hardware-ID.

Diese Informationen müssen zunächst in einer CSV-Datei gespeichert werden.

1.3.2 Erstellen der Konfigurationsdatei

Nehmen wir an, Sie haben einen Rechner mit einem vorinstallierten Windows 10 Pro, den Sie mit Autopilot konfigurieren möchten.

Der erste Schritt dafür ist das Auslesen der Seriennummer des Geräts, der Windows Produktnummer und des Hardware Hashs.

Mit diesen Informationen wird eine CSV-Datei erstellt.

Die Vorgehensweise ist sehr einfach.

Sie öffnen die PowerShell und geben folgende Befehle ein:

Md c:\<NameDesOrdners>

Damit erstellen Sie einen Ordner, in dem die Konfigurationsdatei gespeichert wird.

Diesen Schritt können Sie natürlich auch im Explorer vornehmen.

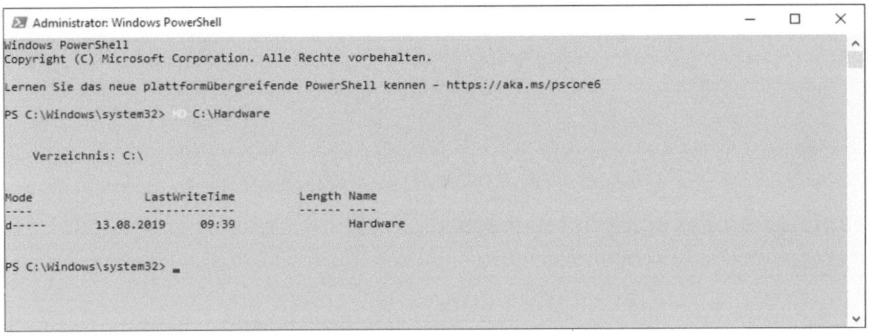

Abbildung 1.71: Erstellen eines Ordners

Der nächste Befehl lautet

Set-Location <PfadZumOrdner>

Damit werden alle weiteren Befehle nun innerhalb des Ordners ausgeführt.

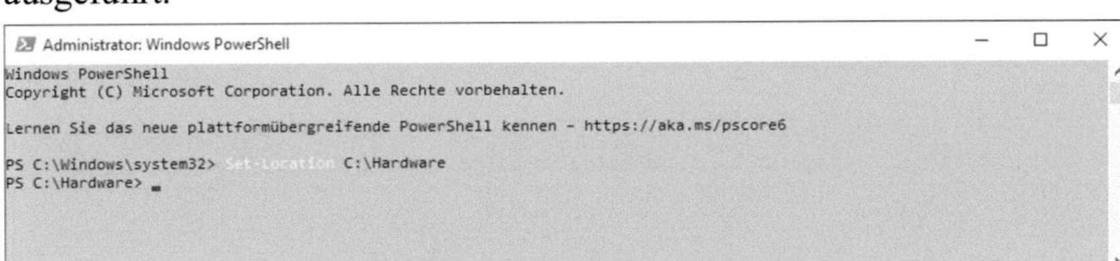

Abbildung 1.72: Wechsel in den Ordner

Set-ExecutionPolicy Unrestricted

Damit wird das Ausführen von Skripten erlaubt.

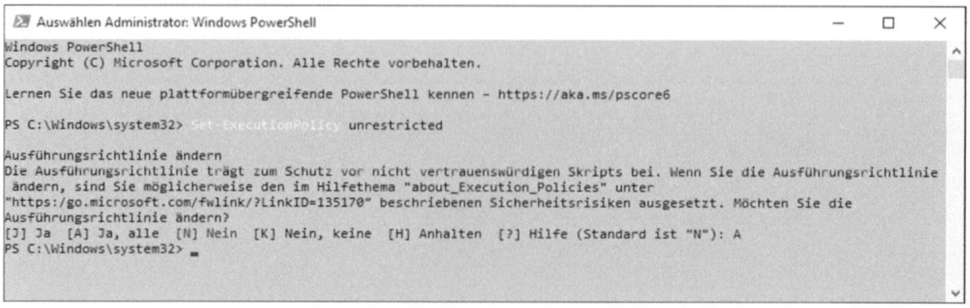

Abbildung 1.73: Ausführen von Skripten erlauben

Nun beginnt das eigentliche Erstellen der CSV-Datei.

Install-Script -Name Get-WindowsAutoPilotInfo

Mit diesem Befehl wird das Skript installiert, um es später ausführen zu können.

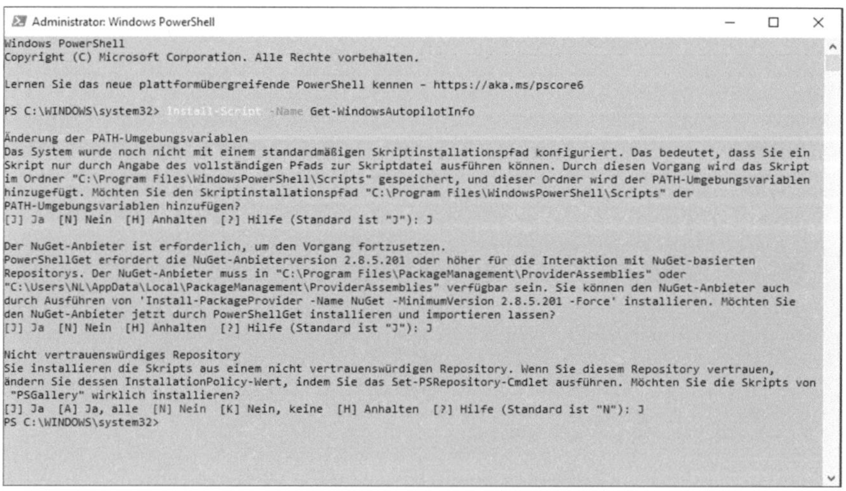

Abbildung 1.74: Installation des Skripts

Der letzte Schritt ist nun endlich das Erstellen der CSV-Datei mit dem Befehl:

Get-WindowsAutoPilotInfo.ps1 -OutputFile AutoPilotHWID.csv

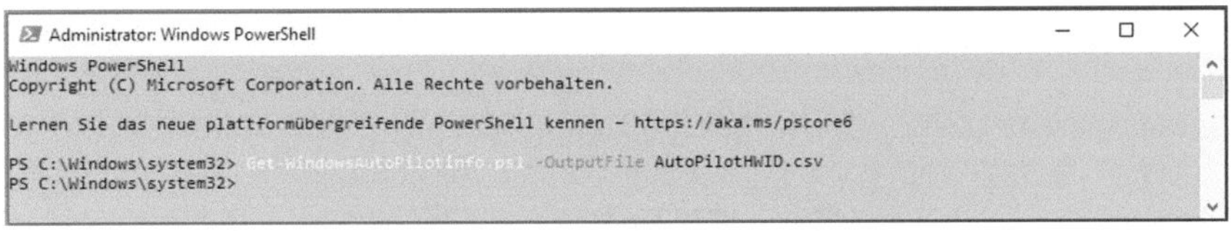

Abbildung 1.75: Erstellen der CSV-Datei

Betrachten wir diese Datei:

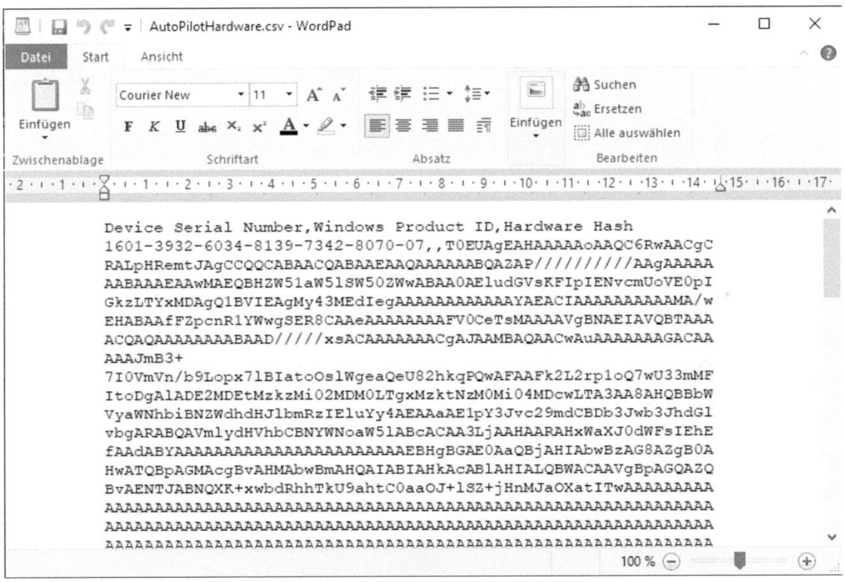

Abbildung 1.76: Geöffnete CSV-Datei

Wir sehen, dass drei Informationen gespeichert sind:

- Seriennummer des Geräts
- Die Windows Produktnummer
- Der Hardware Hash

1.3.3 CSV-Datei bereitstellen

Im nächsten Schritt muss diese CSV-Datei bereitgestellt werden. Dafür gibt es zwei Möglichkeiten:

- Im Windows Store für Unternehmen
- Mit Microsoft Intune

CSV-Datei bereitstellen im Windows Store für Unternehmen

Um Windows Autopilot benutzen zu können, muss diese Datei nun in die Cloud geladen werden.

Eine Plattform dafür ist der Windows Store für Unternehmen.

Nachdem Sie einen Zugang für Microsoft 365 haben, loggen Sie sich mit den gleichen Anmeldedaten beim Windows Store für Unternehmen an.

Alle Anleitungen, die Sie für einen Testaccount benötigen, finden Sie im Anhang B.

Im Windows Store für Unternehmen wechseln Sie auf „Geräte" und wählen dort „Gerät hinzufügen".

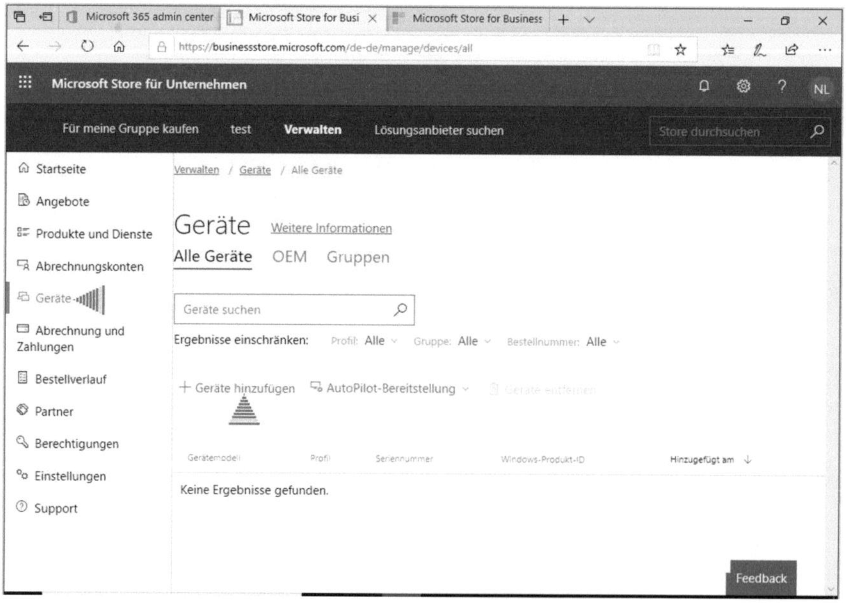

Abbildung 1.77: Gerät hinzufügen

Dann wählen Sie die zuvor erstellte CSV-Datei aus, und die Informationen des Computers werden hochgeladen.

Um diese Informationen nun für eine Konfiguration mit Autopilot verwenden zu können, klicken Sie auf „Autopilot Bereitstellung“ und wählen „Neues Profil erstellen“ aus.

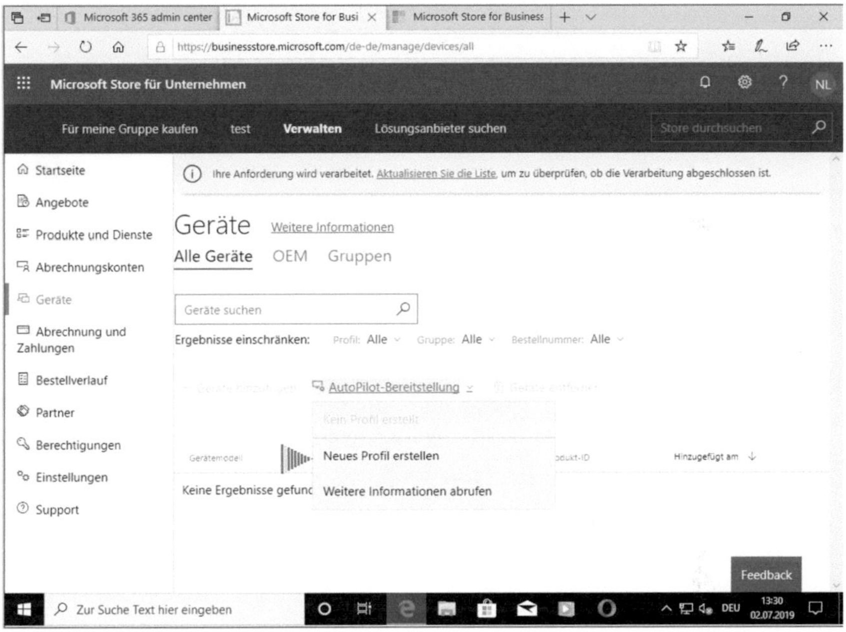

Abbildung 1.78: Neues Profil erstellen

Nun geben Sie dem neuen Profil einen Namen und nehmen einige Einstellungen vor.

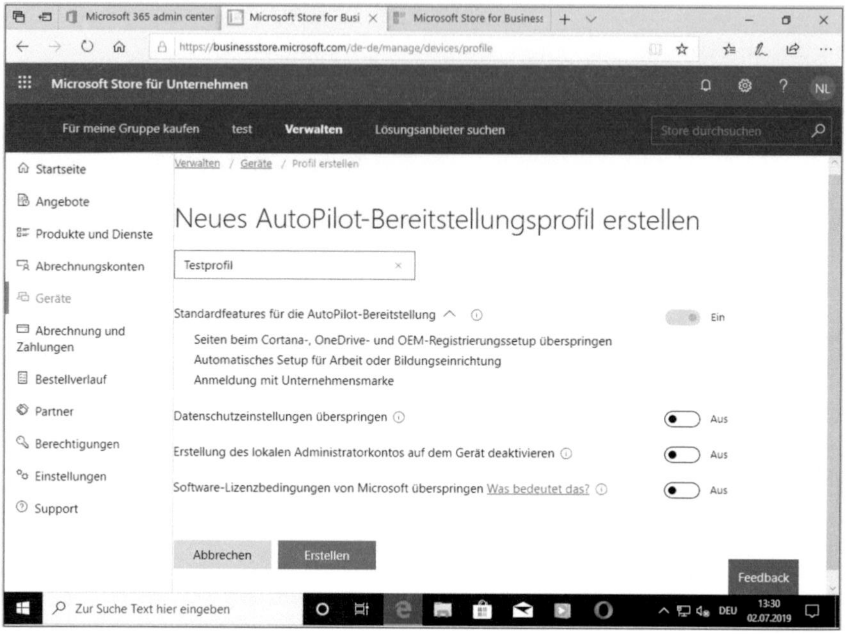

Abbildung 1.79: Konfiguration des Profils

Die vier Optionen, die Sie an dieser Stelle konfigurieren können sind:

Standardfeatures für die Autopilot-Bereitstellung

Diese Option ist aktiviert. Hierbei werden das Microsoft-Cortana-Setup, die OneDrive-Konfiguration sowie die OEM-Registrierungsseiten übersprungen.

Datenschutzeinstellungen überspringen

Wenn Sie diese Einstellung aktivieren, wird bei den Datenschutzeinstellungen der Teil übersprungen, in dem der Benutzer die Einstellungen individualisieren kann.

Erstellung des lokalen Administratorkontos auf dem Gerät deaktivieren

Hiermit können Sie das Anlegen eines lokalen Administratorkontos verhindern.

Software-Lizenzbedingungen von Microsoft überspringen

Der Benutzer des Rechners wird bei Aktivierung nicht aufgefordert, die Endbenutzer-Lizenzvereinbarung (EULA) zu akzeptieren.

Nach der Bestätigung ist das Profil erstellt und das Gerät erscheint in der Liste.

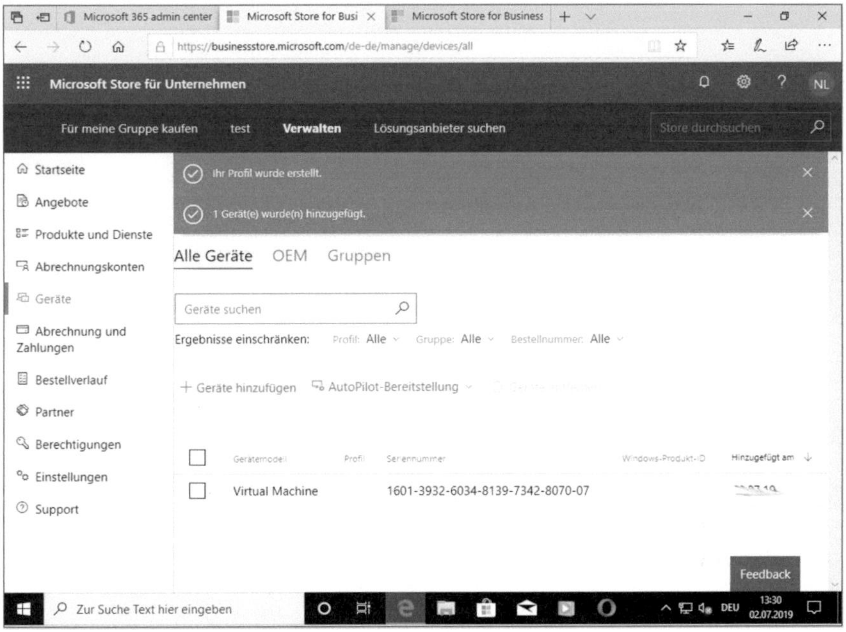

Abbildung 1.80: Profil ist erstellt

CSV-Datei bereitstellen in Microsoft Intune

Eine zweite Möglichkeit, die CSV-Datei hochzuladen, ist mithilfe von Microsoft Intune.

Microsoft Intune ist Bestandteil von Microsoft 365 und erlaubt das Management mobiler Geräte.

Ein Teil dieses Managements ist auch die Bereitstellung des Betriebssystems mithilfe von Windows Autopilot.

Um Microsoft Intune benutzen zu können, muss zunächst im Azure Active Directory eine Konfiguration getätigt werden.

Dazu wählen Sie

- Mobilität (MDM und MAM)
- Microsoft Intune

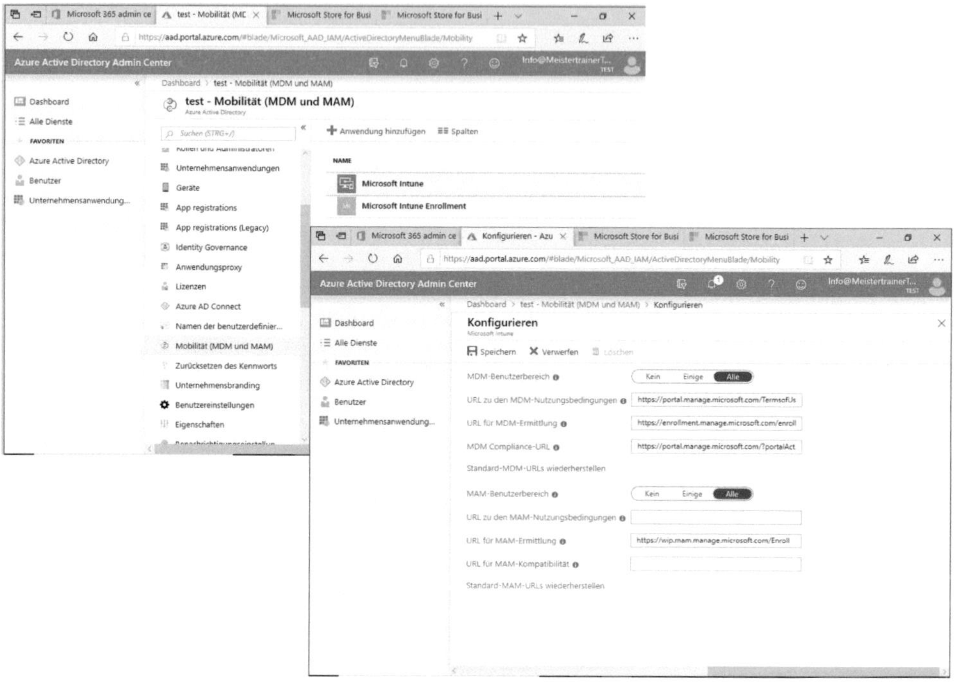

Abbildung 1.81: Konfiguration von Intune

Hier stellen Sie alle Auswahlmöglichkeiten auf „Alle".

Microsoft Intune ist ein mächtiges Werkzeug, auf dessen Möglichkeiten wir in diesem Buch noch an mehreren Stellen genauer eingehen werden.

Aus diesem Grund finden Sie alle Konfigurationseinstellungen in einer eigenen Konsole.

Dafür öffnen Sie das Microsoft Intune Portal unter der URL

https://aka.ms/Intuneportal

Hier wechseln Sie zu

- Geräteregistrierung
- Windows-Registrierung
- Windows AutoPilot Deployment-Programm: Geräte

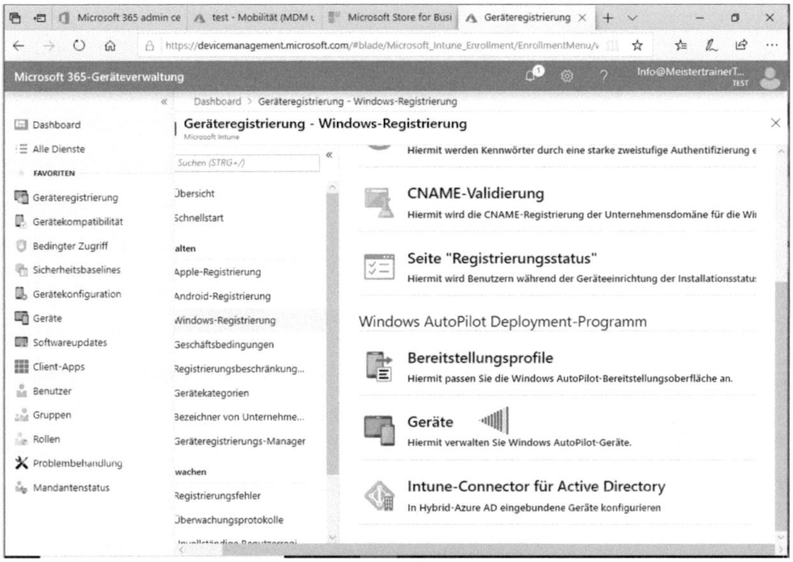

Abbildung 1.82: Geräte

Hier können Sie die CSV-Datei importieren. Dazu klicken Sie auf „Importieren" und wählen die CSV-Datei aus.

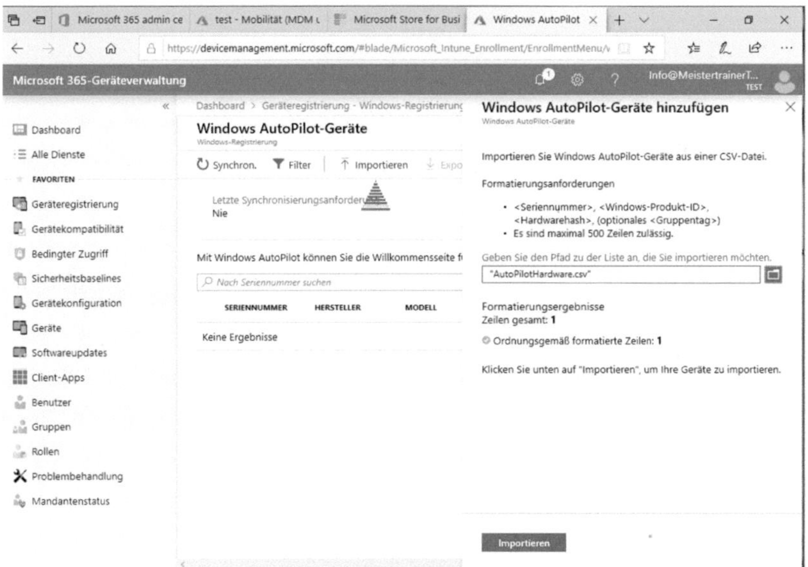

Abbildung 1.83: Import der CSV-Datei

Bereitstellungsprofil

Auch ein Bereitstellungsprofil können Sie erstellen.

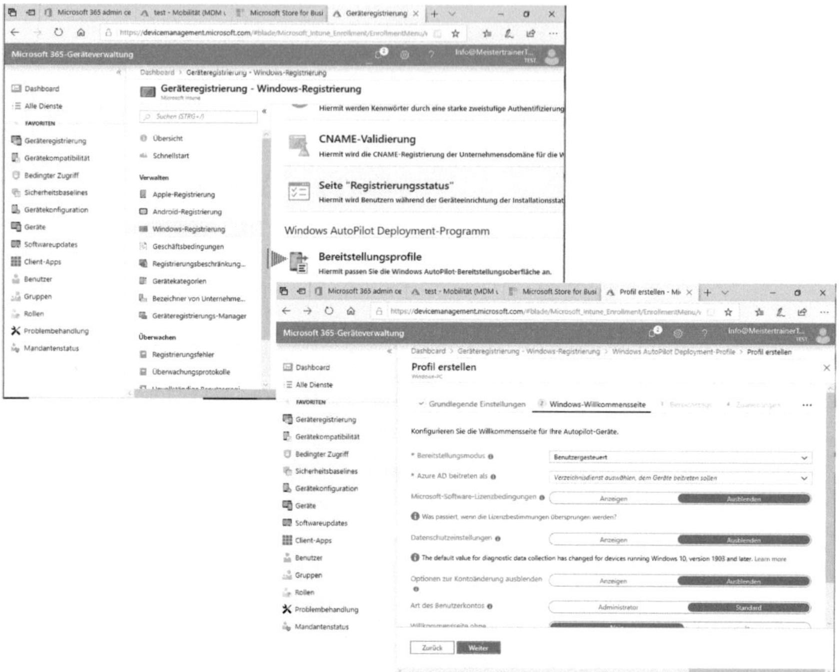

Abbildung 1.84: Bereitstellungsprofil

Hier haben Sie mehr Einstellungsmöglichkeiten als im Windows Store für Unternehmen.

Generell empfiehlt Microsoft, die Bereitstellung über Autopilot mithilfe von Microsoft Intune vorzunehmen.

Unter anderem können Sie hier auch den Bereitstellungsmodus wählen.

Benutzergesteuert

Der benutzergesteuerte Modus erlaubt, fabrikneue Windows 10 Rechner direkt an den Benutzer zu verschicken. Beim ersten Start wird dieser direkt bereitgestellt.

Selbstbereitstellung

Mit der Selbstbereitstellung können Sie einen Kiosk-Rechner einrichten.

1.3.4 Einstellungen im Azure Active Directory

Einige Einstellungen müssen Sie noch im Azure Active Directory vornehmen, bevor Sie mit der Autopilot Installation starten können.

Unternehmensbranding

Der nächste Schritt in der Vorbereitung ist das Individualisieren der zukünftigen Konfiguration.

Die wichtigsten Schritte haben Sie ja schon mit dem Bereitstellungsprofil geregelt.

In vielen Fällen ist es zusätzlich erwünscht, dass bei der Konfiguration des Rechners das Firmenlogo angezeigt wird.

Dies können Sie sehr einfach einrichten.

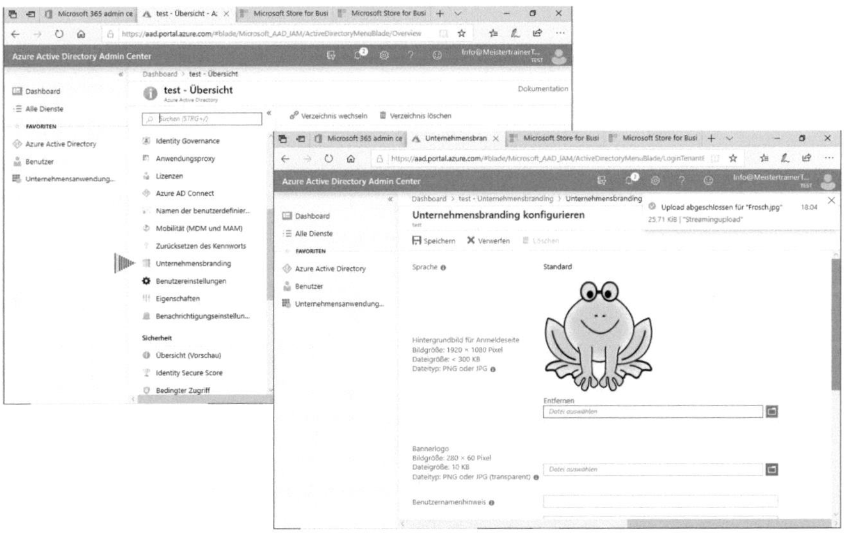

Abbildung 1.85: Unternehmensbranding

Sie wählen im Azure Active Directory den Punkt „Unternehmensbranding“ und nehmen hier alle gewünschten Einstellungen vor.

Bitte beachten Sie, dass es bis zu 30 Minuten dauern kann, bis die Änderungen verfügbar sind!

Profil zuweisen

Das Bereitstellungsprofil beinhaltet die wesentlichen Konfigurationseinstellungen für die Konfiguration des Betriebssystems.

Ein Bereitstellungsprofil haben Sie bereits erstellt.

Allerdings ist noch nicht definiert, für welche Geräte es gelten soll.

Profile werden generell Gruppen zugewiesen, diese Gruppen enthalten die Geräte, für die das Profil gelten soll.

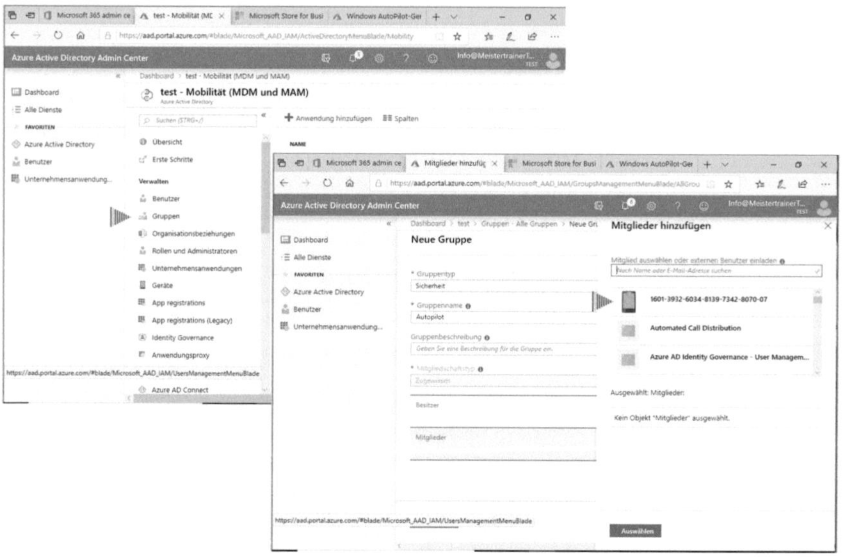

Abbildung 1.86: Gruppen erstellen

Also müssen Sie im Azure Active Directory wählen

- Gruppen
- Alle Gruppen
- Neue Gruppe

Hier wählen Sie als Typ „Sicherheit“, geben der Gruppe einen Namen und bestimmen den Mitgliedschaftstyp „Zugewiesen“.

Damit können Sie im nächsten Schritt auf „Mitglieder“ klicken und das eben hochgeladene Gerät hinzufügen.

Mit „Erstellen“ wird die Gruppe angelegt. Eventuell müssen Sie die Ansicht aktualisieren, um die neu angelegte Gruppe zu sehen.

Nun verknüpfen Sie noch diese Gruppe mit dem zuvor erstellten Profil.

Dafür wechseln Sie wieder in die Microsoft Intune-Konsole und bearbeiten die Bereitstellungsprofile.

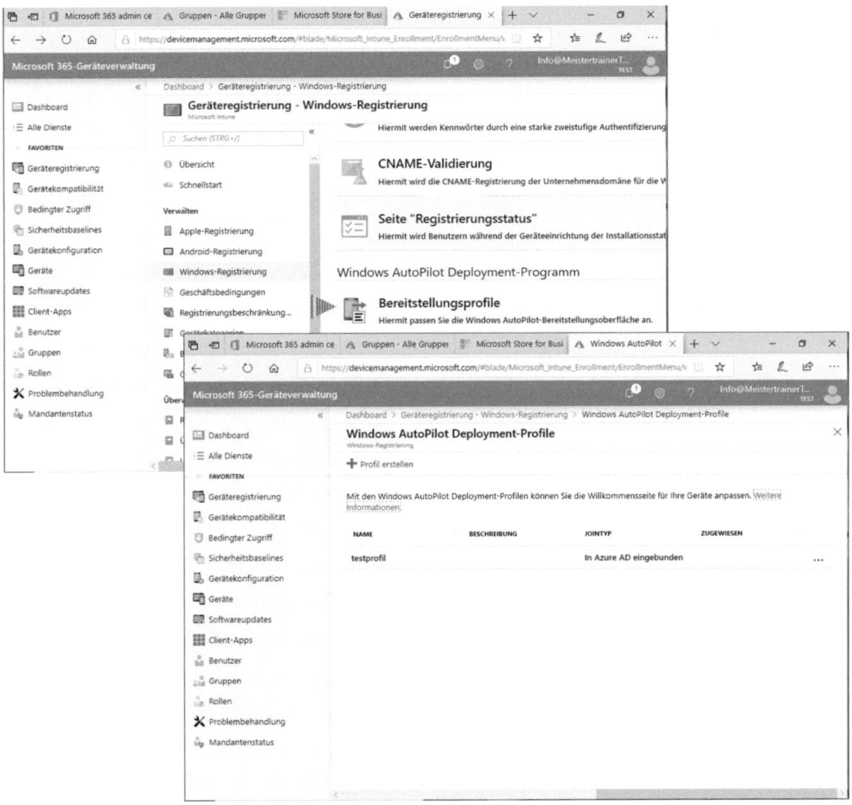

Abbildung 1.87: Auswahl des Profils

Wählen Sie das zu bearbeitende Profil aus, und klicken Sie auf die „Eigenschaften“.

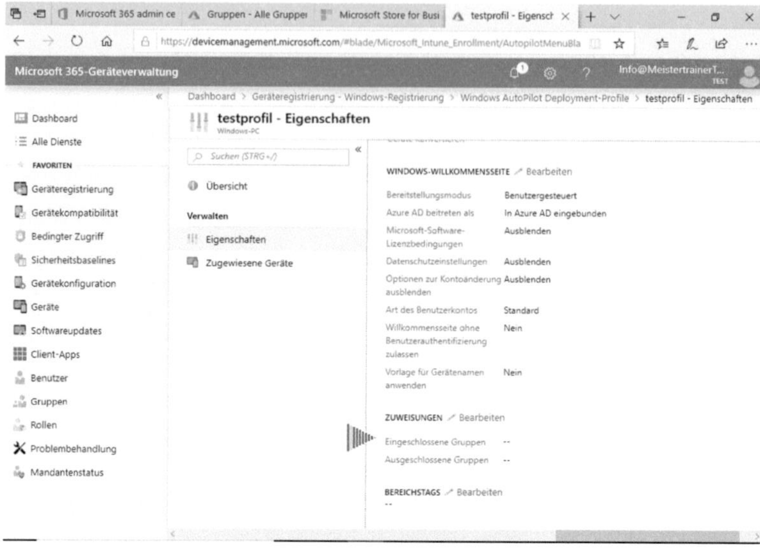

Abbildung 1.88: Eigenschaften

Auf der rechten Seite finden Sie im unteren Teil die „Zuweisungen“. Diese bearbeiten Sie, indem Sie die zuvor erstellte Gruppe hinzufügen.

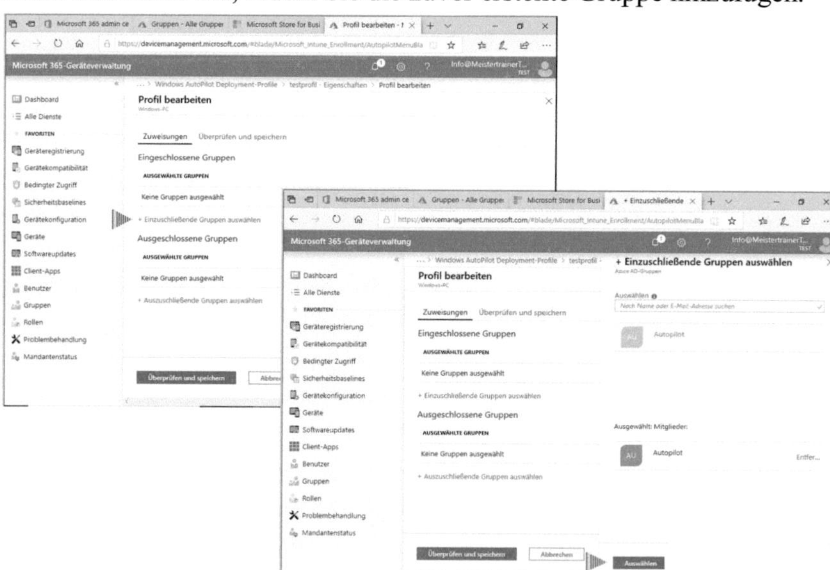

Abbildung 1.89: Gruppe hinzufügen

Damit haben Sie das Bereitstellungsprofil einer Gerätegruppe hinzugefügt.

Erlaubnis zum Einbinden von Geräten ins Azure Active Directory

Der Benutzer, der den Rechner später installieren wird, benötigt noch einige Rechte im Azure Active Directory.

Zunächst sollten Sie überprüfen, ob Rechte zum Einbinden von Geräten ins Azure Active Directory vergeben sind.

Dazu wählen Sie

- Azure Active Directory
- Geräte
- Geräteeinstellungen

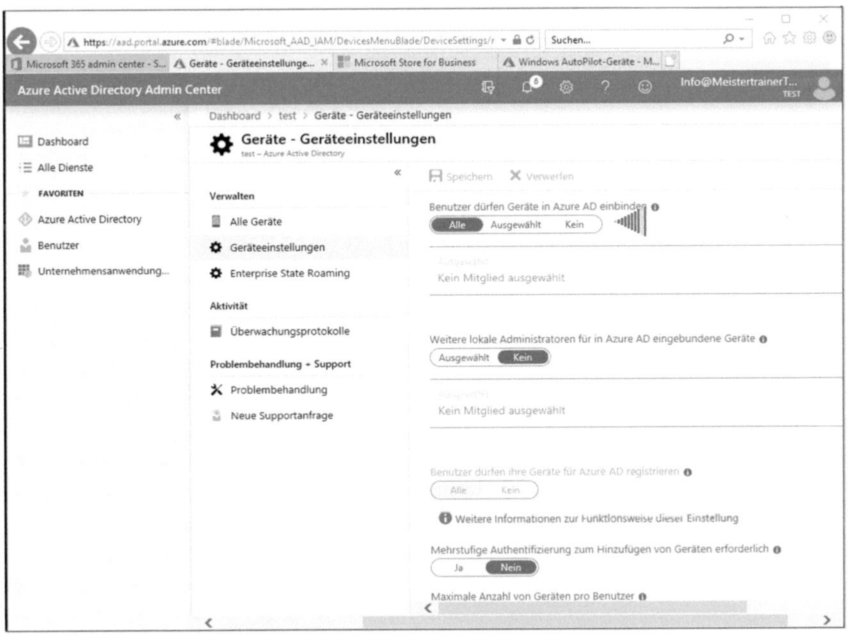

Abbildung 1.90: Geräte einbinden erlauben

Hier können Sie auswählen, welche Benutzer Geräte in Azure Active Directory einbinden dürfen.

Wählen Sie entweder „Alle“ oder geben Sie spezielle Benutzer an.

Erlaubnis zur Installation von Windows 10

Im nächsten Schritt muss überprüft werden, ob der Benutzer eine Lizenz von Windows 10 verwenden darf.

Dafür öffnen Sie wieder das Azure Active Directory, navigieren zu „Benutzer“ und wählen den entsprechenden Benutzer aus.

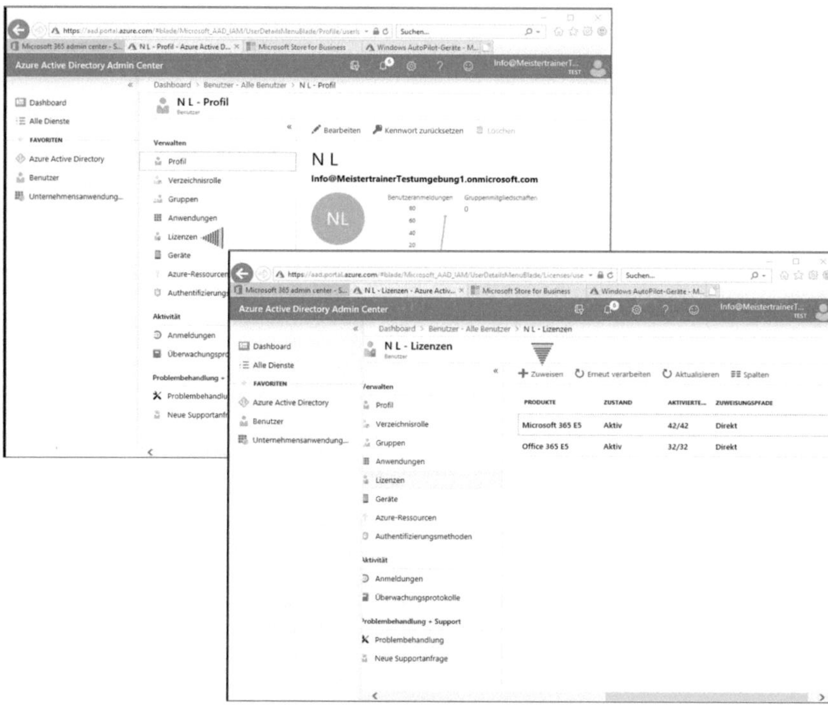

Abbildung 1.91: Benutzerrechte

Klicken Sie auf „Lizenzen“ und überprüfen Sie, ob der Benutzer eine Lizenz für Microsoft 365 hat. Sollte das nicht der Fall sein, klicken Sie auf „Zuweisen“ und geben Sie ihm eine Lizenz.

1.3.5 Zurücksetzen der Windows 10 Installation (Autopilot Reset)

Langsam wird es ernst.

Wenn Sie einen Computer zum ersten Mal starten, werden Sie von einem Assistenten durch einige Abfragen geführt, indem Sie Land, Sprache und ähnliches eingeben müssen.

Diese Stelle in der Installationsroutine nennt sich Out-Of-Box Experience (OOBE).

Windows 10 Pro, Enterprise oder Education versucht nun, Kontakt mit dem Internet aufzunehmen und überprüft, ob eine Konfigurationsdatei von AutoPilot vorliegt.

Aus diesem Grund müssen Sie den Windows 10 Rechner zunächst einmal komplett zurücksetzen, nur dann startet er in OOBE.

Damit die Zuweisung auch klappt, sollten Sie sich vergewissern, dass in Microsoft Intune der Profilstatus des Geräts auf „Zugewiesen" steht.

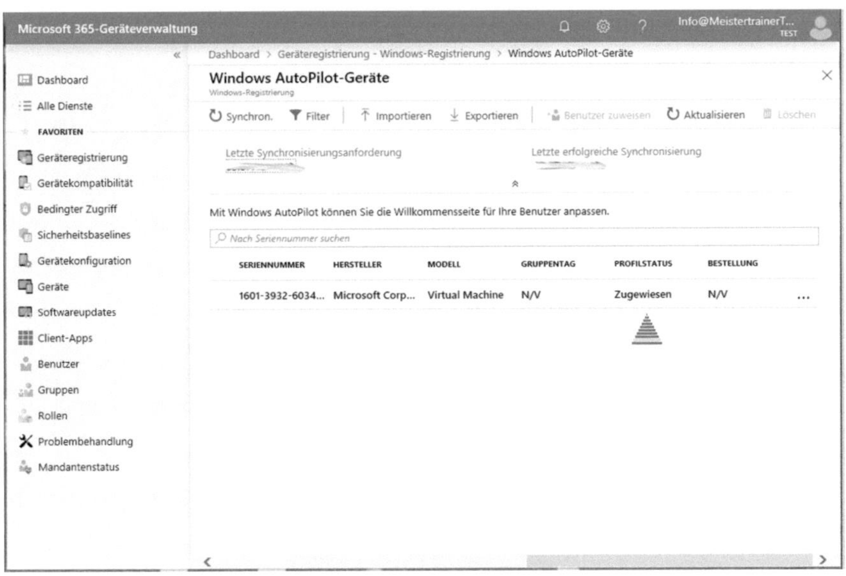

Abbildung 1.92: Profilstatus

Leider kann es relativ lange dauern, bis die Anzeige korrekt ist, drücken Sie immer wieder die Schaltfläche „Aktualisieren“.

Wenn alle Vorbereitungen abgeschlossen sind, öffnen Sie auf dem Windows 10 Rechner, den Sie mit Autopilot konfigurieren möchten, die Einstellungen, navigieren zu „Update und Sicherheit“ und wählen „Wiederherstellung“.

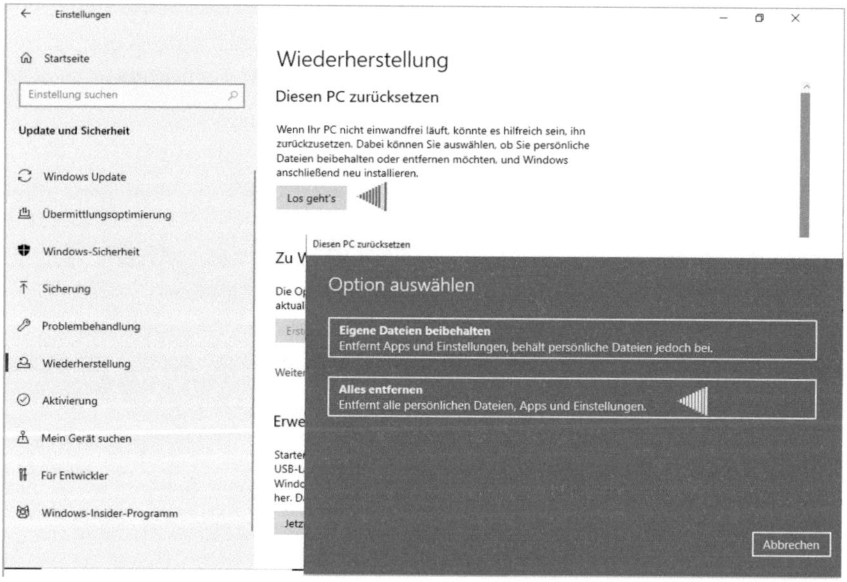

Abbildung 1.93: Zurücksetzen

Klicken Sie bei „Diesen PC zurücksetzen“ auf „Los geht´s“.

In der ersten Abfrage wählen Sie „Alles entfernen“, da Sie den Rechner ja komplett von den Daten, die vorher eventuell gespeichert waren, befreien möchten.

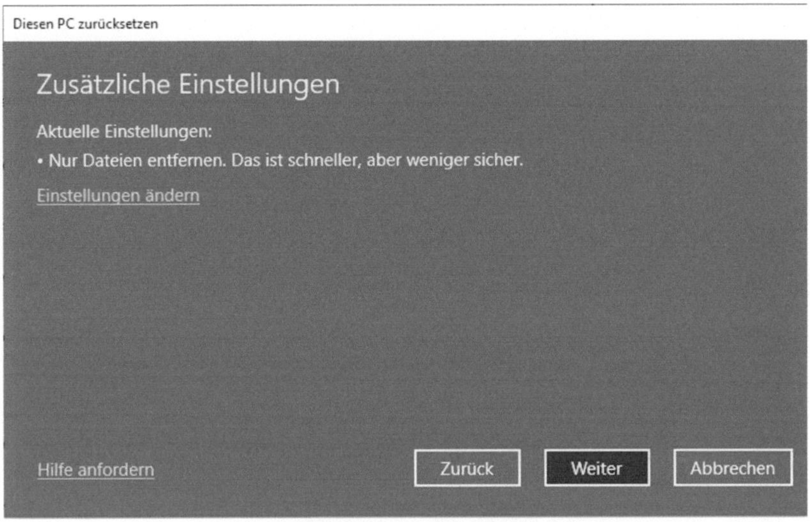

Abbildung 1.94: Abfrage

In der zweiten Abfrage bestätigen Sie die Auswahl „Nur Dateien entfernen".

Sie könnten auch den Rechner komplett bereinigen, damit würden Sie die gelöschten Daten zusätzlich überschreiben und somit permanent löschen.

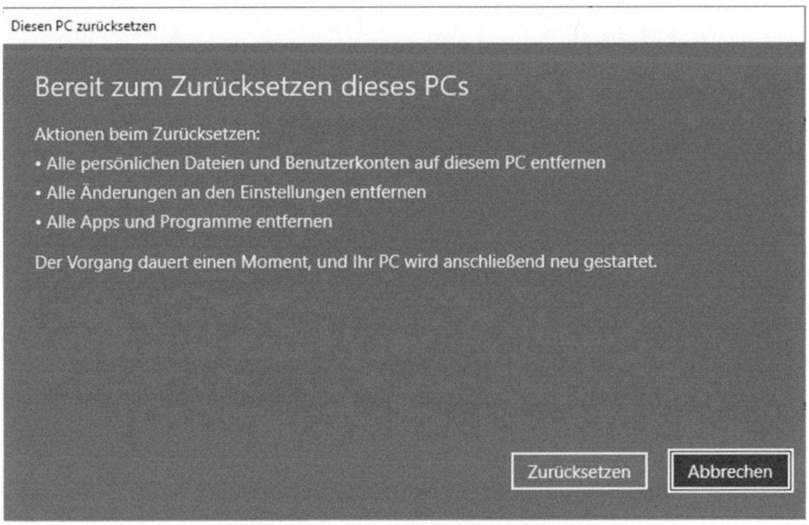

Abbildung 1.95: Rücksetzung beginnt

Das dauert sehr lange, sollte aber immer gemacht werden, wenn die vorherigen Daten dauerhaft zerstört werden sollen.

Nachdem Sie die Zusammenfassung bestätigt haben, beginnt die Rücksetzung.

Danach wird der Rechner automatisch neu gestartet.

1.3.6 Konfiguration über Autopilot

Wenn der Computer nach der Rücksetzung wieder startet, erhalten Sie, wie gewohnt bei einer Installation, zunächst die Abfrage nach Region und Tastaturlayout.

Abbildung 1.96: Region und Tastaturlayout

Danach nimmt der Client automatisch über das Internet Kontakt mit Microsoft Intune und dem Azure Active Directory auf und stellt fest, dass er dort registriert ist.

Deswegen werden Sie aufgefordert, eine entsprechende E-Mail-Adresse einzugeben, die einem autorisierten Konto entspricht.

Abbildung 1.97: Eingabe E-Mail-Adresse

Nun erfolgt die weitere Einrichtung gemäß des von Ihnen erstellten Profils.

Dies erkennen Sie am Firmenbranding im Hintergrund.

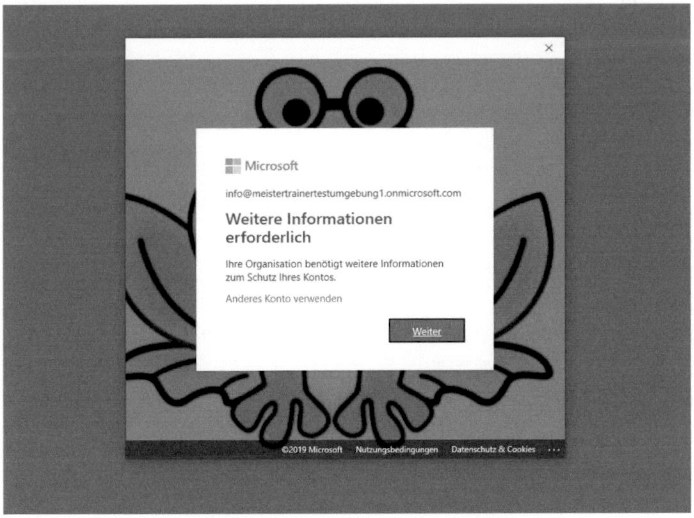

Abbildung 1.98: Einrichtung erfolgt

Nachdem der Rechner eingerichtet ist, können Sie den Erfolg auch in der Microsoft Intune Konsole erkennen:

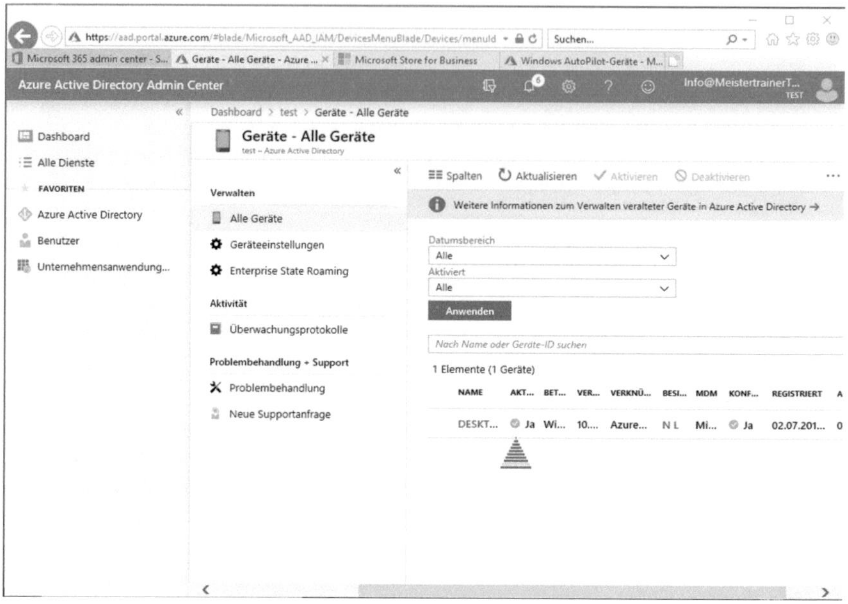

Abbildung 1.99: Aktivierung ist erfolgt

Bei „Aktivierung“ erscheint nun ein grüner Haken.

1.3.7 Zurücksetzen über Autopilot

Die erste Zurücksetzung haben wir per Hand ausgeführt, indem wir in der App „Eigenschaften“ „Update und Sicherheit – Wiederherstellen“ gewählt haben.

Wenn ein Rechner einmal mit Autopilot konfiguriert ist, gibt es die Möglichkeit, auch das Zurücksetzen zentral über Microsoft Intune zu steuern.

Dafür gehen Sie in der Microsoft Intune Konsole zu „Geräte – Alle Geräte“.

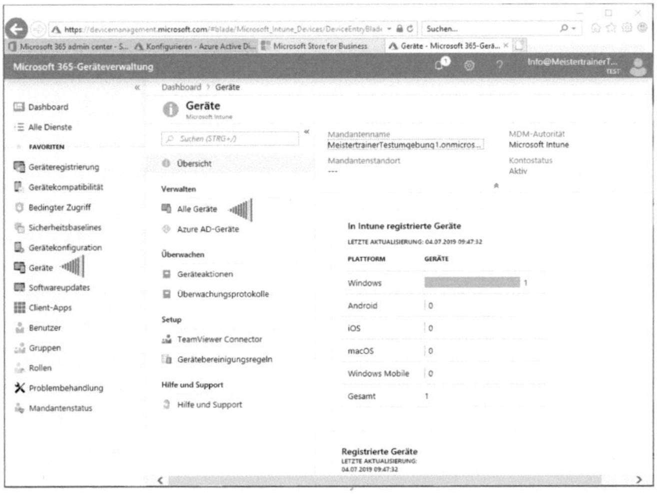

Abbildung 1.100: Geräte

An dieser Stelle wählen Sie das Gerät aus, das Sie zurücksetzen wollen und öffnen es mit einem Doppelklick.

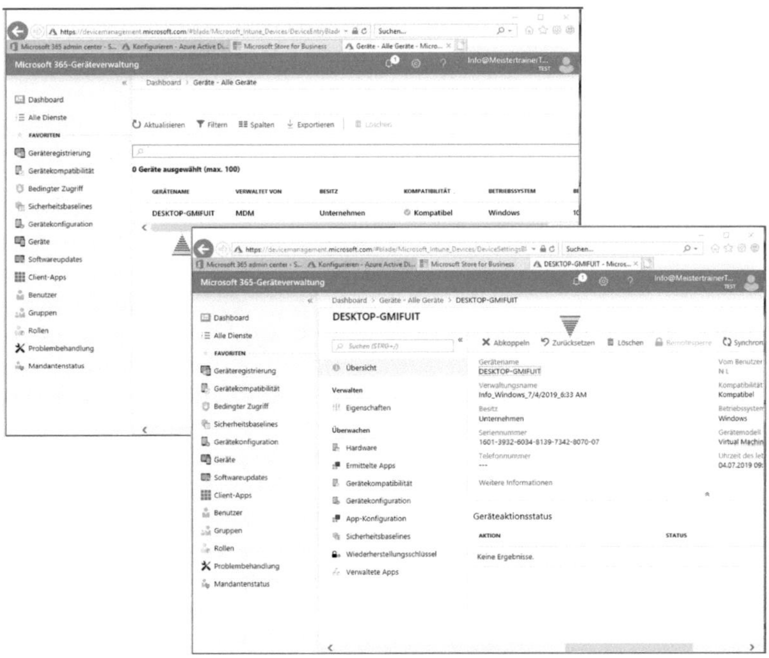

Abbildung 1.101: Zurücksetzen

Nun sehen Sie im oberen Bereich der Konsole die Auswahlmöglichkeit „Zurücksetzen“.

Wenn Sie dies auswählen, wird der Computer zurückgesetzt und neu konfiguriert.

Die Auswirkungen auf die Daten sind die gleichen, wie bei der manuellen Methode.

1.4 Geräte auf Windows 10 aktualisieren

Die Frage „Upgrade oder Neuinstallation?“ stellt man sich bei jedem Wechsel des Betriebssystems.

Generell ist Windows 10 als erstes Betriebssystem als „Windows as a Service“ konzipiert.

Das bedeutet, dass Windows 10 automatisch immer auf den neuesten Stand gebracht wird, ohne dass Sie sich darum kümmern müssen.

Also ist es eigentlich keine Frage, ob auf Windows 10 gewechselt werden soll, sondern nur noch „wie“.

Eine Neuinstallation bringt natürlich den Vorteil des neuen, sauberen Systems, das keine „Leichen im Keller“ hat.

Leider ist dies aber nicht immer eine Option, denn gerade in professionellen Umgebungen ist es nicht möglich, ein System neu zu installieren und danach alle benötigten Programme und Tools auch wieder einzurichten. In diesen Fällen bietet sich das Upgrade an.

Wir betrachten hier nur die vollständigen Aktualisierungen, bei denen alle Einstellungen beibehalten werden.

Aktualisierung von Windows 7:

	W 10 Home	W 10 Pro	W 10 Pro Education	W 10 Education	W 10 Enterprise
Starter	X	X	X	X	
Home Basic	X	X	X	X	
Home Premium	X	X	X	X	
Professional		X	X	X	X
Ultimate		X	X	X	X
Enterprise				X	X

Aktualisierung von Windows 8:

	W 10 Home	W 10 Pro	W 10 Pro Education	W 10 Education	W 10 Enterprise
(Core)	X	X	X	X	
Professional		X	X	X	X
Professional WMC		X	X	X	X
Enterprise				X	X
Embedded Industry					X
Windows RT					
Windows Phone 8					

Aktualisierung von Windows 8.1:

	W 10 Home	**W 10 Pro**	**W 10 Pro Education**	**W 10 Education**	**W 10 Enterprise**	**W 10 Mobile**
(Core)	X	X	X	X		
Connected	X	X	X	X		
Professional		X	X	X	X	
Professional Student		X	X	X	X	
Professional WMC		X	X	X	X	
Enterprise				X	X	
Embedded Industry					X	
Windows RT						
Windows-Phone 8.1						X

ACHTUNG!

Generell gilt, dass 32-bit Versionen nur auf 32-bit Versionen und 64-bit Versionen nur auf 64-bit Versionen aktualisiert werden können, ein Wechsel ist nur durch Neuinstallation möglich!

1.4.1 Migration von Benutzerdaten mit USMT (User State Migration Tool)

Prinzipiell gibt es zwei Möglichkeiten, von einem Windows 7, Windows 8 oder Windows 8.1 Computer auf Windows 10 zu wechseln. Die erste Möglichkeit ist ein Inplace-Upgrade.

Bei einem Inplace Upgrade wird direkt von einer älteren Version auf Windows 10 aktualisiert.

Manchmal aber ist diese Methode nicht das Mittel der Wahl, da die bisherige Konfiguration komplett übernommen wird, leider auch alle „Leichen im Keller".

Deswegen kann es sein, dass Sie sich für eine Migration entscheiden, also eine Neuinstallation, bei der aber alle Benutzerdaten übernommen werden.

Dadurch erhalten Sie eine „saubere" Neuinstallation, in der aber alle persönlichen Daten und Einstellungen des Benutzers übernommen werden.

Um die Benutzerdaten auf der alten Installation zu sichern und auf die neue Installation wieder zurückzusichern, benötigen Sie das „User State Migration Tool" oder auch USMT.

Es ist ein Befehlszeilentool, das komplexe Migrationen zulässt. Dafür können Sie mit vielen Parametern arbeiten.

Sie können USMT in der jeweils aktuellen Version herunterladen und installieren. Es ist Bestandteil des „Assessment and Deployment Toolkit (ADK)".

USMT setzt sich in erster Linie aus zwei Befehlen zusammen:

- Scanstate.exe
- Loadstate.exe

Außerdem gibt es noch einige .xml-Dateien, zum Beispiel

MigApp.xml

Mit dieser Datei können Sie Anwendungseinstellungen migrieren. Sie können MigApp.xml ändern.

MigUser.xml

Mit dieser Datei können Sie Benutzerordner, Dateien und Dateitypen migrieren. Sie können MigUser.xml ändern.

MigDocs.xml

Mit dieser Datei wird ein Tool von USMT gestartet, das auf allen Laufwerken nach Benutzerdokumenten sucht und sie dementsprechend migriert.

Config.xml

Dies ist eine optionale Datei, die Sie mithilfe der Option /genconfig in der ScanState-Befehlszeile erstellen können. Sie sollten diese Datei erstellen und ändern, wenn Sie bestimmte Komponenten aus der Migration ausschließen möchten.

Mit Scanstate können Sie auf dem Quellcomputer die Informationen aller Benutzer sammeln, mit Loadstate dagegen können Sie diese auf dem Zielrechner wieder einspielen.

Installation

Betrachten wir die Installation des USMT.

Hierfür legen Sie die Installations-DVD des „Assessment and Deployment Toolkits“ ein und beginnen die Installation.

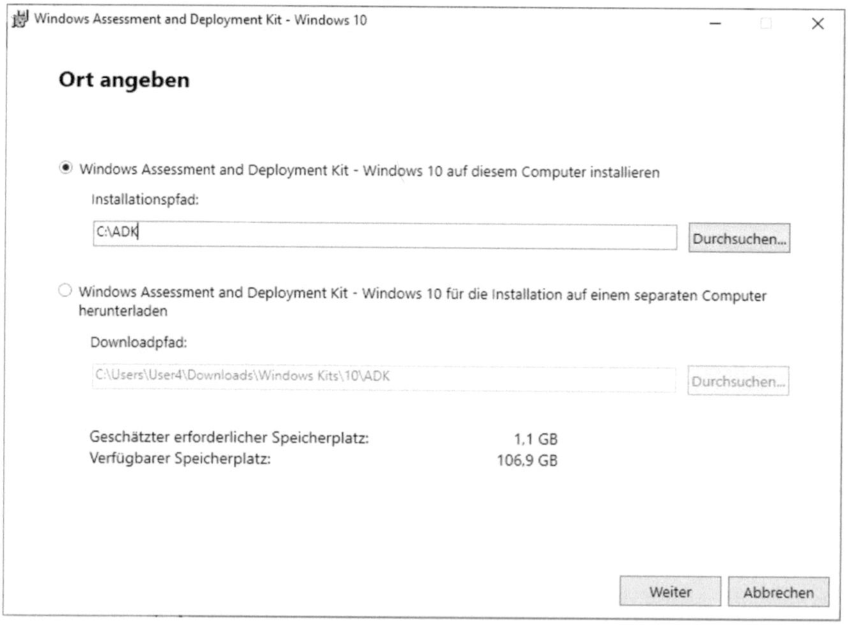

Abbildung 1.102: ADK

Danach wählen Sie das Tool „USMT“ aus.

Abbildung 1.103: Installation USMT

Nach der Installation öffnen Sie eine administrative Eingabeaufforderung und wechseln ins richtige Verzeichnis.

Dafür betrachten Sie den Pfad, in dem der Ordner „Assessment and Deployment Kit“ erstellt worden ist. Diesen öffnen Sie.

Darunter finden Sie das „User State Migration Tool“.

Nun müssen Sie nur noch die richtige Systemarchitektur wählen, in unserem Fall ist das „amd64“.

Geben Sie den Befehl „Scanstate“ ein, gefolgt von den Parametern

- /i:migapp.xml

und

- /i:migdocs.xml

Hiermit legen Sie fest, dass die mitgelieferten Konfigurationsdateien „migapp.xml“ und „migdocs.xml “ benutzt werden.

Zum Schluss geben Sie noch den Parameter

- /genconfig:config.xml

ein.

Dadurch wird Ihre persönliche Konfigurationsdatei erstellt.

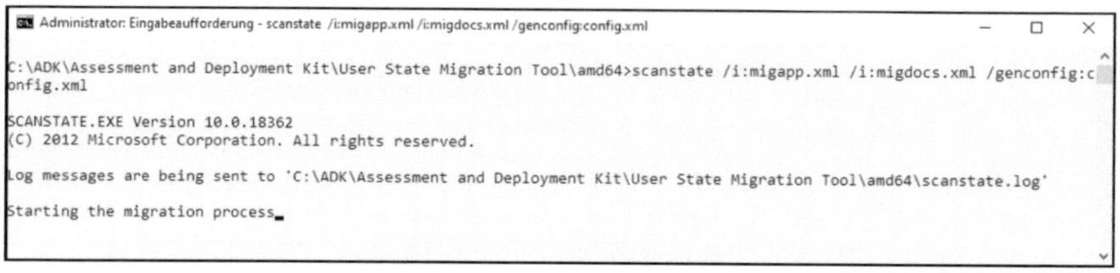

Abbildung 1.104: Scanstate

Nun werden die Benutzerdaten exportiert und können danach für den Import auf den neuen Rechner kopiert werden.

Dort können Sie mit dem Befehl „Loadstate“ die Migration abschließen.

Migration nach Upgrade

Eine Besonderheit ist die Migration der Benutzerdaten, nachdem das System bereits auf Windows 10 upgegradet worden ist.

In diesem Fall befindet sich das alte Betriebssystem mit allen alten Daten im Ordner „Windows-old“.

Auch in diesem Fall ist es möglich, die Daten mit dem Befehl „Scanstate“ zu extrahieren und mit „Loadstate“ wieder einzuspielen, Sie müssen hierbei lediglich den Ordner „Windows-old“ als Speicher für die persönlichen Daten angeben.

Der Befehl könnte zum Beispiel lauten:

scanstate c: \store /offlineWinDir:c:\windows.old\windows

1.5 Verwalten von Aktualisierungen

Jede Windows Installation benötigt einen gewissen Wartungsaufwand. Gerade Clients, die oft auch mobil im Einsatz sind, sollten geregelt gewartet werden, damit sie ihre Funktion erfüllen können.

1.5.1 Das Windows-Update

Windows 10 ist ein Betriebssystem, das ständig verbessert und überarbeitet wird. Aus diesem Grund werden regelmäßig Updates angeboten, die zeitnah installiert werden.

Da Windows 10 als ein Dienst betrachtet wird (Windows as a Service), ist auch das Update mittlerweile als permanente Pflege zu betrachten. Es werden nicht nur Fehler verbessert, sondern auch große Funktionsupdates werden automatisch zugewiesen.

Diese Funktionsupdates gab es in früheren Versionen von Windows nicht, dafür war immer eine neue Version fällig.

All dies macht Windows 10 zu einem Betriebssystem, das ständig aktuell gehalten wird.

Allerdings haben Sie aus diesen Gründen auch nur noch eingeschränkte Möglichkeiten, den Umgang mit Updates zu konfigurieren. So können Sie die Updates nicht mehr einfach abschalten, was in früheren Versionen möglich war.

Der größte Unterschied zu den Updates der vorherigen Versionen ist, das Microsoft nun in häufigeren Intervallen kleinere Updates liefert.

Die Updates sind nun immer inkrementell, also aufeinander aufbauend, das gilt für Sicherheits- Dienste und Funktionsupdates.

Mit Windows 10 hat Microsoft seine Philosophie in Bezug auf Funktionsupdates stark geändert.

In den vorherigen Versionen gab es keine Funktionsupdates, stattdessen kam alle 3-5 Jahre eine neue, überarbeitete Version auf den Markt, die der Benutzer kaufen musste.

Mit Windows 10 wird etwa alle 6 Monate, ungefähr im März und im September, ein Funktionsupdate geliefert, das dann für 18 Monate unterstützt wird.

Diese enthalten neue Windows 10 Funktionen. Die Vorteile an dieser Vorgehensweise sind, dass Funktionsupdates schneller zur Verfügung stehen, nicht so groß sind und außerdem kostenlos.

Ein Problem an den häufigen Frequenzen der Updates ist, dass die Zeit für eine genaue Prüfung des Updates vor der Ausrollung knapp ist.

Trotzdem sollen die Updates sicher und komplett geprüft sein.

Aus diesem Grund behandelt Microsoft die Benuter der verschiedenen Windows 10 Editionen unterschiedlich in Bezug auf die Ausrollung der Updates.

Die Benutzer der Home-Edition bekommen die Updates immer zuerst.

Dadurch gibt es schon sehr früh einen großen Anteil von Benutzern, die das aktuelle Update bereits erhalten haben und damit arbeiten können. So können eventuelle Fehler schnell festgestellt werden.

Aus diesem Grund können die Benutzer der Home-Edition auch nur in geringem Maße auswählen, ob sie ein Funktionsupdate verzögert erhalten wollen.

Nach einer gewissen Zeit und nachdem eventuelle Patches für die Funktionsupdates erstellt worden sind, erhalten auch die Benutzer der anderen Versionen das Update.

Geschäftskunden erhalten also die Funktionsupdates später, dafür sind sie länger getestet.

Updatearten

Windows 10 kennt drei Update-Arten:

Funktionsupdates

Das sind die Updates, die wir zuvor besprochen haben, sie enthalten neue Funktionen und kommen im halbjährigen Rhythmus.

Qualitätsupdates beseitigen Fehler und Bugs, die die Stabilität des Systems beeinflussen könnten.

Mit Sicherheitsupdates werden Sicherheitslücken geschlossen.

Konfigurieren von Updates

Nachdem wir nun die Grundlagen des Windows-Updates geklärt haben, können wir uns nun mit der Konfiguration beschäftigen.

Die Konfigurationseinstellungen finden Sie hier:

- Einstellungen
- Update und Sicherheit
- Windows Update

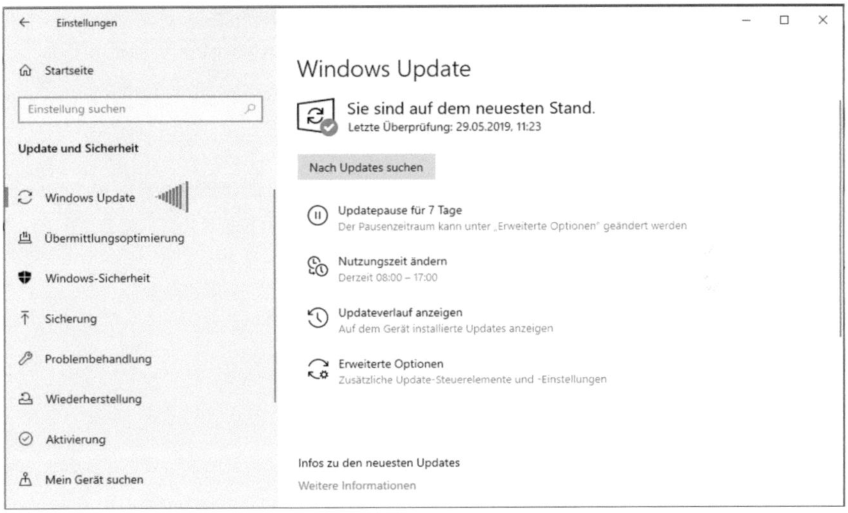

Abbildung 1.105: Übersicht

Auf den ersten Blick sehen Sie, ob das Gerät auf dem neuesten Stand ist und ob vor kurzem nach Updates gesucht worden ist.

Natürlich können Sie eine Überprüfung auf Updates auch manuell anstoßen, indem Sie auf „Nach Updates suchen" klicken.

Sollte ein Update verfügbar sein, wird es heruntergeladen und installiert.

Diesen Vorgang können Sie im Hintergrund laufen lassen.

Betrachten wir nun die Konfigurationsmöglichkeiten der Reihe nach.

Updatepause für 7 Tage

Der erste Punkt ist eine Neuerung in der Version 1903: „Updatepause für 7 Tage".

Hier haben Sie auf die Schnelle eine Möglichkeit, Updates für 7 Tage zu pausieren. Den Zeitraum können Sie in den „Erweiterten Optionen" anpassen.

Nutzungszeit ändern

Der nächste Punkt ist „Nutzungszeit ändern".

Nach der Installation eines Updates ist manchmal ein Neustart erforderlich.

Allerdings ist es sehr lästig, wenn ein Rechner während der Arbeitszeit plötzlich einen Neustart macht und den Benutzer in seiner Arbeit stört.

Deswegen können Sie an dieser Stelle die Arbeitszeiten festlegen, ein Neustart erfolgt immer außerhalb dieser Zeiten.

Abbildung 1.106: Nutzungszeit ändern

Updateverlauf anzeigen

Klicken wir auf „Updateverlauf anzeigen".

Windows 10 bietet Ihnen mit dem „Updateverlauf" eine Aufzeichnung, welche Updates auf Ihrem System installiert sind.

Die Historie der Updates ist hier gegliedert nach Typen aufgelistet.

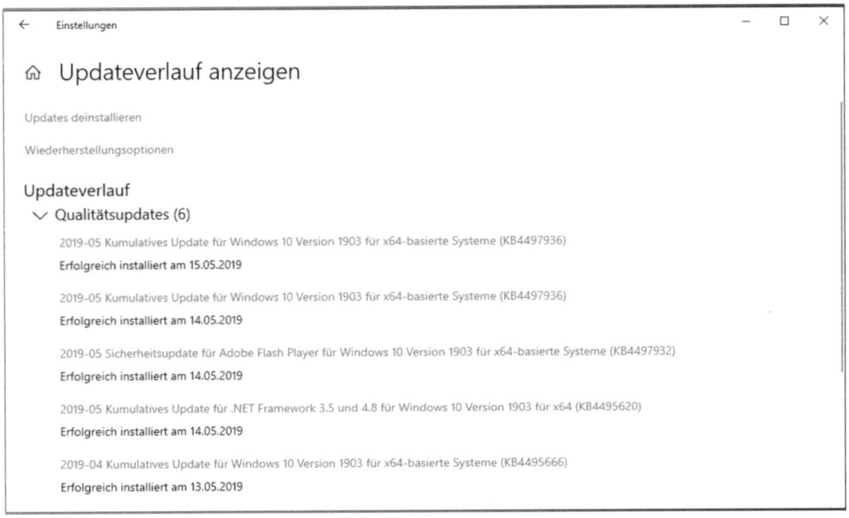

Abbildung 1.107: Updateverlauf

Sie sehen das Datum, den Namen, die Nummer und ob das Update fehlerfrei installiert worden ist.

Wenn Sie auf ein Update klicken, öffnet sich der Browser und Sie erfahren Details über das Update.

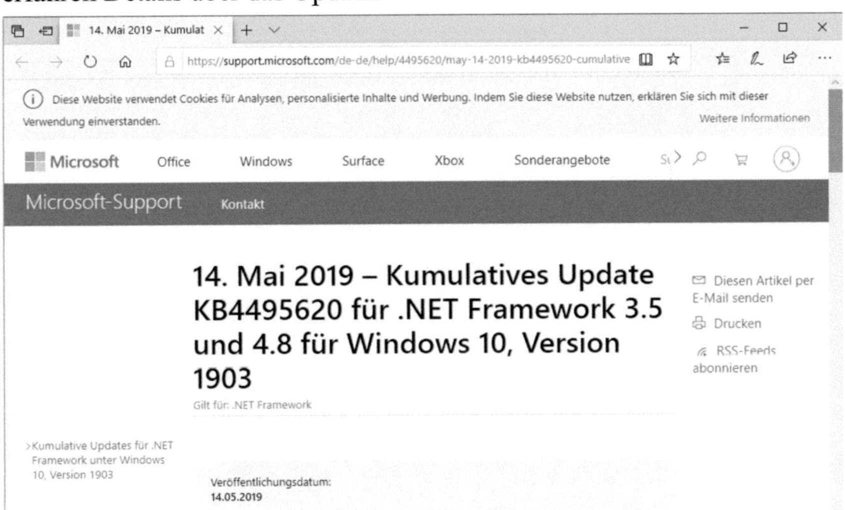

Abbildung 1.108: Details des Updates

Erweiterte Optionen

Hier können Sie zunächst festlegen, ob Sie auch andere Microsoft-Updates erhalten möchten und ob Sie eine Benachrichtigung erhalten möchten, wenn ein Neustart aussteht.

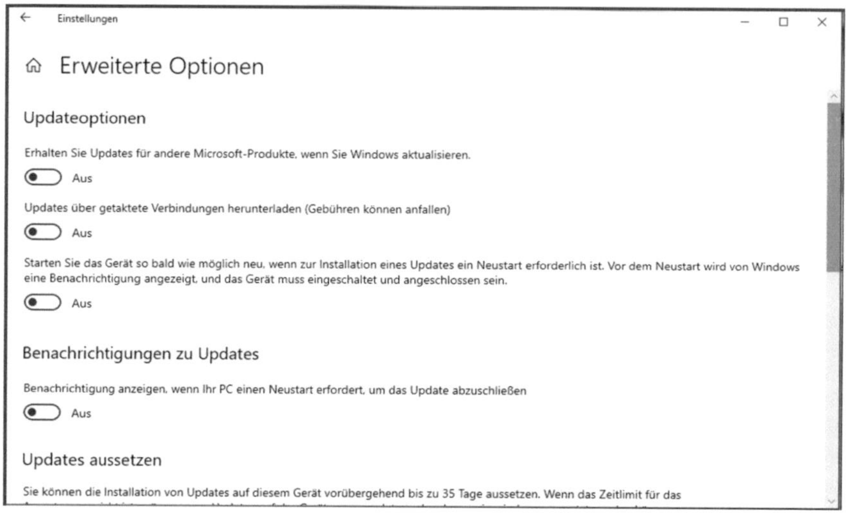

Abbildung 1.109: Optionen

Der nächste Punkt ist das Aussetzen von Updates bis zu 35 Tagen.

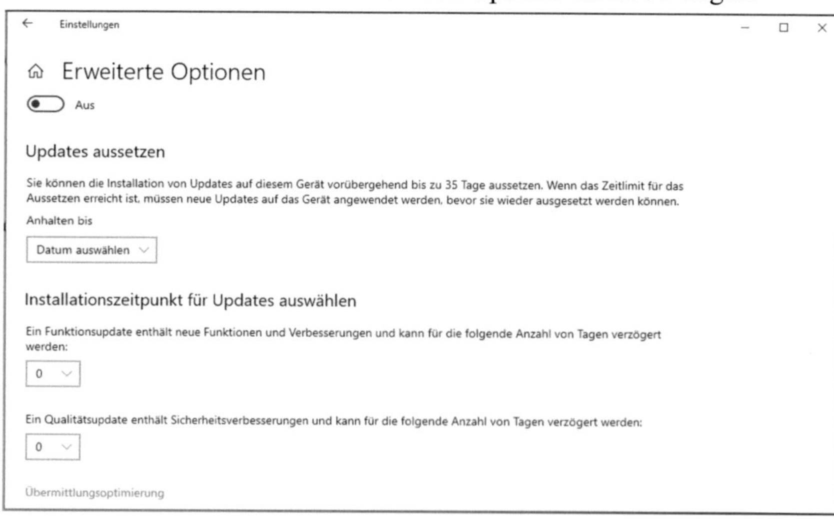

Abbildung 1.110: Erweiterte Optionen

Das „Aussetzen von Updates“ für alle Updates gültig.

Nach Ablauf dieser Zeit werden alle aktuellen Updates installiert.

Erst wenn der Rechner wieder auf dem aktuellen Stand ist, kann das Aussetzen erneut aktiviert werden.

Nun kommen wir zu dem wichtigen Punkt „Installationszeitpunkt für Updates auswählen“.

In den Windows 10 Versionen bis einschließlich 1809 gab es an dieser Stelle noch die Auswahl der Channels, ab Version 1903 ist diese Funktion verschwunden.

Exkurs: Channels

Da an dieser Stelle eine große Änderung bei den Updates vorgenommen worden ist, und möglicherweise in der Prüfung noch Fragen zu dieser Thematik kommen können, möchte ich hier noch auf die mittlerweile nicht mehr vorhandenen „Channels“ eingehen.

Um den verschiedenen Anforderungen der verschiedenen Kunden gerecht zu werden, hat Microsoft bis einschließlich Version 1809 für die Ausrollung von Funktionsupdates verschiedene Channels geschaffen.

Sie konnten in den erweiterten Optionen zwischen folgenden „Channels“ wählen:

“Semi-Annual Channel (Targeted)" - früher “Current Branch”

Dies war die Standardeinstellung und die einzige Einstellung, die in der Home-Edition zur Verfügung stand.

Die Funktionsupdates wurden sofort nach Erscheinen zugewiesen. Damit waren diese Rechner die ersten, die ein Update erhielten.

“Semi-Annual Channel“ - früher “Current Branch for Business"

Diese Auswahl stand in den Editionen „Pro, Education und Enterprise” zur Verfügung.

Bei dieser Auswahl wurde das Funktionsupdate erst ausgeliefet, wenn Microsoft sich absolut sicher war, dass es funktioniert und keine Probleme mehr machen wird.

Dies konnte bis zu vier Monate nach dem Erscheinen sein.

Es gab noch eine weitere Variante, die nur auf spezieller Hardware verfügbar ist.

„Long-Term-Servicing Channel“ - früher „Long Term Servicing Brunch“

Diese Variante stand nur in einer speziellen Windows-Version, der Windows10 Enterprise LTSB-Edition, zur Verfügung, und war nur für Geräte gedacht, die selten oder nie Updates benötigen, da sie statisch genutzt werden.

Das betraf in erster Linie Rechner , die beispielsweise medizinische Geräte, POS-Systeme und Geldautomaten steuern.

Auch war es beim „Long-Term-Servicing Channel“ möglich, 10 Jahre ohne Updates zu bleiben.

Exkurs Ende

Sie können das Ausrollen von Funktions- und Qualitätsupdates bis zu einem bestimmten Maß beeinflussen.

- Funktionsupdates können bis zu 365 Tage verschoben werden
- Qualitätsupdates können bis zu 30 Tage verschoben werden

Betrachten wir nun die „Übermittlungsoptimierung“

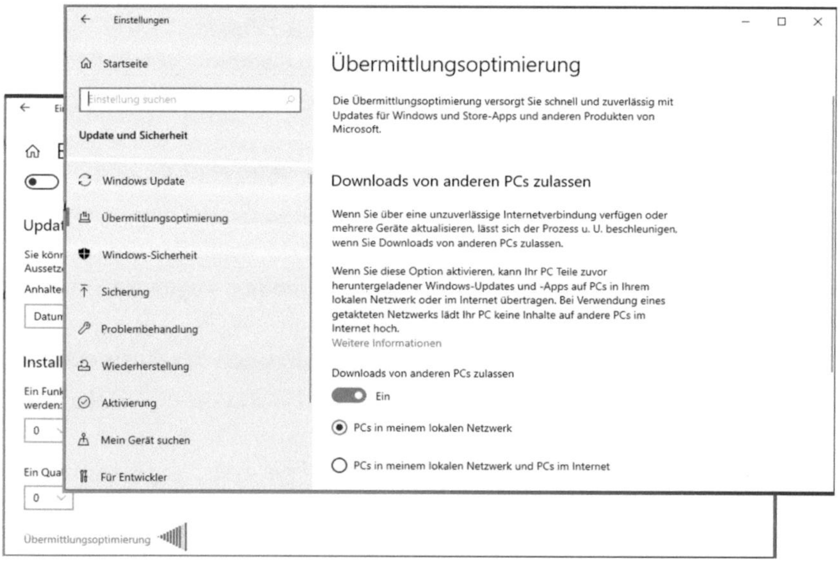

Abbildung 1.111: Übermittlungsoptimierung

Dieses Tool erlaubt Ihnen, die Art zu konfigurieren, wie die Updates an den PC geliefert werden. Die Zuweisung von Updates kann sich stark beschleunigen, wenn das Update beispielsweise einmal heruntergeladen und auf einem Rechner im Netzwerk gespeichert wird.

Die anderen Rechner im Netzwerk können dann ihre Updates von diesem Rechner aus empfangen.

1.5.2 Windows-Update Fehlersuche

Normalerweise arbeitet das Windows Update sehr zuverlässig und ohne größere Probleme.

Leider kommen trotzdem hin und wieder Fehler vor, beispielsweise wird ein Update nicht installiert und funktioniert nicht richtig.

Dann müssen Sie den Grund für den Fehler finden und ihn beseitigen.

Wenn Sie vermuten, dass kein Windows Update installiert worden ist, suchen Sie zunächst manuell nach Updates.

Nach Updates suchen

Wenn Updates gefunden und installiert werden, gibt es wohl keinen Fehler.

Wenn keine Updates gefunden werden, sollten Sie im Updateverlauf nachsehen, wann zuletzt ein Update erfolgreich installiert worden ist.

Im Updateverlauf nachsehen

Wenn das letzte erfolgreich installierte Update erste wenige Tage zurückliegt, wird wahrscheinlich alles in Ordnung sein.

Wenn die Installation eines Updates aber schon mehrere Wochen zurückliegt, sollten Sie mit der Fehlersuche beginnen.

Tools

Windows 10 stellt für die Fehlersuche gute Tools zur Verfügung.

Diese finden Sie unter „Problembehandlung".

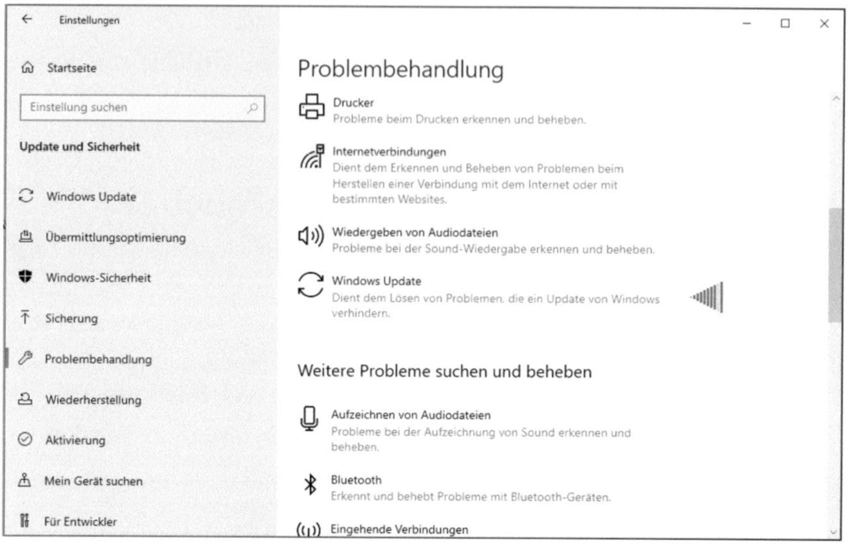

Abbildung 1.112: Problembehandlung

Sie klicken auf „Windows Update“ und wählen „Problembehandlung ausführen“.

Wenn ein Problem besteht, haben Sie gute Chancen, dass hier ein Lösungsansatz gefunden wird.

Manuelle Problemlösung

Sollte das nicht zum Erfolg führen, können Sie manuell folgende Schritte ausführen:

- Windows Update Dienst beenden, was den Zugriff auf den Update-Ordner beendet
- Den Softwareverteilungsordner umbenennen
- Neustart des Windows Update Dienstes.

Das Umbenennen oder auch das Löschen des Updateordners setzt das Update zurück und löst das Problem von teilweise heruntergeladenen oder zerstörten Updatedateien.

Dazu öffnen Sie eine Eingabeaufforderung im Administratormodus und geben folgende Befehle ein:

- net stop wuauserv (mit diesem Befehl stoppen Sie den Windows Update-Dienst)
- net stop cryptSvc (Damit wird der Kryptografiedienst angehalten)
- net stop bits (Damit beenden Sie den intelligenten Hintergrunddienst bits)
- net stop msiserver (Damit stoppen Sie den Windows Installer)

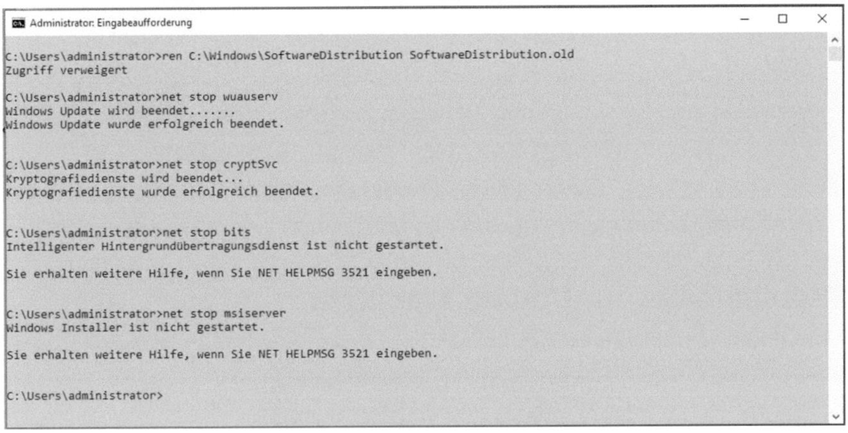

Abbildung 1.113: Stoppen der Dienste

Nicht immer sind alle Dienste gestartet, aber alle diese Dienste müssen beendet sein.

Nun benennen Sie folgende Ordner um:

- C:\Windows\SoftwareDistribution
- C:\Windows\System32\catroot2

Dadurch werden automatisch neue Ordner mit demselben Namen angelegt.

Danach können Sie die Dienste wieder starten:

- net start wuauserv
- net start cryptSvc
- net start bits
- net start msiserver

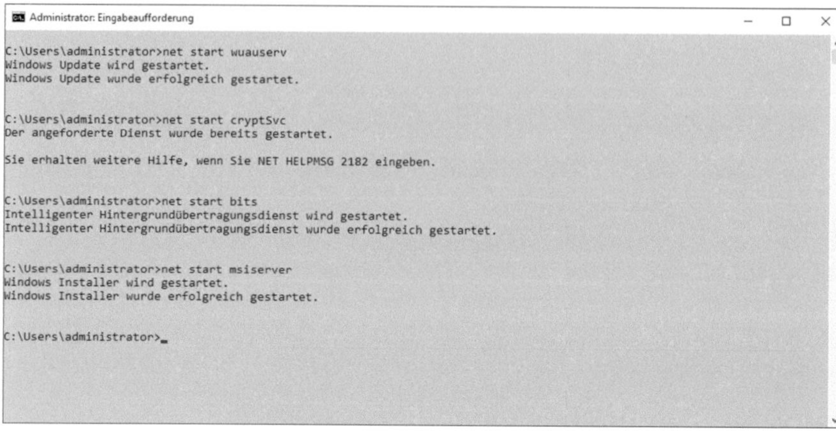

Abbildung 1.114: Starten der Dienste

Probleme bei der Update-Installation

Manchmal funktionieren bestimmte Updates nicht richtig, beispielsweise, weil bei der Installation etwas schiefgelaufen ist.

In diesem Fall können Updates deinstalliert werden.

Allerdings werden sie nur für eine kurze Zeit deinstalliert, da sie bei der nächsten Updatesuche als „fehlend“ erkannt und neu installiert werden.

Um Updates zu deinstallieren, wechseln Sie zu

- Windows Update
- Updateverlauf anzeigen

Abbildung 1.115: Updateverlauf

Hier können wir

- Qualitätsupdates
- Definitionsupdates
- Weitere Updates

deinstallieren.

Aber fehlt da nicht etwas?

Richtig!

Funktionsupdates tauchen hier nicht auf!

Funktionsupdates werden anders behandelt, denn das sind ja im Prinzip neue Windows 10 –Versionen.

Funktionsupdates laufen unter einem „Zurücksetzen auf eine vorherige Version“, also ein Downgrading.

Dafür wechseln Sie zum Punkt „Wiederherstellung“.

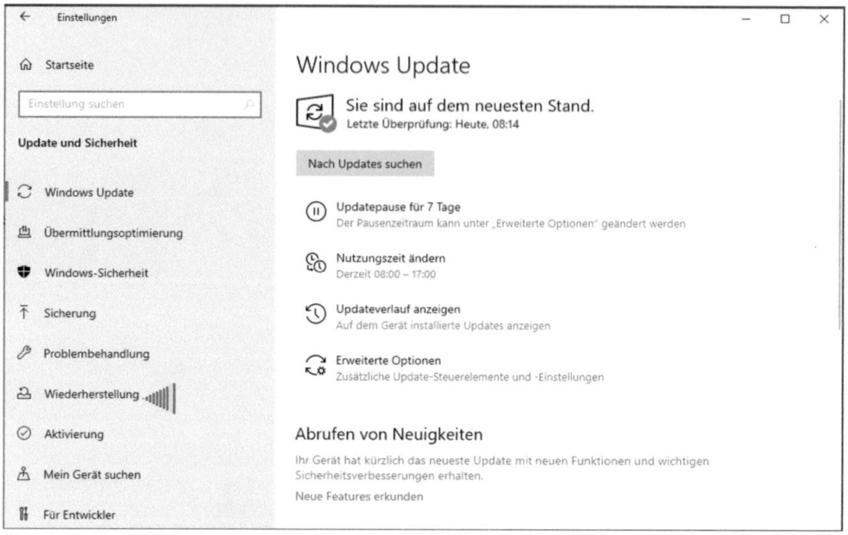

Abbildung 1.116: Wiederherstellung

Diese Funktion ist nur kurze Zeit nach der Installation des Upgrades verfügbar.

Übrigens können Sie das Deinstallieren von

- Qualitätsupdates
- Definitionsupdates
- Weitere Updates

Auch mit dem Befehl „WUSA.EXE“ ausführen, das ist die Befehlszeilenvariante.

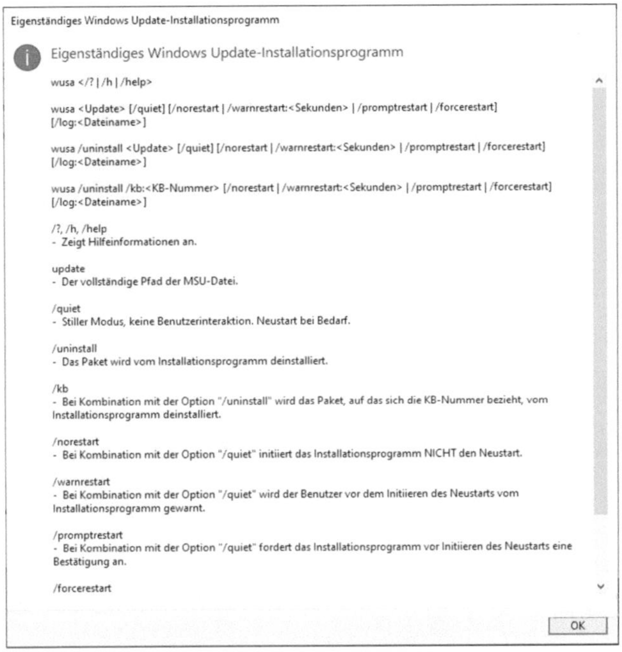

Abbildung 1.117: WUSA.EXE

Wenn Sie so gar nicht wissen, was genau bei der Installation der Updates schiefgeht, können Sie auch eine Log-Datei erstellen, die alle Probleme mit den Updates aufzeichnet.

Dazu öffnen Sie die PowerShell und geben folgendes cmdlet ein:

Get-WindowsUpdateLog

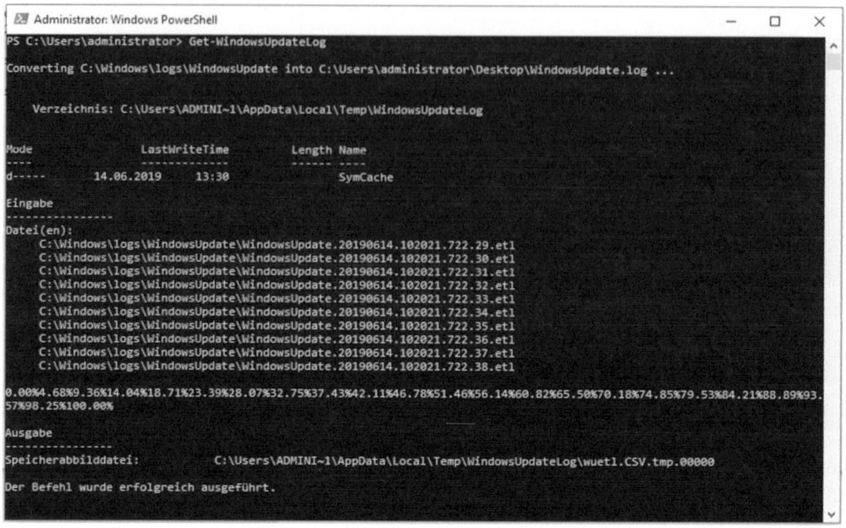

Abbildung 1.118: Get-WindowsUpdateLog

Dieser Befehl nimmt alle Einträge im Ereignisprotokoll, die das Windows Update betreffen und setzt sie zu einer Textdatei zusammen. Diese Textdatei finden Sie dann auf dem Desktop und können alle Ereignisse bezüglich der Windows-Updates in Textform lesen.

Verwaltung der Updates über eine Gruppenrichtlinie

Natürlich können Sie die Updateeinstellungen auch in einer Gruppenrichtlinie festlegen. Hier haben Sie teilweise noch deutlich mehr Möglichkeiten der Konfiguration.

Dafür öffnen Sie eine Gruppenrichtlinie und navigieren zu:

- Computerkonfiguration
- Administrative Vorlagen
- Windows-Komponenten
- Windows Update

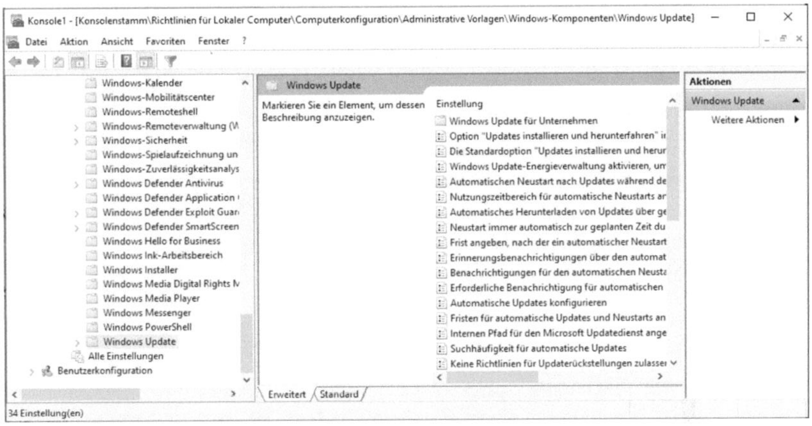

Abbildung 1.119: Gruppenrichtlinie

Die Einstellungen zur Übermittlungsoptimierung finden Sie hier:

- Computerkonfiguration
- Administrative Vorlagen
- Windows-Komponenten
- Übermittlungsoptimierung

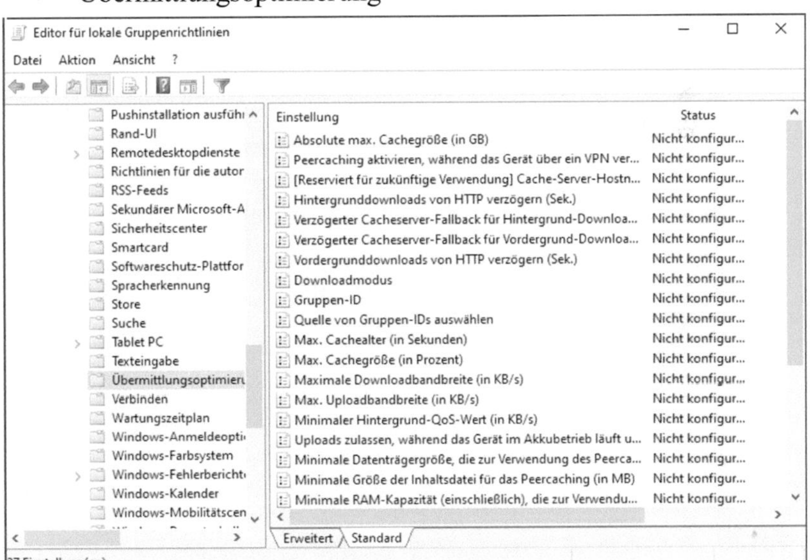

Abbildung 1.120: Übermittlungsoptimierung

1.5.3 Updates über WSUS

Nicht immer ist es erwünscht, dass in einer Unternehmensumgebung alle Clients alle Updates erhalten, wie es ja normalerweise der Fall ist.

Um diese Problematik zu umgehen, wurde WSUS (Windows Server Update Service) entwickelt. Wenn Sie WSUS benutzen, installieren Sie auf einem Server in Ihrem Unternehmen die WSUS Software. Dieser WSUS Server verbindet sich dann mit der Microsoft Windows Update Seite, und zieht sich alle verfügbaren Updates auf den WSUS Server.

Der Administrator kann nun die einzelnen Patches testen, und wenn sie gut funktionieren, kann er sie zur Installation freigeben.

Wenn dies der Fall ist, und die Clients sind korrekt konfiguriert, verbinden sich die Clients nicht direkt mit dem Windows Update Server, sondern mit dem internen WSUS Server. Von ihm bekommen sie ihre Updates, und so werden nur freigegebene Updates installiert.

Der WSUS-Server wird in einer Unternehmensumgebung auf einem Server installiert. Dieses Vorgehen ist nicht Bestandteil der Clientkonfiguration.

Konfiguration der Clients

Die Clients müssen so konfiguriert werden, dass sie den WSUS Server als Updateserver erkennen.

Dies wird in einer Gruppenrichtlinie vorgenommen.

Die Vorgehensweise der Konfiguration ist immer gleich. Öffnen Sie die zu konfigurierende Gruppenrichtlinie und navigieren Sie an folgende Stelle:

- Computerkonfiguration
- Richtlinien (nur bei Domänenrichtlinie)
- Administrative Vorlagen
- Windows-Komponenten
- Windows Update

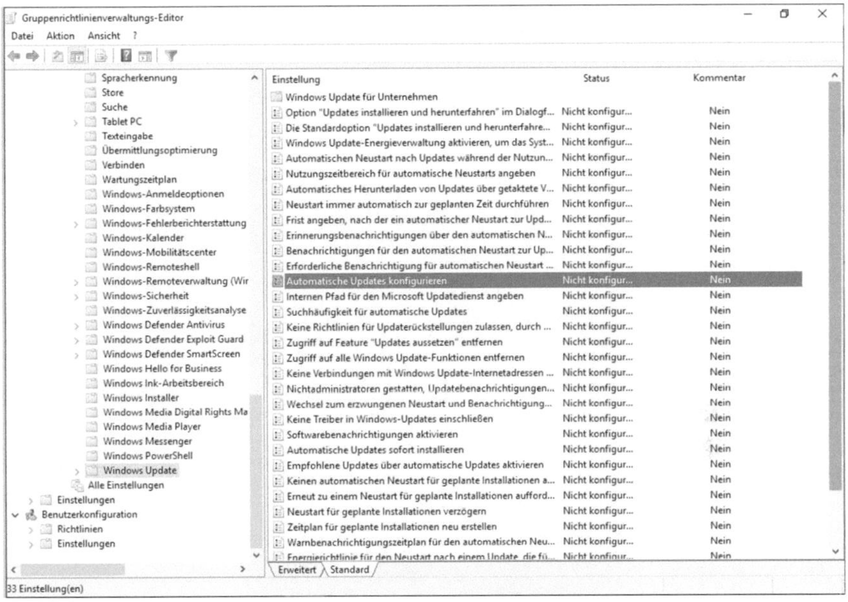

Abbildung 1.121: Gruppenrichtlinie

Hier haben Sie die Möglichkeit, das Verhalten für Updates für alle Computer festzulegen.

Automatische Updates konfigurieren

Diese Funktion müssen Sie aktivieren. Damit erhalten alle Clients das automatische Update zugewiesen.

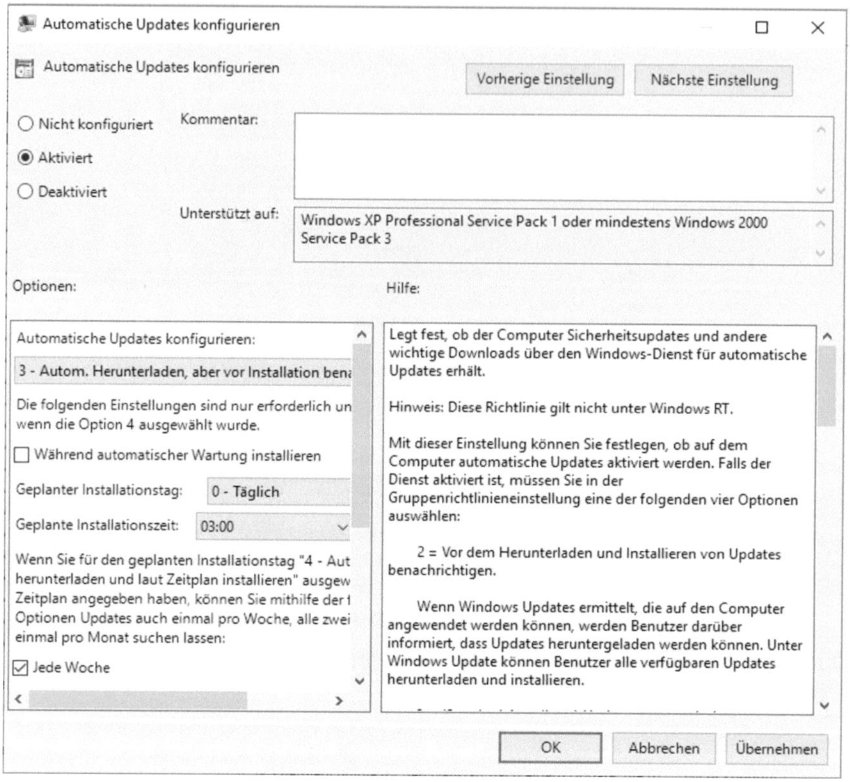

Abbildung 1.122: Automatische Updates

> **ACHTUNG!**
> Die Nummerierung beginnt mit „2“, nicht mit „1“!

Für die Konfiguration haben Sie drei Optionen zur Verfügung:

2: Vor Herunterladen und Installation benachrichtigen

Wenn Windows Updates vorhanden sind, wird in der Taskleiste ein Symbol angezeigt, dass Updates installiert werden können.

Durch Klicken auf das Symbol oder die Meldung können Sie Updates zum Downloaden auswählen. Die ausgewählten Updates werden im Hintergrund übertragen. Nach dem Download wird erneut ein Symbol im

Statusbereich angezeigt, das Sie darüber informiert, dass die Updates installiert werden können.

3: Autom. Herunterladen, aber vor Installation benachrichtigen

Windows sucht nach anwendbaren Updates für den Computer und überträgt diese im Hintergrund automatisch (der Benutzer wird während dieses Vorgangs nicht benachrichtigt oder gestört). Nach Abschließen des Downloads wird ein Symbol im Statusbereich mit der Benachrichtigung angezeigt, dass diese Updates installationsbereit sind. Durch Klicken auf das Symbol oder die Meldung können Sie die Updates auswählen, die Sie installieren möchten.

4: Autom. Herunterladen und laut Zeitplan installieren

Legen Sie den Zeitplan mit den Optionen in der Gruppenrichtlinieneinstellung fest. Standardmäßig sind Installationen für 3 Uhr morgens geplant, falls kein Zeitplan angegeben wird. Falls für Updates ein Neustart erforderlich ist, startet Windows den Computer automatisch neu (Falls ein Benutzer am Computer angemeldet ist, wenn Windows neu gestartet werden soll, wird der Benutzer benachrichtigt und kann den Neustart verzögern).

Die Zeit, zu der die Updates installiert werden, kann von Ihnen angepasst werden, wenn Sie Option 4 gewählt haben.

5: Lokalen Administratoren ermöglichen, Einstellungen auszuwählen

Mit dieser Option wird es den lokalen Administratoren erlaubt, eine Konfiguration auszuwählen.

Internen Pfad für den Microsoft Updatedienst angeben

Dies ist eine sehr wichtige Einstellung, denn hier können Sie den Pfad festlegen, von dem aus die Clients die Updates empfangen.

Hier geben Sie die Standardwebsite des SUS Servers an, in unserem Fall ist die URL http://server1.meistertrainer.info. Eventuell muss noch ein Port angegeben werden.

Auch eine Seite für den Intranetserver für die Statistik muss angegeben werden.

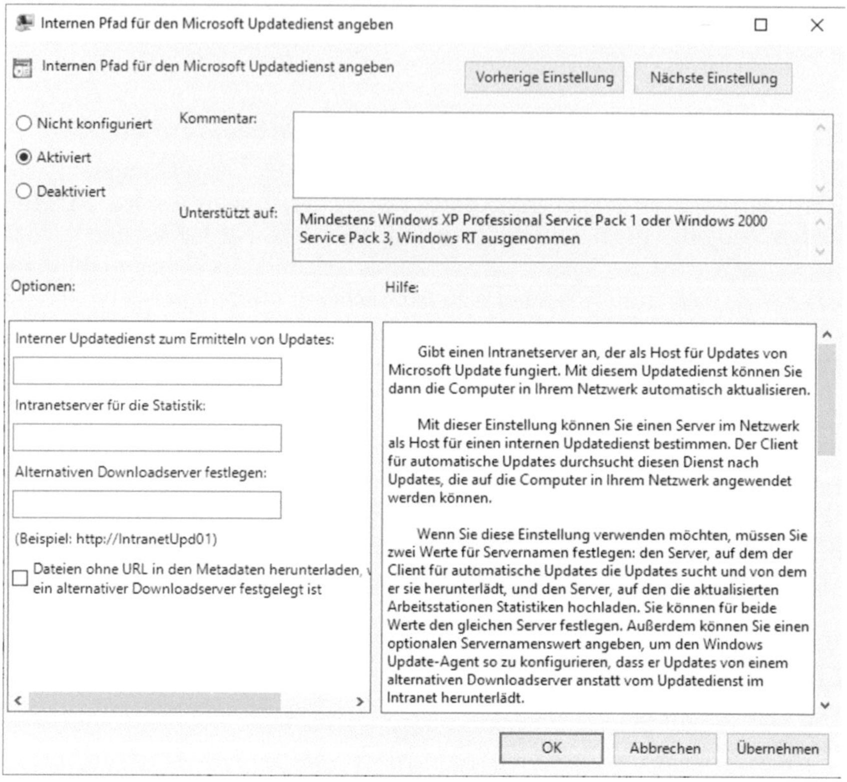

Abbildung 1.123: Interner Pfad

1.5.4 Windows Updates für Unternehmen

Windows Update für Unternehmen ist ein kostenloser Dienst, der für Windows pro, Enterprise, pro für Workstation und Education verfügbar ist.

Windows Update für Unternehmen ist eine Art von Mittelweg zwischen dem einfachen Windows-Update und WSUS.

Sie können Windows Update für Unternehmen auf zwei Arten verwalten:

- Mithilfe von Gruppenrichtlinien
- Mithilfe von Microsoft Intune

Einrichten mithilfe von Gruppenrichtlinien

Betrachten wir zunächst die Einrichtung mithilfe von Gruppenrichtlinien. Die relevanten Einstellungen finden Sie unter:

- Computerkonfiguration
- Richtlinien (nur bei Domänenrichtlinie)
- Administrative Vorlagen
- Windows-Komponenten
- Windows Update
- Windows Update für Unternehmen

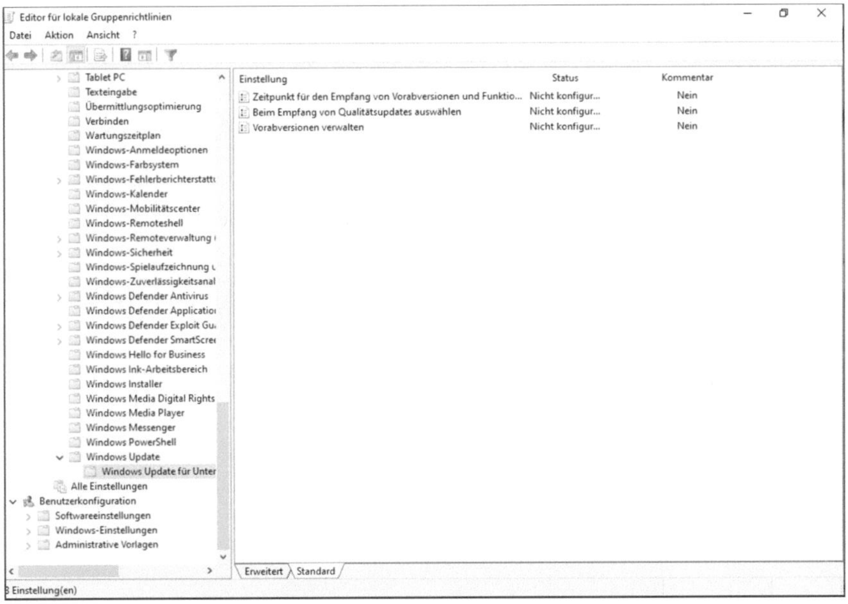

Abbildung 1.124: Windows Update für Unternehmen

Es gibt drei Einstellungen:

Zeitpunkt für den Empfang von Vorabversionen und Funktionsupdates auswählen

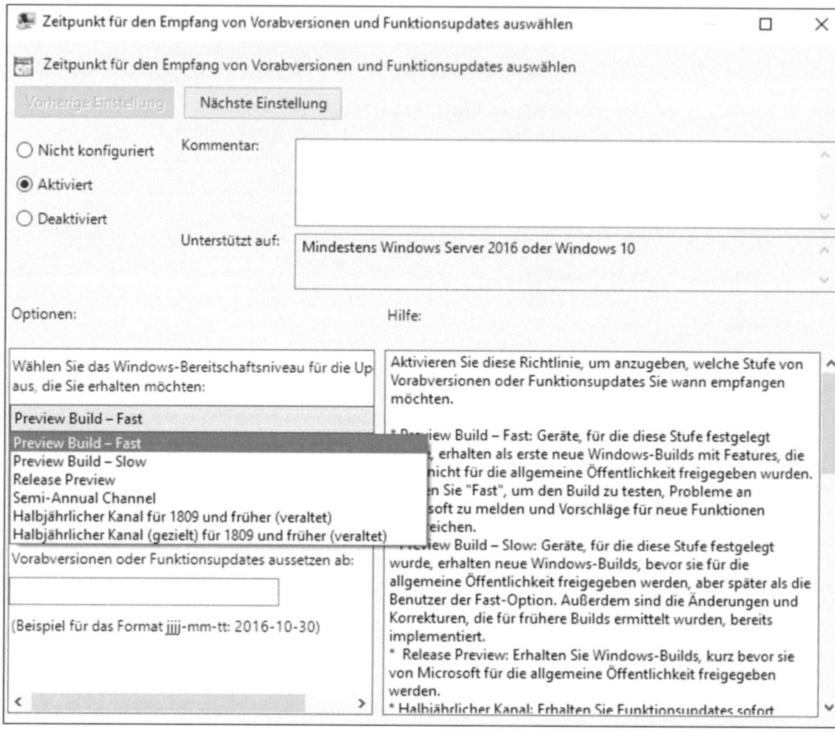

Abbildung 1.125: Zeitpunkt festlegen

Windows 10 benutzt für die Verteilung von Updates so genannte „Ringe". Hier können Sie über diese Ringe festlegen, auf welchen Rechnern welche Updates wann installiert und wie diese im Netzwerk verteilt werden sollen.

Beim Empfang von Qualitätsupdates auswählen

Hier können Sie Qualitätsupdates zurückstellen oder pausieren.

Vorabversionen verwalten

Hier legen Sie das Verhalten beim Ausrollen von Vorabversionen fest.

Einrichten mithilfe von Windows Microsoft Intune

Die gleichen Einstellungen können Sie natürlich auch mithilfe von Microsoft Intune vornehmen.

Dafür öffnen Sie die Microsoft Intune-Konsole, wählen

- Softwareupdates
- Windows 10-Updateringe

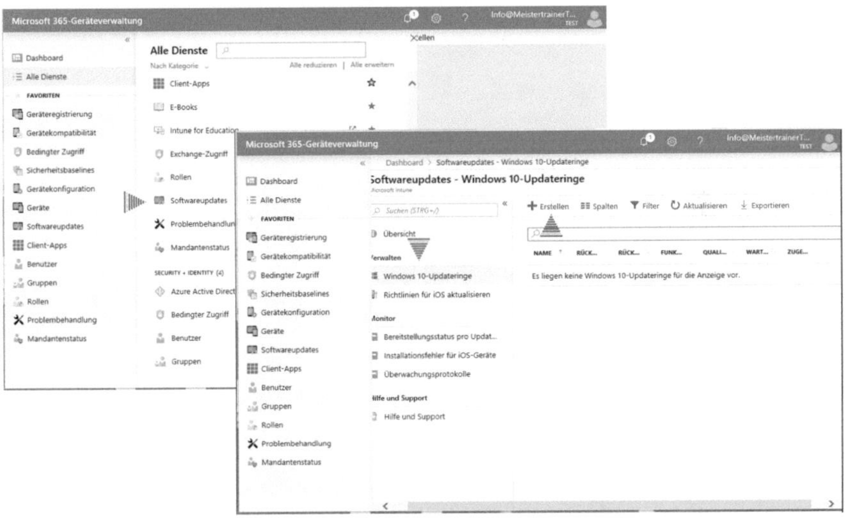

Abbildung 1.126: Konfiguration des Updates

Nun können Sie unter „Erstellen“ Ihre Konfiguration vornehmen.

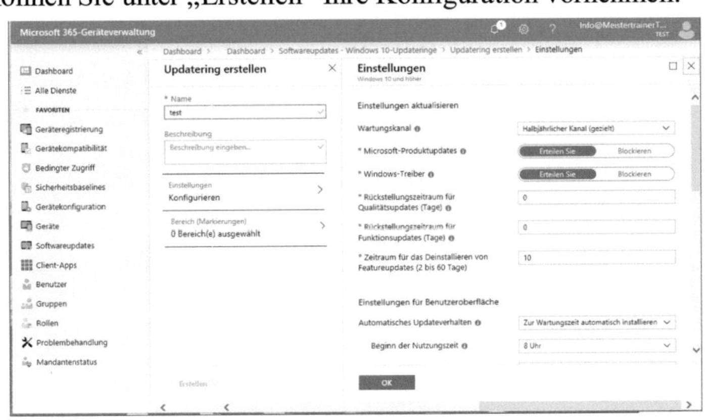

Abbildung 1.127: Einstellungen

Natürlich können Sie die Zuweisung der Updates auch kontrollieren.

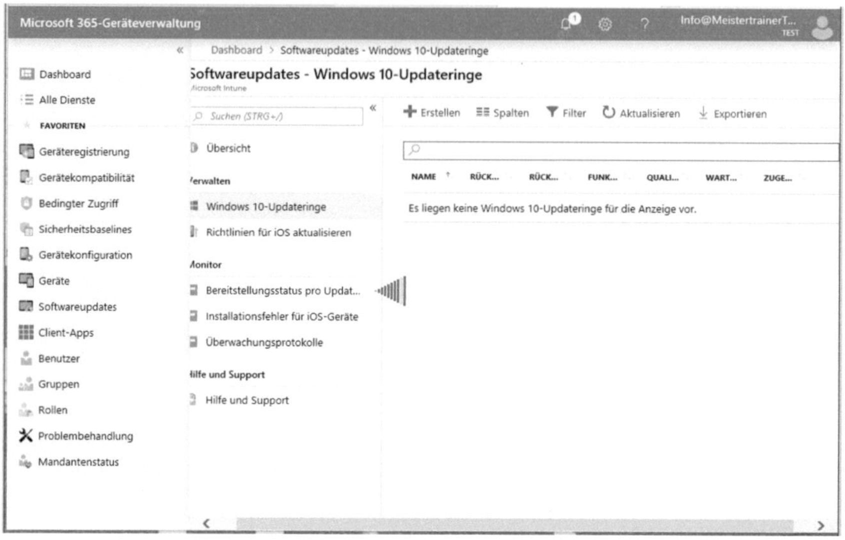

Abbildung 1.128: Überwachung

Dazu wählen Sie „Bereitstellungsstatus pro Updatering".

1.6 Geräteauthentifizierung verwalten

Azure Active Directory ist in erster Linie ein Verwaltungsdienst für Geräte.

Egal, wo auf der Welt Sie sich befinden, wenn Sie Internetzugang haben, können Sie sich mit Ihrem Gerät am Azure Active Directory anmelden. Damit sind Sie jederzeit produktiv.

Andererseits sollte der Zugriff auf die Unternehmensressourcen auch geschützt sein, damit kein Unbefugter Zugriff erlangen kann.

All das ist mit Azure Active Directory möglich. Sie können die Geräte hinterlegen und Zugriffsberechtigungen verwalten.

Aus diesem Grund müssen Sie die sogenannte „Geräteidentitätsverwaltung" einrichten. Hierbei legen Sie fest, dass nur mit am Azure Active Directory bekannte, also verwaltete Geräte Zugriff auf Ressourcen erhalten.

1.6.1 Azure AD Join oder Azure AD Hybrid Join

Für die Geräteidentitätsverwaltung haben Sie zwei Möglichkeiten.

Azure AD Join

Wenn Sie keine lokale Infrastruktur, wie ein lokales Active Directory, aufbauen möchten, ist der Azure AD Join die richtige Entscheidung.

Wie Sie einem Azure Active Directory beitreten können, also einen Azure AD Join vornehmen können, haben wir bereits zuvor am Beispiel der Einbindung per Autopilot gesehen.

Nachdem Sie der Azure Active Directory Domäne beigetreten sind, haben Sie alle Vorteile der zentralen Geräteverwaltung, wie beispielsweise Single Sing on (SSO). Sie müssen sich nur ein einziges Mal anmelden, alle weiteren Zugriffe auf gewünschte Ressourcen erfolgen automatisch.

Azure AD Hybrid Join

Sollten Sie bereits eine lokale Active Directory Domäne betreiben, verwalten Sie Ihre Geräte bereits an einer zentralen Stelle. Diese werden häufig mit angepassten Images bereitgestellt, wie wir auch schon früher in diesem Kapitel gesehen haben.

Aber auch für Benutzer einer Active Directory Domäne gibt es eine Möglichkeit, Azure Active Directory zu benutzen.

Für die Verbindung zwischen einem On-Premise Active Directory und einem Azure Active Directory gibt es ein Tool mit Namen „Azure AD Connect".

Mit diesem Tool wird eine Verbindung zwischen beiden Verzeichnisdiensten eingerichtet.

Die im On-Premise Active Directory vorgenommenen Änderungen werden in Azure Active Directory kopiert, wohingegen Änderungen in Azure Active Directory nicht wieder zur lokalen Domäne repliziert werden.

Für Windows 10 kann seit der Version 1709 die Registrierung eines

Geräts, das Mitglied einer On-Premise Domäne ist, auch mithilfe einer Gruppenrichtlinie vorgenommen werden.

Dafür öffnen Sie die entsprechende Gruppenrichtlinie und wechseln zu

- Computerverwaltung
- Administrative Vorlagen
- Windows-Komponenten
- MDM

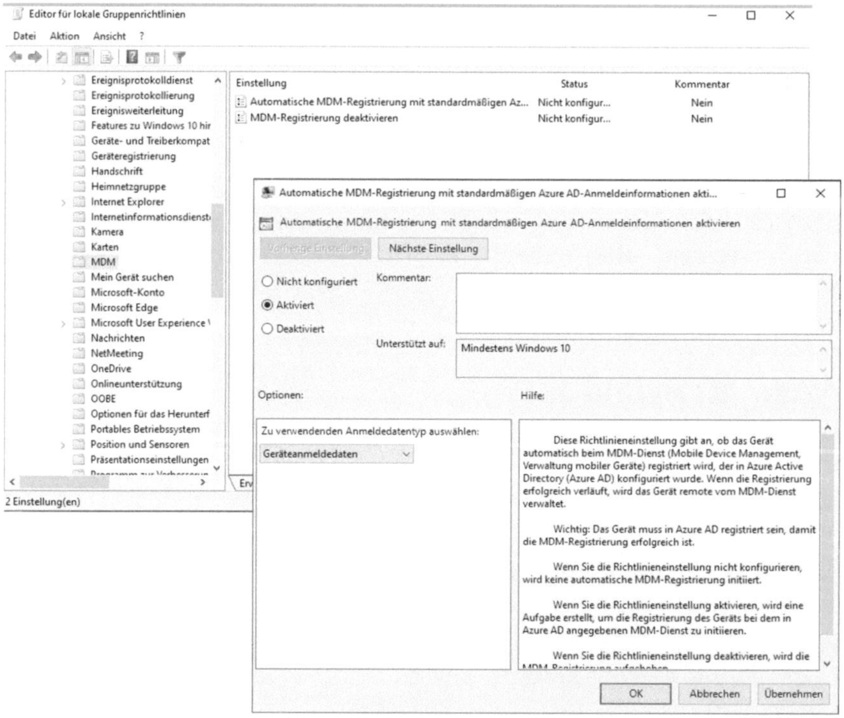

Abbildung 1.129: Einrichten Azure AD Hybrid Join

Hier aktivieren Sie die Einstellung „Automatische MDM-Registrierung mit standardmäßigen Azure AD-Anmeldeinformationen aktivieren".

Danach wird das Gerät in Azure Active Directory und Microsoft Intune verwaltet.

1.6.2 Hello for Business

Mit Windows 10 bringt Microsoft eine völlig neue Art der Authentifizierung.

Bisher war die Anmeldung mit Kennwort, Smartcard oder virtueller Smartcard normal, wobei als Hardwarevoraussetzung für die virtuelle Smartcard ein TPM Chip der Version 1.2 vorhanden sein muss.

Microsoft führt nun die Authentifizierung mit biometrischen Merkmalen ein, wie Fingerabdrücke, Gesichts- oder Iris-Scan. Hierzu wird Microsoft Passport benutzt.

Es wird natürlich die entsprechende Hardware benötigt.

Für diese Art der Authentifizierung gibt es zwei Möglichkeiten:

Windows Hello

Windows Hello wird auf einem einzelnen Rechner eingerichtet.

Es wird weder eine asymmetrische (öffentlicher/privater Schlüssel) oder zertifikatbasierte Authentifizierung unterstützt.

Hello for Business

Hello for Business wird mithilfe einer Gruppenrichtlinie oder eine Richtlinie für mobile Geräteverwaltung (zum Beispiel in Microsoft Intune) erstellt und gilt deswegen für nicht nur ein Gerät.

Es wird hierbei eine asymmetrische (öffentlicher/privater Schlüssel) oder zertifikatbasierte Authentifizierung verwendet.

Für Hello for Business wird entweder eine Active Directory Domäne oder ein Azure Active Directory Konto vorausgesetzt.

Einrichten von Hello for Business mithilfe einer Gruppenrichtlinie

Für das Einrichten einer Gruppenrichtlinie öffnen Sie den Gruppenrichtlinieneditor und navigieren Sie zu

- Computerkonfiguration
- Administrative Vorlagen
- Windows-Komponenten
- Windows Hello for Business

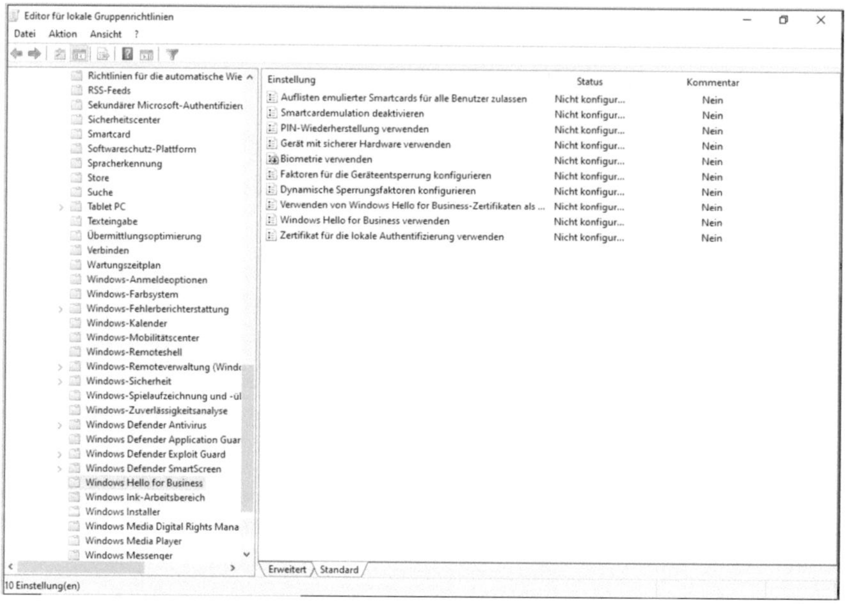

Abbildung 1.130: Hello for Business

Hier sollten Sie zunächst die Auswahl „Windows Hello for Business verwenden“ aktivieren.

Sie haben noch weitere Einstellungsmöglichkeiten, ich möchte mit Ihnen noch einige betrachten.

Biometrie verwenden

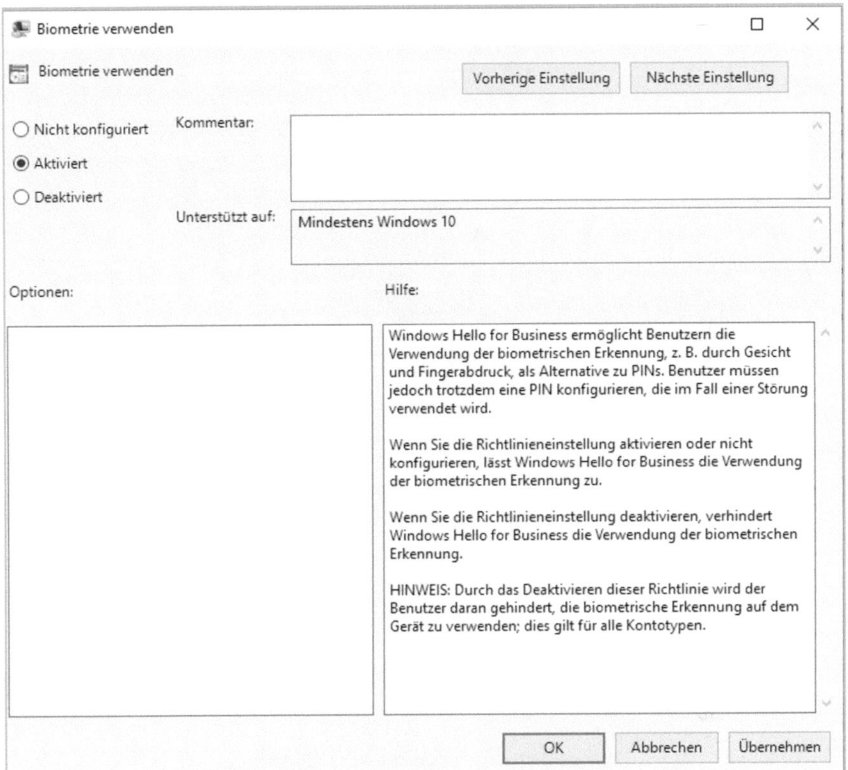

Abbildung 1.131: Biometrie verwenden

Wenn Sie die biometrische Erkennung verwenden wollen, also Fingerabdruck oder Gesichtserkennung, müssen Sie diese Einstellung aktivieren oder auf nicht konfiguriert lassen.

Nur bei einer Deaktivierung ist die Biometrie ausgeschaltet!

Eine PIN muss aber auf jeden Fall trotzdem konfiguriert werden, damit auch im Falle einer Störung auf das Gerät zugegriffen werden kann.

Dynamische Sperrungsfaktoren konfigurieren

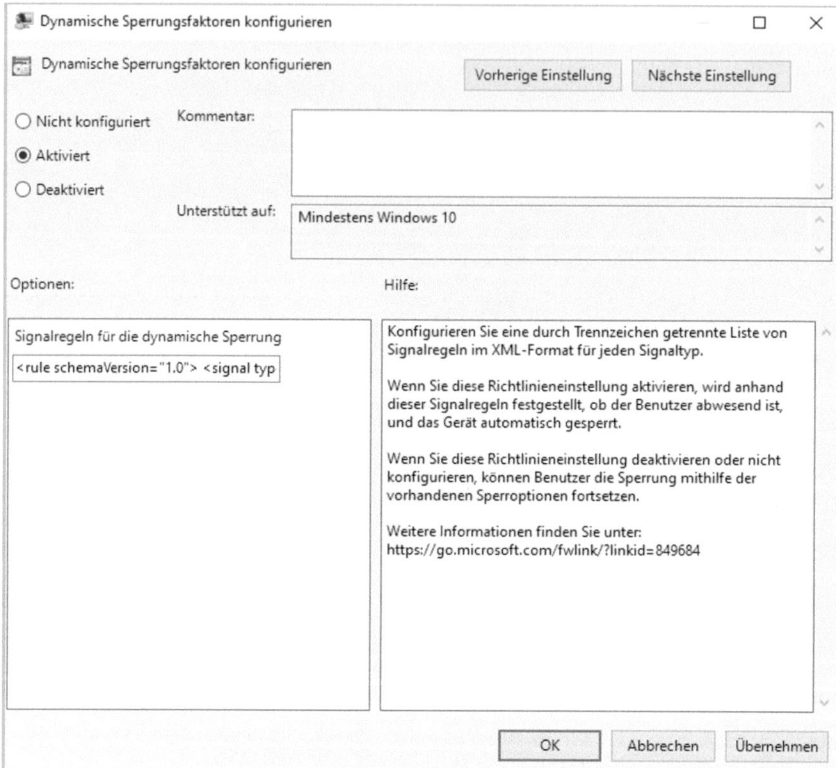

Abbildung 1.132: Dynamische Sperrung

Die dynamische Sperre erlaubt, dass ein Smartphone per Bluetooth mit einem Rechner gekoppelt wird, und der Bildschirm gesperrt wird, sobald Sie, beziehungsweise Ihr Smartphone, sich vom Arbeitsplatz entfernt.

Diese Funktion basiert auf der Annahme, dass jeder Benutzer ein Smartphone hat und dieses stets bei sich trägt.

Einrichten Hello for Business mithilfe von Microsoft Intune

Natürlich können Sie Hello for Business auch mithilfe einer Richtlinie in Microsoft Intune erstellen.

Auf die genaue Vorgehensweise bei Microsoft Intune-Richtlinien gehen wir im nächsten Kapitel genauer ein, aber ich möchte Ihnen an dieser Stelle schon einmal die Vorgehensweise isoliert zeigen.

Sie wählen in der Microsoft Intune-Konsole

- Geräteregistrierung
- Windows-Registrierung
- Windows Hello for Business

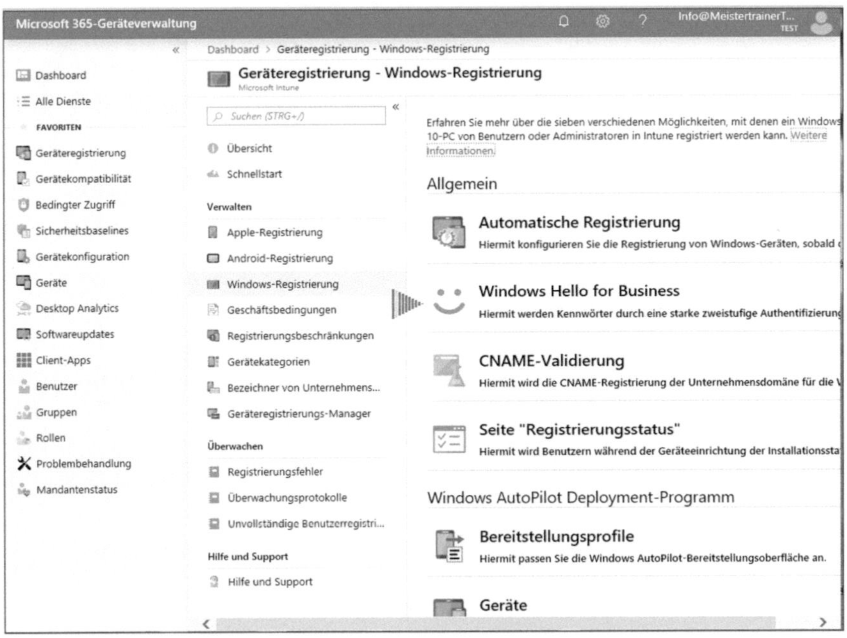

Abbildung 1.133: Windows Hello for Business

Hier können Sie nun die Microsoft Intune-Richtlinie nach Ihren Wünschen konfigurieren.

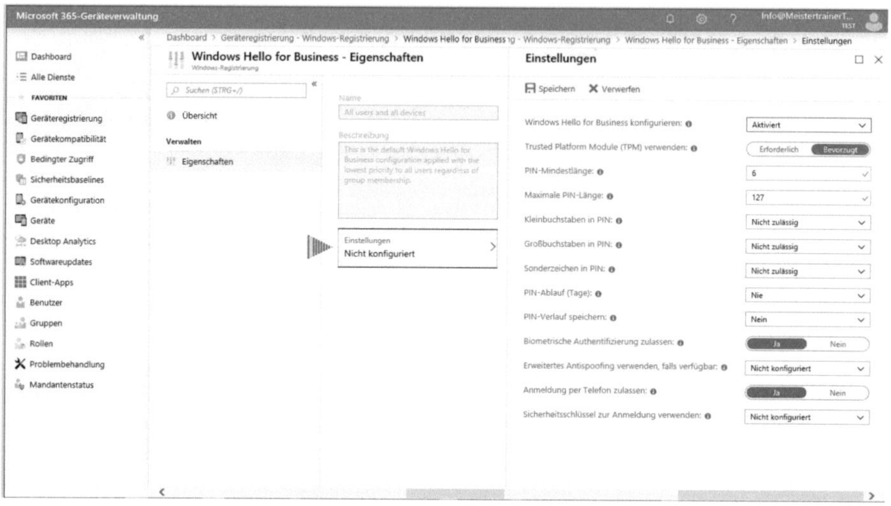

Abbildung 1.134: Richtlinie

1.7 Zusammenfassung, Übungen / Aufgaben

1.7.1 Zusammenfassung

In einer Unternehmensumgebung ist die Einzelplatzinstallation eines Betriebssystems eher die Ausnahme. Hier ist das Massenrollout, also die Installation von mehreren Maschinen gleichzeitig wichtig.

Generell gibt es zwei grundsätzliche Vorgehensweisen bei der Installation und später auch die Aktualisierung des Betriebssystems:

- On-Premise
- Cloudbasiert

Azure Active Directory ist Bestandteil des Abonnements Microsoft 365, einem neuen Produkt, mit dem Sie eine Unternehmensumgebung verwalten können.

Es besteht aus

- Windows 10 Lizenzen
- Office 365
- und diversen Verwaltungswerkzeugen mit Namen „Enterprise Mobility + Security“

Azure AD verfolgt eine andere Philosophie als das On-Premise Active Directory.

Azure Active Directory verwaltet „Mandanten“.

Sobald Sie sich für Office 365, Sharepoint oder Exchange Online registriert haben, werden Sie automatisch ein Azure AD-Mandant und können alle Benutzer im Unternehmen sowie die Kennwörter, Berechtigungen, Benutzerdaten usw. verwalten.

Bereits vorhandene On-Premise Active Directorys können mit einem Tool mit Namen „AD-Connect“ an ein Azure Active Directory angeschlossen werden.

Hierbei synchronisieren sich alle im Active Directory vorhandenen Benutzer ins Azure Active Directory.

Damit stehen Ihnen alle Funktionen sowohl der Domäne als auch alle Azure Funktionen nach einer einzigen Anmeldung zur Verfügung.

Dynamische Bereitstellungsmethoden sind Methoden, mit denen Sie Anwendungen und Einstellungen für bestimmte Anwendungsgebiete konfigurieren können.

Dadurch können Sie Installationsmedien erstellen, die alle Anforderungen enthalten und mit denen viele Rechner installiert werden können.

Beim Installieren von Windows 10 dreht sich alles um Images.

Zum einen kann das Image selber verändert werden. Der andere Weg ist, eine „Anpassungsdatei" zu erstellen, die zusammen mit dem Image bei der Installation gelesen wird und deren Einstellungen ebenfalls umgesetzt werden.

Wenn Sie eine solche Anpassungsdatei erstellen möchten, gibt Microsoft Ihnen ein sehr gutes Tool zur Hand, den „Imageerstellungs- und Konfigurations-Designer (ICD)".

Mit diesem Tool erstellen Sie „Bereitstellungspakete", die Anpassungseinstellungen enthalten, also die zusätzlichen Einstellungen, die Sie dem Windows Image hinzufügen wollen.

Der „ICD" ist Bestandteil des „Windows Assessment and Deployment Kits".

Wenn Sie das Installationsimage bearbeiten möchten, können Sie dafür auch das Tool „DISM.EXE" benutzen, das im Lieferumfang von Windows 10 enthalten ist.

Mit Windows 10 haben Sie die Möglichkeit, einen Referenzcomputer einzurichten, und diesen Computer mit den installierten Programmen auf beliebig viele andere Clients zu übertragen, egal, ob die Hardware sich unterscheidet.

Bevor Sie einen Computer mit SYSPREP seiner Identität berauben, sollten Sie sich eine Boot-CD erstellen, mit der Sie nach dem Ausführen von SYSPREP den Computer klonen können.

Auf dem Client, den Sie klonen möchten, starten Sie nun das Systemvorbereitungsprogramm „Sysprep". Es befindet sich im %Systemroot%\System32\Sysprep.

Images müssen verteilt werden, egal, ob sie direkt von der DVD benutzt werden, oder ob sie bearbeitet worden sind.

Dafür gibt es mehrere Möglichkeiten, unter anderem:

Eine Antwortdatei kann auch mit dem ADK erstellt werden.

Eine weitere Möglichkeit, Betriebssysteme zu verteilen, ist das kostenlose

Microsoft Deployment Toolkit.

Dies ist das völlig unterschätzte Bindeglied zwischen dem Windows Deployment Server (WDS) und dem kostenpflichtigen System Center Configuration Manager (SCCM) für größere Umgebungen. Gerade in mittelständischen Unternehmen sollte es bis zur SCCM-Größe unverzichtbar sein. Es erspart dem Administrator Zeit und Geld bei der Installation von Rechnern.

Natürlich kann auch Windows 10 hiermit ausgerollt werden.

Ein völlig anderer Ansatz für die Bereitstellung ist die Automatisierung mit Windows Autopilot.

Autopilot installiert Windows 10 nicht, der Client muss bereits vor der Bereitstellung Windows 10 installiert haben, bei Autopilot werden lediglich unternehmensrelevante Einstellungen vorgenommen.

Die Frage „Upgrade oder Neuinstallation?“ stellt man sich bei jedem Wechsel des Betriebssystems.

Generell ist Windows 10 als erstes Betriebssystem als „Windows as a Service“ konzipiert.

Das bedeutet, dass Windows 10 automatisch immer auf den neuesten Stand gebracht wird, ohne dass Sie sich darum kümmern müssen.

Es gibt verschiedene Upgradepfade, die Sie beachten müssen.

Bei einer Neuinstallation gibt es ein Tool, mit dem Sie die Einstellungen des alten Rechners übernehmen können: User State Migration Tool (USMT).

Windows 10 ist ein Betriebssystem, das ständig verbessert und überarbeitet wird. Aus diesem Grund werden regelmäßig Updates angeboten, die zeitnah installiert werden.

Da Windows 10 als ein Dienst betrachtet wird (Windows as a Service), ist auch das Update mittlerweile als permanente Pflege zu betrachten. Es werden nicht nur Fehler verbessert, sondern auch große Funktionsupdates werden automatisch zugewiesen.

Diese Funktionsupdates gab es in früheren Versionen von Windows nicht, dafür war immer eine neue Version fällig.

Windows 10 kennt drei Update-Arten:

- Funktionsupdates
- Qualitätsupdates
- Sicherheitsupdates

Nicht immer ist es erwünscht, dass in einer Unternehmensumgebung alle Clients alle Updates erhalten, wie es ja normalerweise der Fall ist.

Um diese Problematik zu umgehen, wurde WSUS (Windows Server Update Service) entwickelt. Wenn Sie WSUS benutzen, installieren Sie auf einem Server in Ihrem Unternehmen die WSUS Software. Dieser WSUS Server verbindet sich dann mit der Microsoft Windows Update Seite, und zieht sich alle verfügbaren Updates auf den WSUS Server.

Windows Update für Unternehmen ist ein kostenloser Dienst, der für Windows pro, Enterprise, pro für Workstation und Education verfügbar ist.

Windows Update für Unternehmen ist eine Art von Mittelweg zwischen dem einfachen Windows-Update und WSUS.

Azure bietet ein interessantes Analysetool mit Namen „Analytics“.

Hierbei werden aus den verwalteten Betriebssystemen alle Arten von Informationen ausgelesen und Sie können die Log-Dateien betrachten.

Azure Active Directory ist in erster Linie ein Verwaltungsdienst für Geräte.

Für die Geräteidentitätsverwaltung haben Sie zwei Möglichkeiten.

- Azure AD Join
- Azure AD Hybrid Join

Mit Windows 10 bringt Microsoft eine völlig neue Art der Authentifizierung.

Bisher war die Anmeldung mit Kennwort, Smartcard oder virtueller Smartcard normal, wobei als Hardwarevoraussetzung für die virtuelle Smartcard ein TPM Chip der Version 1.2 vorhanden sein muss.

Microsoft führt nun die Authentifizierung mit biometrischen Merkmalen ein, wie Fingerabdrücke, Gesichts- oder Iris-Scan. Hierzu wird Microsoft Passport benutzt.

Es wird natürlich die entsprechende Hardware benötigt.

Für diese Art der Authentifizierung gibt es zwei Möglichkeiten

- Windows Hello
- Hello for Business

Hello for Business kann über eine Gruppenrichtlinie oder über Microsoft Intune eingerichtet werden.

1.7.2 Übungen

1. Starten Sie die virtuellen Maschinen „DC“, „W10“ und „W10-Azure“.
2. Starten Sie die Installation des „Windows Assessment and Deployment Kits“ auf dem Client „W10“. Dafür benötigen Sie eine Internetverbindung. Installieren Sie alle Funktionen des ADK.
3. Starten Sie das „User State Migration Tool“ und beginnen Sie eine Migration der Daten mit „Scanstate.exe“.
4. Sorgen Sie dafür, dass Sie Zugriff auf das Windows 10 Installationsmedium haben.
5. Kopieren Sie das komplette Installationsmedium auf die Festplatte ins Verzeichnis C:\Install.
6. Erstellen Sie mit dem „Windows Designer für die Imageerstellung und –konfiguration“ eine neue Windows-Imageanpassung.
7. Wählen Sie als Speicherpfad den Ordner C:\Images.
8. Konfigurieren Sie Anpassungen.
9. Wählen Sie beim Speichern des Images „Produktionsmedium“ und als Speicherformat „wim“.
10. Wählen Sie keine Komprimierung und keine Überwachung.
11. Speichern Sie im Ordner C:\Images\Projekt1.
12. Erstellen Sie ein Bereitstellungspaket und speichern Sie es in C:\Bereitstellung.
13. Wählen Sie „kompatibel mit allen Windows Editionen“.
14. Wählen Sie ein Image, das Sie mit „Dism“ bearbeiten.
15. Mounten Sie ein Image in den Pfad C:\Mount.
16. Betrachten Sie die Eigenschaften des Images.
17. Speichern Sie das Image und unmounten Sie es wieder.
18. Erstellen Sie ein Boot-PE Medium als iso-Datei.
19. Erstellen Sie einen Prüfpunkt der virtuellen Maschine „W10“. Nennen Sie diesen Prüfpunkt „W10-S0“.
20. Benutzen Sie „sysprep“ mit dem Client.

21. Starten Sie den Client wieder und setzen ihn auf den Snapshot „W10-S0“ zurück.
22. Erstellen Sie eine Antwortdatei mit dem „Windows System Image Manager“.
23. Melden Sie sich am Rechner „W10-Azure“ als lokaler Administrator an.
24. Erstellen Sie einen Microsoft 365 Testzugang.
25. Erstellen Sie einen Microsoft Intune Testzugang.
26. Erstellen Sie dort eine Konfigurationsdatei für Autopilot.
27. Laden Sie die Konfigurationsdatei zu Microsoft Intune hoch.
28. Definieren Sie ein Unternehmensbranding.
29. Konfigurieren Sie ein Profil für Autopilot.
30. Überprüfen Sie alle benötigten Rechte für die Ausführung von Autopilot und gewähren Sie diese.
31. Setzen Sie „W10-Azure“ manuell zurück.
32. Konfigurieren Sie „W10-Azure“ mit Autopilot.
33. Installieren Sie auf „W10“ das USMT.
34. Erstellen Sie mit „Scanstate“ eine Migrationsdatei.
35. Betrachten Sie auf „W10-Azure“ alle Möglichkeiten des Windows-Updates.
36. Betrachten Sie die Gruppenrichtlinieneinstellungen für Windows Updates für Unternehmen.
37. Betrachten Sie in Microsoft Intune die Einstellungen für Windows Updates für Unternehmen.
38. Betrachten Sie auf „DC“ die Konfigurationsmöglichkeiten für die Automatische MDM-Registrierung.
39. Betrachten Sie beide Möglichkeiten, Windows Hello for Business zu konfigurieren.

1.7.3 Aufgaben

1. Sie sind der Administrator der Firma Meistertrainer. Die On-Premise-Domäne heißt Meistertrainer.info.

   Mit dem Windows Designer erstellen Sie ein Bereitstellungspaket.

   Beim Gerätenamen tragen Sie folgende Parameter ein:

   Meistertrainer%RAND:1%

   Wie viele Geräte können Sie mit diesem Paket installieren?

2. Sie sind der Administrator der Firma Meistertrainer. Die On-Premise-Domäne heißt Meistertrainer.info.

   Sie benutzen den Windows Image Designer um Images für neue Rechner bereitzustellen.

   Die Rechner sollen alle den Namen „MT“ erhalten, gefolgt von einem Bindestrich und drei Zahlen.

   Wie definieren Sie im Paket den Gerätenamen?

3. Sie sind der Administrator der Firma Meistertrainer. Die On-Premise-Domäne heißt Meistertrainer.info.

   Sie haben eine Volumenlizenzvereinbarung und verwenden einen Produktschlüssel zum Aktivieren von Windows 10.

   Nun möchten Sie einige Windows 10 Rechner mit dem MDT bereitstellen.

   Wie können Sie sicherstellen, dass jeder Rechner bei der Installation den korrekten Aktivierungsschlüssel erhält?

4. Sie sind der Administrator der Firma Meistertrainer. Die On-Premise-Domäne heißt Meistertrainer.info.

   Neue Rechner werden mit Windows Autopilot eingerichtet.

   Was ist der erste Schritt, den Sie machen müssen?

5. Sie sind der Administrator der Firma Meistertrainer. Die On-Premise-Domäne heißt Meistertrainer.info.

   Für die Konfiguration von Computern benutzen Sie Windows Autopilot.

   Einige Computer müssen durch Windows Autopilot bereitgestellt werden.

   Welches PowerShell cmdlet benutzen Sie zuerst?

6. Sie sind der Administrator der Firma Meistertrainer.

   Sie haben in Ihrer Firma eine Active Directory Domäne mit Namen Meistertrainer.info in der ein KMS (Schlüsselverwaltungsserver) die Lizenzen verwaltet und ein WDS-Server zur Verfügung steht.

   Sie besitzen auch einen Microsoft 365 Mandanten mit dem Microsoft Store for Business und einem Azure AD Premium.

   Sie möchten mehrere neu gekaufte Windows 10 Rechner mithilfe von Windows Autopilot automatisch mit dem Azure AD verbinden.

   a) Welches Verwaltungstool verwenden Sie?
   b) Welche Informationen benötigen Sie von jedem Computer?

7. Sie sind der Administrator der Firma Meistertrainer. Die On-Premise-Domäne heißt Meistertrainer.info.

   Neue Rechner werden mit Windows Autopilot eingerichtet, dabei muss sichergestellt werden, dass während der Einrichtungsphase das Firmenlogo angezeigt wird.

   Welche Einstellung konfigurieren Sie?

8. Sie sind der Administrator der Firma Meistertrainer. Die On-Premise-Domäne heißt Meistertrainer.info.

   Für die Konfiguration von Computern benutzen Sie Windows Autopilot.

   Ein Kollege scheidet aus der Firma aus, sein Nachfolger soll seinen Rechner erhalten.

   Dafür möchten Sie ihn mit Windows Autopilot erneut bereitstellen.

   Nennen Sie die drei benötigten Schritte in der richtigen Reihenfolge.

9. Sie sind der Administrator der Firma Meistertrainer. Die On-Premise-Domäne heißt Meistertrainer.info.

   Für die Konfiguration von Computern benutzen Sie Windows Autopilot.

   Ein Kollege verlässt das Unternehmen, sein Computer soll an seinen Nachfolger ausgegeben werden.

   Dafür müssen Sie sicherstellen, dass der neue Kollege beim

ersten Systemstart die Spracheinstellungen auswählen kann und die Lizenzvereinbarung bestätigen muss.

Wählen Sie aus, auf welche Art Sie das machen können.

a) Remote-Windows-AutoPilot Reset
b) Neues Windows Autopilot-Bereitstellungsprofil im benutzergesteuerten Modus
c) Neues Windows Autopilot-Bereitstellungsprofil im Self-Deployment-Modus

10. Sie sind der Administrator der Firma Meistertrainer. Die On-Premise-Domäne heißt Meistertrainer.info.

    Für die Konfiguration von Computern benutzen Sie Windows Autopilot.

    Sie müssen für einen Kollegen einen Windows-Autopilot-Reset des Rechners durchführen.

    Behält er kürzlich installierte Anwendungen?

11. Sie haben in Ihrem Unternehmen Windows 7 und Windows 8.1 Rechner, jeweils sowohl mit 32- als auch mit 64 bit.

    Sie möchten alle Rechner Inplace auf Windows 10 64 bit upgraden.

    Bei welchen Rechnern wird das funktionieren?

12. Sie sind der Administrator der Firma Meistertrainer. Die On-Premise-Domäne heißt Meistertrainer.info.

    Alle Windows 10 Rechner der Domäne sind bei Microsoft Intune registriert.

    An welcher Stelle können Sie den Wartungsstatus eines Computers betrachten?

13. Sie sind der Administrator der Firma Meistertrainer. Die On-Premise-Domäne heißt Meistertrainer.info.

    Alle Windows 10 Rechner der Domäne sind bei Microsoft Intune registriert und alle Updates werden über Windows Update für Unternehmen zugewiesen.

    Sie haben eine Gruppe mit Namen „Gruppe 1“ erstellt.

    Für die Benutzer dieser Gruppe gelten folgende Regeln:

    Updates müssen in der Nacht zwischen 1 und 3 Uhr installiert werden.

Updates werden von Microsoft heruntergeladen und auch von anderen Computern, auf denen Updates bereits heruntergeladen worden sind.

An welchen Stellen müssen Sie Einstellungen vornehmen?

14. Sie sind der Administrator der Firma Meistertrainer. Die On-Premise-Domäne heißt Meistertrainer.info.

    Sie haben in der Firma eine Hybridbereitstellung von Azure AD und Microsoft Intune.

    Sie möchten nun, dass alle vorhandenen Computer bei Azure AD und Microsoft Intune registriert werden.

    Wie können Sie das mit dem geringstmöglichen Aufwand bewerkstelligen?

15. Sie sind Administrator der Firma Meistertrainer.

    Sie kaufen für Ihre Firma mehrere neue Rechner mit Windows 10, die über eine Kamera verfügen, die Windows Hello for Business unterstützt.

    In der Gruppenrichtlinie werden folgende Einstellungen aktiviert:

    - Biometrie verwenden
    - Windows Hello for Business verwenden

    Auf welche zwei Arten kann ein Benutzer sich anmelden?

16. Sie sind der Administrator der Firma Meistertrainer. Die On-Premise-Domäne heißt Meistertrainer.info.

    Sie haben in der Firma eine Hybridbereitstellung von Azure AD und Microsoft Intune.

    Wie können Sie sicherstellen, dass sich alle Benutzer mit einer PIN an den mit Azure AD verbundenen Computern anmelden können und die PINS regelmäßig geändert werden müssen?

2 Verwalten von Richtlinien und Profilen

Prüfungsanforderungen von Microsoft:

- Zugangsberechtigungssystem- und Compliancerichtlinien implementieren
- Geräteprofile konfigurieren
- Nutzerprofilmanagement

Quelle: Microsoft

2.1 Einführung

Die Arbeitswelt ist im Wandel. Früher war es undenkbar, dass Angestellte mit ihren eigenen Geräten arbeiten, ein Desktop in der Firma war das Arbeitsgerät.

Mittlerweile werden immer öfter auch Geräte genutzt, die nicht zum Firmeninventar gehören, wie Notebooks der Angestellten, oder auch Smartphones.

Dieses Phänomen nennt sich „BYOD" (bring your own device).

Wenn die Geräte nicht mehr voll kontrolliert werden können, bringt das natürlich große Sicherheitsprobleme mit sich, denn wie soll der Administrator den Überblick darüber behalten, welche Programme auf welchen privaten Geräten installiert sind?

Hier kommt Microsoft Intune ins Spiel.

Mit Microsoft Intune können Sie alle Geräte managen und bestimmen, welches Gerät welchen Zugriff erhält.

2.2 Gruppenrichtlinien und Richtlinien in Microsoft Intune

Wir müssen auch bei diesem Thema wieder zwei Möglichkeiten betrachten:

Einerseits eine On-Premise Domäne und andererseits die Verwaltung durch Azure Active Directory.

Generell enthalten Richtlinien Konfigurationseinstellungen, mit denen Sie die Firmenumgebung nach Ihren Anforderungen einrichten und schützen können.

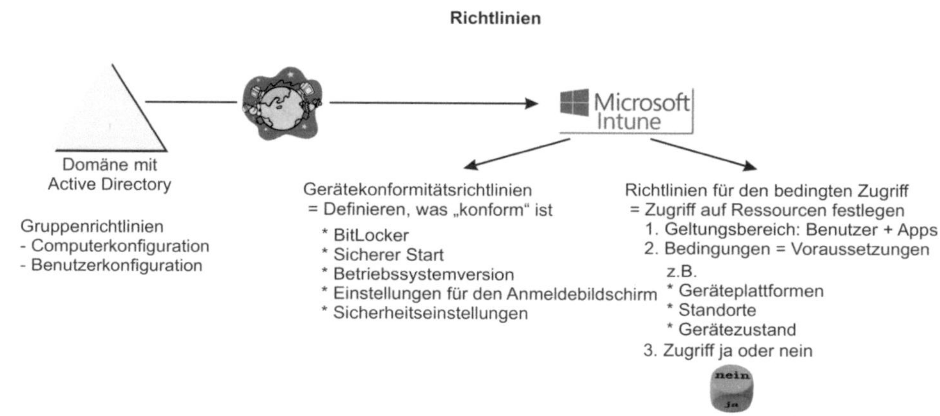

Abbildung 2.1: Prinzip Richtlinien

Beginnen wir mit den Gruppenrichtlinien in einer On-Premise Domäne.

Gruppenrichtlinien werden im Active Directory verwaltet.

Öffnen Sie auf dem Domänencontroller unter „Tools" die „Gruppenrichtlinienverwaltung".

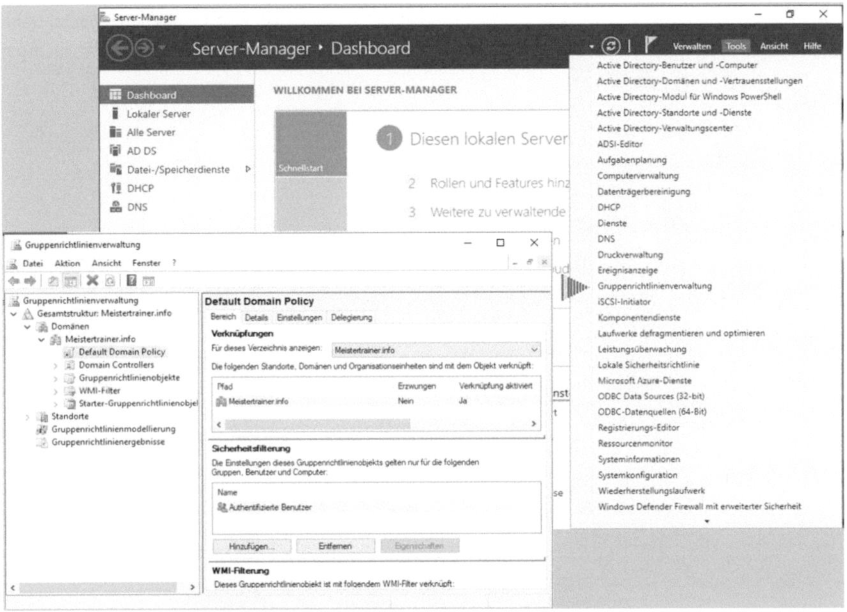

Abbildung 2.2: Gruppenrichtlinienverwaltung

Sie sehen, dass in dieser Ansicht die Struktur der Domäne dargestellt wird. Ob es mehrere Gruppenrichtlinien gibt, können wir in dieser Darstellung noch nicht erkennen, aber wir sehen eine „Default Domain Policy“.

Diese wählen wir aus, indem wir auf sie klicken.

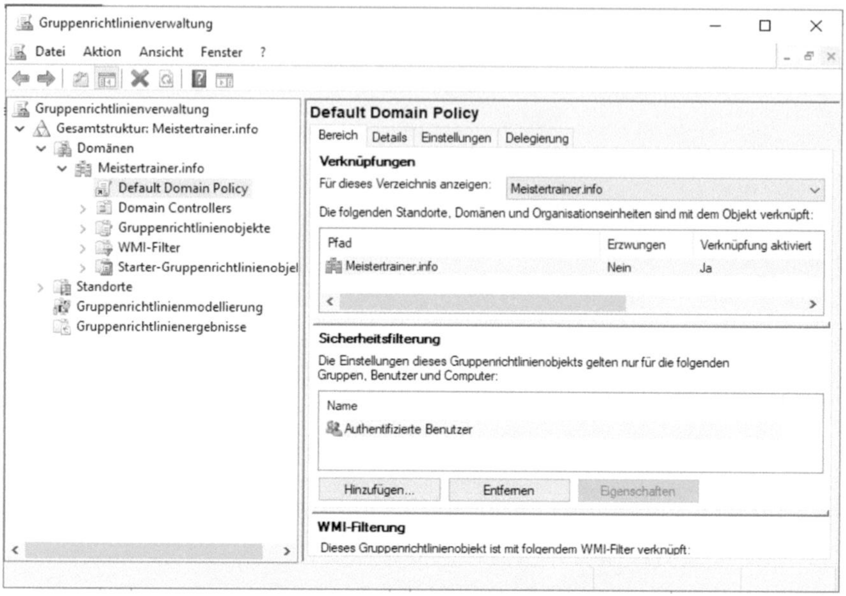

Abbildung 2.3: Die „Default Domain Policy"

Wir erhalten diverse Informationen über diese Gruppenrichtlinie.

ACHTUNG!
Sie sollten sich die Zeit nehmen und diese Einstellungen alle gut betrachten!

Wir wechseln nun auf die Registerkarte „Einstellungen".

Hier werden die momentan aktiven Einstellungen angezeigt.

Das ist uns aber nicht genug, wir möchten die Einstellungen genauer sehen. Dazu klicken wir mit der rechten Maustaste ins Fenster und wählen „Bearbeiten".

Es öffnet sich ein neues Fenster und wir sehen endlich alle Einstellungen der Gruppenrichtlinie.

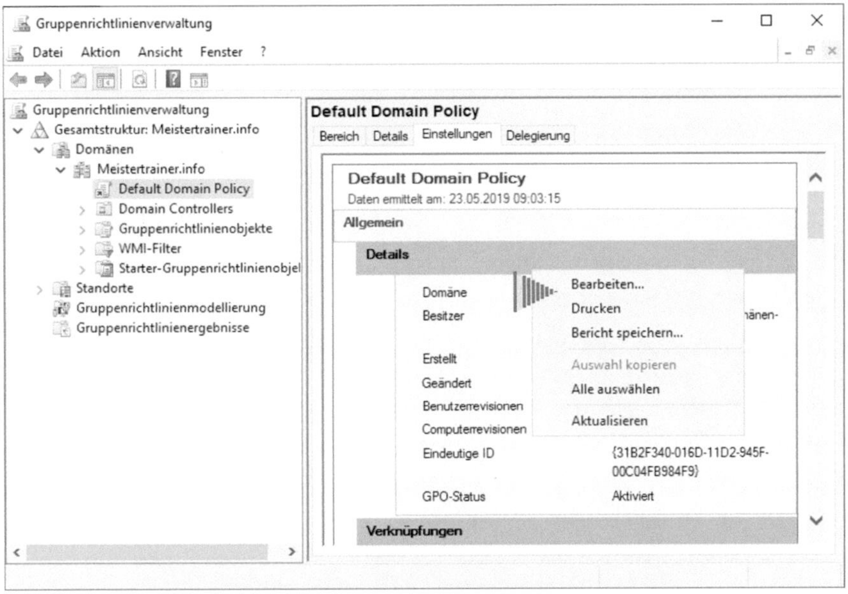

Abbildung 2.4: Einstellungen der Gruppenrichtlinie

Alle Gruppenrichtlinien, egal ob sie lokal oder im Active Directory verwaltet werden, haben die gleiche Struktur. Es gibt

- Benutzereinstellungen
- Computereinstellungen

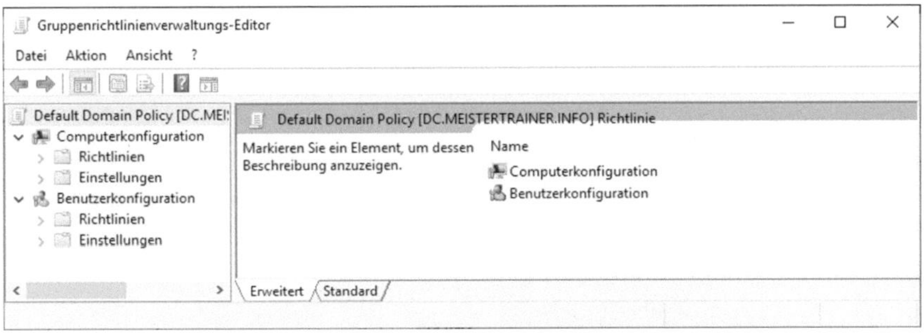

Abbildung 2.5: Alle Einstellungen der Gruppenrichtlinie

Optisch dargestellt werden diese Einstellungen in einer Darstellung, die uns sehr gut aus Explorer und Active Directory bekannt ist.

Sowohl auf der Computerseite als auch auf der Benutzerseite gibt es zwei Hauptkonfigurationsgruppen:

- Richtlinien
- Einstellungen

Die Richtlinien teilen sich in

- Softwareeinstellungen
- Windows-Einstellungen
- Administrative Vorlagen

Natürlich unterscheiden sich diese Einstellungen auf beiden Seiten etwas, denn nicht alle Einstellungen können für Computer vorgenommen werden. Andere können wiederum nicht für Benutzer gemacht werden.

Nehmen Sie sich nun einen Augenblick Zeit und betrachten Sie die Vielfalt der Einstellungsmöglichkeiten auf beiden Seiten. Beachten Sie auch, dass bei einigen Einstellungen sehr gute Erklärungen zu finden sind, die einen Einsatz der Gruppenrichtlinie vereinfachen.

Die „Einstellungen" sind eine Neuerung, die mit Server 2008 eingeführt worden sind. Sie finden diese nur in den domänenbasierten Gruppenrichtlinien, nicht aber in einer lokalen.

Hier können Sie zusätzlich verschiedene Einstellungen machen, wie

- Laufwerkszuordnungen
- Variablenzuordnung
- Einstellungen für Dateien, Ordner und ini-Dateien

Eine der interessantesten Einstellungsmöglichkeiten ist aber, dass Sie verschiedene Geräteklassen aktivieren oder deaktivieren können, womit Sie die Möglichkeit haben, den Zugriff auf bestimmte Geräte zu verbieten!

Die Einstellungsmöglichkeiten der Gruppenrichtlinien sind extrem vielseitig, es gibt beinahe keine Einstellung, die Sie nicht vornehmen können.

Die Richtlinien in Microsoft Intune dagegen sind ausschließlich für die Gerätekonfiguration und für die Beschränkung von Geräten für den Zugriff gedacht.

Für die Anwendung von Microsoft Intune-Richtlinien wird entweder ein Azure Domain Join oder ein Azure AD Hybrid Join benötigt, also in jedem Fall müssen Benutzer und Gruppen in Azure Active Directory verwaltbar sein.

2.3 Verwalten von Richtlinien in Microsoft Intune

Um Microsoft Intune benutzen zu können, müssen Sie zunächst Benutzer und Gruppen anlegen.

Wenn Sie einen Azure AD Hybrid Join haben, müssen Sie die Benutzer und Gruppen nicht anlegen, sie werden aus dem Active Directory synchronisiert.

2.3.1 Anlegen von Benutzern

Der erste Schritt, um Ressourcen mithilfe von Microsoft Intune verwalten zu können, ist das Anlegen von Benutzerkonten.

Nur Benutzer, die in Microsoft Intune verfügbar sind, können Geräte registrieren, damit diese verwaltet werden können.

ACHTUNG!
Microsoft Intune verwaltet die Benutzer und Gruppen nicht selber, sondern greift hierbei auf Azure Active Directory zu.

Öffnen Sie zum Anlegen eines Benutzers die Microsoft Intune-Konsole und wechseln Sie zu

- Benutzer
- Alle Benutzer
- Neuer Benutzer

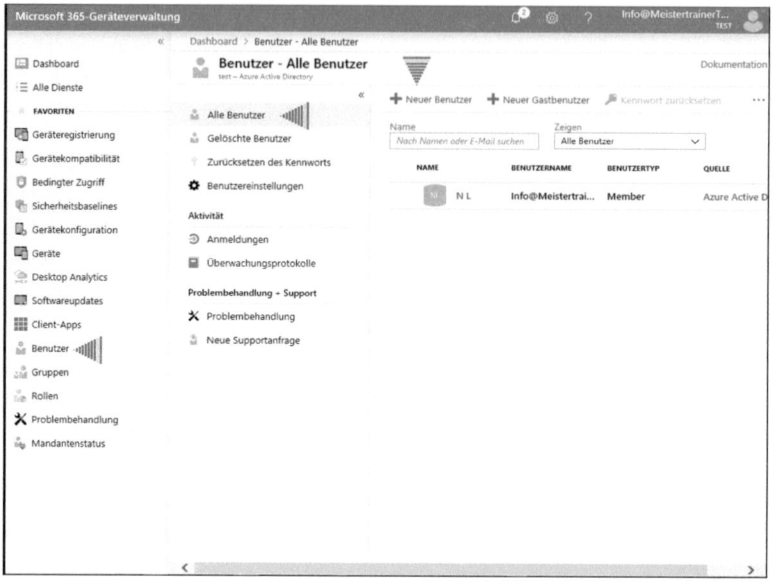

Abbildung 2.6: Benutzer anlegen

Nun geben Sie einen Namen an und einen Benutzernamen in Form einer E-Mail-Adresse mit Ihrem Azure Active Directory Suffix.

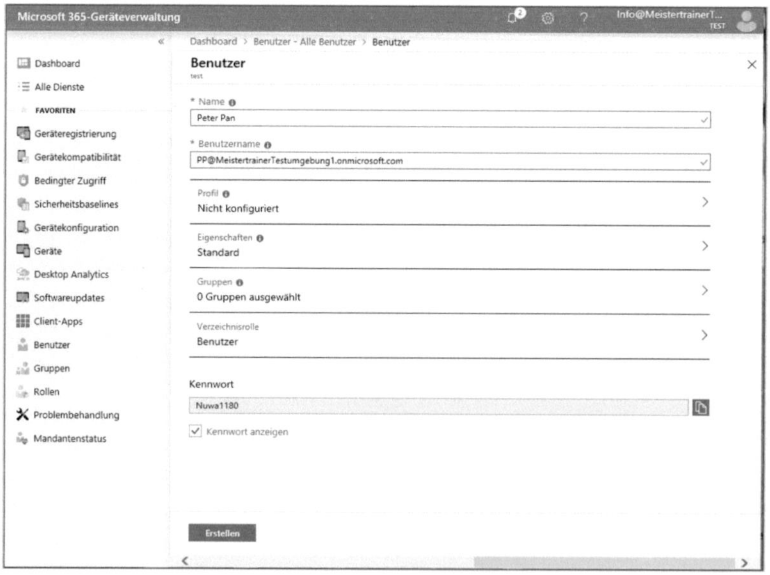

Abbildung 2.7: Benutzerdaten

Klicken Sie auf „Profil“ und geben Sie die relevanten Daten ein.

Wenn Sie auf „Eigenschaften“ klicken, sehen Sie, dass dieser Account im Azure Active Directory angelegt wird.

Auf die „Gruppen“ kommen wir später zu sprechen.

Im letzten Schritt können Sie noch die „Verzeichnisrolle“ auswählen.

Hier haben Sie die Möglichkeit, zu wählen zwischen:

Benutzer

Benutzer können auf Ressourcen zugreifen, diese aber meistens nicht verwalten.

Globaler Administrator

Globale Administratoren sind Administratoren mit allen Rechten.

Eingeschränkter Administrator

Eingeschränkte Administratoren sind „normale“ Benutzer mit zusätzlichen administrativen Rechten.

Zum Schluss klicken Sie auf „Kennwort anzeigen“ und notieren das vom System vergebene Kennwort.

Der Benutzer kann es bei der ersten Anmeldung benutzen und muss es dann sofort ändern.

Nach einem Klick auf „Erstellen“ wird das Konto erstellt.

Zuweisen einer Lizenz

Nun kommt ein wichtiger Schritt.

Nur Benutzer, denen eine entsprechende Lizenz zugewiesen worden ist, können Software installieren oder Geräte anmelden.

Dafür wechseln Sie in das Microsoft 365 Admin-Center.

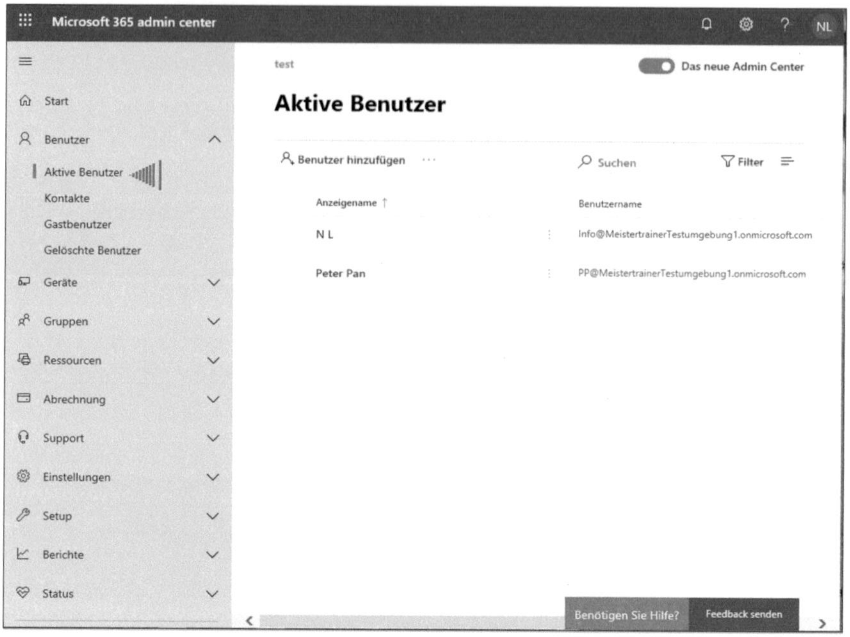

Abbildung 2.8: Microsoft 365 Admin-Center

Hier wählen Sie

- Benutzer
- Aktive Benutzer

und wählen den eben angelegten Benutzer aus.

Sie erkennen, dass dieser Benutzer bereits in allen Konsolen verfügbar ist, also im Azure Active Directory angelegt wurde, das im Hintergrund für die Verwaltung zuständig ist.

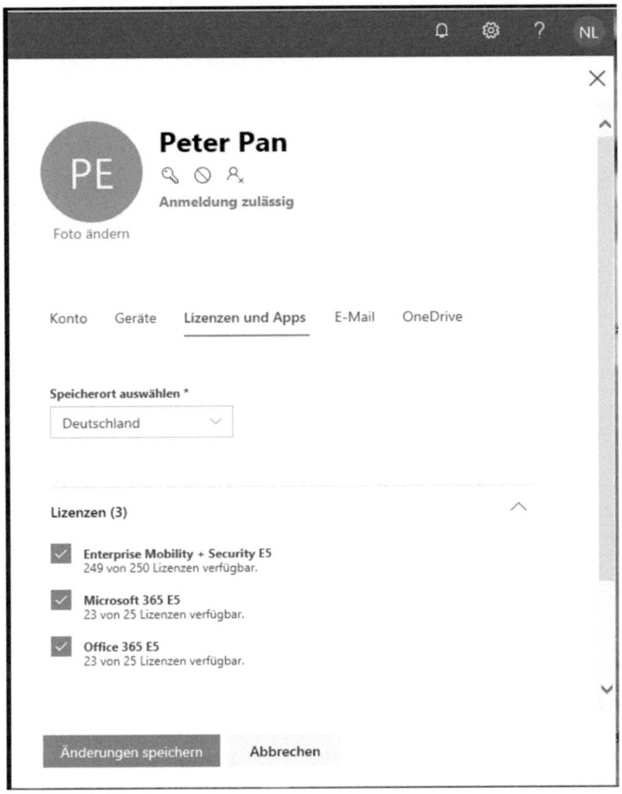

Abbildung 2.9: Lizenzen

Wechseln Sie auf den Punkt „Lizenzen und Apps".

Zunächst wählen Sie einen Speicherort aus, in unserem Beispiel ist es „Deutschland".

Danach vergeben Sie die Lizenzen, die Sie diesem Benutzer zuordnen wollen.

Klicken Sie danach auf „Änderungen speichern".

2.3.2 Erstellen einer Gruppe

Das Erstellen einer Gruppe ist genauso einfach.

Sie wechseln wieder zur Microsoft Intune Konsole

- Gruppen
- Alle Gruppen
- Neue Gruppe

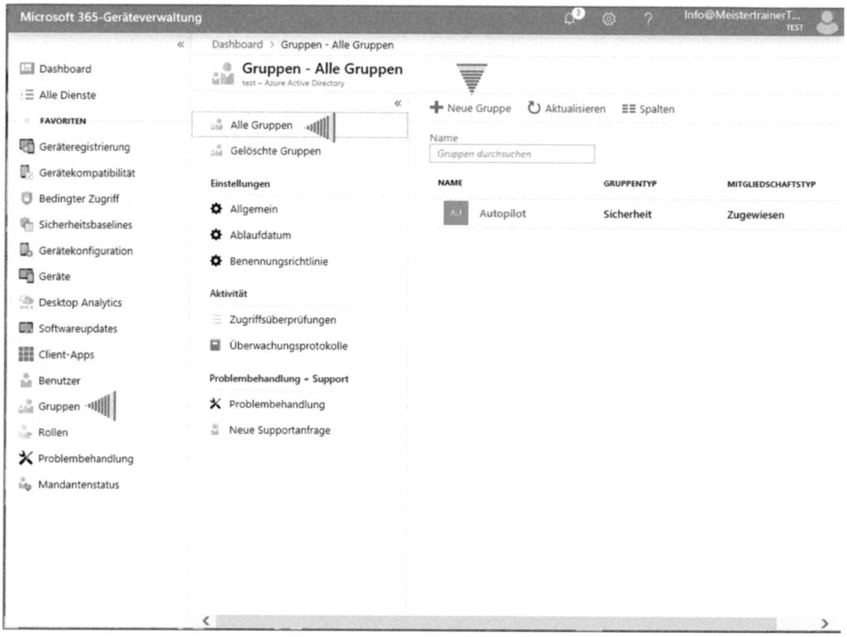

Abbildung 2.10: Gruppen erstellen

Nun haben Sie mehrere Möglichkeiten, Gruppen zu erstellen.

Gruppen mit zugewiesenen Mitgliedern

Um eine Benutzergruppe mit fest definierten Mitgliedern zu definieren, wählen Sie bei „Gruppentyp“ „Sicherheit“.

Die zweite Auswahl, „Office 365“ ist nur für die Benutzung von Office 365 von Bedeutung.

Geben Sie einen sprechenden Gruppennamen ein und lassen Sie bei „Mitgliedschaftstyp“ die Auswahl „zugewiesen“.

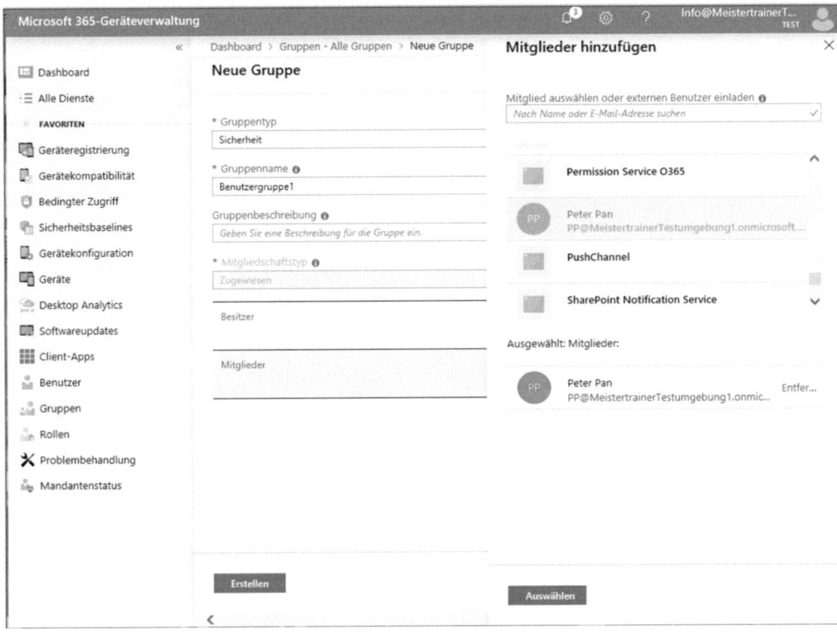

Abbildung 2.11: Zugewiesene Benutzergruppe

Sie können einen Besitzer der Gruppe wählen. Die jeweiligen Besitzer können die Gruppen verwalten.

Klicken Sie auf „Mitglieder“.

Nun können Sie aus allen Elementen, die im Azure Active Directory zu finden sind, die Mitglieder für diese Gruppe auswählen.

In unserem Beispiel wähle ich den zuvor angelegten „Peter Pan“ aus.

Nach einem Klick auf „Erstellen“ wird diese Gruppe angelegt.

Auf die gleiche Art legen Sie auch eine Computergruppe mit fest zugewiesenen Mitgliedern an.

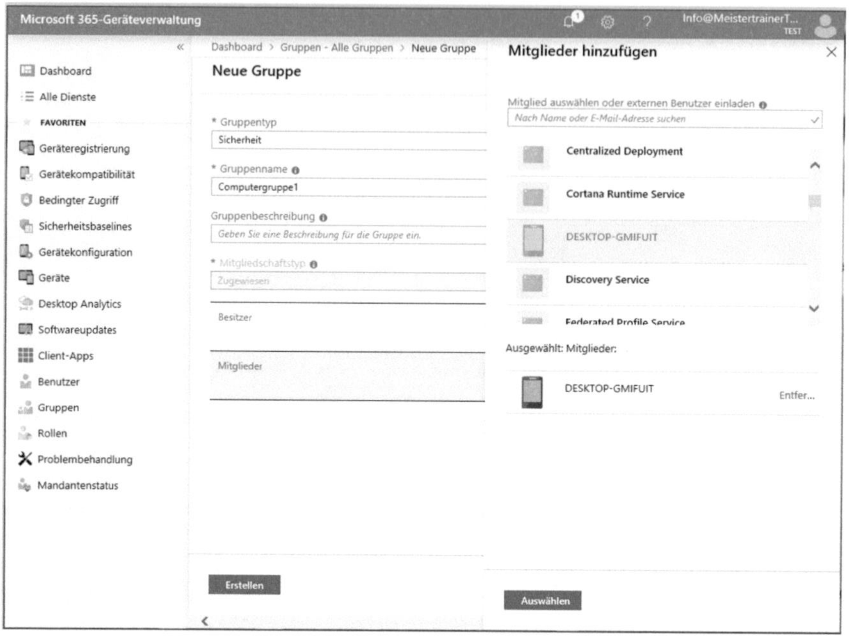

Abbildung 2.12: Zugewiesene Computergruppe

Gruppen mit dynamischen Mitgliedern

Interessant ist die Möglichkeit, Gruppen mit dynamischen Mitgliedern anzulegen. Hierbei werden die Mitglieder der Gruppe dynamisch nach bestimmten festgelegten Kriterien definiert.

Die Vorgehensweise ist für Benutzer- und Computergruppen im Prinzip identisch.

Sie erstellen eine neue Gruppe, wählen „Sicherheit" und vergeben einen Namen.

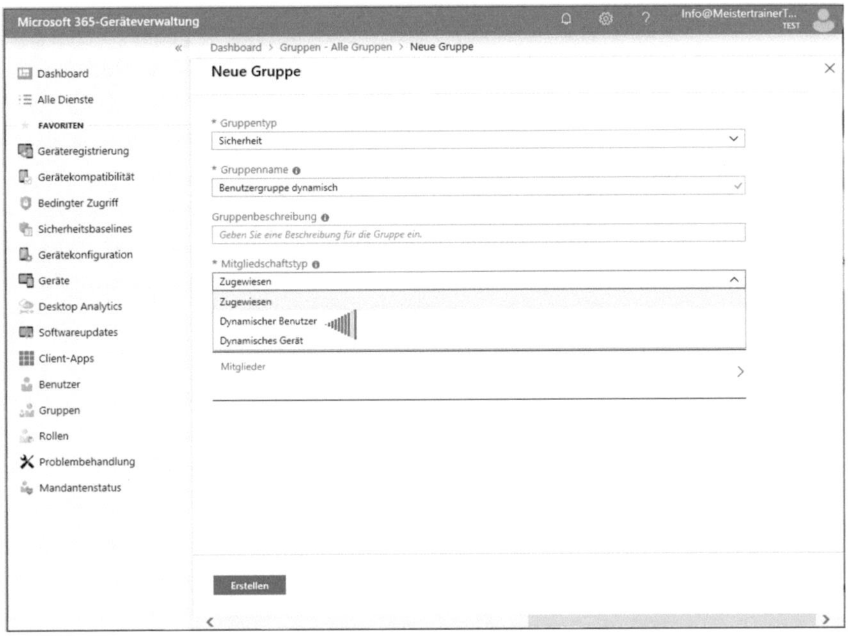

Abbildung 2.13: Dynamische Gruppenzugehörigkeit

Bei „Mitgliedschaftstyp“ wählen Sie nun aber die dynamischen Varianten aus.

Danach erstellen Sie die Regeln für die dynamische Mitgliedschaft.

Wenn Sie beispielsweise möchten, dass alle aktivierten Konten in dieser Gruppe sind, die deaktivierten Konten aber dynamisch entfernt werden, wählen Sie „AccountEnables“ und benutzen den Logikoperator „Equals“ mit dem Parameter „true“.

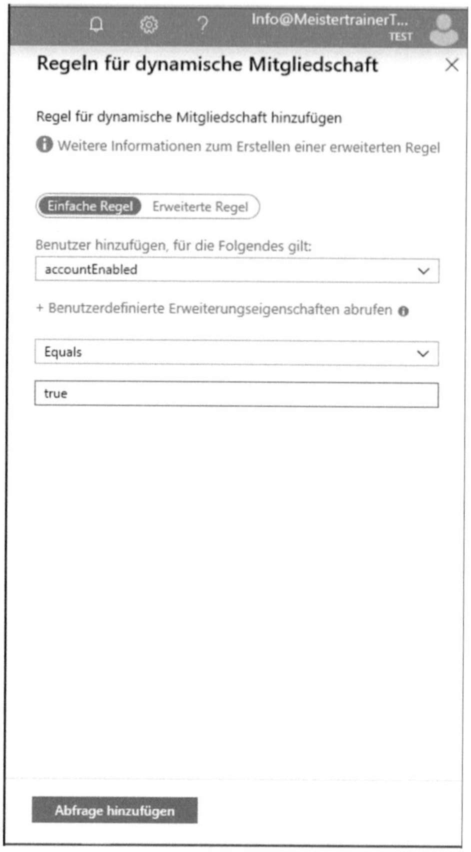

Abbildung 2.14: Regeln

2.3.3 Gerätekonformitätsrichtlinie

Konformitätsrichtlinien sind Richtlinien, die Regeln definieren, die eingehalten werden müssen, damit ein Gerät oder ein Benutzer als „konform“ gilt.

Geräte, die diese Anforderungen nicht erfüllen, erhalten den Status „konform“ nicht.

So kann beispielsweise festgelegt werden, dass ein Gerät ein bestimmtes Betriebssystem haben muss, um konform zu sein.

Erstellen einer Gerätekonformitätsrichtlinie

Um eine Gerätekonformitätsrichtlinie zu erstellen, öffnen Sie das Microsoft Intune-Portal und gehen zu

- Gerätekompatibilität
- Richtlinien
- Richtlinie erstellen

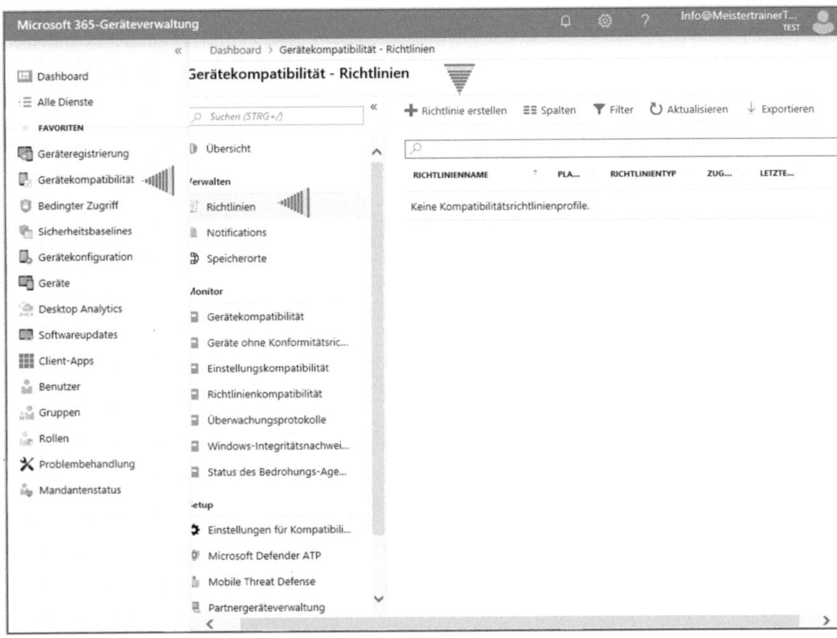

Abbildung 2.15: Richtlinie erstellen

Sie geben der Richtlinie einen Namen und wählen eine Geräteplattform aus. Nur für diese Geräte ist diese Richtlinie später gültig.

Nun konfigurieren Sie die gewünschten Einstellungen.

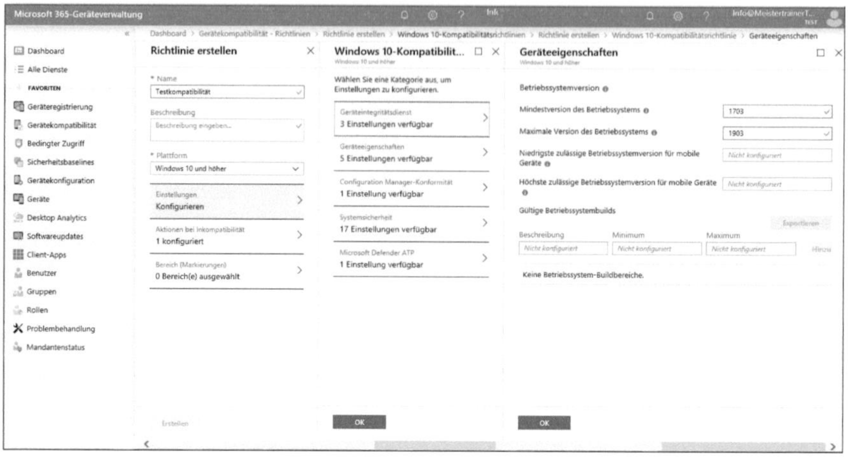

Abbildung 2.16: Konfiguration

Sie können in der Gerätekompatibilitätsrichtlinie beispielsweise folgende Parameter festlegen:

- BitLocker
- Sicherer Start
- Betriebssystemversion
- Einstellungen für den Anmeldebildschirm
- Sicherheitseinstellungen

Nun können Sie wählen, was passiert, wenn der Computer die Anforderungen nicht erfüllt. Die Standardlösung ist „Gerät als nicht konform markieren".

Sie können aber noch zwei weitere Aktionen hinzufügen, wie „eine E-Mail an den Endbenutzer senden" oder „Nicht konformes Gerät remote sperren".

Zuweisen zu einer Gruppe

Natürlich muss diese Richtlinie nun einer Gruppe zugewiesen werden, damit sie funktionieren kann.

Dazu wählen Sie die eben erstellte Richtlinie aus, und wählen „Zuweisungen".

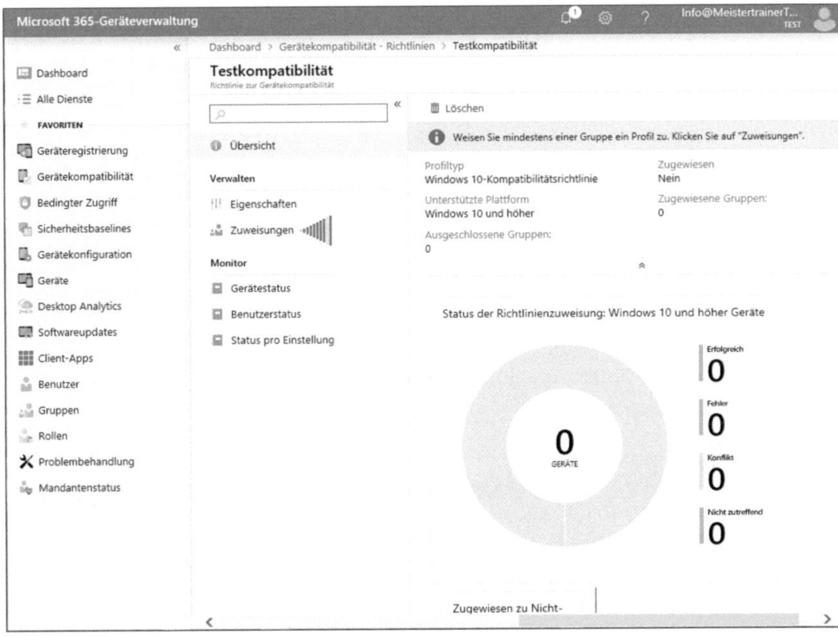

Abbildung 2.17: Zuweisen zu einer Gruppe

Hier wählen Sie die gewünschte Gruppe aus, für die diese Richtlinie in Zukunft gelten soll.

Nur Geräte, die als konform identifiziert werden, bestehen die Abfrage dieser Richtlinie.

2.3.4 Richtlinie für den bedingten Zugriff

Sie erinnern sich?

Richtlinien für den bedingten Zugriff definieren zunächst den Geltungsbereich, also für welche Benutzer und welche Apps sie gelten sollen.

Im zweiten Schritt werden die Bedingungen festgelegt, also die Voraussetzungen, die erfüllt sein müssen.

Dies können beispielsweise sein:

- Geräteplattformen
- Gerätestandort
- Gerätezustand

Im dritten Schritt wird definiert, ob bei Erfüllung der Kriterien Zugriff gewährt oder verweigert wird.

Damit haben Sie die Möglichkeit, den Zugriff auf bestimmte Ressourcen von bestimmten Voraussetzungen abhängig zu machen, unter anderem kann die mit einer Gerätekonformitätsrichtlinie festgelegte Konformität ein Kriterium sein.

Erstellen der Richtlinie für den bedingten Zugriff

Um eine Richtlinie für den Bedingten Zugriff zu erstellen, gehen Sie in die Microsoft Intune Konsole und wählen

- Bedingter Zugriff
- Richtlinien
- Neue Richtlinie

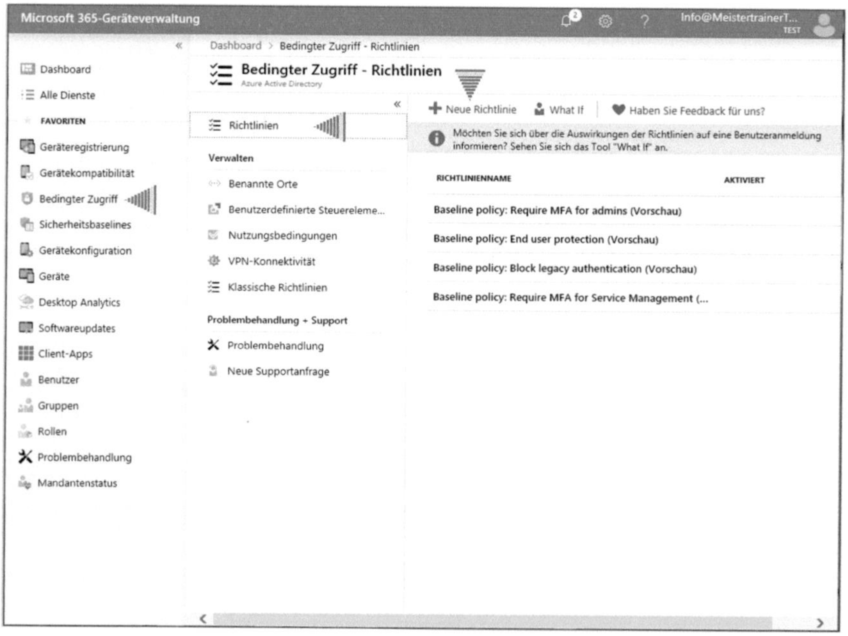

Abbildung 2.18: Richtlinie erstellen

Geben Sie der Richtlinie einen Namen und wählen sie bei „Benutzer und Gruppen“ die gewünschte Zuweisung aus.

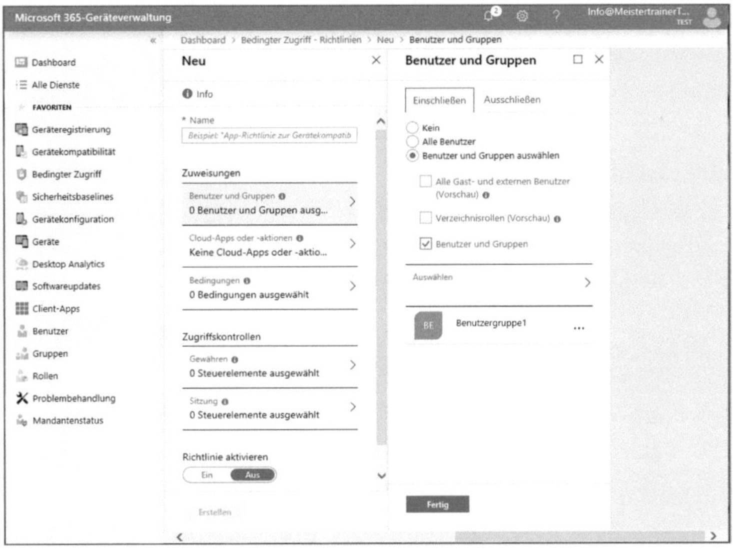

Abbildung 2.19: Auswahl Gruppen

Danach klicken Sie auf „Fertig“, um die Auswahl zu übernehmen.
Im nächsten Zug wählen Sie Apps aus, für die die Richtlinie gelten soll.
Eine wichtige Auswahl sind die Bedingungen.

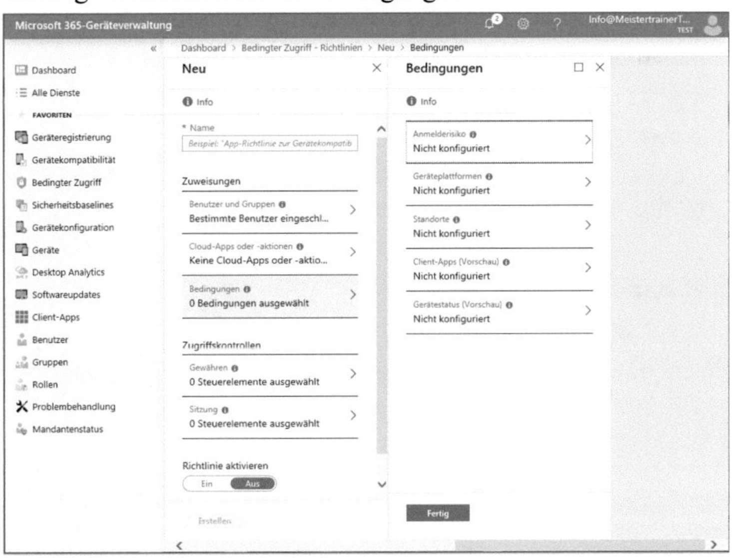

Abbildung 2.20: Bedingungen

Bedingungen sind die Voraussetzungen, die erfüllt sein müssen, damit diese Richtlinie überhaupt angewendet wird.

Folgende Bedingungen können Sie konfigurieren:

Anmelderisiko

Klicken Sie auf „Ja", um das Azure AD Identity Protection-Feature zum Erkennen von Anmelderisiken mit dieser Richtlinie zu verwenden. Sie können die Risikoebenen auswählen, ab wann diese Richtlinie angewendet werden soll.

Azure AD Identity Protection ist in Azure Active Directory Premium P2 enthalten. Diese Funktion überprüft, ob ein Risiko besteht, dass ein Benutzerkonto eventuell missbräuchlich verwendet wird.

Geräteplattformen:

Hier können Sie Geräteplattformen, wie Android, IOS, Windows definieren, auf die diese Richtlinie angewendet werden soll.

Genauso können Sie natürlich Geräteplattformen ausschließen.

Standorte

Hier definieren Sie die Standorte, für die die Richtlinie gelten soll oder Sie schließen Standorte aus.

Client-Apps

Mit der Auswahl „Ja" legen Sie fest, dass diese Richtlinie auf Browser-Apps, mobile Apps und Desktopclients angewendet werden soll.

Gerätezustand

Normalerweise gilt die Richtlinie für alle Gerätezustände.

Sie können aber bestimmte Zustände explizit ausschließen, wie „Gerät in Hybrid-Azure AD eingebunden" oder „Gerät als konform markiert".

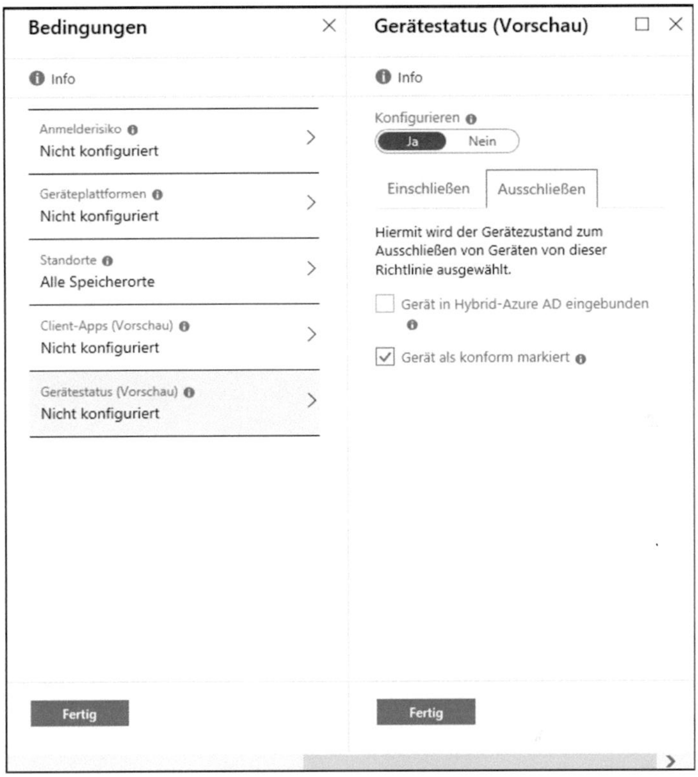

Abbildung 2.21: Gerätezustand

An dieser Stelle können Sie also die Gerätekonformitätsrichtlinie mit einer Richtlinie für den bedingten Zugriff kombinieren.

Nun kommen wir zum Punkt „Zugriffskontrollen“.

Hier können Sie festlegen, ob der Zugriff „gewährt“ oder „blockiert“ werden soll.

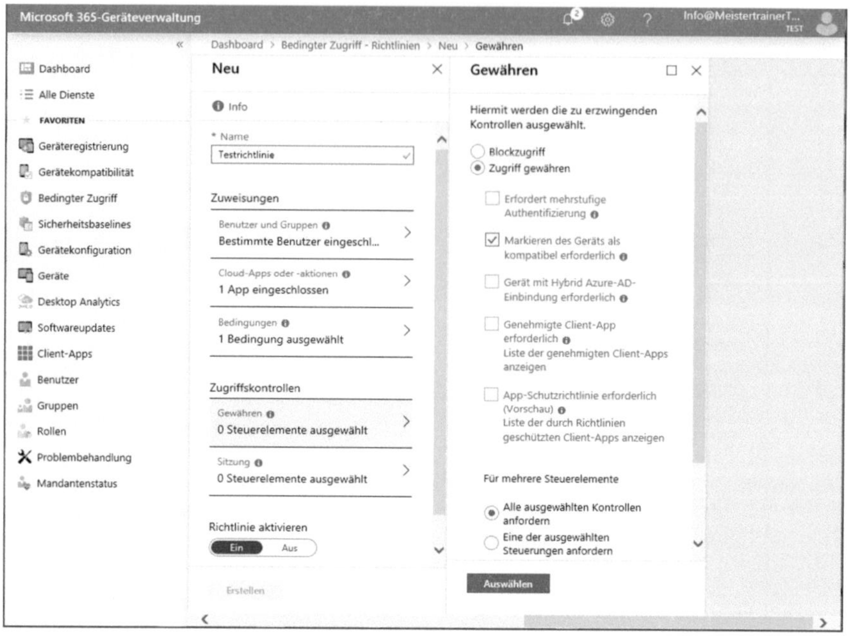

Abbildung 2.22: Zugriffskontrollen

Wenn Sie den Zugriff gewähren wollen, können Sie noch weitere Voraussetzungen festlegen.

Hier finden Sie auch den Punkt „Markieren des Geräts als kompatibel erforderlich“.

Nun wählen Sie noch „Richtlinie aktivieren – Ein“.

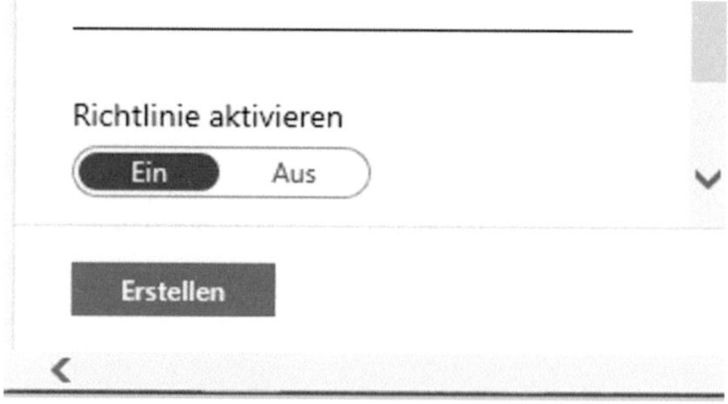

Abbildung 2.23: Erstellen

Und klicken dann auf „Erstellen“.

Damit ist die Richtlinie erstellt und aktiviert.

2.4 Geräteprofile

Profile sind Festlegungen von Einstellungen.

Im späteren Verlauf werden wir uns noch mit Benutzerprofilen beschäftigen, aber zuerst einmal betrachten wir Geräteprofile.

Mithilfe von Geräteprofilen können Sie alle Geräte Ihres Unternehmens mit bestimmten Einstellungen konfigurieren. Das gilt für alle verwendeten Plattformen, also Windows, iOS und Android.

Mit Geräteprofilen können Sie die verschiedensten Anforderungen an Geräte erfüllen.

Hier einige Beispiele:

- Erstellen eines WLAN-Profils für den Zugriff auf das Netzwerk
- Erstellen eines VPN-Profils
- Definieren von Eigenschaften für ein Kiosk-Gerät
- und vieles mehr

Abbildung 2.24: Prinzip Geräteprofil

Um Profile anwenden zu können, müssen Sie zunächst eines erstellen.

Das können Sie wieder sehr einfach in der Microsoft Intune Konsole vornehmen. Sie wechseln zu

- Gerätekonfiguration
- Profile
- Profil erstellen

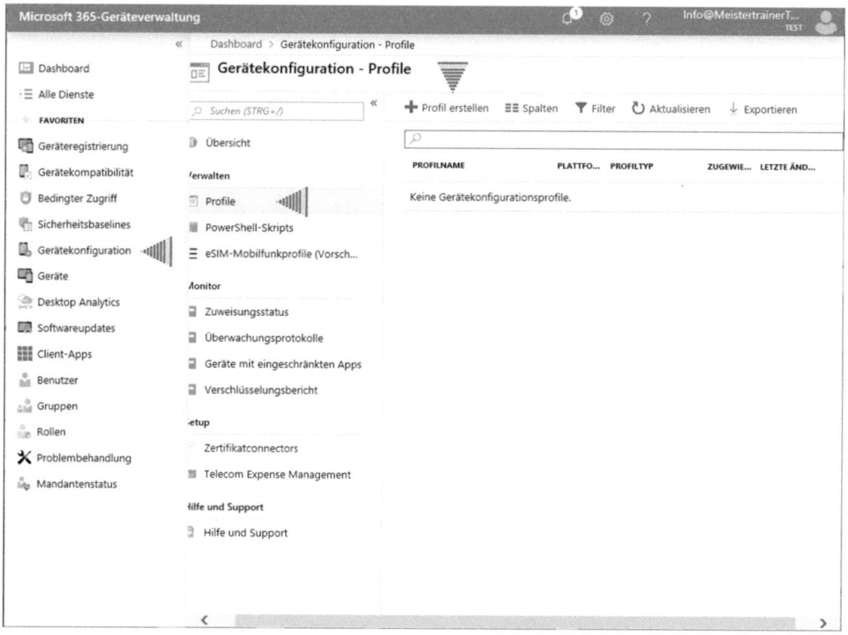

Abbildung 2.25: Profil erstellen

Geben Sie dem Profil einen Namen und gegebenenfalls eine Beschreibung.

Im nächsten Schritt wählen Sie die Plattform aus, für die das Profil gelten soll.

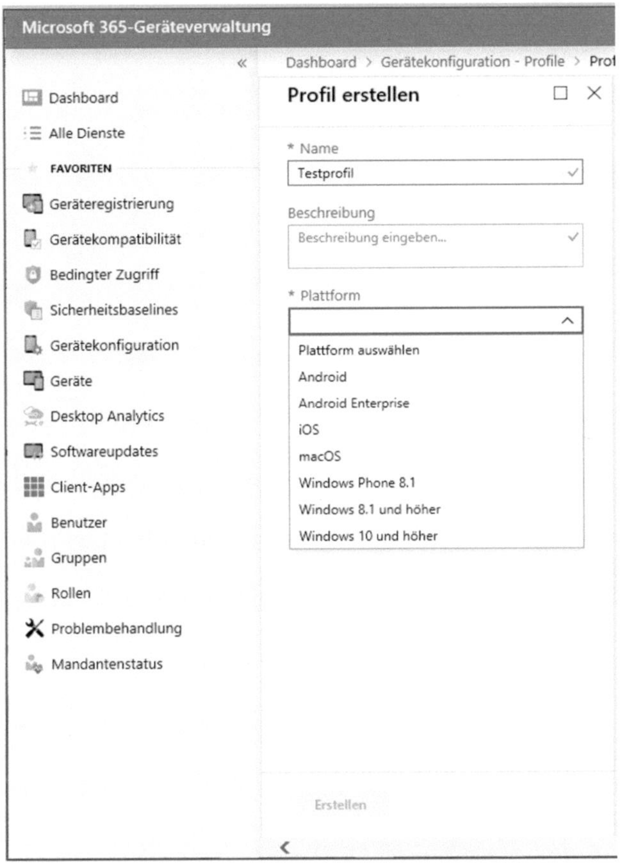

Abbildung 2.26: Auswahl der Plattform

Sie haben hier die Wahl zwischen folgenden Systemen:

- Android
- Android Enterprise
- iOS
- MacOS
- Windows Phone 8.1
- Windows 8.1 und höher
- Windows 10 und höher

Je nach der eben getroffenen Auswahl ist das folgende Menü des Profiltyps leicht unterschiedlich.

Generell haben Sie folgende Komponenten zur Auswahl:

Administrative Vorlagen

Mithilfe der administrativen Vorlagen können Sie sehr viele Einstellungen festlegen, die die Funktionen von Windows und darauf installierter Programme betreffen. Beispiele dafür sind Einstellungen für Microsoft Office.

Administrative Vorlagen werden auch in Gruppenrichtlinien in einer Domäne oder auch lokal verwendet.

Die Vorlagen die wir in Microsoft Intune erstellen, sind von der Auswirkung identisch, aber vollkommen cloudbasiert.

Geräteeinschränkungen

Mit den Geräteeinschränkungen legen Sie Einstellungen in Bezug auf folgende Kategorien fest:

- App-Store und Apps
- Mobilfunk und Konnektivität
- Cloud
- Systemsteuerung
- Anzeigen
- Allgemein
- Messaging
- Edge Browser
- Netzwerk und Drucker
- Kennwort und Datenschutz
- Windows Defender und Smartscreen
- Andere Windows Einstellungen

Sie können beispielsweise ein Geräteeinschränkungsprofil erstellen, das verhindert, dass Benutzer von iOS-Geräten auf die Kamera des Geräts zugreifen.

Übermittlungsoptimierung

Mit den Einstellungen der Übermittlungsoptimierung können Sie die zur Verfügung stehende Bandbreite beim Download konfigurieren.

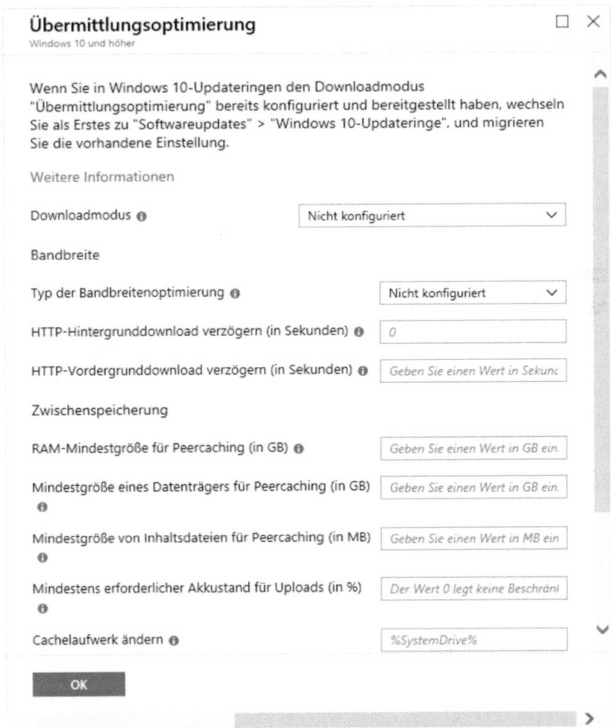

Abbildung 2.27: Übermittlungsoptimierung

Domänenbeitritt

Hier können Sie einer Domäne beitreten

Editionsupgrade und Moduswechsel

Mit dieser Einstellung können Sie eine Änderung der benutzten Windows-Edition vornehmen.

E-Mail

Hier können Sie viele E-Mail Konfigurationseinstellungen definieren.

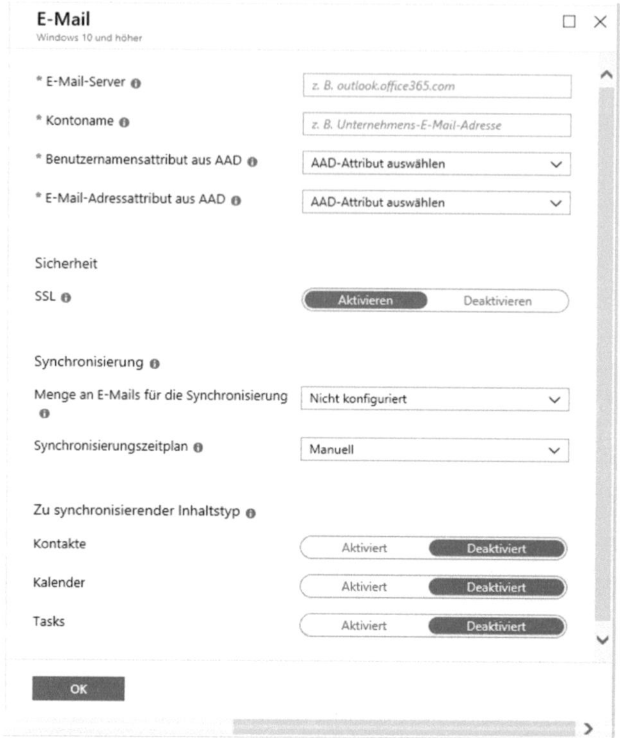

Abbildung 2.28: E-Mail

Endpoint Protection

Hier legen Sie Konfigurationseinstellungen fest, die sich auf den Endpunktschutz beziehen, wie

- Firewall
- BitLocker
- Zulassen und Sperren von Apps
- Windows Defender und Verschlüsseln

Identity Protection

Hier können Sie beispielsweise Windows Hello for Business erzwingen.

Kiosk

An dieser Stelle können Sie Geräte für den Kioskbetrieb konfigurieren.

Abbildung 2.29: Kiosk

Der Kioskbetrieb bedeutet, dass diese Geräte unter Umständen öffentlich verfügbar sind. Deswegen darf auf ihnen nur begrenzter Zugriff auf Apps verfügbar sein.

Sie können bestimmte Apps ausführen lassen, das Startmenü anpassen, und den Webbrowser einschränken.

Netzwerkgrenze

Hier können Sie eine Liste der Ressourcen definieren, auf die im Unternehmen zugegriffen werden darf. Damit legen Sie die Grenzen der verfügbaren Netzwerke fest.

Vertrauenswürdiges Zertifikat

Weisen Sie hier den Geräten Zertifikate zu.

Sie können folgende Zertifikate benutzen:

- SCEP-Zertifikat
- PKCS-Zertifikat
- Importiertes PKCS-Zertifikat

VPN

Hier legen Sie die Einstellungen für ein VPN fest.

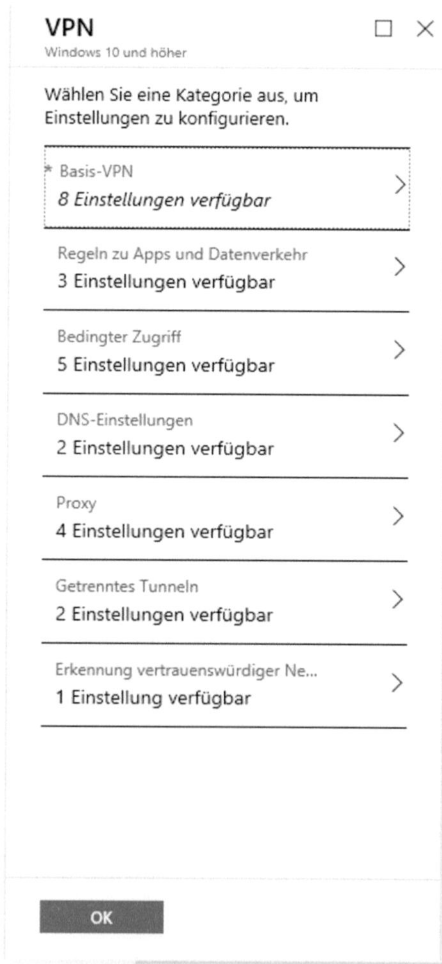

Abbildung 2.30: VPN

Windows Defender ATP

An dieser Stelle legen Sie Einstellungen für Advanced Threat Protection fest.

WLAN

Hier konfigurieren Sie WLAN-Einstellungen.

Freigegebenes, von mehreren Benutzern verwendetes Gerät

Wenn Sie ein Gerät haben, das von mehreren Benutzern verwendet werden soll, können Sie an dieser Stelle Einstellungen machen.

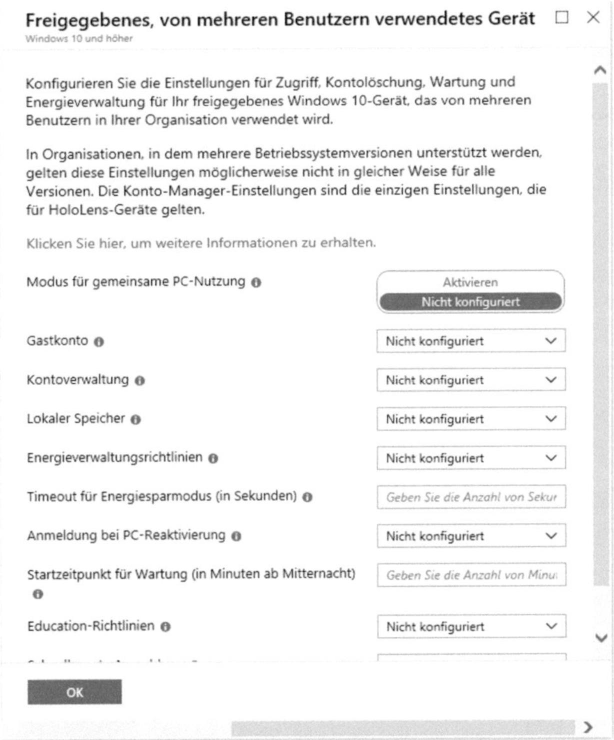

Abbildung 2.31: von mehreren Benutzern verwendetes Gerät

Benutzerdefiniert

Mit einem benutzerdefinierten Profil können Sie alle Einstellungen konfigurieren, die Sie nicht in vordefinierten Profiltypen finden.

So können Sie beispielsweise administrative Vorlagen, die ursprünglich für eine Active Directory Domäne entworfen worden sind, einbinden.

Nachdem Sie das Geräteprofil erstellt haben, müssen Sie es nur noch einer Gruppe zuweisen, damit es angewendet werden kann.

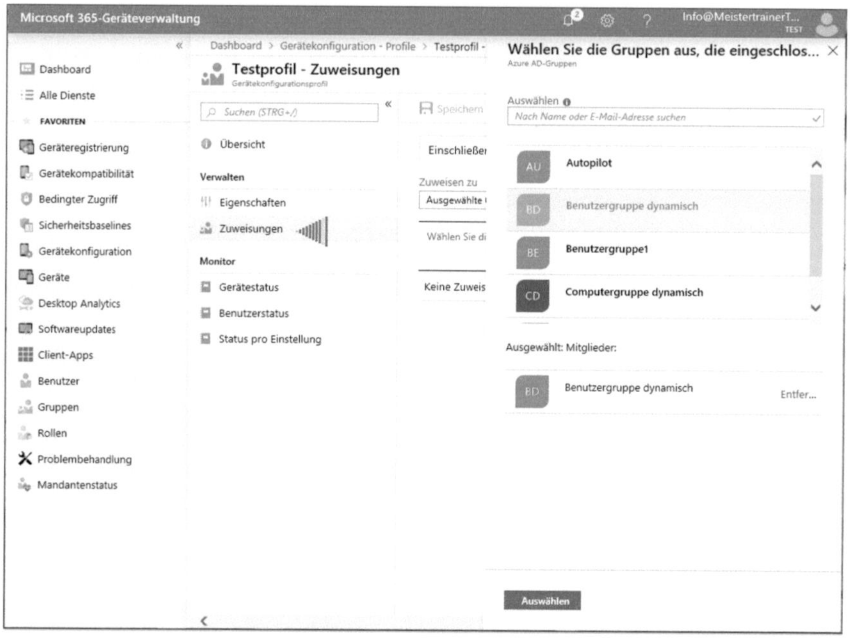

Abbildung 2.32: Zuweisen zu einer Gruppe

2.4.1 Überschneidung von Gruppenrichtlinien und Microsoft Intune Richtlinien

Wir haben gesehen, dass Sie mit Geräteprofilen eine Möglichkeit haben, bestimmten Computern bestimmte Eigenschaften zuzuweisen.

Lassen Sie uns an dieser Stelle ein besonders wichtiges Detail betrachten: Die Überschneidung der Einstellungen einer Gruppenrichtlinie und den Einstellungen einer Geräterichtlinie in Microsoft Intune.

Wenn Sie Geräte haben, die sowohl in einer Active Directory Domäne verwaltet werden als auch mithilfe von Microsoft Intune, könnten Sie genau in diese Überschneidungsfalle geraten.

Nehmen wir an, Sie haben in einer Gruppenrichtlinie erlaubt, Cortana zu benutzen, aber in einem Microsoft Intune Gerätekonfigurationsprofil haben Sie genau das verboten.

Welche Einstellung ist nun gültig?

Normalerweise werden im Konfliktfall immer die Einstellungen der Gruppenrichtlinien der Domäne angewendet, denn Sie haben eine höhere Priorität.

Aber Sie haben die Möglichkeit, diese Einstellung zu ändern, und die Richtlinie von Microsoft Intune (also die MDM-Richtlinie) in der Priorität über die Gruppenrichtlinie zu setzen. Diese Funktion steht Ihnen in den Windows 10 Versionen ab 1803 zur Verfügung.

Dafür erstellen Sie ein Geräteprofil, wählen die Plattform „Windows 10 und höher“ aus und klicken auf den Profiltyp „Benutzerdefiniert“.

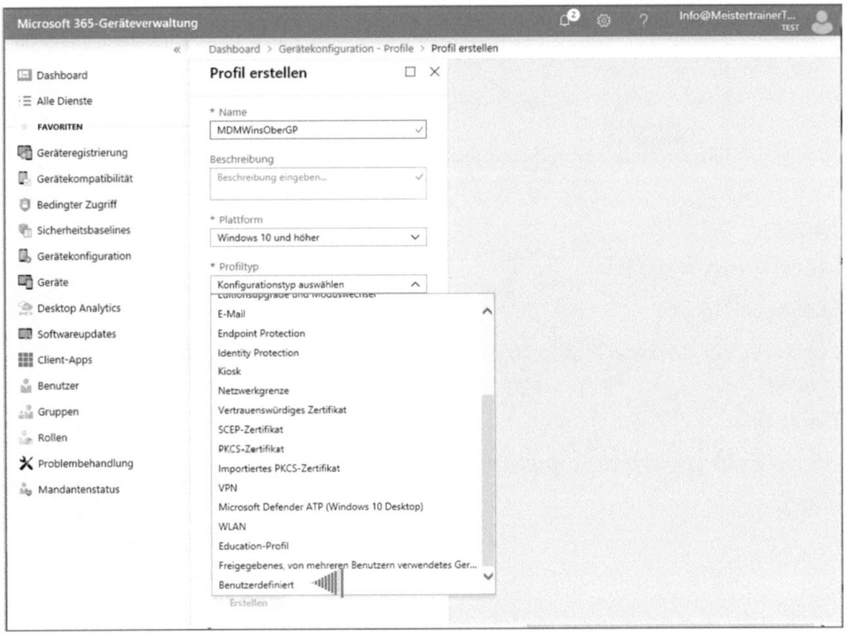

Abbildung 2.33: Profil

Hier erstellen Sie folgenden Eintrag:

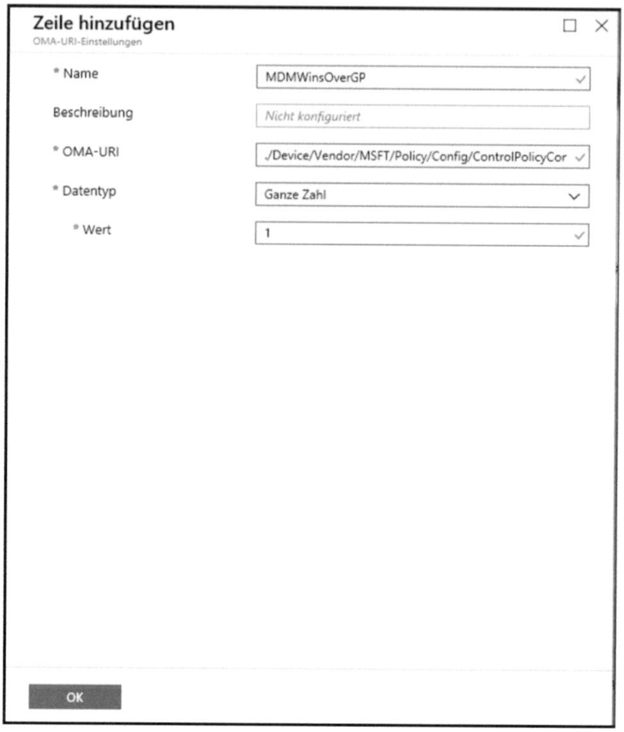

Abbildung 2.34: MDMWinsOverGP

Name:

MDMWinsOverGP

OMA-URI:

./Device/Vendor/MSFT/Policy/Config/ControlPolicyConflict/MDMWinsOverGP

Datentyp:

Ganze Zahl (Englisch: Integer)

Wert:

1

Wenn diese Einstellung nicht aktiviert ist, wird sie mit dem Wert „0“ geführt, das heißt, nicht aktiviert.

2.5 Profile für Benutzer

Benutzerprofile sind zunächst einmal eine lokal gebundene Möglichkeit, Benutzerkonfigurationseinstellungen zu speichern. Ein neueres Verfahren erlaubt auch das Speichern in der Cloud.

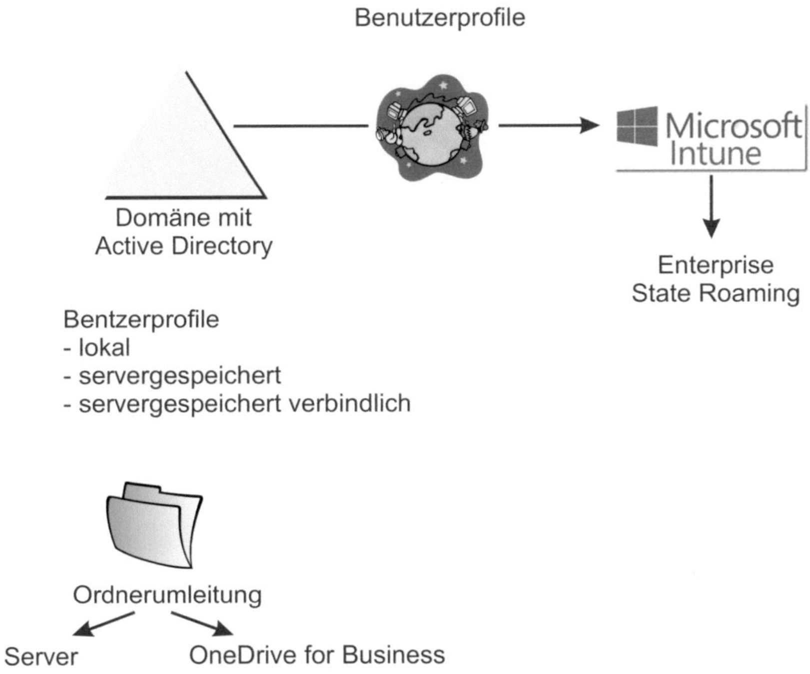

Abbildung 2.35: Prinzip der Benutzerprofile

2.5.1 Benutzerprofile

Jedes Mal, wenn sich ein Benutzer zum ersten Mal an einem Rechner anmeldet, wird ein Benutzerprofil erstellt.

Als Vorlage für diesen Standarddesktop dient ein so genanntes Standardbenutzerprofil.

Dieses Standardbenutzerprofil enthält alle Einstellungen, die für alle Benutzer wichtig sind. Geregelt werden im Benutzerprofil solche Dinge wie:

- Hintergrundbild
- Aussehen des Desktops
- Icons
- Programme im Menü „Programme"
- Die Konfiguration des Mailprogramms
- Speicherort für „Eigene Dateien"
- Einstellungen der installierten Programme, wie Aussehen der Menüleisten
- und vieles mehr

Selbstverständlich ändert sich das Standardprofil gegebenenfalls beim Arbeiten, es können neue Icons dazukommen, das Hintergrundbild kann geändert werden, oder ähnliches.

Lokales Benutzerprofil

Das bekannteste und auch gebräuchlichste Profil ist das lokale Benutzerprofil.

Hier wird der Normalfall dargestellt, nämlich dass ein neuer Benutzer sich anmeldet, und ein Standardprofil erstellt wird.

Das Standardprofil setzt sich zusammen aus den Profilen

- „Default User"
- „All Users"

Alle besonderen Einstellungen die für alle Benutzer verfügbar sein sollen, werden im Profil „All Users" eingetragen. Sie kennen das sicher von der Abfrage bei Programminstallationen, ob das Programm nur für den momentan angemeldeten Benutzer zur Verfügung stehen soll, oder für alle Benutzer.

Wenn Sie hier wählen, dass das Programm für alle Benutzer zur Verfügung stehen soll, wird das Profil „All Users" bearbeitet.

Ein neues Profil wird gespeichert, und zwar unter dem Benutzernamen des angemeldeten Benutzers.

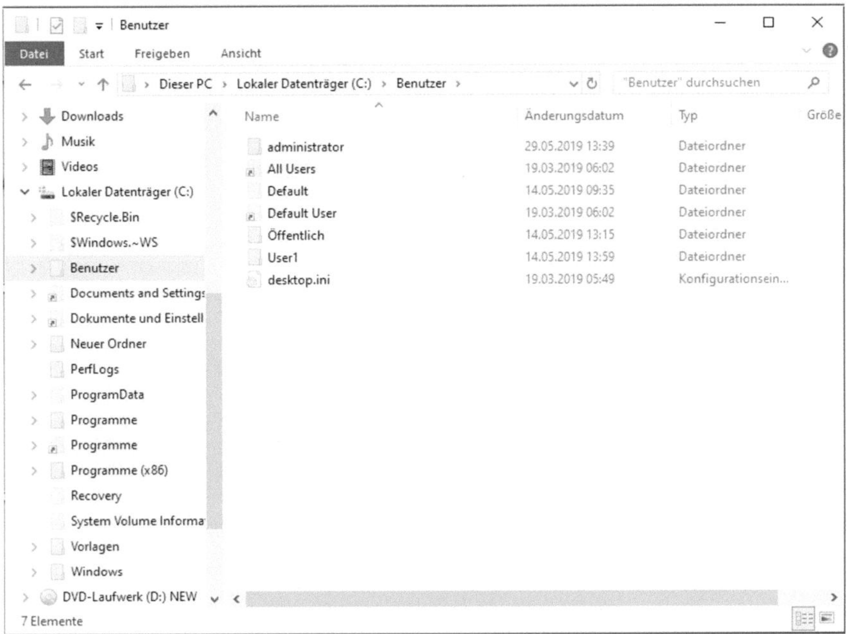

Abbildung 2.36: Lokale Profile

In diesem Beispiel betrachten wir das Profil des Benutzers „User1“. Alle relevanten Daten wurden in einem persönlichen Profil zusammengestellt.

Dies ist der Normalfall, dass jeder Benutzer auf seiner lokalen Maschine ein eigenes Benutzerprofil hat. Hier kann er Änderungen vornehmen, und sich seinen Desktop so einrichten, wie er es für richtig hält.

Abbildung 2.37: Prinzip lokales Profil

Wenn bereits viele Personen an einem Rechner angemeldet waren, ist für jede einzelne Person ein persönliches Profil auf dem Rechner gespeichert.

Übrigens:

Wenn sich ein Benutzer anmeldet, der Mitglied der Gruppe „Gäste“ oder „Domänengäste“ ist, wird sein Profil nach dem Abmelden wieder gelöscht, auch, wenn er zusätzlich in der Gruppe Benutzer oder Hauptbenutzer ist.

Das gilt nicht für Benutzer die in Gast- und Administratorengruppen sind.

Servergespeichertes Benutzerprofil

Leider hat das lokale Benutzerprofil auch seine Grenzen. Wenn beispielsweise der Benutzer sich an einen anderen Computer setzt, und sich dort zum ersten Mal anmeldet, bekommt er ein neues Profil, und sein altes Profil steht ihm natürlich nicht zur Verfügung. Dies ist auch nicht möglich, da es sich lokal auf einer anderen Maschine befindet. Das kann für Benutzer sehr verwirrend sein, und im schlimmsten Fall hat der Benutzer auch seine Daten nicht zur Verfügung.

Um nun den Benutzern immer das eigene Benutzerprofil zur Verfügung zu stellen, egal an welchem Computer sie sich anmelden, muss das Profil an einem zentralen Platz gespeichert werden.

Zu diesem Zweck muss auf einem Server eine Freigabe erstellt werden, in die alle Benutzer ihre eigenen Profile speichern können.

Wenn der Benutzer sich zum ersten Mal anmeldet, wird zwar auch wieder ein Standardprofil erstellt, aber dieses wird auch auf dem Server gespeichert, und nicht nur auf der lokalen Maschine.

Wenn sich der Benutzer von einer anderen Maschine aus anmeldet, und er besitzt schon ein eigenes Profil, wird dies vom Server geholt, und der Benutzer kann mit seinem eigenen Profil arbeiten.

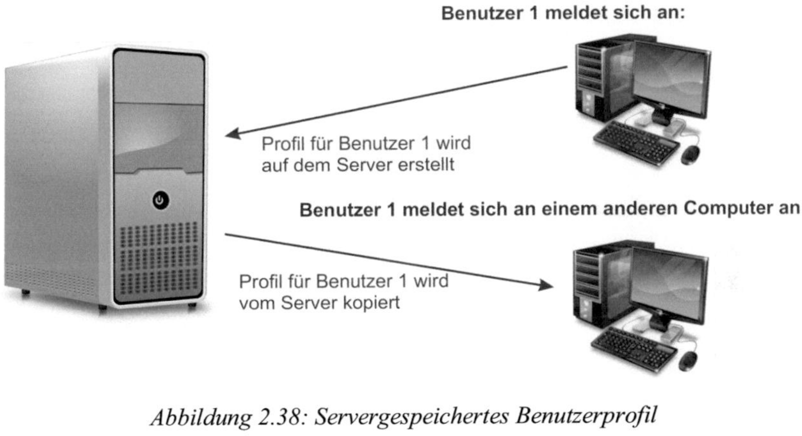

Abbildung 2.38: Servergespeichertes Benutzerprofil

Damit ein Benutzer ein servergespeichertes Profil bekommt, muss in seinem Konto eine entsprechende Einstellung gemacht werden. Servergespeicherte Profile machen sicherlich hauptsächlich in einer Domäne Sinn, deswegen wird hier das Beispiel eines Domänenkontos genommen. Natürlich ist es auch in lokalen Benutzerkonten möglich, Profilpfade anzugeben.

Sie öffnen das Benutzerkonto mit einem Doppelklick und wechseln zur Karteikarte „Profil“.

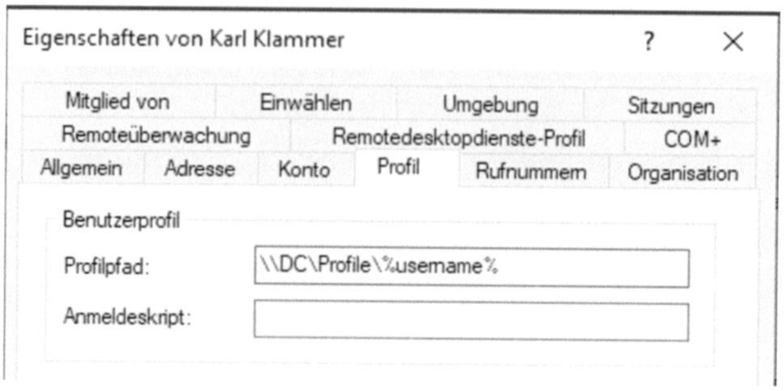

Abbildung 2.39: Profildaten

Der Profilpfad wird immer in der UNC-Schreibweise eingetragen, also \\SERVERNAME\FREIGABENAME

Damit jeder Benutzer einen eigenen Unterordner erhält, wird weiterhin die Variable %username% benutzt. Hierbei wird erreicht, dass jeder Benutzer seinen eigenen Profilpfad erhält, der sich im freigegebenen Ordner befindet.

ACHTUNG!

Das „Servergespeicherte Profil" hat natürlich auch einen Nachteil. Bei jeder Anmeldung wird das komplette Profil über das Netzwerk übertragen. Dies kann erheblichen Netzwerkverkehr hervorrufen.

Das Profil wird bei der Anmeldung auf den lokalen Rechner kopiert. Das bedeutet, dass der Benutzer, während er angemeldet ist, mit der lokalen Kopie des Profils arbeitet. Natürlich kann er das Profil auch verändern, erst bei der Abmeldung wird es wieder zum Profilserver übertragen, und die Änderungen werden gespeichert.

Einige Firmen möchten aber nicht, dass der Benutzer sein Profil in grundsätzlichen Dingen verändern kann. So wird manchmal ein Hintergrundbild für den Desktop vorgegeben, das nicht verändert werden soll. Dies ist mit dem uns bisher bekannten servergespeicherten Profil nicht möglich.

Servergespeichertes verbindliches Profil

In manchen Firmen ist es nicht erwünscht, dass der einzelne Benutzer sein Profil ändern kann. Oft wird ein einheitliches Hintergrundbild vorgeschrieben, oder die Anordnung der Icons soll nicht verändert werden.

Voraussetzung für eine Lösung dieses Problems sind immer servergespeicherte Profile. Damit an ihnen keine Änderung vorgenommen werden kann, ist die einfachste Lösung, die Profile mit einem Schreibschutz zu belegen. Dann kann der Benutzer sein Profil zwar ändern, die Änderungen aber nicht speichern.

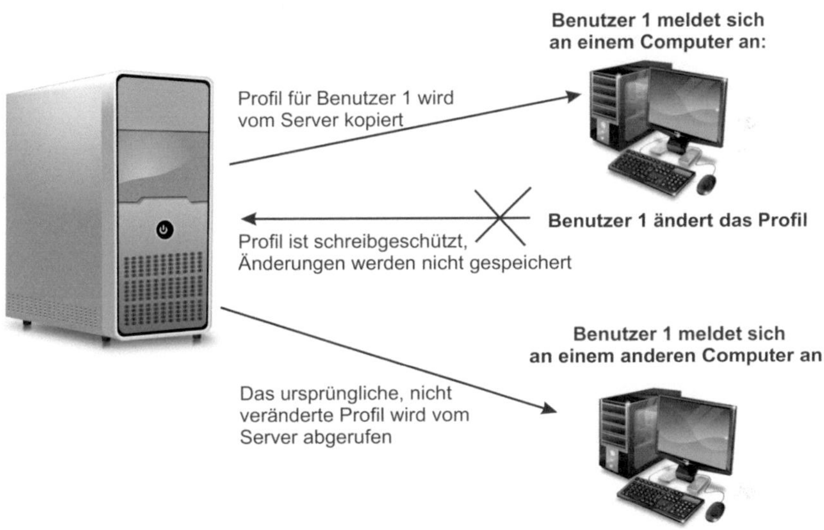

Abbildung 2.40: Servergespeichertes verbindliches Profil

Um das Profil zwingend vorzuschreiben, gibt es eine einfache Möglichkeit. In jedem Profil ist eine Datei zu finden, die alle diese Einstellungen enthält. Diese Datei ist die **NTUSER.DAT**.

Um dem Benutzer eine Änderung seines Profils zu verbieten, muss nun dafür gesorgt werden, dass diese Datei nicht verändert werden kann. Dies ist durch einfaches Umbenennen der Datei zu erreichen: Geben Sie ihr den Namen **NTUSER.MAN**.

Die Dateiendung .MAN steht für „mandatory“, was so viel wie „vorgeschrieben“ heißt. Damit kann das Profil nicht mehr verändert werden.

ACHTUNG!
Solange der Benutzer nach der Anmeldung mit der lokalen Kopie des Profils arbeitet, kann er sein Profil natürlich sehr wohl verändern! Es wird aber bei der Abmeldung nicht auf dem Profilserver gespeichert, da die Datei NTUSER.MAN ja nun schreibgeschützt ist.

Profile allgemein

Profile sind für die Benutzer sehr wichtig. Achten Sie immer darauf, dass die Benutzer ihre eigenen Profile zur Verfügung haben.

Bedenken Sie aber immer, dass Profile bei jeder An- und Abmeldung über das Netzwerk geschickt werden. Dies kann sehr viel Netzwerkverkehr hervorrufen.

Außerdem werden die Profile immer lokal zwischengespeichert. Wenn Ihre Benutzer also ein servergespeichertes Profil haben, werden sie trotzdem auf den lokalen Maschinen Profile finden. Beim Anmelden wird das Profil über das Netzwerk gesendet, und lokal auf der Maschine zwischengespeichert. Während der Arbeitssitzung arbeiten die Benutzer mit den lokalen Kopien, und können das Profil auch ändern.

Erst bei der Abmeldung wird das Profil wieder zum Server geschickt. Wenn es sich um ein verbindliches Profil handelt, werden die Änderungen nicht gespeichert, sonst wird das servergespeicherte Profil verändert.

Sollte das servergespeicherte Profil nicht zur Verfügung stehen, wird das lokal auf der Maschine gespeicherte Profil verwendet.

Lokales Profil	Servergespeichertes Profil	Servergespeichertes verbindliches Profil

Gespeichert auf lokalem Computer	Gespeichert auf einem Server	Gespeichert auf einem Server
	Datei NTUSER.DAT	Datei NTUSER.MAN
Vorteil: - Einfach	**Vorteil:** - Verfügbar im Netzwerk	**Vorteil:** - Verfügbar im Netzwerk - Profile können nicht geändert werden
Nachteil: - Keine Verfügbarkeit im Netzwerk	**Nachteil:** - Hoher Netzwerkverkehr bei Anmeldung - Hoher Netzwerkverkehr bei Abmeldung - Profile können verändert werden	**Nachteil:** - Hoher Netzwerkverkehr bei Anmeldung - Hoher Netzwerkverkehr bei Abmeldung

Abbildung 2.41: Die drei Profilarten

2.5.2 Enterprise State Roaming

Sie sehen, die servergespeicherten Profile sind eine reine On-Premise Lösung.

Da gibt es doch sicher auch etwas in der Cloud?

Natürlich!

Mit Windows 10 haben Sie die Möglichkeit, die Benutzereinstellungen in der Cloud zu speichern und von allen Orten darauf zugreifen zu können.

Diese Funktion nennt sich „Enterprise State Roaming“.

Die Voraussetzung für das Enterprise State Roaming ist eine Azure AD Premium oder Enterprise Mobility Lizenz.

Aktivieren des Enterprise State Roamings

Die Aktivierung ist sehr einfach.

Wechseln Sie ins Azure AD Admin Center, wählen Sie dort „Geräte" – Enterprise State Roaming.

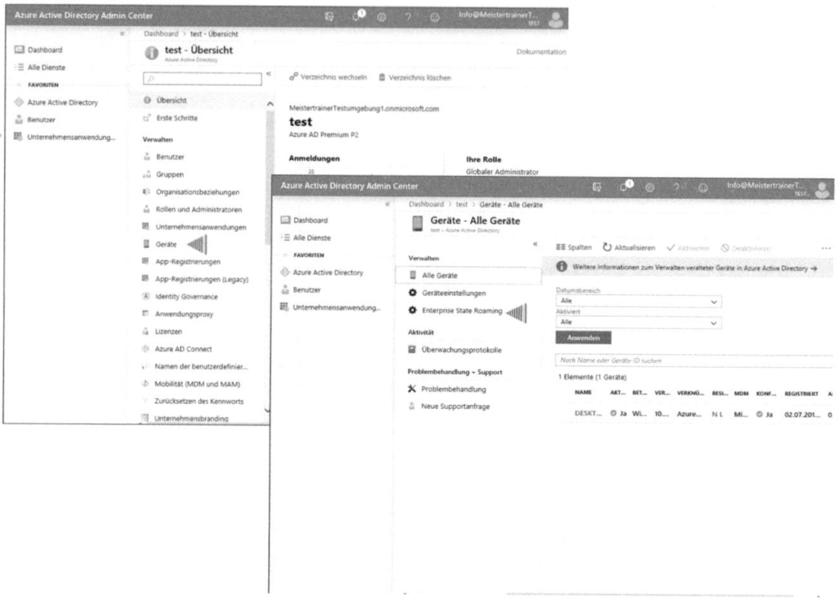

Abbildung 2.42: Enterprise State Roaming

Nun können Sie wählen, ob Sie das Enterprise State Roaming nur für bestimmte Benutzer oder für alle Benutzer aktivieren möchten.

Nach einer Bestätigung ist das Enterprise State Roaming eingerichtet.

Das Gerät, an dem sich der Benutzer anmeldet, muss nun lediglich am Azure Active Directory authentifiziert werden.

Für Benutzer einer On-Premise Domäne muss der Computer als Hybridgerät in Azure eingebunden sein.

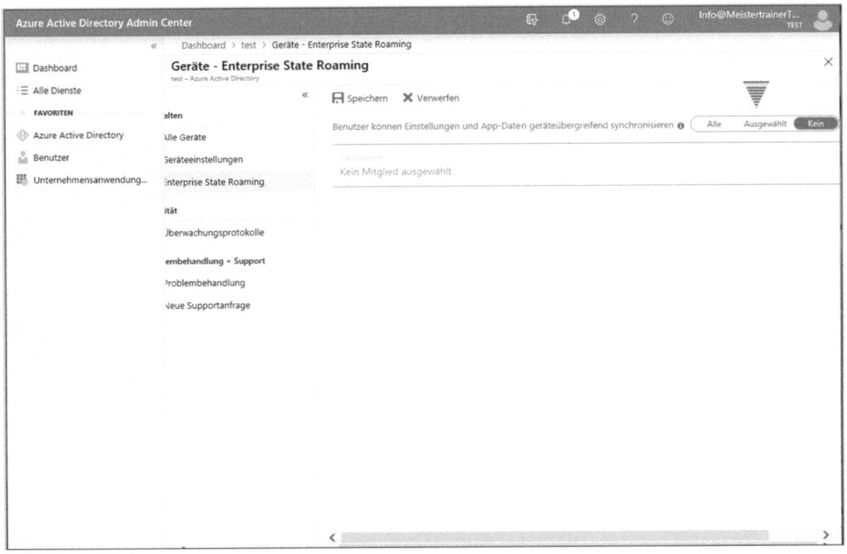

Abbildung 2.43: Auswahl der Benutzer

Wo werden die Daten gespeichert?

Nun stellt sich die wichtige Frage: Wo sind die Daten gespeichert?

In Azure haben Sie eine Region festgelegt, in dieser Region werden die Daten auch gespeichert.

Allerdings wird die Region hier sehr großzügig in lediglich drei große geografische Regionen eingeteilt:

Wert für Land/Region	**Daten gehostet in**
EMEA-Länder/-Regionen, z.B. Frankreich oder Sambia	Eine oder mehrere Azure-Regionen in Europa
Ein Land / eine Region aus Nordamerika wie USA oder Kanada	Eine oder mehrere Azure-Regionen in den USA

Wert für Land/Region	**Daten gehostet in**
APAC-Länder/-Regionen, z.B. Australien oder Neuseeland	Eine oder mehrere Azure-Regionen in Asien
Regionen „Südamerika" und „Antarktis"	Eine oder mehrere Azure-Regionen in den USA

Quelle: Microsoft

Diese Daten werden zunächst einmal dauerhaft gespeichert.

Löschung der Daten

Daten, die einmal in der Cloud sind, sind nicht so leicht wieder zu entfernen. Deswegen sollten Sie wissen, unter welchen Bedingungen die Daten wieder gelöscht werden.

Löschung eines Benutzers

Wenn ein Benutzer aus dem Azure Active Directory gelöscht wird, werden seine Daten nach 90 – 180 Tagen gelöscht.

Löschung des Verzeichnisses

Auch nach einer Löschung des ganzen Verzeichnisses werden die Daten nach 90 – 180 Tagen gelöscht.

Löschung durch den Azure Support

Eine manuelle, direkte Löschung der Daten ist nur durch eine Anfrage beim Azure Support möglich.

Löschung durch „Veraltete Daten"

Wenn Sie ein Jahr lang nicht auf Ihre Daten zugreifen, werden sie als veraltet eingestuft.

Die Daten werden dann nach einer Zeit, die mindestens 90 Tage beträgt, gelöscht.

2.5.3 Ordnerumleitungen

Das Profil ist standardmäßig auch der Speicherplatz für die meisten Daten. Viele Programme speichern automatisch im Ordner „Eigene Dateien", der Bestandteil des Profils ist.

Aus der Sicht der Administratoren eines großen Unternehmens ist dieser Speicherort aber auf keinen Fall akzeptabel. Sollte ein Fehler am Client auftreten, der eventuell eine Neuinstallation nötig macht, sind auch alle Daten verloren.

Aus diesem Grund, und aus dem Grund der einfacheren Datensicherung werden Daten in einer Domäne normalerweise auf einem Server oder in der Cloud gespeichert.

Ordnerumleitung auf ein Netzwerklaufwerk

Eine Möglichkeit für die zentrale Speicherung ist es, alle Pfade in den einzelnen Programmen auf das Netzwerklaufwerk zu leiten.

Microsoft bietet uns aber hierfür noch eine zweite Möglichkeit: Die Ordnerumleitung.

Mithilfe einer Gruppenrichtlinie können die Profilordner auf ein Netzwerklaufwerk umgeleitet werden.

Um eine Ordnerumleitung zu konfigurieren, muss natürlich wieder eine Gruppenrichtlinie erstellt werden.

Ein Beispiel:

Alle Benutzer sollen eine Ordnerumleitung für den Ordner „Dokumente" erhalten. Die Daten sollen auf eine Freigabe mit dem Namen „Profil" auf den Server „Server1" geleitet werden.

Die Default Domain Policy wird bearbeitet.

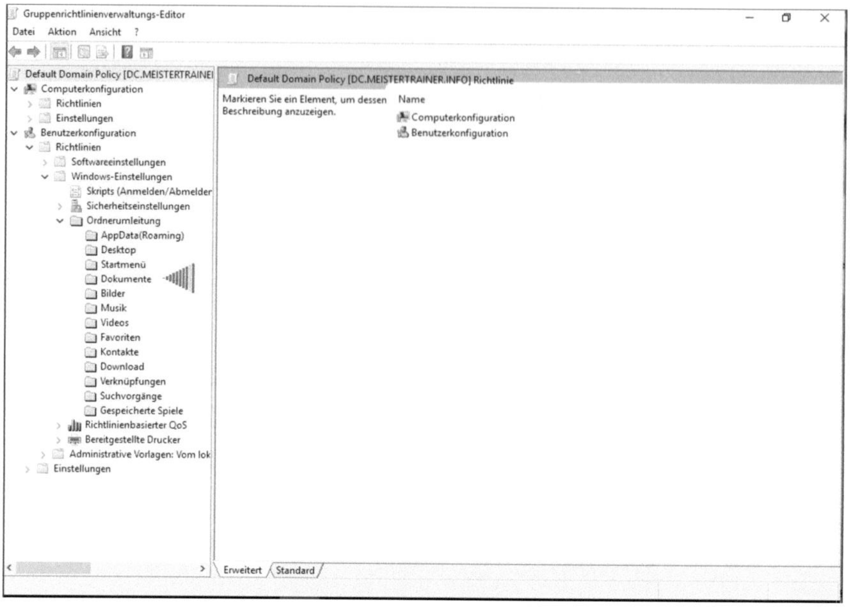

Abbildung 2.44: Ordnerumleitung

Die gewünschte Einstellung finden Sie unter

- Benutzerkonfiguration
- Richtlinien
- Windows-Einstellungen
- Ordnerumleitung
- Rechte Maustaste auf „Dokumente“
- Eigenschaften

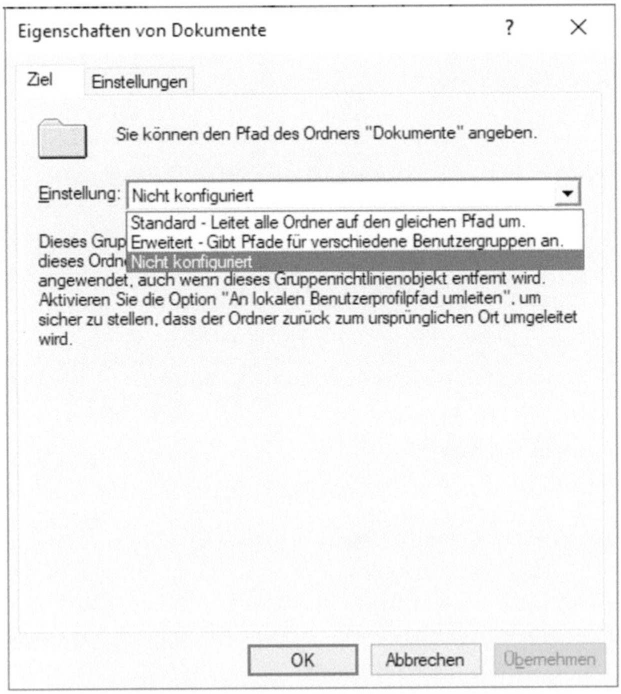

Abbildung 2.45: Auswahl der Umleitung

Sie können nun zwischen drei Möglichkeiten der Ordnerumleitung wählen:

Standard – Leitet alle Ordner auf den gleichen Pfad um

Sie wählen eine Freigabe aus, und in einen Unterordner dieser Freigabe werden alle Ordner „Eigene Dateien“ geleitet.

Erweitert – Gibt Pfade für verschiedene Benutzergruppen an

Mit dieser Option können Sie für verschiedene Benutzergruppen verschiedene Umleitungsziele konfigurieren.

Nicht konfiguriert

Es findet keine Umleitung statt.

Für unser Beispiel können wir es bei der Einstellung „Standard“ belassen. Nun müssen Sie noch die Freigabe wählen, in die die Daten umgeleitet werden sollen.

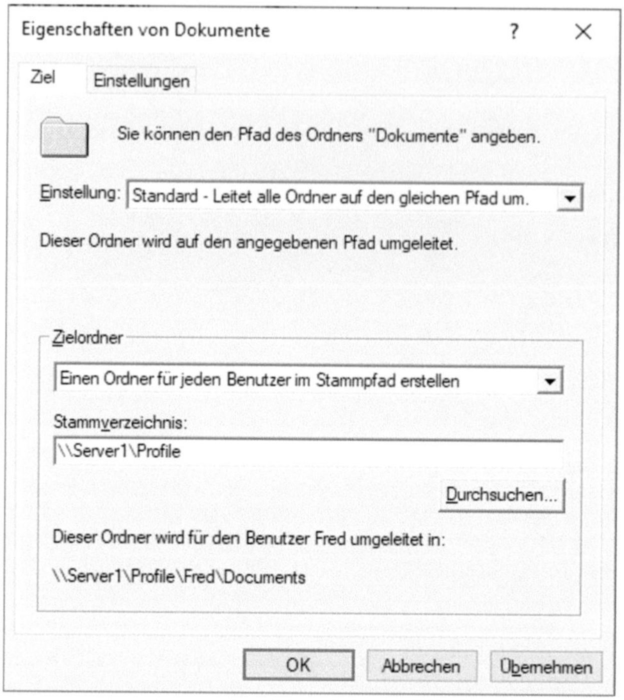

Abbildung 2.46: Festlegen des Zielordners für die Umleitung

Für jeden Benutzer wird ein eigener Unterordner erstellt.

ACHTUNG!

Die Angabe des Stammverzeichnisses muss in Form eines Netzwerkpfades erfolgen. Auch wenn die Freigabe lokal auf Ihrem Rechner liegen sollte, müssen Sie den Pfad in der Schreibweise \\SERVERNAME\FREIGABENAME eingeben.

Nun sollten Sie noch die Karteikarte „Einstellungen“ betrachten.

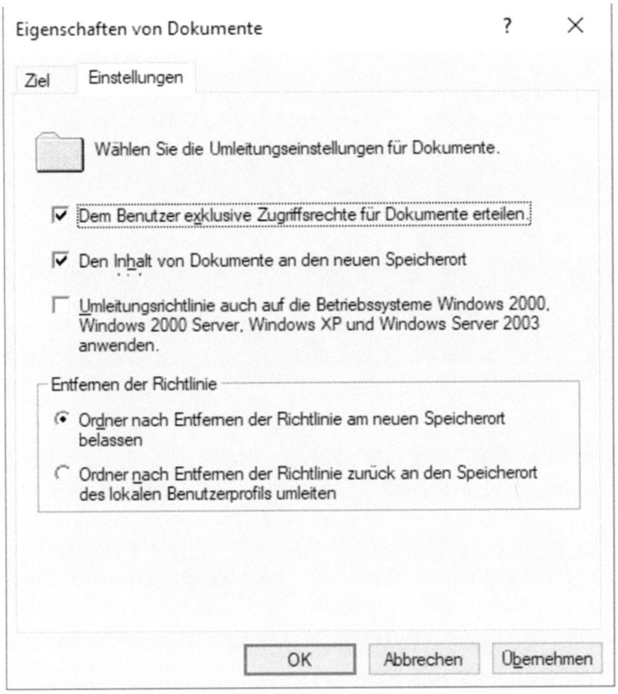

Abbildung 2.47: Einstellungen der Ordnerumleitung

Dem Benutzer exklusive Zugriffsrechte für Dokumente erteilen

Hier ist der Haken als Voreinstellung gesetzt. Diese Einstellung gewährt dem Benutzer das exklusive Zugriffsrecht auf seine Eigenen Dateien. Andere Benutzer und auch die Administratoren haben keine Zugriffsrechte.

Den Inhalt von Dokumente an den neuen Ort verschieben

Auch dieser Haken ist gesetzt. Er bedeutet, dass die Daten, die im lokalen Ordner „Eigene Dateien" bereits gespeichert waren, an den neuen Speicherort verschoben werden.

Entfernen der Richtlinie

Hier können Sie die Vorgehensweise für den Fall festlegen, dass Sie eines Tages die Gruppenrichtlinie wieder entfernen. Der Ordner „Eigene

Dateien" kann entweder am neuen Platz belassen werden, oder an den alten Platz zurückverschoben werden.

Ordnerumleitung zu „OneDrive for Business"

Wenn Sie in der Firma OneDrive for Business verwenden, können Sie auch eine Ordnerumleitung in Ihre Cloud machen.

> **ACHTUNG!**
>
> Bitte beachten Sie: Wenn Sie eine Ordnerumleitung nach OneDrive einrichten möchten, müssen Sie zwingend vorher eine eventuelle andere Ordnerumleitung auf ein Netzwerklaufwerk deaktivieren!
>
> Dies gilt nicht für die Profilordner „Musik" und „Videos", diese können nicht nach OneDrive umgeleitet werden, deswegen kann eine Umleitung auf ein Netzwerklaufwerk bleiben.

Voraussetzung ist natürlich, dass Sie OneDrive for Business eingerichtet haben.

Dort müssen Sie folgenden Ordner erstellen:

%userprofile%\OneDrive @ NameDerOrganisation

In unserem Beispiel wäre das:

%userprofile%\OneDrive @ Meistertrainer.info

Nun können Sie mit der Konfiguration der entsprechenden Gruppenrichtlinie beginnen.

Auch diese Einstellungen können Sie in der Default Domain Policy vornehmen.

Zunächst navigieren Sie zu

- Benutzerkonfiguration
- Einstellungen
- Windows-Einstellungen
- Umgebung

Hier erstellen Sie eine neue Umgebungsvariable.

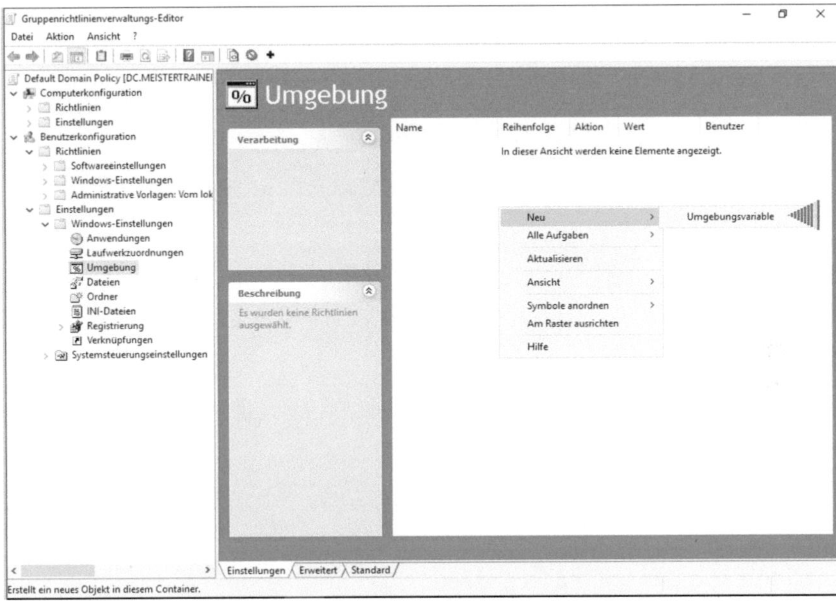

Abbildung 2.48: Neue Umgebungsvariable

Sie wählen „Benutzervariable“ und geben der Variablen den Namen „OneDrive“.

Als Wert geben Sie die zuvor in OneDrive erstellte Freigabe an.

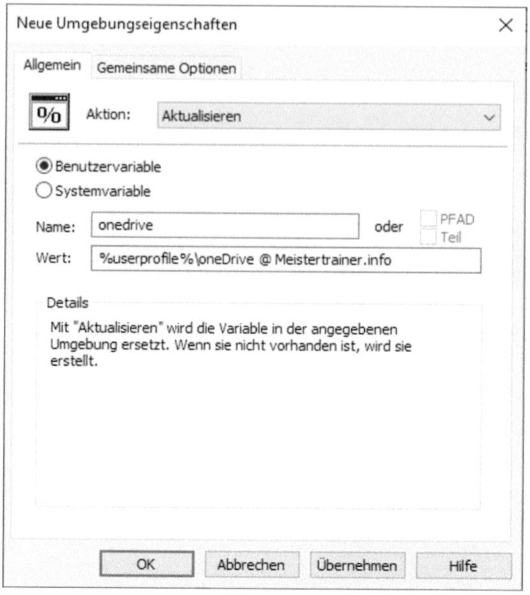

Abbildung 2.49: Benutervariable

Wechseln Sie nun auf die Registerkarte „Gemeinsame Optionen“.

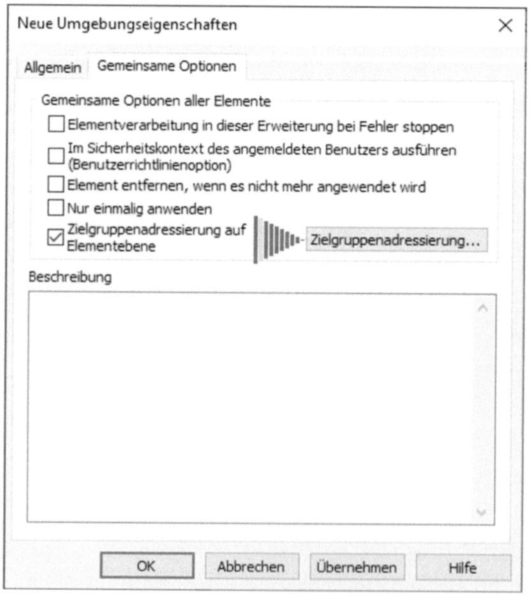

Abbildung 2.50: gemeinsame Optionen

Hier wählen Sie die „Zielgruppenadressierung“.
Es öffnet sich ein Fenster, in dem Sie „Dateiübereinstimmung“ wählen.
Hier tragen Sie auch wieder den zuvor erstellten OneDrive Ordner ein.

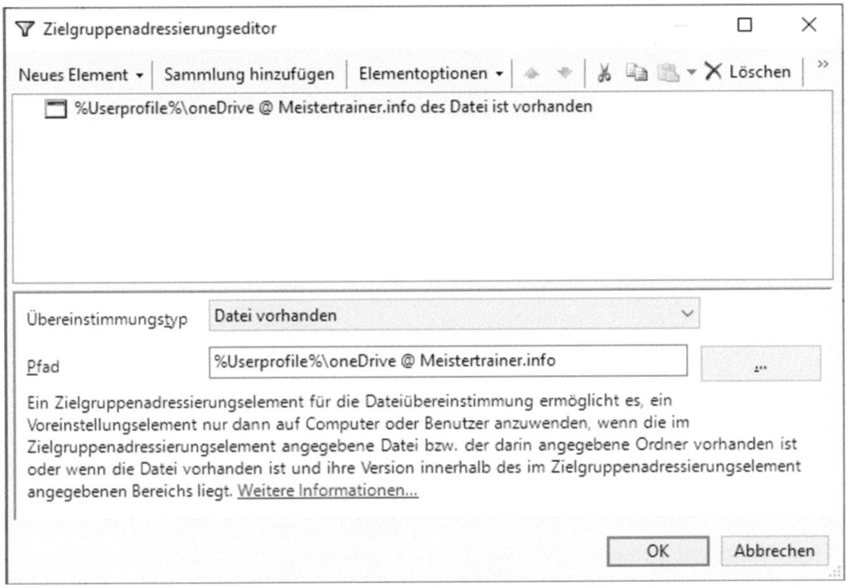

Abbildung 2.51: Datei vorhanden

Nun können Sie die Gruppenrichtlinie für die Umleitung erstellen.
Dafür wechseln Sie wieder zu

- Benutzerkonfiguration
- Richtlinien
- Windows-Einstellungen
- Ordnerumleitung

und wählen den Ordner aus, den Sie nach OneDrive umleiten wollen.
Im Feld „Stammverzeichnis“ geben Sie ein
%onedrive%\Dokumente

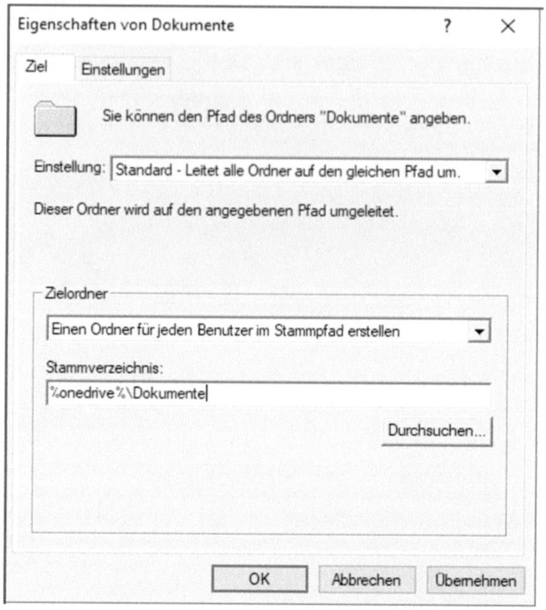

Abbildung 2.52: Umleitung zu OneDrive

Nun werden die Daten in die Cloud zu OneDrive umgeleitet.

2.6 Zusammenfassung, Übungen / Aufgaben

2.6.1 Zusammenfassung

Gruppenrichtlinien werden im Active Directory verwaltet.

Die Einstellungsmöglichkeiten der Gruppenrichtlinien sind extrem vielseitig, es gibt beinahe keine Einstellung, die Sie nicht vornehmen können.

Die Richtlinien in Microsoft Intune dagegen sind ausschließlich für die Gerätekonfiguration und für die Beschränkung von Geräten für den Zugriff gedacht.

Für die Anwendung von Microsoft Intune-Richtlinien wird entweder ein Azure Domain Join oder ein Azure AD Hybrid Join benötigt, also in jedem Fall müssen Benutzer und Gruppen in Azure Active Directory verwaltbar sein.

Um Microsoft Intune benutzen zu können, müssen Sie zunächst Benutzer und Gruppen anlegen.

Wenn Sie einen Azure AD Hybrid Join haben, müssen Sie die Benutzer und Gruppen nicht anlegen, sie werden aus dem Active Directory synchronisiert.

Konformitätsrichtlinien sind Richtlinien, die Regeln definieren, die eingehalten werden müssen, damit ein Gerät oder ein Benutzer als „konform“ gilt.

Benutzer oder Geräte, die diese Anforderungen nicht erfüllen, erhalten keinen Zugriff auf Ressourcen.

So kann beispielsweise festgelegt werden, dass ein Gerät ein bestimmtes Betriebssystem haben muss, um Zugriff zu erhalten.

Mit der Gerätekonformitätsrichtlinie haben Sie einen ersten Schritt gemacht, indem Sie Anforderungen festgelegt haben, die erfüllt werden müssen.

Sie können aber noch einen Schritt weitergehen, und aufgrund dieser Einteilung in konforme oder nicht konforme Geräte den Zugriff auf bestimmte Ressourcen erlauben oder verbieten.

Dafür erstellen Sie eine „Richtlinie für den bedingten Zugriff“.

Mithilfe von Geräteprofilen können Sie alle Geräte Ihres Unternehmens mit bestimmten Einstellungen konfigurieren. Das gilt für alle verwendeten Plattformen, also Windows, iOS und Android.

Mit Geräteprofilen können Sie die verschiedensten Anforderungen an Geräte erfüllen.

Wenn Sie Geräte haben, die sowohl in einer Active Directory Domäne verwaltet werden als auch mithilfe von Microsoft Intune, könnten Sie genau in diese Überschneidungsfalle geraten.

Normalerweise werden im Konfliktfall immer die Einstellungen der Gruppenrichtlinien der Domäne angewendet, denn Sie haben eine höhere Priorität.

Aber Sie haben die Möglichkeit, diese Einstellung zu ändern, und die Richtlinie von Microsoft Intune (also die MDM-Richtlinie) in der Priorität über die Gruppenrichtlinie zu setzen. Diese Funktion steht Ihnen in den Windows 10 Versionen ab 1803 zur Verfügung.

Jedes Mal, wenn sich ein Benutzer zum ersten Mal an einem Rechner anmeldet, wird ein Benutzerprofil erstellt.

Als Vorlage für diesen Standarddesktop dient ein so genanntes Standardbenutzerprofil.

Es gibt

- Lokale Profile
- Servergespeicherte Profile
- Servergespeicherte verbindliche Profile

Mit Windows 10 haben Sie die Möglichkeit, die Benutzereinstellungen in der Cloud zu speichern und von allen Orten darauf zugreifen zu können.

Diese Funktion nennt sich „Enterprise State Roaming“.

Die Voraussetzung für das Enterprise State Roaming ist eine Azure AD Premium oder Enterprise Mobility Lizenz.

Das Profil ist standardmäßig auch der Speicherplatz für die meisten Daten. Viele Programme speichern automatisch im Ordner „Eigene Dateien“, der Bestandteil des Profils ist.

Aus der Sicht der Administratoren eines großen Unternehmens ist dieser Speicherort aber auf keinen Fall akzeptabel. Sollte ein Fehler am Client auftreten, der eventuell eine Neuinstallation nötig macht, sind auch alle Daten verloren.

Aus diesem Grund, und aus dem Grund der einfacheren Datensicherung werden Daten in einer Domäne normalerweise auf einem Server oder in der Cloud gespeichert.

2.6.2 Übungen

1. Starten Sie die virtuellen Maschinen „DC“, „W10“ und „W10-Azure“.
2. Melden Sie sich an der Maschine „DC“ als Administrator der Domäne an.
3. Öffnen Sie die Gruppenrichtlinienverwaltung und betrachten Sie die „Default Domain Policy“.
4. Betrachten Sie die Einstellungsmöglichkeiten.
5. Öffnen Sie die Intune-Konsole und legen Sie einige Benutzer an.
6. Weisen Sie den Benutzern alle benötigten Lizenzen zu.
7. Wählen Sie einen Speicherort aus und speichern die Benutzer.
8. Erstellen Sie mehrere Gruppen mit allen Mitgliedschaftstypen.
9. Erstellen Sie eine Gerätekonformitätsrichtlinie.
10. Nehmen Sie sich die Zeit und betrachten Sie alle Einstellungsmöglichkeiten.
11. Weisen Sie die Gerätekonformitätsrichtlinie einer Gruppe zu.
12. Erstellen Sie eine Richtlinie für den bedingten Zugriff.
13. Nehmen Sie sich die Zeit und betrachten Sie alle Einstellungsmöglichkeiten.
14. Erstellen Sie Geräteprofile für mehrere Plattformen.
15. Nehmen Sie sich die Zeit und betrachten Sie alle Einstellungsmöglichkeiten.
16. Erstellen Sie ein Geräteprofil, in dem Sie die Priorität der Intune Einstellungen gegenüber den Gruppenrichtlinien erhöhen.
17. Betrachten Sie alle Arten der Benutzerprofile.
18. Konfigurieren Sie in der Azure Active Directory Konsole das „Enterprise State Roaming“.
19. Erstellen Sie auf dem Domänencontroller eine beliebige Ordnerumleitung.
20. Betrachten Sie alle Einstellungsmöglichkeiten.
21. Überlegen Sie, welche Schritte Sie gehen müssen, damit Sie aus dieser Ordnerumleitung eine Umleitung zu „OneDrive for Business“ machen können.

2.6.3 Aufgaben

1. Sie sind der Administrator der Firma Meistertrainer. Die On-Premise-Domäne heißt Meistertrainer.info.

   Alle Computer sind auch im Azure Active Directory gemeldet.

   Sie möchten eine bestimmte Einstellung auf dem Anmeldebildschirm aktivieren.

   Wie machen Sie das?

2. Sie sind der Administrator der Firma Meistertrainer. Sie verwenden Microsoft Intune.

   Viele Mitarbeiter benutzen Smartphones mit iOS und Android, die auch alle bei Microsoft Intune angemeldet sind.

   Sie möchten nun separate Richtlinien für Android- und iOS-Geräte bereitstellen.

   Was sollten Sie zuerst einrichten?

3. Sie sind der Administrator der Firma Meistertrainer. Sie verwenden Microsoft Intune.

   Für Ihre Windows 10 Rechner möchten Sie folgende Anforderungen erfüllen:

   a. Sicherstellen, dass auf bestimmte Server nur von einem bestimmten Ort aus zugegriffen werden kann

   b. Sicherstellen, dass nur Rechner, die eine bestimmte Sicherheitsbewertung haben, auf Server zugreifen können

   Was erstellen Sie, um die Anforderungen zu erfüllen?

4. Sie sind der Administrator der Firma Meistertrainer. Die On-Premise-Domäne heißt Meistertrainer.info.

   Alle Computer sind auch im Azure Active Directory gemeldet.

   Sie möchten eine Richtlinie für den bedingten Zugriff erstellen, damit nur auf als „konform“ gekennzeichnete Geräte zugegriffen werden kann.

   Welche Einstellung müssen Sie konfigurieren?

5. Sie sind der Administrator der Firma Meistertrainer. Sie verwenden Microsoft Intune.

   Sie möchten mehrere Rechner im Eingangsbereich der Firma bereitstellen, damit Kunden eine bestimmte Anwendung benutzen können, aber keinen weiteren Zugriff auf andere Ressourcen haben.

Sie erstellen ein Geräteprofil.

Welchen Geräteprofiltyp wählen Sie?

6. Sie sind der Administrator der Firma Meistertrainer. Sie verwenden Microsoft Intune.

   Wie können Sie verhindern, dass auf Windows 10 Rechnern der App—Store gestartet werden kann.

   Was sollten Sie einrichten?

7. Sie sind der Administrator der Firma Meistertrainer. Sie verwenden Microsoft Intune.

   Sie möchten auf Ihren Windows 10 Rechnern mit einem Geräteprofil eine Richtlinie implementieren, die auf einer ADMX-Datei basiert.

   Welchen Profiltyp wählen Sie?

8. Sie sind der Administrator der Firma Meistertrainer. Die On-Premise-Domäne heißt Meistertrainer.info.

   Alle Computer sind auch im Azure Active Directory gemeldet. Für die Verwaltung der Clients benutzen Sie Microsoft Intune.

   Sie erstellen ein Geräteprofil, in dem Sie Einstellungen für das sichere Surfen mit dem Browser Edge festlegen wollen. Auch sollen dabei alle Skripte überprüft werden.

   Welche Einstellungen sollten Sie konfigurieren?

9. Sie sind der Administrator der Firma Meistertrainer. Die On-Premise-Domäne heißt Meistertrainer.info.

   Alle Computer sind auch im Azure Active Directory gemeldet. Für die Verwaltung der Clients benutzen Sie Microsoft Intune.

   Was konfigurieren Sie in Microsoft Intune, um alle Windows 10 Rechner auf die Version „Enterprise“ zu aktualisieren?

10. Sie sind der Administrator der Firma Meistertrainer. Sie verwenden Microsoft Intune.

    Sie möchten mit einem Geräteprofil Ihre Windows 10 Rechner für die Unterstützung von Hello for Business konfigurieren.

    Welchen Plattformtyp und welchen Profiltyp wählen Sie?

11. Sie sind der Administrator der Firma Meistertrainer. Sie verwenden Microsoft Intune.

    Auf einem Windows 10 Rechner meldet sich ein Benutzer zum ersten Mal an.

    Wie wird sein Profil erstellt?

12. Sie sind der Administrator der Firma Meistertrainer. Die On-Premise-Domäne heißt Meistertrainer.info.

    Momentan haben Sie eine Ordnerumleitung für den Ordner „Dokumente“ auf ein Netzwerklaufwerk eingerichtet.

    Sie möchten nun, dass dieser Ordner zu „OneDrive for Business“ umgeleitet wird.

    Was müssen Sie tun?

13. Sie sind der Administrator der Firma Meistertrainer. Die On-Premise-Domäne heißt Meistertrainer.info.

    Sie möchten alle Profilordner nach „OneDrive for Business“ umleiten.

    Ist das möglich?

14. Sie sind der Administrator der Firma Meistertrainer. Die On-Premise-Domäne heißt Meistertrainer.info.

    Sie haben für Benutzer1 eine Ordnerumleitung für den Ordner „Dokumente“ eingerichtet.

    Benutzer 1 meldet sich nun an einem anderen Computer an.

    Wird er sein individuelles Hintergrundbild auch dort zur Verfügung haben?

15. Sie sind der Administrator der Firma Meistertrainer. Die On-Premise-Domäne heißt Meistertrainer.info.

    Sie haben Gruppenrichtlinien und Microsoft Intune Profile angelegt.

    Bei einer Einstellung haben Sie gegensätzliche Einstellungen. Sie möchten, dass die Einstellungen von Microsoft Intune die richtigen sind.

    Was tun Sie?

16. Sie sind der Administrator der Firma Meistertrainer. Die On-Premise-Domäne heißt Meistertrainer.info.

Alle Computer sind auch im Azure Active Directory gemeldet. Für die Verwaltung der Clients benutzen Sie Microsoft Intune.

Sie möchten sicherstellen, dass Sie alle Computer mithilfe von Windows Analytics überwachen können.

Was sollten Sie einrichten?

3 Verwalten und Pflegen von Geräten

Prüfungsanforderungen von Microsoft:

- Windows Defender verwalten
- Microsoft Intune Geräteanmeldung und Inventar verwalten
- Überwachen von Geräten

Quelle: Microsoft

3.1 Einführung

Das Verwalten und Pflegen von Geräten ist ein Gebiet, das einen Administrator oft sehr stark beschäftigt.

Aus diesem Grund haben Sie mit Microsoft 365 einige nützliche Tools, mit denen Sie Ihre Clients zentral verwalten können.

3.2 Schutz mit Windows Defender

Schutz gegen Angriffe ist gerade in einer Unternehmensumgebung von extremer Bedeutung.

Microsoft bietet hierfür den „Windows Defender“ oder auch „Windows-Sicherheit“.

Der Windows Defender ist ein unterschätztes Tool, denn er bietet nicht nur einen Virenschutz, sondern er beinhaltet auch weitere Tools, die die Sicherheit auf Windows 10 Rechnern erhöhen sollen.

Beispielsweise gibt es als Zusatzfunktion „Windows Defender Application Guard“. Mit diesem Tool wird im Browser Edge ein Schutz vor gefährlichen Webseiten eingerichtet.

All diese Zusatzfunktionen lassen sich mithilfe von Gruppenrichtlinien und mithilfe von Microsoft Intune konfigurieren.

Wir werden nun einen Ausflug in die Welt der Sicherheitsfunktionen von Windows Defender machen.

Virtual Secure Mode

Generell basiert der Schutz, den Windows Defender anbietet, auf dem „Virtual Secure Mode".

Der „Virtual Secure Mode" ist eine Funktion, die die Virtualisierungserweiterungen des Prozessors benutzt, um die Sicherheit zu erhöhen.

Hierbei werden Funktionen des Chips benutzt. Dafür muss der Hypervisor installiert werden. Die anderen Komponenten von Hyper- V, wie Hyper-V Dienste müssen dafür nicht aktiviert werden.

Wenn der Hypervisor installiert ist, sieht der Aufbau des Systems etwa folgendermaßen aus:

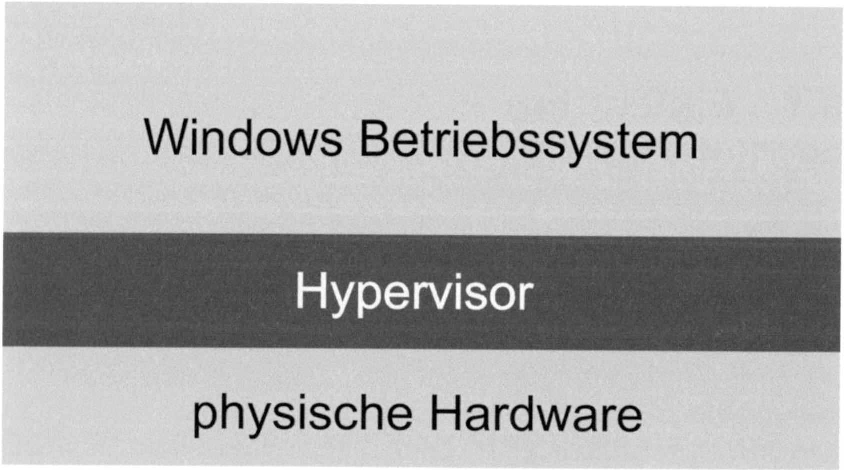

Abbildung 3.1: Betriebssystem mit Hypervisor

Wie wir sehen, sitzt in diesem Fall der Hypervisor zwischen der Hardware und dem Betriebssystem.

Diese „Hypervisorschicht" können wir nun benutzen, um einige sicherheitsrelevante Prozesse auszulagern und getrennt vom eigentlichen Betriebssystem auszuführen.

Das sieht schematisch etwa folgendermaßen aus:

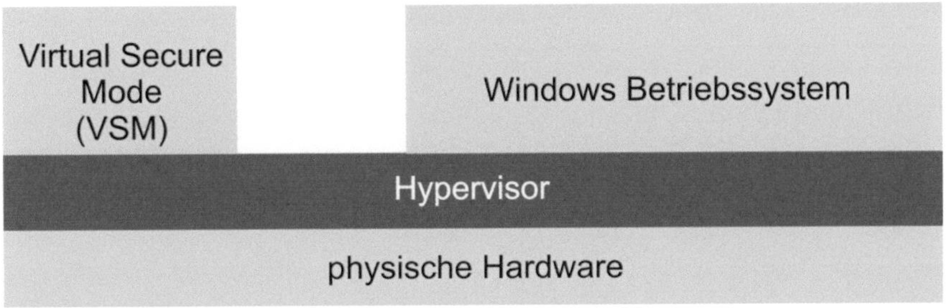

Abbildung 3.2: VSM

So ist die VSM-Instanz geschützt und wird vom Betriebssystem getrennt verwaltet. Dies ist der geschützte Modus (Virtual Secure-Mode).

Hardwarevoraussetzungen

Die Hardwarevoraussetzungen für den Virtual Secure Mode sind nicht besonders hoch

- UEFI läuft im einheitlichen Modus (nicht Kompatibilität / CSM / Legacy-Modus)
- Windows 64-bit und seine zugehörigen Anforderungen
- Second Layer Address Translation (SLAT) und Virtualisierungserweiterungen (z.B. Intel VT oder AMD V)
- Ein Trusted Platform Module (TPM) wird empfohlen

Aktivieren von Virtual Secure Mode

Nun müssen Sie den Hypervisor aktivieren.

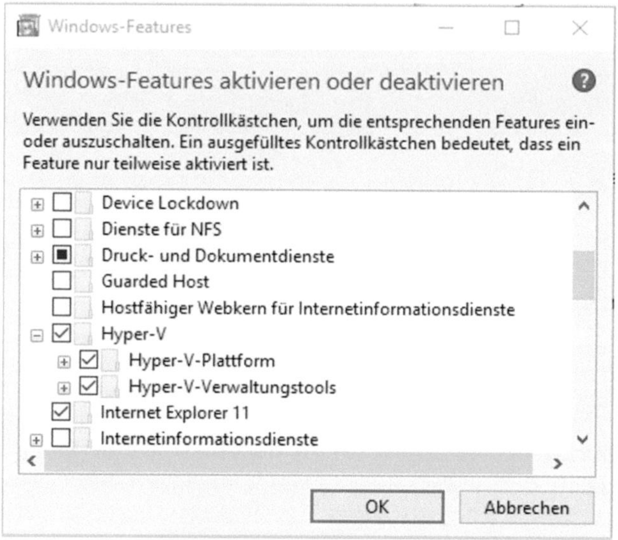

Abbildung 3.3: Hypervisor

Schließlich kann der Secure Mode konfiguriert werden. Dies machen Sie in einer Gruppenrichtlinie unter:

- Computerkonfiguration
- Administrative Vorlagen
- System
- Device Guard

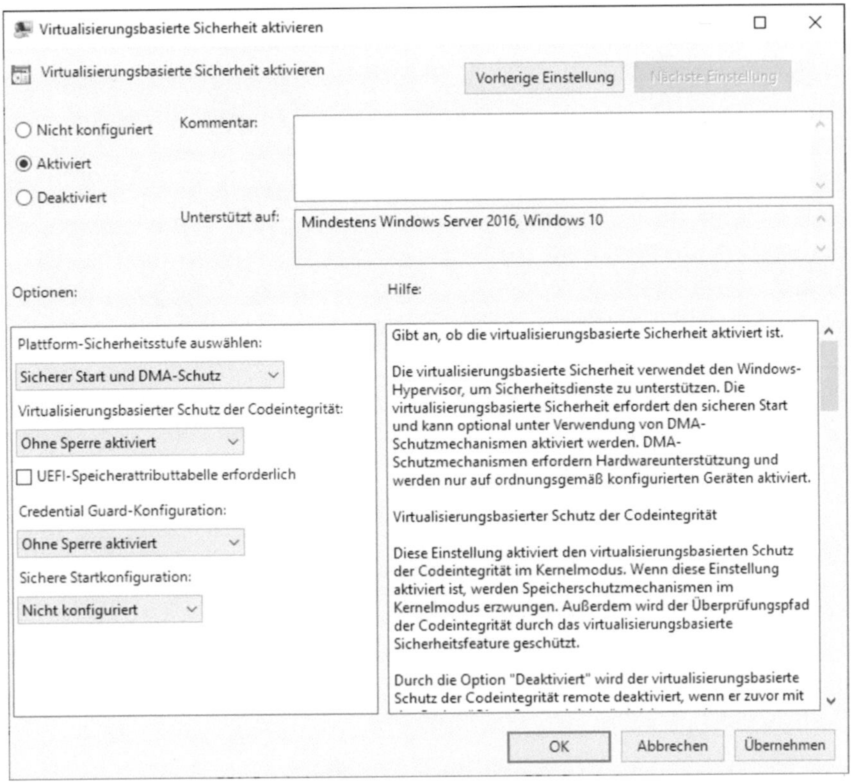

Abbildung 3.4: VSM einschalten

Mit dieser Funktion wird auch automatisch der sichere Start aktiviert.

Secure Boot überprüft wichtige Teile des Betriebssystems beim Start auf Originalität. Dadurch wird die Ausführung von Root-Kits verhindert.

Device Guard ist eine Zusammenstellung verschiedener Funktionen, die zusammen verhindern sollen, dass ein nicht vertrauenswürdiger Code auf einem Windows 10-System ausgeführt wird und damit das Kernstück für die Sicherheit.

Alle Funktionen stehen auf Windows 10 Systemen mit dem Betriebssystem Pro (ab Version 1803) oder Enterprise (ab Version 1709) zur Verfügung.

3.2.1 Windows Defender Application Guard

Für die Browser Edge und Internet Explorer konzipiert ist die Funktion „Application Guard".

Hierbei definieren Sie vertrauenswürdige Webseiten. Alle Webseiten, die nicht in dieser Liste aufgeführt sind, werden als „Nicht vertrauenswürdig" bewertet.

Sollte eine dieser Webseiten von einem Mitarbeiter aufgerufen werden, wird diese Seite automatisch im Browser Edge geöffnet, und zwar in einem isolierten Hyper-V Container.

Dieser ist vom Betriebssystem komplett getrennt, dadurch besteht für das Betriebssystem keinerlei Gefahr, selbst, wenn die Webseite Schadsoftware enthalten sollte.

Lokale Installation von Application Guard

Der Application Guard ist eine Zusatzfunktion.

Sie können Sie manuell auf jedem kompatiblen Windows 10 Rechner aktivieren.

Wählen Sie

- Systemsteuerung
- Programme
- Windows-Features aktivieren oder deaktivieren

Hier können Sie die Funktion aktivieren.

Abbildung 3.5: Application Guard

ACHTUNG!
Sollte „Windows Defender Application Guard“ nicht anwählbar sein, ist der „Virtual Secure Mode“ nicht aktiviert“.

Eine zweite Möglichkeit ist, den „Windows Defender Application Guard“ mithilfe der PowerShell zu aktivieren.

Hierfür öffnen Sie die PowerShell im Administratormodus und geben den Befehl ein:

Enable-WindowsOptionalFeature -online -FeatureName Windows-Defender-ApplicationGuard

Nach der Installation muss ein Neustart erfolgen, damit die Funktion aktiv wird.

Installation von Application Guard mithilfe von Microsoft Intune

Natürlich können Sie die Konfiguration von Application Guard auch mithilfe von Microsoft Intune vornehmen.

Da es eine Aktivierung einer Funktion ist, können Sie ein Geräteprofil benutzen und hier die benötigten Einstellungen festlegen.

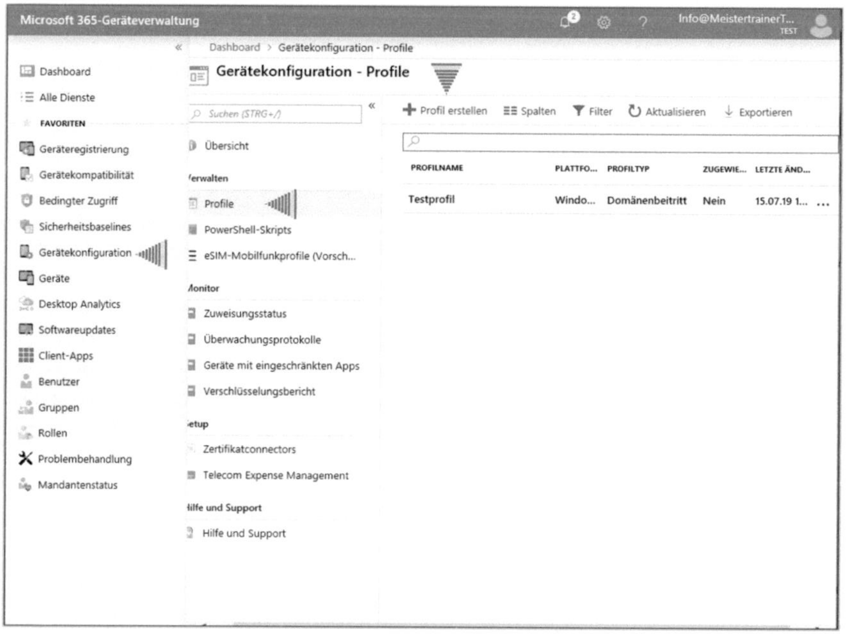

Abbildung 3.6: Neues Profil

Dem Profil geben Sie einen aussagekräftigen Namen und wählen als Plattform „Windows 10 und höher“.

Als Profiltyp wählen Sie „Endpoint Protection“ aus.

Nun sehen Sie mehrere Einstellungsmöglichkeiten für „Windows Defender Application Guard“.

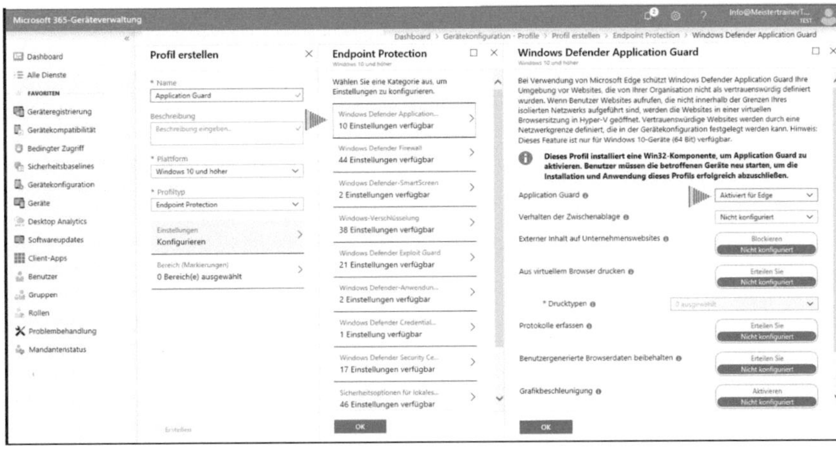

Abbildung 3.7: Einstellungen Application Guard

Wählen Sie „Aktiviert für Edge“ und konfigurieren Sie die weiteren Einstellungen nach Ihren Wünschen.

Danach weisen Sie das Profil der entsprechenden Gruppe zu.

Danach wird auf allen Copmutern, die in dieser Gruppe sind, Application Guard aktiviert.

3.2.2 Windows Defender Credential Guard

Auch „Windows Defender Credential Guard“ setzt auf die „virtualization based security“.

In den Versionen vor Windows 10 wurden alle geheimen Anmeldeschlüssel in der lokalen Sicherheitsautorität (LSA) abgelegt.

Bei aktiviertem Credential Guard werden alle „Secrets”, also alle Passworthashes, Kerberos Ticket im virtualisierten Bereich abgelegt, der getrennt vom Betriebssystem ist.

Um dennoch die Anmeldeinformationen zu verifizieren, verwendet die LSA Remoteprozeduraufrufe.

Dadurch ist ein Ausspähen der Anmeldeinformationen nicht mehr möglich.

Aktivieren von Windows Defender Credential Guard

Wenn die Virtualisierung und DeviceGuard konfiguriert sind, ist „Credential Guard“ automatisch aktiviert.

Aktivieren von Windows Defender Credential Guard mithilfe von Microsoft Intune

Natürlich kann „Credential Guard“ auch durch Microsoft Intune aktiviert werden.

Sie erstellen wieder ein Geräteprofil und wählen als Plattform „Windows 10 und höher“.

Als Profiltyp wählen Sie „Endpoint Protection“ aus.

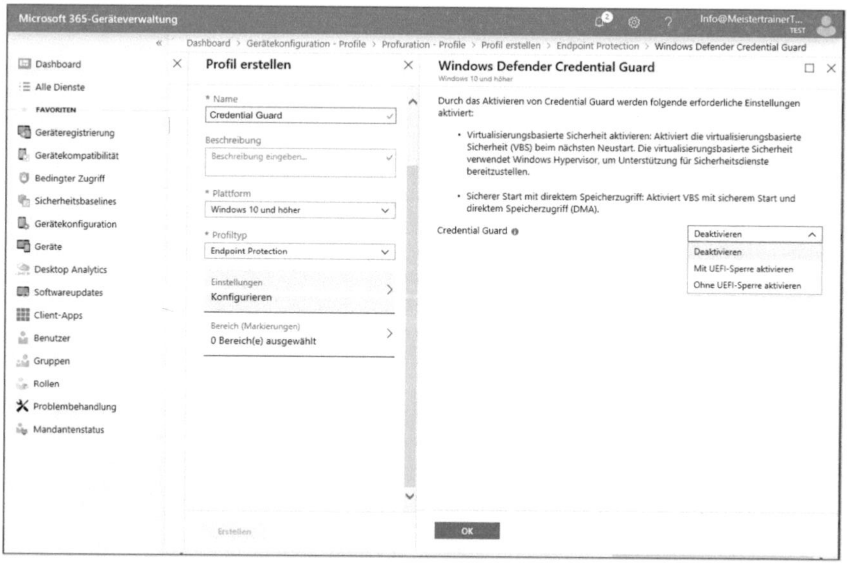

Abbildung 3.8: Credential Guard

Unter „Windows Defender Credential Guard“ aktivieren Sie die Einstellungen.

Sie können noch wählen zwischen mit oder ohne UEFI-Sperre. Mit UEFI-Sperre ist die sichere Einstellung, damit kann der virtualisierungsbasierte Schutz nicht remote deaktiviert werden.

Nach dem Zuweisen zur richtigen Gruppe werden alle Rechner für Credential Guard konfiguriert.

3.2.3 Windows Defender Antivirus

Betrachten wir nun den einfachsten aller Fälle:

Einer der Benutzer war nicht aufmerksam und hat versehentlich Malware auf seinen Rechner geladen. Der PC ist natürlich dadurch infiziert worden.

Diese Infektion kann aber noch Schlimmeres auslösen, sie kann sich von Rechner zu Rechner im Netzwerk verbreiten und damit alle Geräte betreffen.

Sie können sich vorstellen, dass in diesem Fall das ganze IT-Team zielstrebig auf eine Nachtschicht zusteuert.

Malware gibt es im Internet beinahe überall und es wird täglich mehr.

Was können Sie dagegen tun?

Zum einen kann und sollte der Benutzer eingewiesen werden, was sichere und was unsichere Downloadseiten sind und wie Malware auf den Rechner gelangen kann.

Zum anderen müssen Sie einen Malwareschutz benutzen.

Dieser sollte Angriffe abwehren, alle Downloads und ausführbare Dateien scannen und natürlich die Anti-Malware Definitionen automatisch aktuell halten.

Dafür gibt es eine Reihe von Anbietern, die alle sehr gut arbeiten.

Es gibt aber auch die „Windows Sicherheit“, das ist ein Tool, das mit Windows 10 ausgeliefert wird.

In früheren Versionen von Windows 10 hieß die Windows-Sicherheit „Windows Defender Security Center“.

Dies ist ein Echtzeit Anti-Malware Schutz.

Dazu öffnen Sie die „Einstellungen“ und navigieren zu „Update und Sicherheit – Windows Sicherheit“.

Hier klicken Sie auf „Windows Sicherheit öffnen.

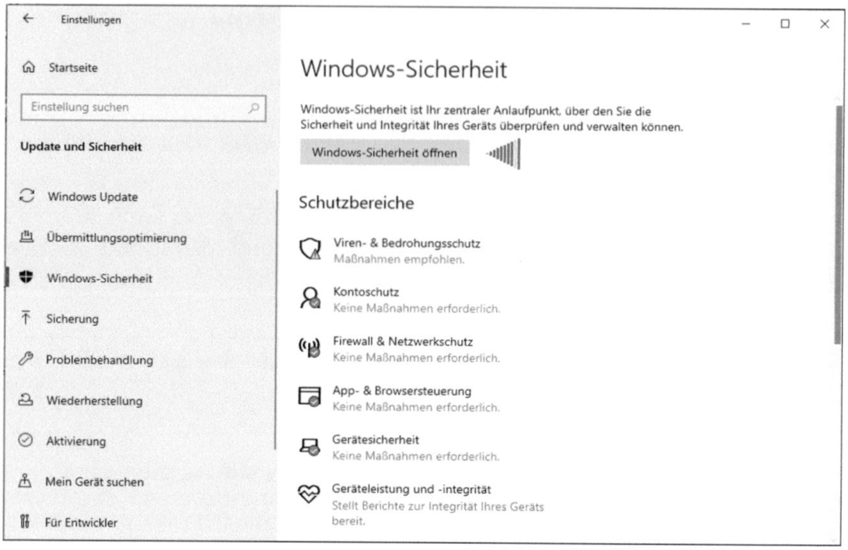

Abbildung 3.9: Windows Sicherheit

Sie sehen nun einen Überblick über die Windows Sicherheit.

Windows empfiehlt Maßnahmen, wie das Einrichten von OneDrive als Backupspeicher und das Anmelden mit einem Microsoft Konto.

Dies sind aber nur Vorschläge und müssen nicht in jedem Fall befolgt werden, falls Sie eine andere Lösung eingerichtet haben.

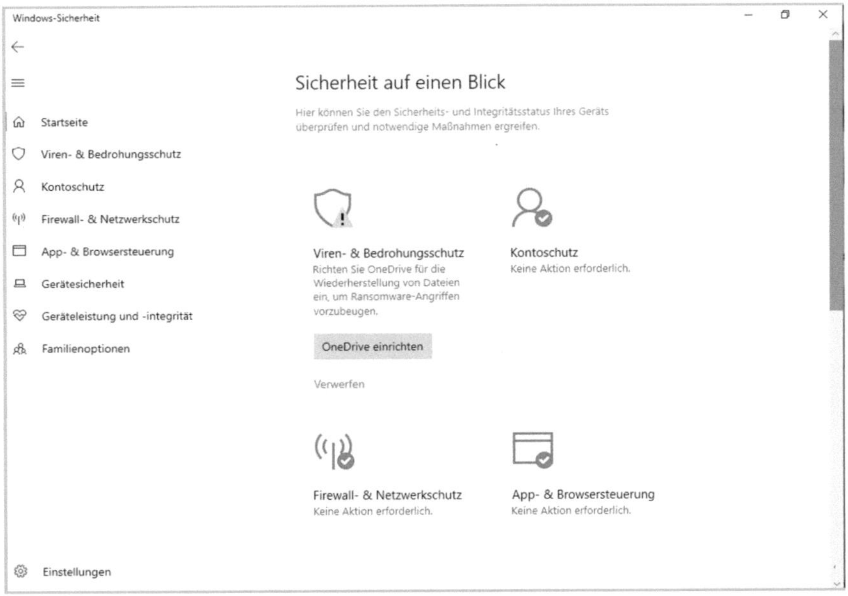

Abbildung 3.10: Startseite

Auf der linken Seite sehen Sie sieben Abschnitte für die Konfiguration der Windows Sicherheit.

- Viren- und Bedrohungsschutz

  Hier finden Sie alle Einstellungen rund um den Virenschutz
- Kontoschutz

  Hier sind die Einstellungen, die die Anmeldung mit einem Microsoft-Konto betreffen und auch Windows Hello
- Firewall- und Netzwerkschutz

  An dieser Stelle können Sie auf die Firewall Einstellungen zugreifen
- App- und Browsersteuerung

  Hier geht es um die Überprüfung von Apps und um den Smartscreenfilter
- Gerätesicherheit

  Dies betrifft die Gerätesicherheit durch Kernisolierung und sicheren Start
- Geräteleistung- und integrität

An dieser Stelle werden Berichte über die Integrität des Rechners bereitgestellt

- Familienoptionen

  Hier können Sie den Rechner für alle Familienmitglieder absichern, beispielsweise durch bestimmte Sperren.

Sie sollten sich ein wenig Zeit nehmen und alle Einstellungen einmal genauer betrachten.

Wir konzentrieren uns aber im Moment auf Viren- und Bedrohungsschutz.

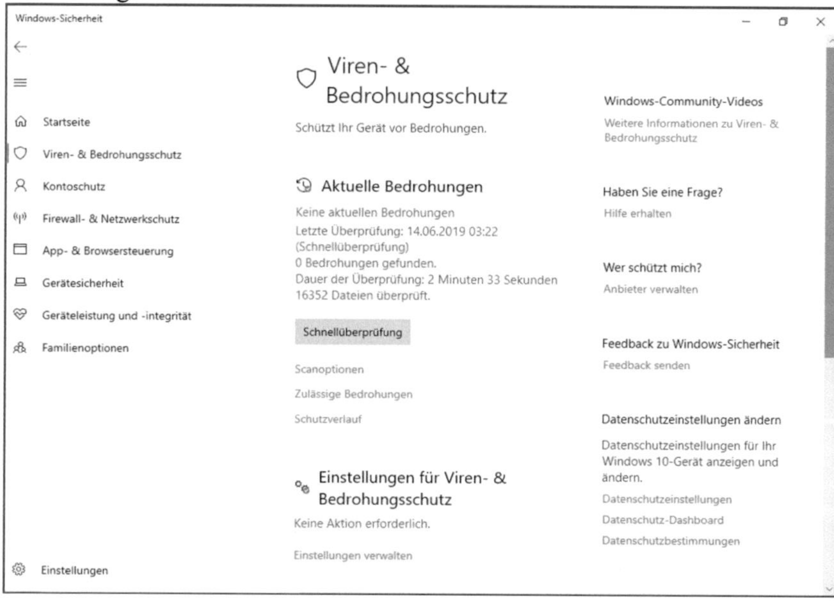

Abbildung 3.11: Viren- und Bedrohungsschutz

Im oberen Teil sehen Sie unter dem Stichwort „Aktuelle Bedrohungen“ eine Zusammenfassung der letzten Schnellüberprüfung.

Hier kann auch jederzeit manuell eine Schnellüberprüfung gestartet werden, diese läuft dann im Hintergrund und Sie können problemlos weiterarbeiten.

Gehen wir zu den „Einstellungen für Viren- und Bedrohungsschutz“.

Hier können Sie den Echtzeitschutz ein- und ausschalten.

Abbildung 3.12: Einstellungen

Sie sehen hier auch noch die Einstellungen „Cloudbasierter Schutz“ und „Automatische Übermittlung von Beispielen“.

Der Cloudbasierte Schutz funktioniert am besten, wenn auch „Automatische Übermittlung von Beispielen“ aktiviert ist.

Gerade bei Anwendungen in der Cloud ist Microsoft sehr stark darauf angewiesen, dass sie immer auf dem letzten Stand sind und die Virendefinitionen zeitnah aktualisieren können.

Wenn Sie die Übermittlung von Beispielen aktivieren, senden Sie hilfreiche Informationen an Microsoft, die dann in dic Updates einfließen können.

Abbildung 3.13: Ausschlüsse

Sie können auch Ausnahmen definieren, so dass bestimmte Dateien oder Laufwerke nicht gescannt werden.

Darunter finden Sie die „Benachrichtigungen“, die Sie hier ein- und ausschalten können.

Allerdings werden Sie auch dann über wichtige Vorgänge, wie einen Malwareangriff informiert, wenn die Benachrichtigungen deaktiviert sind.

Windows-Sicherheit mit der PowerShell

Die Windows-Sicherheit wird gerne mit der PowerShell verwaltet.

Hier sehen Sie die wichtigsten cmdlets:

cmdlet	Bedeutung
Add-MpPreference	Ändert Einstellungen des Windows Defender
Get-MpComputerStatus	Zeigt den Status des Defenders an

Get-MpThreatDetection	Zeigt alle aktiven und vergangenen Schadsoftware Threads an
Start-MpScan	Startet einen Defender Scan
Start-MpWDOScan	Startet einen Defender offline Scan
Update-MpSignature	Macht ein Update der Antimalware-Definitionen

Quelle: Microsoft TechNet

3.2.4 Windows Defender Exploit Guard

Zunächst einmal gehen wir der Frage nach:

Was ist ein Exploit?

Ein Exploit ist ein Schadprogramm, das einen ausführbaren Code enthält. Er kann über Sicherheitslücken in Programmen in den Computer eindringen.

Mit dem eingeschleusten Code kann ein Rechner manipuliert werden.

Viele Sicherheitslücken werden mit Patches geschlossen, deswegen ist es wichtig, für alle Programme zeitnah alle veröffentlichten Patches zu installieren.

Eine weitere Möglichkeit für den Schutz gegen Exploits wird von Microsoft bereitgestellt, nämlich der „Windows Defender Exploit Guard“.

Er ist aus dem „Enhanced Mitigation Experience Toolkit (EMET)“ entstanden, dessen Entwicklung Mitte 2018 eingestellt wurde und ab der Windows Version 1709 verfügbar.

Aktivieren von Windows Defender Exploit Guard auf der lokalen Maschine

Zum Aktivieren und konfigurieren des Exploit Guard öffnen Sie die App „Windows Sicherheit“.

Hier wählen Sie „App & Browsersteuerung“ und scrollen nach ganz unten zum „Exploit-Schutz“.

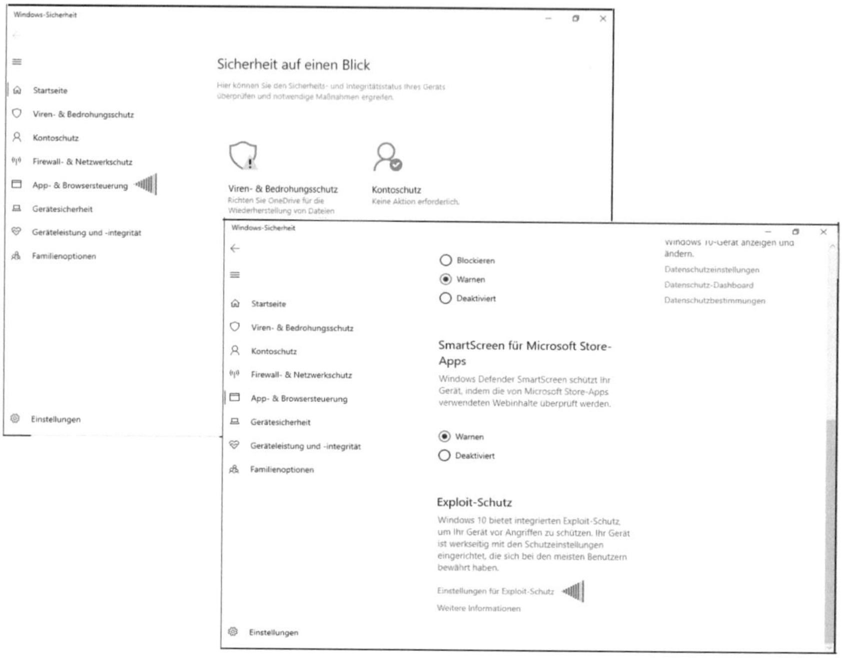

Abbildung 3.14: Exploit-Schutz

Klicken Sie auf „Einstellungen für Exploit-Schutz“.

Hier finden Sie Einstellungen für das System und für Programme.

Systemeinstellungen

Bei den Systemeinstellungen können Sie verschiedene Einstellungen konfigurieren, die das System betreffen.

Betrachten wir nun einige Einstellungen.

Ablaufsteuerungsschutz (Control Flow Guard, CFG)

Mit dieser Einstellung wird die Integrität der Ablaufsteuerung für indirekte Aufrufe sichergestellt.

Datenausführungsverhinderung (Data Execution Prevention, DEP)

Hiermit wird verhindert, dass Codes von Datenseiten im Arbeitsspeicher ausgeführt werden kann.

Diese und alle weiteren Einstellungen beziehen sich auf interne Verhaltensweisen des Betriebssystems, um das Ausführen von eingeschleusten Codes auf Betriebssystemebene zu verhindern.

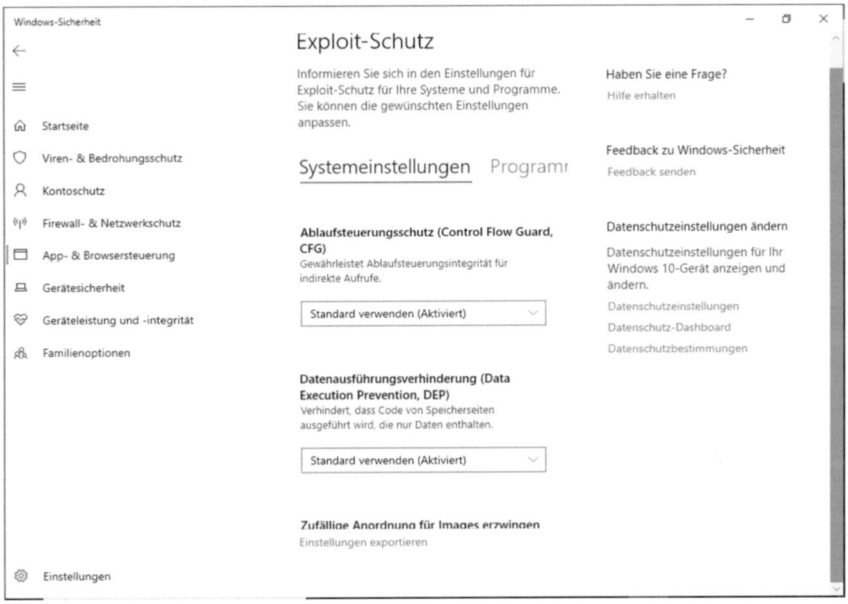

Abbildung 3.15: Systemeinstellungen

Programmeinstellungen

Wechseln wir auf die Registerkarte „Programmeinstellungen".

Abbildung 3.16: Programmeinstellungen

Hier können Sie das Verhalten einzelner Programme definieren.

Wichtig zu wissen ist auch, dass alle Funktionen des Windows Defenders (Windows Sicherheit) nur dann richtig funktionieren, wenn er auch als aktiver Virenscanner eingestellt ist.

Sollten Sie einen anderen Virenscanner verwenden, sind die meisten Funktionen außer Kraft gesetzt!

Aktivieren von Windows Defender Exploit Guard mit einer Gruppenrichtlinie

In einer On-Premise Domäne macht es natürlich Sinn, die Windows Defender Exploit Guard Einstellungen mit einer Gruppenrichtlinie zuzuweisen.

Dafür benötigen Sie eine xml-Datei, in der die gewünschten Einstellungen gespeichert sind.

Diese zu erstellen, ist sehr einfach.

Wenn Sie eine Maschine nach Ihren Wünschen konfiguriert haben, können Sie „Einstellungen exportieren“ wählen.

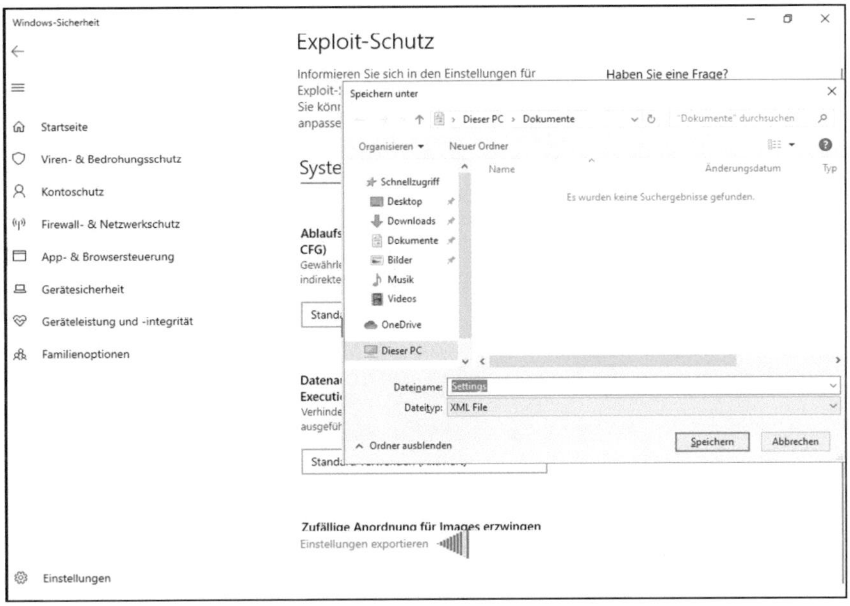

Abbildung 3.17: Einstellungen exportieren

Nun wird eine xml-Datei mit den aktuellen Einstellungen erstellt.

Im nächsten Schritt bearbeiten Sie eine Gruppenrichtlinie auf dem Domänencontroller, navigieren zu

- Computerkonfiguration
- Administrative Vorlagen
- Windows-Komponenten
- Windows Defender Exploit Guard
- Exploit-Schutz

Hier aktivieren Sie „Allgemeine Einstellungen für Exploit-Schutz verwenden".

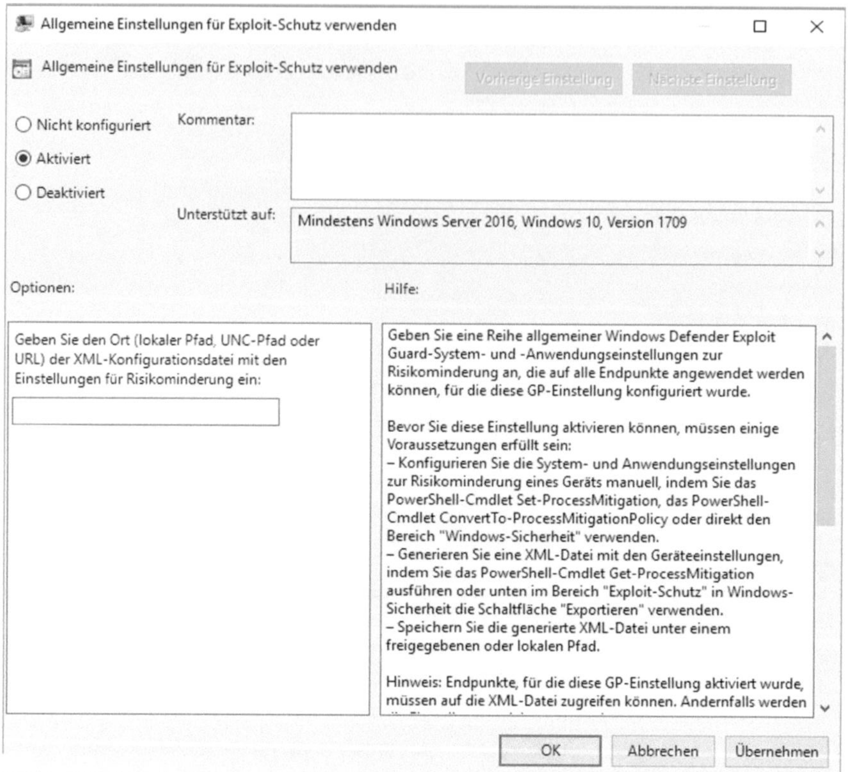

Abbildung 3.18: Gruppenrichtlinieneinstellung

Geben Sie nun den Speicherort der xml-Datei an.

Aktivieren von Windows Defender Exploit Guard mit Microsoft Intune

Auch für die Konfiguration mithilfe von Microsoft Intune benötigen Sie die xml-Datei mit den gewünschten Einstellungen.

Wechseln Sie dann in die Microsoft Intune Konsole, erstellen Sie ein Geräteprofil und wählen als Plattform „Windows 10 und höher“.

Als Profiltyp wählen Sie „Endpoint Protection“ aus.

Hier gehen Sie zu

- Windows Defender Exploit-Guard
- Exploit-Schutz

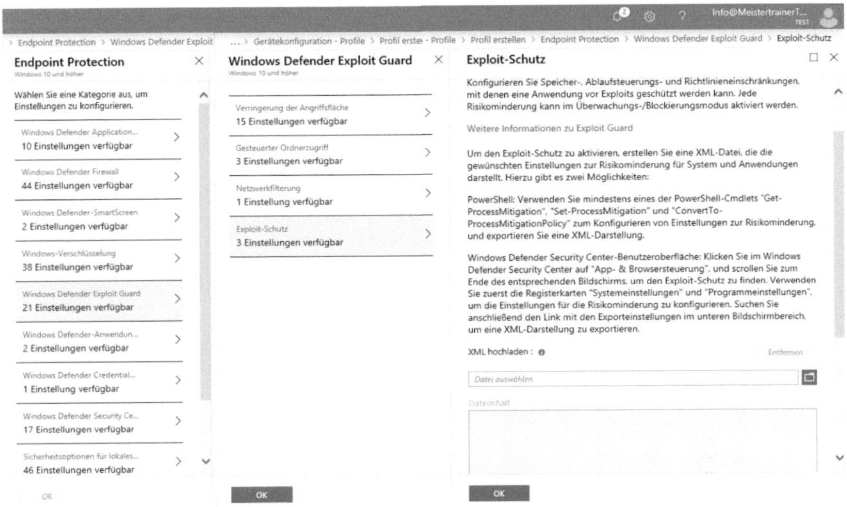

Abbildung 3.19: Exploit-Guard in Microsoft Intune

Nun können Sie die zuvor erstellte xml-Datei hochladen.

3.2.5 Windows Defender Application Control

Eine weitere Einstellung innerhalb der „App- & Browsersteuerung“ im Windows Defender ist die Application Control.

Wenn sie aktiviert ist, werden alle Apps und Dateien auf eventuelle Probleme überprüft.

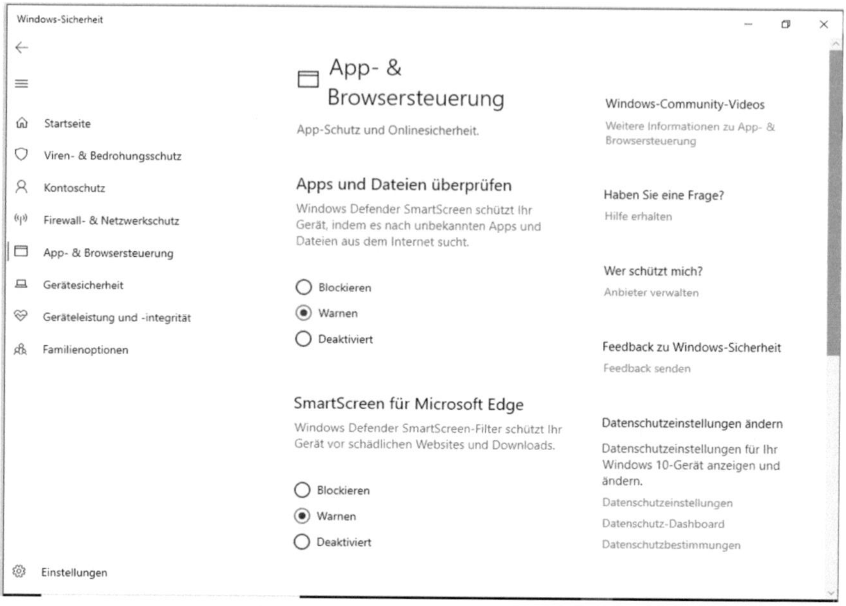

Abbildung 3.20: Application Control

Sollte eine App für gefährlich gehalten werden, erscheint folgendes Fenster:

Abbildung 3.21: Warnmeldung

Leider wird auch häufig ein Fehlalarm angezeigt, und Sie können diese App dann nicht ausführen.

In diesem Fall bleibt nur, die Auswahl bei „Apps und Dateien überprüfen“ vorübergehend auf „Deaktiviert“ zu setzen.

Generell können alle Einstellungen, die Sie lokal oder mit einer Gruppenrichtlinie für den Windows Defender erstellen können, auch über ein Geräteprofil in Microsoft Intune konfiguriert werden, unter dem Punkt „Endpoint Protection“.

3.2.6 Windows Defender Advanced Threat Protection

in Microsoft 365 Business integriert ist eine Cloud-Funktion mit Namen „Windows Defender Advanced Threat Protection (ATP)“.

Es handelt sich hierbei um ein Tool, das Informationen Ihrer lokalen Rechner oder Domänenrechner sammelt und analysiert.

Der Vorteil dieser Lösung ist, dass alle Daten aller Rechner an einem zentralen Sammelpunkt ausgewertet werden und so eventuelle Bedrohungen sehr schnell erkannt werden.

Die gesammelten Daten enthalten Informationen über

- Benutzerinformationen, wie Berechtigungen oder Gruppenmitgliedschaft
- Benutzeridentitäten, wie Profile
- Verdächtige Aktivitäten, wie Zugriff mit geringen Rechten
- Versuchte Angriffe
- Fehlgeschlagene Anmeldeversuchc
- und vieles mehr

Einrichten von ATP

Um ATP zu konfigurieren, öffnen Sie das Microsoft Defender Security Center unter

https://Securitycenter.windows.com

Hier richten Sie den Zugang ein.

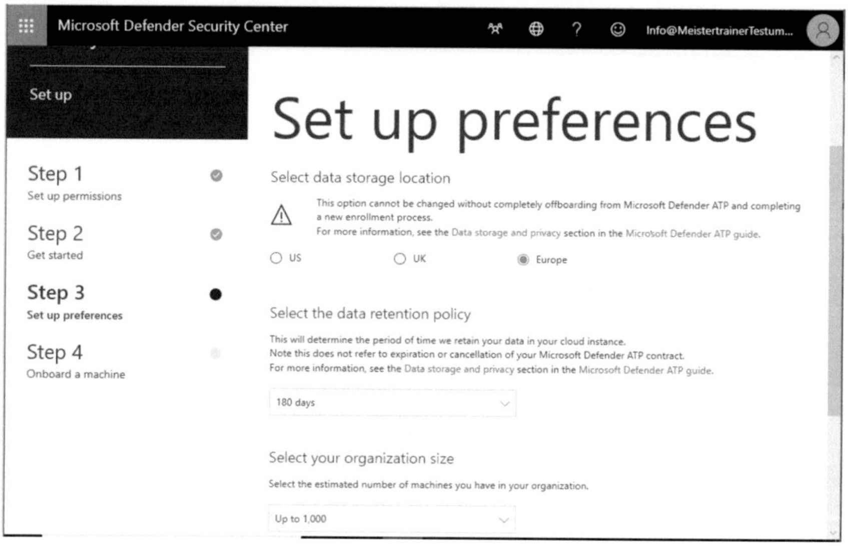

Abbildung 3.22: ATP einrichten

Der erste Schritt ist, Maschinen anzumelden.

Das können Sie auf diverse Arten vornehmen, als Beispiel betrachten wir die Vorgehensweise mit einem Skript, das Sie auf der gewünschten Maschine ausführen.

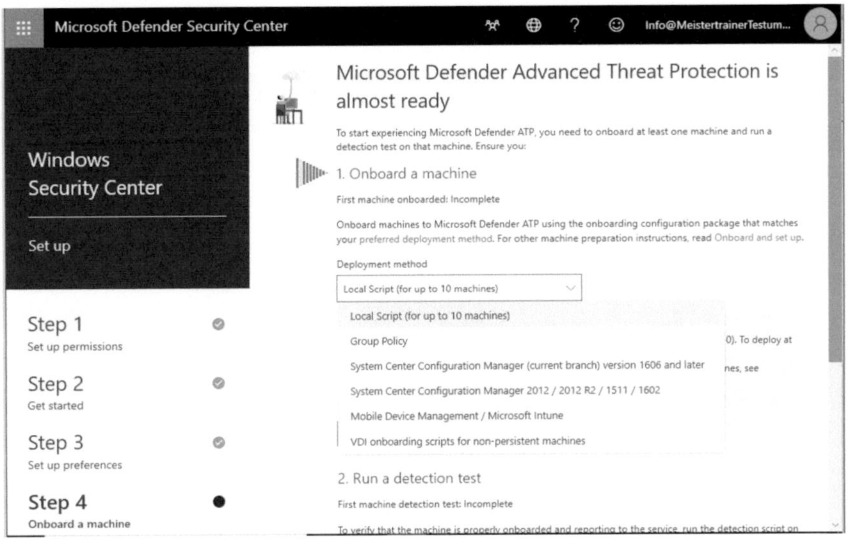

Abbildung 3.23: Maschinen anmelden

Wählen Sie „Local script“ und laden Sie die Zip-Datei herunter.

Öffnen Sie die zip-Datei und speichern Sie das Skript an einer beliebigen Stelle.

Nun öffnen Sie eine administrative Eingabeaufforderung, navigieren zum Speicherort des Skriptes und führen es aus.

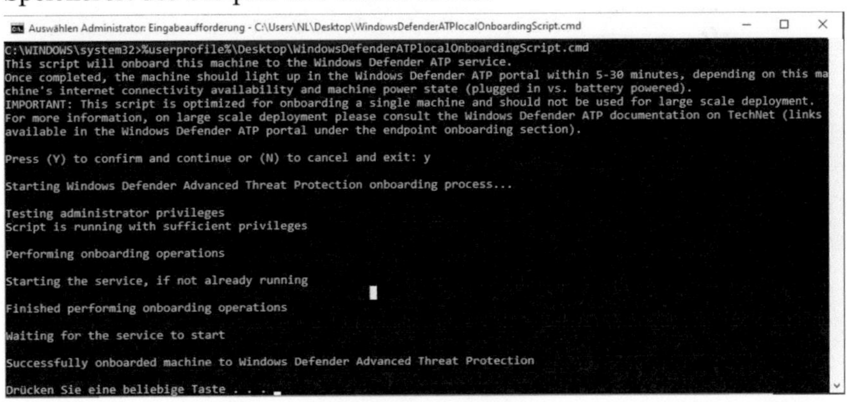

Abbildung 3.24: Skript

Sie können sofort in der Ereignisanzeige nachsehen, ob die Skriptausführung geklappt hat.

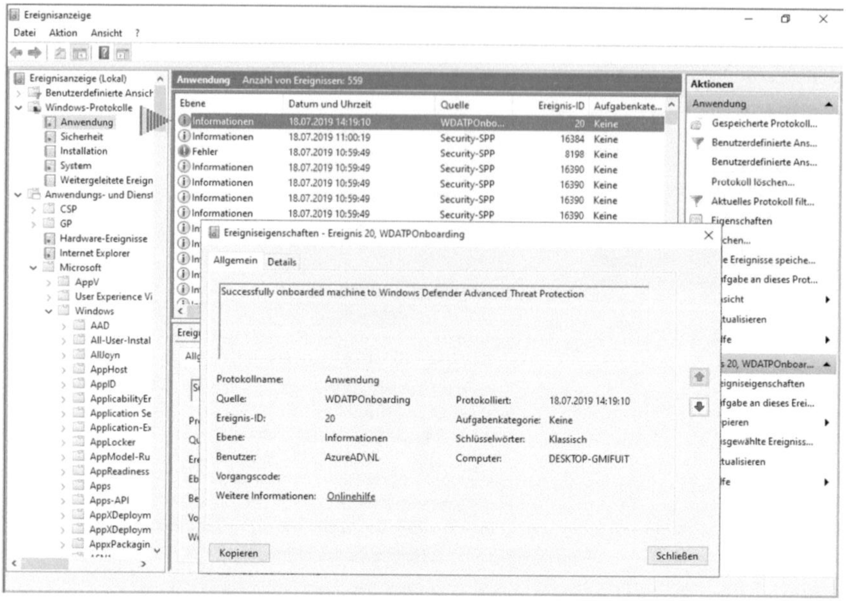

Abbildung 3.25: Kontrolle in der Ereignisanzeige

Nach kurzer Zeit sehen Sie auch schon in der Konsole, dass die Maschine angemeldet ist.

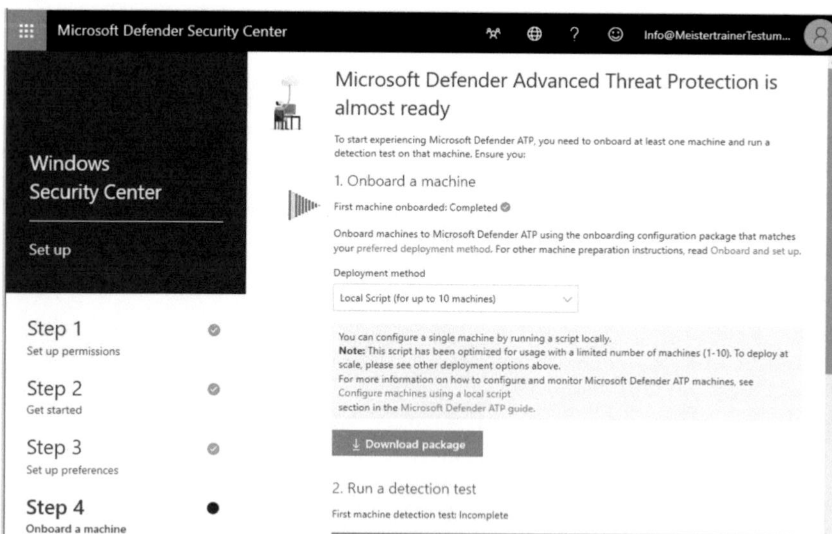

Abbildung 3.26: Maschine ist angemeldet

Nun sollten Sie einen Test auf der angemeldeten Maschine ausführen.

Dazu kopieren Sie das Skript, das auf der Webseite abgebildet ist und öffnen eine Eingabeaufforderung im Administratormodus.

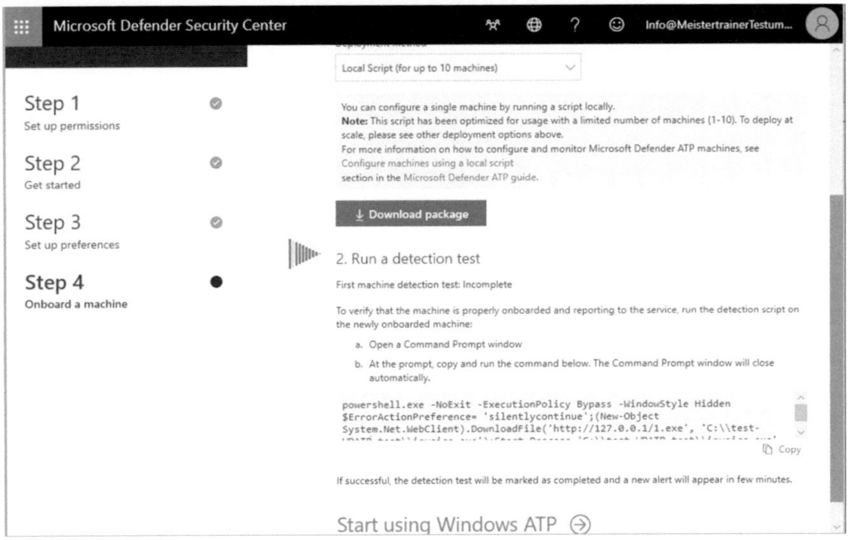

Abbildung 3.27: Test

Hier kopieren Sie einfach das Skript hinein und führen es aus.

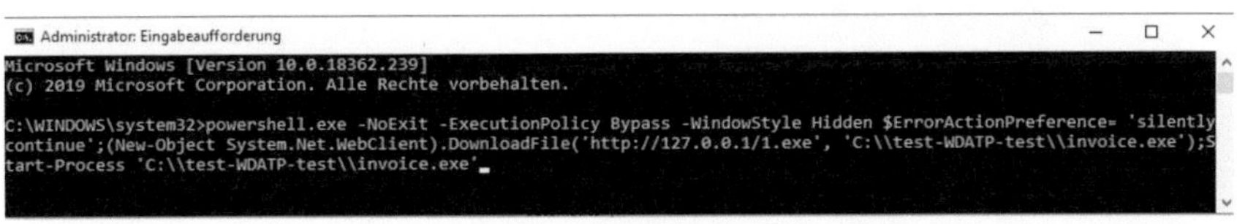

Abbildung 3.28: Ausführung des Skriptes

Das Fenster schließt sich danach von alleine.

Nach kurzer Zeit wird dieser Test als „ausgeführt“ angezeigt.

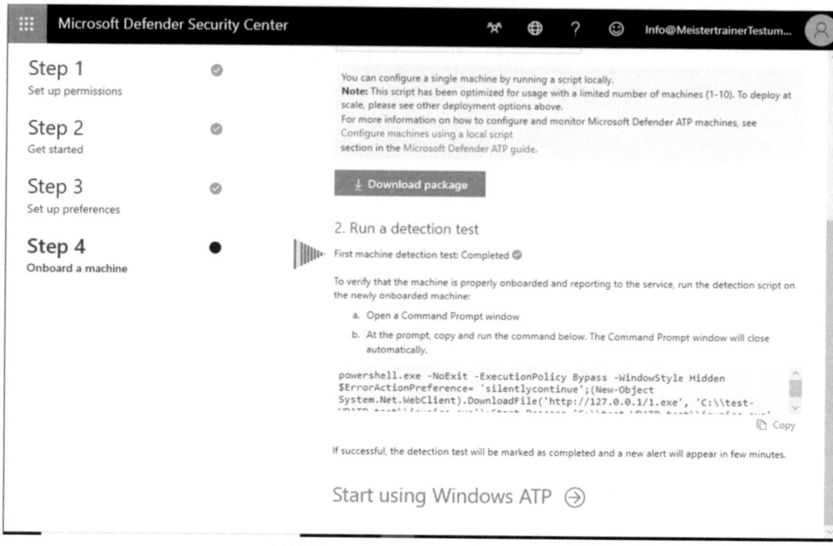

Abbildung 3.29: Test ausgeführt

Nun können Sie Windows ATP starten.

Benutzen von ATP

Wenn Sie ATP öffnen, sehen Sie das „Microsoft Defender Security Center".

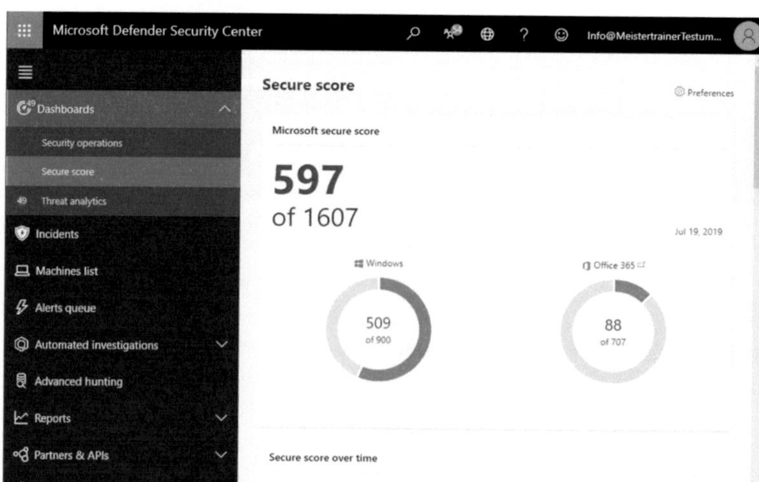

Abbildung 3.30: Microsoft Defender Security Center

Hier können Sie alle Auswertungen und alle Parameter betrachten.

Zu den wichtigsten Punkten gehören die „Dashboards", denn hier sehen Sie die Zusammenfassungen aller Vorgänge.

Wechseln Sie auf „Secure Score"

Sie sehen eine Bewertung der Geräte in Bezug auf „Windows" und „Office 365".

Jede einzelne Bewertung, die die Windows Defender Sicherheitskontrolle durchführt, kann maximal 100 Punkte hinzufügen.

So ergibt sich der Wert, der im Kreisdiagramm dargestellt wird.

Wenn Sie nach unten scrollen sehen Sie den „Secure score over time".

Secure score over time

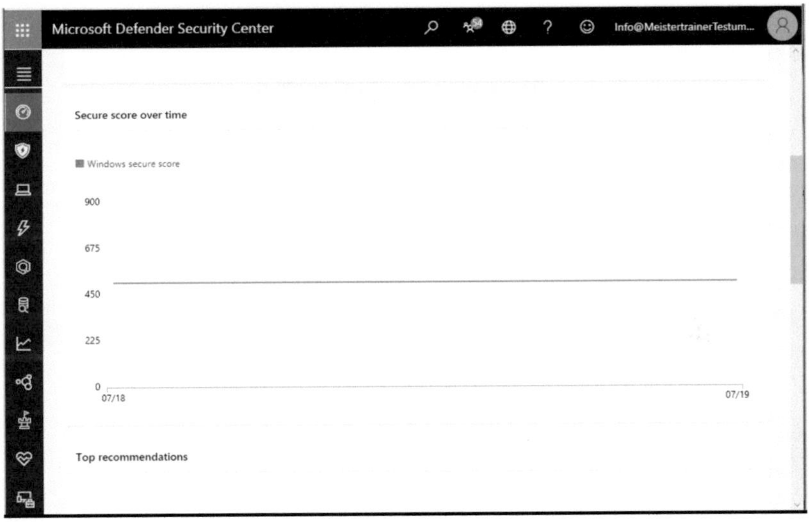

Abbildung 3.31: Secure score over time

Hier sind die Änderungen in der Sicherheitsbewertung im Zeitverlauf dargestellt.

Damit können Sie auf einen Blick erkennen, ob sich wichtige Änderungen ergeben haben.

Top recommendations

ATP schlägt Ihnen hier Maßnahmen vor, die die Sicherheit erheblich erhöhen könnten.

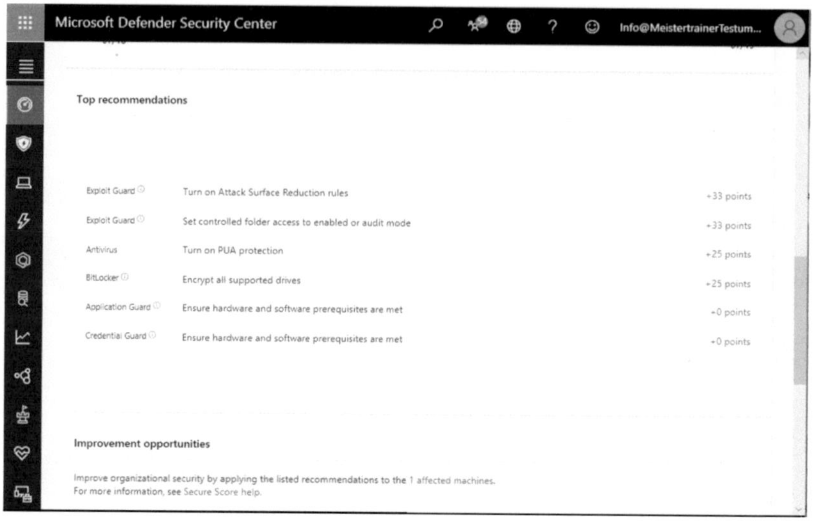

Abbildung 3.32: Empfehlungen

Diese Maßnahmen sind sehr allgemein gehalten und beziehen sich nur generell auf die Erhöhung der Sicherheit.

Improvement opportunities

Als letzte Möglichkeit schlägt ATP konkrete Maßnahmen vor.

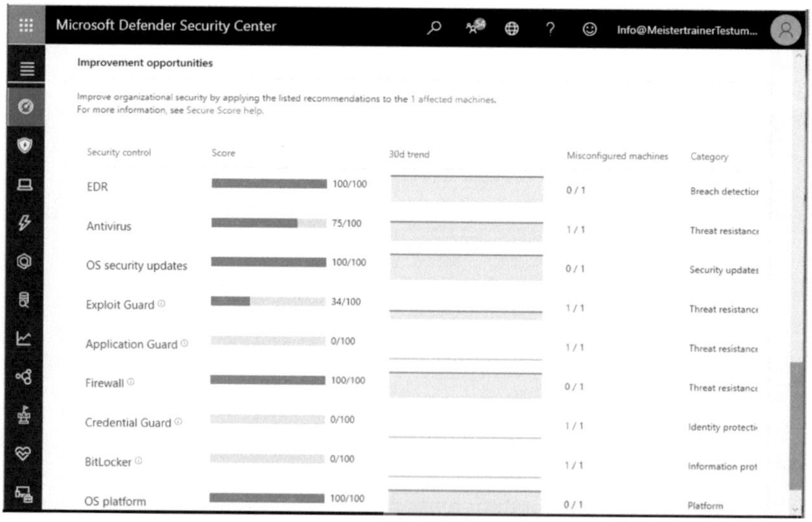

Abbildung 3.33: Verbesserungsmöglichkeiten

Hier werden alle angemeldeten Rechner analysiert und es werden konkrete Vorschläge gemacht.

3.3 Microsoft Intune Geräteanmeldung und Inventar verwalten

Eine der wichtigsten Funktionen von Microsoft Intune ist, dass Sie die Geräte Ihrer Mitarbeiter und deren Zugriff auf die Firmenressourcen verwalten können.

Wir haben zuvor schon ein Rollout mithilfe von Autopilot betrachtet, dabei wird das Gerät in Microsoft Intune registriert und kann danach verwaltet werden.

Die Registrierung der Geräte ist die Grundvoraussetzung für die Verwaltung.

Die Vielfalt an benutzten Geräten ist enorm, angefangen bei den verschiedenen Betriebssystemen, wie

- Windows
- iOS
- Android
- macOS

bis hin zur Unterscheidung, ob ein Gerät

- Eigentum der Firma

  oder
- persönliches Eigentum des Benutzers

ist.

Das hat den Vorteil, dass Sie den Benutzern auch mit ihren eigenen Geräten eine bestimmte Zugriffstiefe auf die Firmenressourcen gewähren können, ohne diese Geräte zu sehr einzuschränken.

3.3.1 Berechtigungen für die Geräteregistrierung

Um Geräte bei Microsoft Intune registrieren zu können, müssen die Benutzer die entsprechenden Berechtigungen erhalten.

Wenn eine oder mehrere Personen sehr viele Geräte in Microsoft Intune registrieren sollen, besteht die Möglichkeit, diesen Personen die Berechtigung „Device Enrollment Manager, DEM“ zuzuweisen.

Mit dieser Berechtigung können Sie bis zu 1.000 Geräte registrieren.

Dies wird dann der Fall sein, wenn jemand mehrere Geräte registrieren muss, bevor sie den zukünftigen Benutzern übergeben werden.

Bevor Sie einem Konto die Berechtigung „DEM“ zuweisen können, muss dieses Konto eine Microsoft Intune-Lizenz haben.

Dafür öffnen Sie wieder das Azure Active Directory, navigieren zu „Benutzer“ und wählen den entsprechenden Benutzer aus.

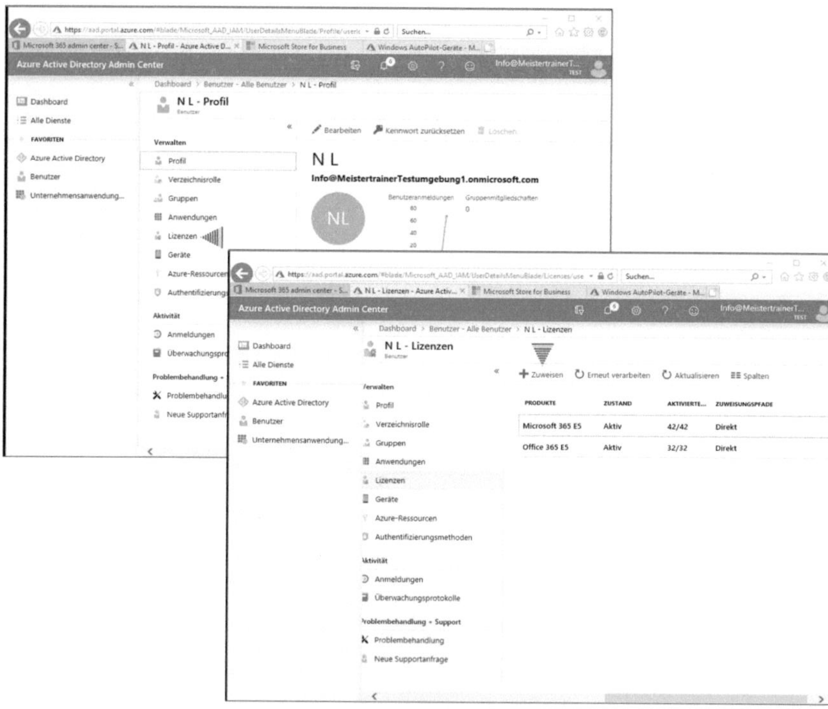

Abbildung 3.34: Benutzerrechte

Klicken Sie auf „Lizenzen“ und überprüfen Sie, ob der Benutzer eine Lizenz für Microsoft 365 hat. Sollte das nicht der Fall sein, klicken Sie auf „Zuweisen“ und geben Sie ihm eine Lizenz.

Nun können Sie einen DEM hinzufügen.

Dazu öffnen Sie die Microsoft Intune-Konsole, wählen

- Geräteregistrierung
- Geräteregistrierungs-Manager
- Hinzufügen

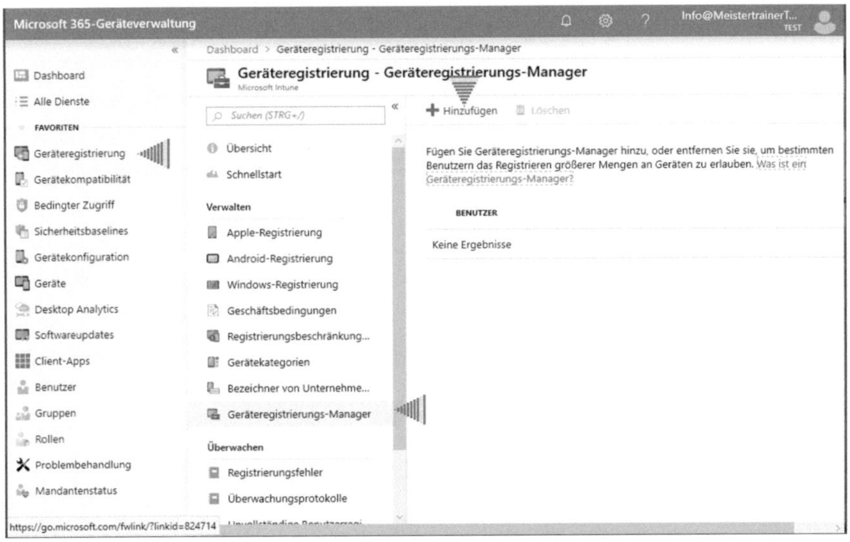

Abbildung 3.35: Geräteregistrierungs-Manager

Hier fügen Sie nun den gewünschten Benutzer hinzu.

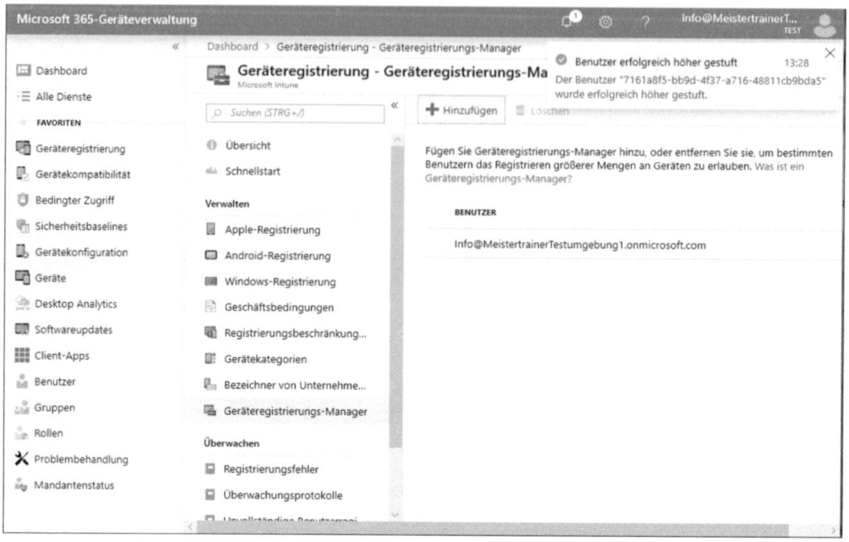

Abbildung 3.36: Benutzer wird hinzugefügt

3.3.2 Einschränkungen für die Benutzer

Wichtig ist, dass Sie als Microsoft Intune Administrator die Möglichkeit haben, Registrierungsbeschränkungen zu definieren, also die Möglichkeit der Benutzer einzuschränken, Geräte zu registrieren.

Sie können folgende Einschränkungen definieren:

- Maximale Anzahl der registrierten Geräte
- Geräteplattformen, (Windows, iOS etc.)
- Einschränken von privaten Geräten

Um diese Einschränkungen zu definieren, erstellen Sie im Azure-Portal eine Registrierungsbeschränkungsrichtlinie, die Sie dann einer Gruppe zuweisen können.

Öffnen Sie dafür

- Geräteregistrierung
- Registrierungseinschränkungen

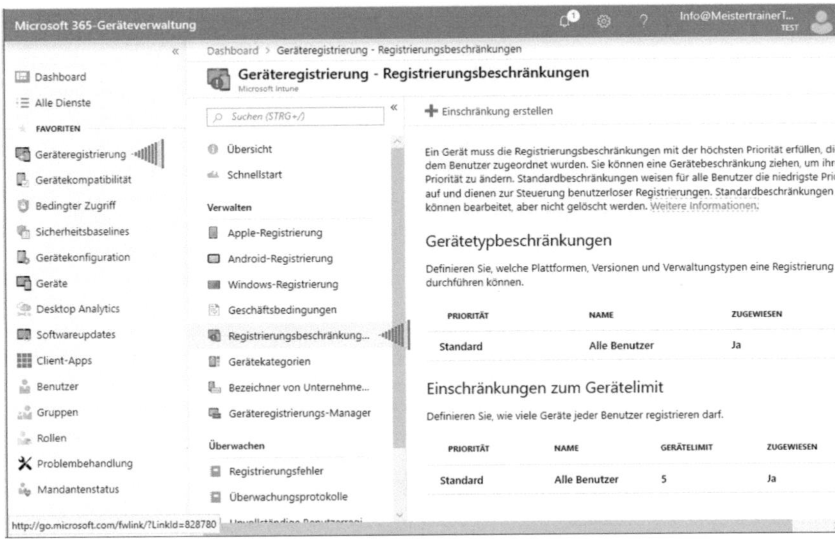

Abbildung 3.37: Registrierungsbeschränkungen

Sie sehen, es existiert bereits eine Standardrichtlinie für die Gerätetypbeschränkung und eine Standardrichtlinie für das Gerätelimit.

Diese Richtlinien sind bereits an „alle Benutzer" zugewiesen und erlauben allen Benutzern alle Geräte zu registrieren, mit dem Limit von 5 Geräten.

Wenn Sie neue Beschränkungen erstellen möchten, klicken Sie auf „Einschränkung hinzufügen".

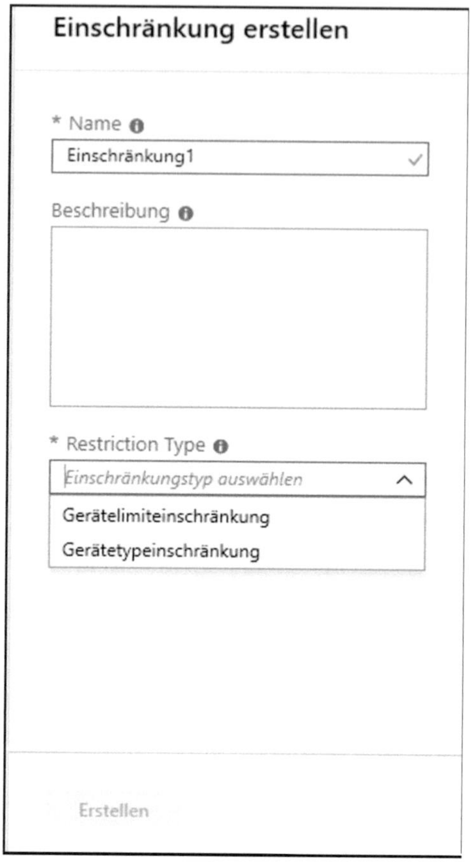

Abbildung 3.38: Auswahl

Geben Sie der Richtlinie einen Namen und wählen Sie, ob Sie eine „Gerätelimiteinschränkung“ oder eine „Gerätetypeinschränkung“ definieren wollen.

Wenn Sie „Gerätelimiteinschränkung“ wählen, definieren Sie die maximale Anzahl der Geräte, die hinzugefügt werden dürfen.

Abbildung 3.39: Gerätelimiteinschränkung

Wenn Sie dagegen „Gerätetypeinschränkung“ wählen, können Sie zunächst die Plattformen wählen.

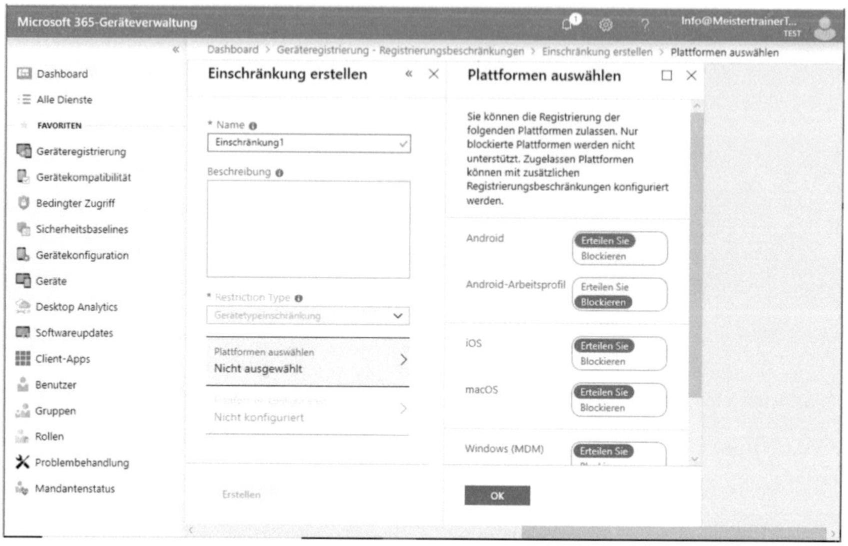

Abbildung 3.40: Plattformen

Alle gebräuchlichen Plattformen sind hier aufgelistet.

Sie sehen, hier wird zwischen „Android“ und „Android Arbeitsprofil“ unterschieden.

Ein „Android Arbeitsprofil“ ist eine vom Administrator eingerichtete Teilung auf einem Android Gerät.

Mit ihm werden geschäftliche Daten verwaltet, ohne die privaten Daten zu betreffen.

In zweiten Schritt können Sie noch „Plattform konfigurieren“ wählen.

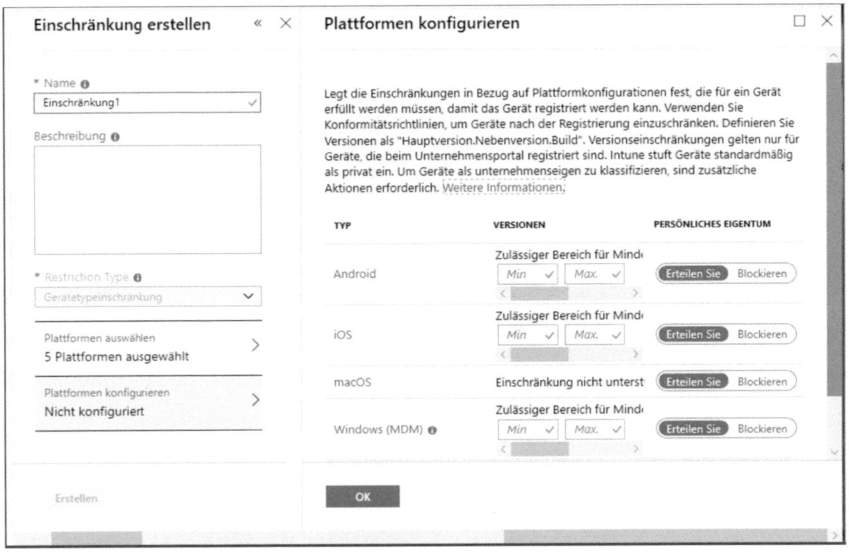

Abbildung 3.41: Plattformen konfigurieren

Hier können Sie minimale und maximale Versionen festlegen und auch, ob persönliche Geräte hinzugefügt werden dürfen.

Im letzten Schritt weisen Sie die Richtlinie noch einer Gruppe zu.

Prioritäten

Nachdem die Richtlinie zugewiesen ist, sehen Sie, dass ihr eine Priorität zugewiesen wurde.

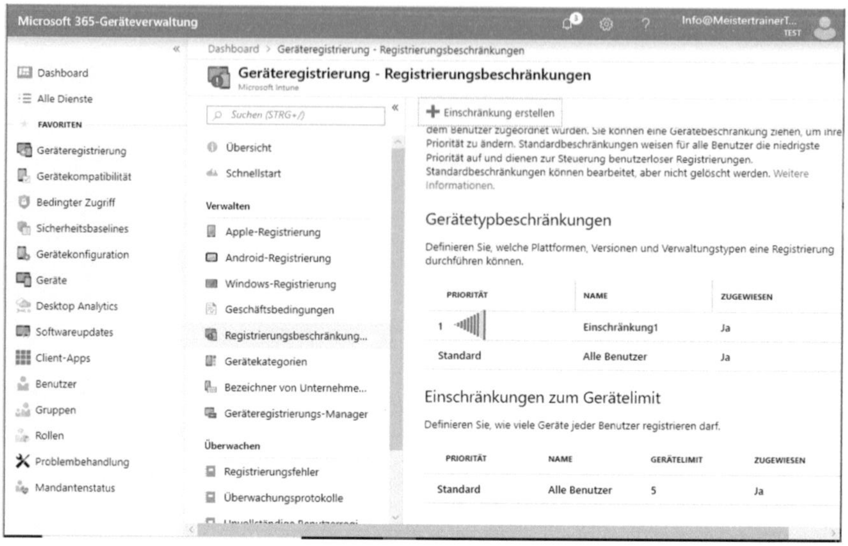

Abbildung 3.42: Priorität

Diese Prioritäten kommen dann zum Tragen, wenn ein Benutzer in mehreren Gruppen ist.

Für ihn gilt dann immer die Einschränkung mit der höchsten Priorität.

Wenn Sie mehrere Richtlinien haben, können Sie die Priorität ändern, indem Sie mit der Maus in der Liste auf die Beschränkung zeigen. Es erscheint dann vor der Zahl ein Symbol mit drei Punkten.

An diesem Symbol können Sie die Richtlinien „greifen" und an eine andere Stelle ziehen. Damit können Sie die Prioritäten nach Ihren Wünschen anpassen.

3.3.3 Automatisches Registrieren von Windows -Geräten

Im Idealfall muss der Benutzer nicht viel tun, um seine Geräte bei Microsoft Intune zu registrieren.

Im ersten Kapitel haben wir bereits ein Rollout mit Autopilot gesehen, dafür wurde die automatische Registrierung bereits aktiviert.

Sie erinnern sich?

Sie haben dafür das Azure Active Directory geöffnet, haben „Mobilität und MAM" ausgewählt.

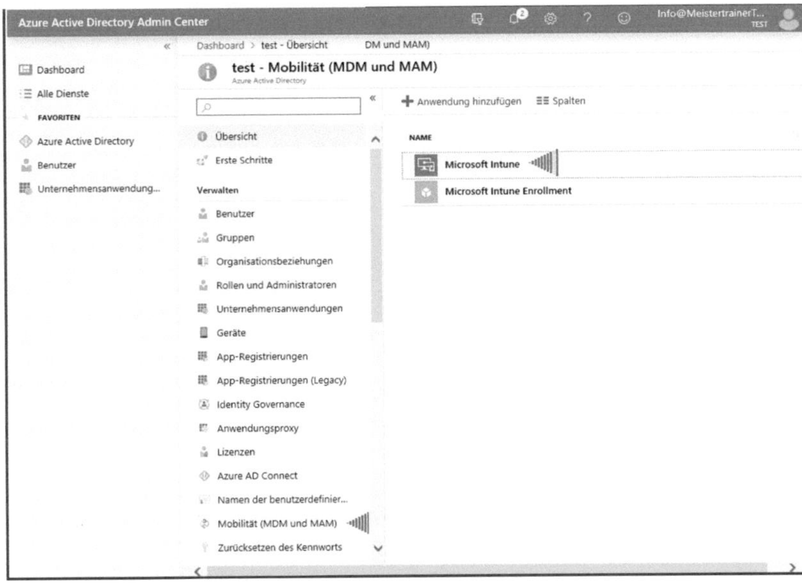

Abbildung 3.43: Mobilität und MAM

Dann haben Sie „Microsoft Intune“ gewählt.

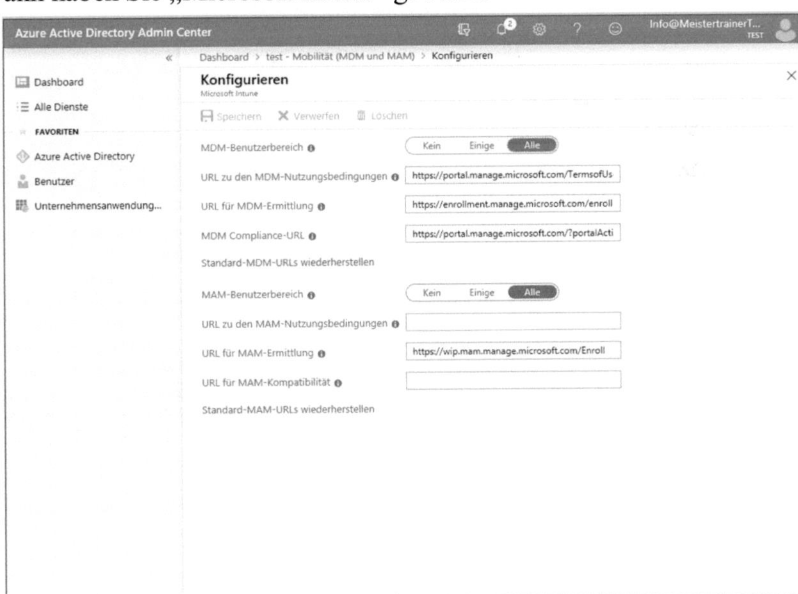

Abbildung 3.44: Konfiguration

Zunächst konfigurieren Sie den MDM (Mobile Device Management) Bereich.

Sie können festlegen, dass „Keine Geräte", „Einige" oder „Alle Geräte" von Microsoft Intune verwaltet werden.

Wenn Sie „Einige" wählen, müssen Sie noch Gruppen angeben.

Sie sollten wissen, dass dieser Bereich für unternehmenseigene Geräte Vorrang hat, falls sowohl MDM als auch MAM konfiguriert ist.

Für BYOD-Geräte (Bring your own Device) dagegen haben die MAM-Einstellungen Vorrang, wenn sowohl MDM als auch MAM konfiguriert ist.

Die gleichen Einstellungen erreichen Sie übrigens auch, wenn Sie in der Microsoft Intune Konsole wählen

- Geräteregistrierung
- Windows –Registrierung
- Automatische Registrierung

Abbildung 3.45: Windows Registrierung

3.3.4 Anmelden von Android-Geräten

Android ist bekanntlich das Betriebssystem von Google.

Um die automatische Registrierung von Android-Geräten zu aktivieren, bleiben Sie in der gleichen Konsole und wählen „Android-Registrierung".

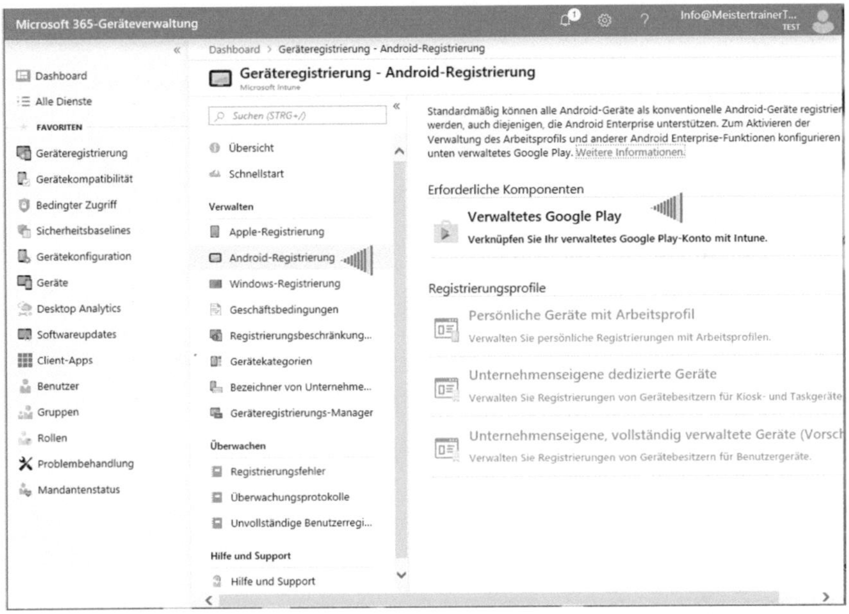

Abbildung 3.46: Android-Registrierung

Hier ist selbstverständlich, dass Sie zunächst ein Google-Play Konto benötigen, das Sie mit Microsoft Intune verknüpfen müssen.

Klicken Sie auf „Starten Sie Google, um jetzt eine Verbindung herzustellen".

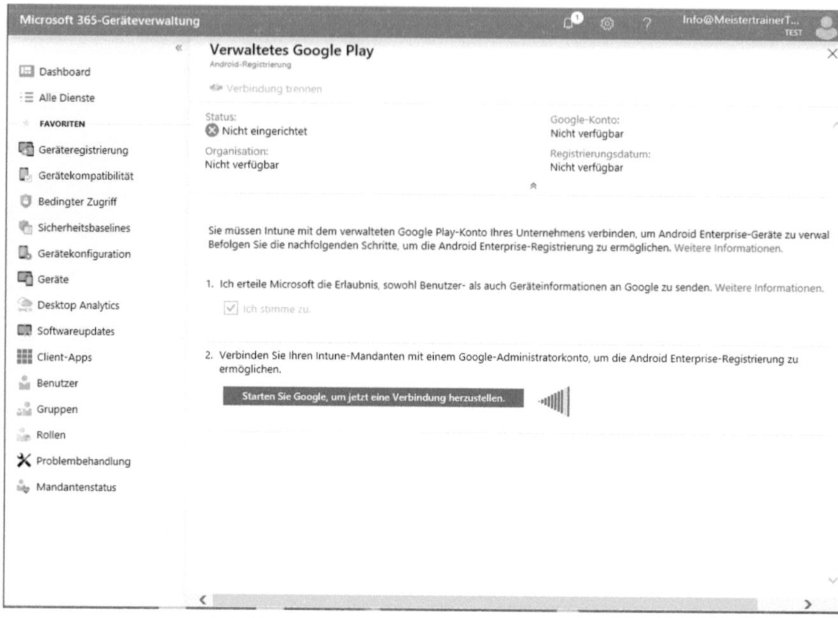

Abbildung 3.47: Herstellen einer Verbindung

Es öffnet sich ein Browserfenster, und Sie können sich mit Ihrem Google-Play Konto anmelden.

Abbildung 3.48: Anmeldung

Nun können Sie sich anmelden.

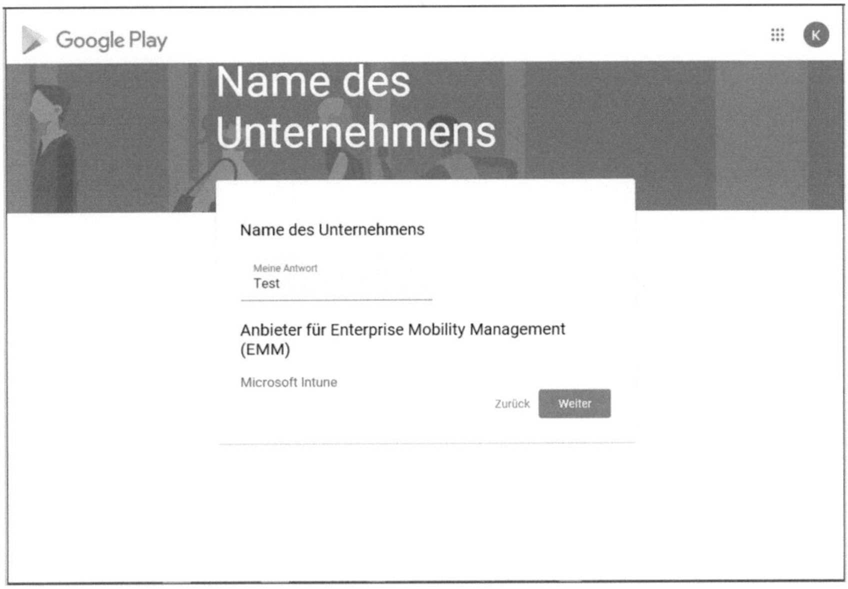

Abbildung 3.49: Unternehmensdaten

Hier geben Sie den Namen Ihres Unternehmens ein. Für den Enterprise Mobility Verwaltungsanbieter (EMM) sollte Microsoft Intune angezeigt werden.

Das Konto wird nun verknüpft. Dies sehen Sie in der Konsole.

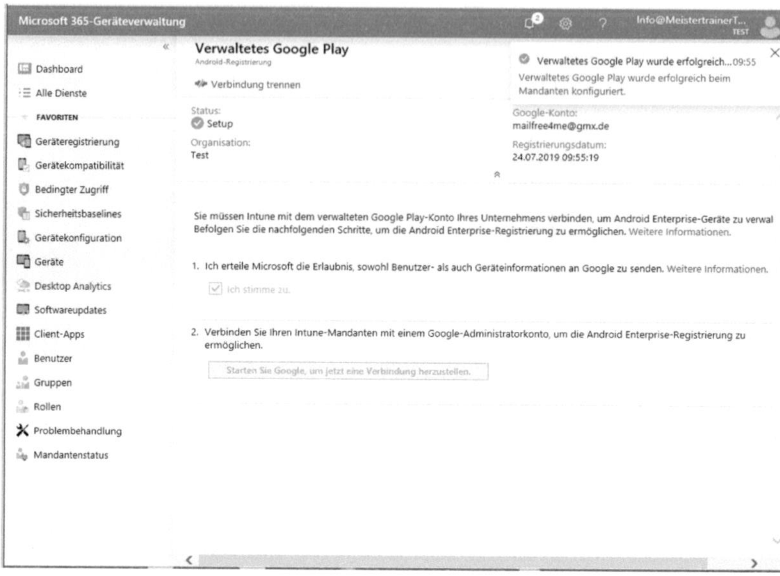

Abbildung 3.50: Konto ist verknüpft

Danach beginnt die weitere Einrichtung, die stark von den Google-Einstellungen abhängig ist.

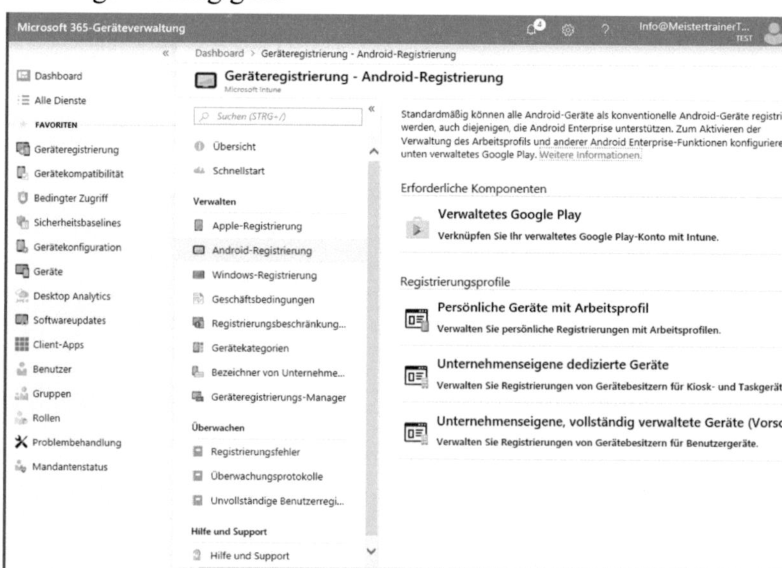

Abbildung 3.51: Weitere Einrichtung

Natürlich können Sie das Konto auch jederzeit wieder trennen.

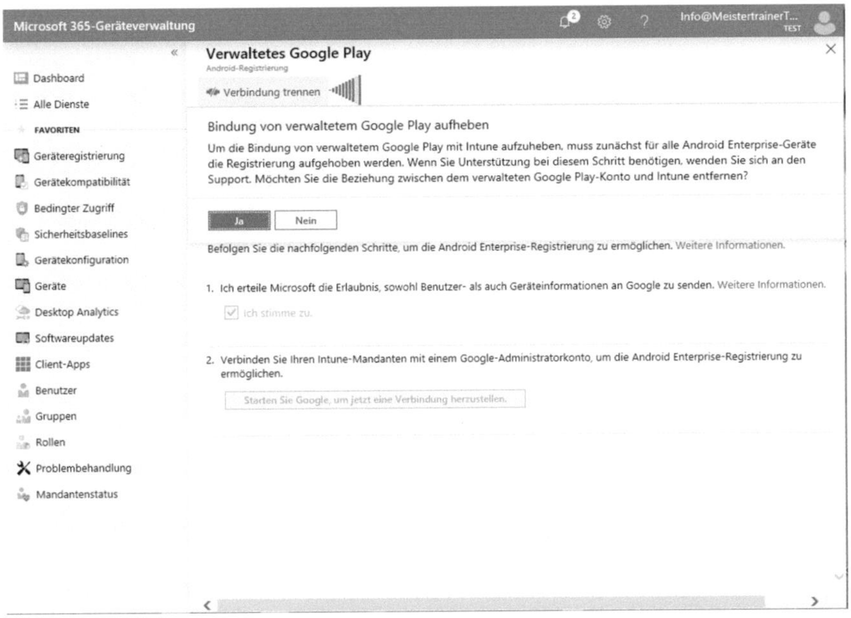

Abbildung 3.52: Trennen

3.3.5 Anmelden von iOS-Geräten

Mit Microsoft Intune können Sie natürlich auch iOS-Geräte automatisch registrieren.

Die Vorgehensweise umfasst mehrere Schritte.

Anfordern eines Apple-DEP-Tokens

Der erste Schritt bei der Registrierung von Apple-Geräten ist das Anfordern eines DEP (Device Enrollment Program) Tokens.

Es hat das Format .p7m. Mithilfe dieses Tokens können Informationen von Microsoft Intune mit Apple-Geräten interagieren.

Erstellen des Apple-MDM-Push-Zertifikats

In diesem ersten Schritt öffnen Sie die Microsoft Intune-Konsole und gehen zu

- Geräteregistrierung
- Apple-Registrierung
- Apple MDM-Push-Zertifikat

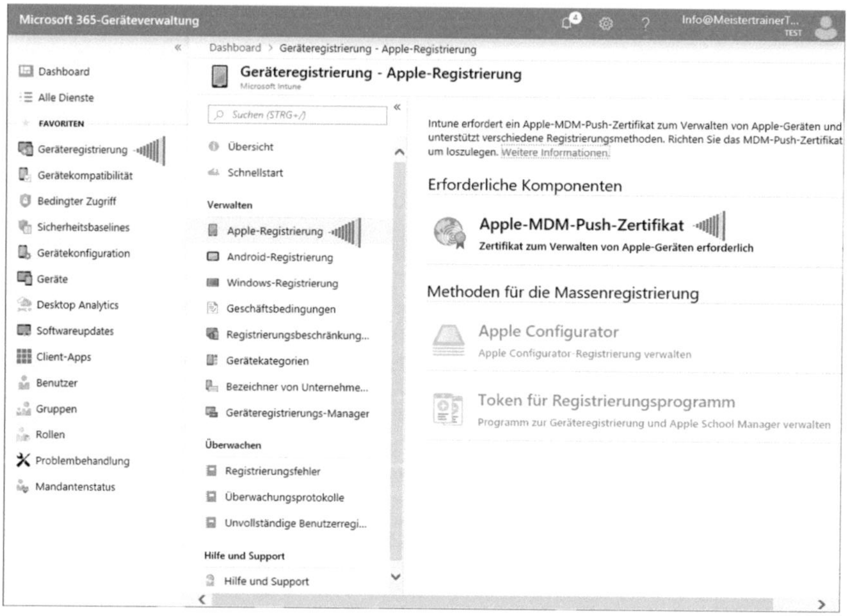

Abbildung 3.53: Anfordern des Zertifikats

Sie bestätigen die Berechtigung, Benutzer- und Geräteinformationen an Apple zu senden.

Dann laden Sie die Zertifikatssignierungsanforderung herunter und speichern sie auf dem Rechner.

Diese Datei hat die Endung csr.

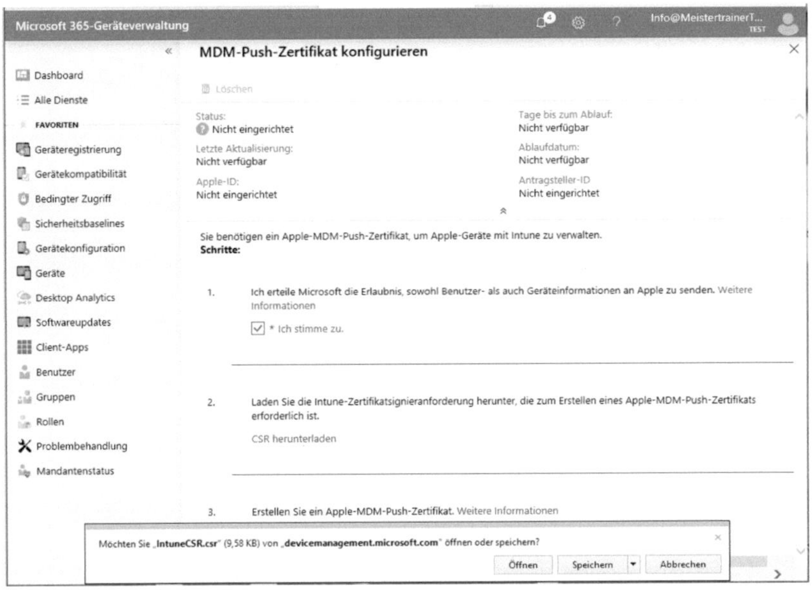

Abbildung 3.54: Zertifikatssignierungsanforderung

Nun klicken Sie auf „Eigenes MDM-Push-Zertifikat erstellen".

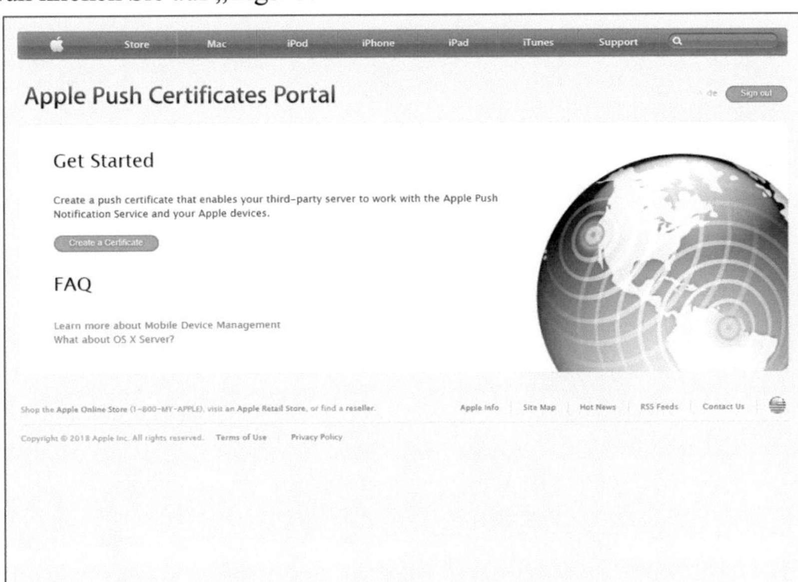

Abbildung 3.55: MDM-Push-Zertifikat

Während der Erstellung des Zertifikats werden Sie nach der Zertifikatssignierungsanforderung gefragt, die Sie zuvor heruntergeladen haben.

Wählen Sie diese aus und laden Sie sie zur Erstellung des Zertifikats hoch.

Abbildung 3.56: Hochladen der Zertifikatssignierungsanforderung

Nun ist das Push-Zertifikat erstellt und Sie können es herunterladen.

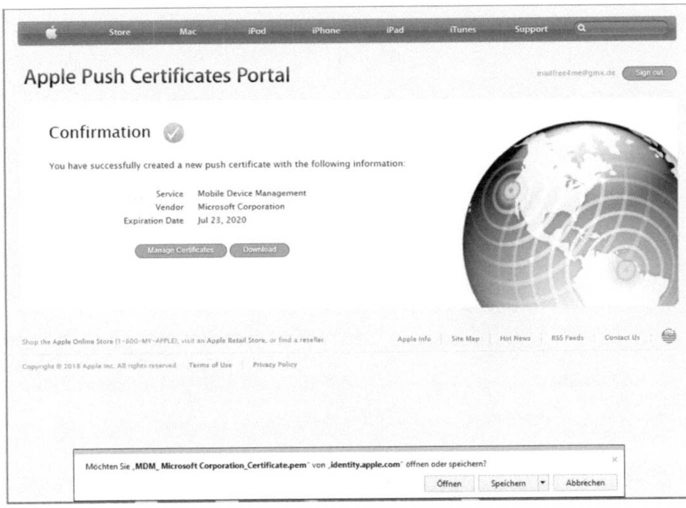

Abbildung 3.57: Push-Zertifikat ist erstellt

Es hat die Endung .pem.

Nun geben Sie nur noch Ihre Apple-ID an und laden das Push-Zertifikat zu Apple hoch.

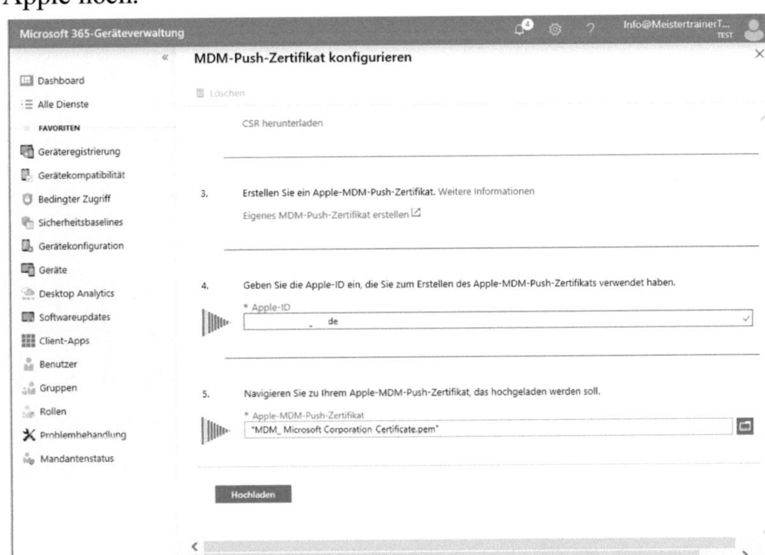

Abbildung 3.58: Hochladen des Zertifikats

Erstellen des DEP-Tokens

Nachdem das Push-Zertifikat zu Apple hochgeladen wurde, können Sie nun das DEP-Token erstellen.

Wählen Sie dafür „Token für das Registrierungsprogramm".

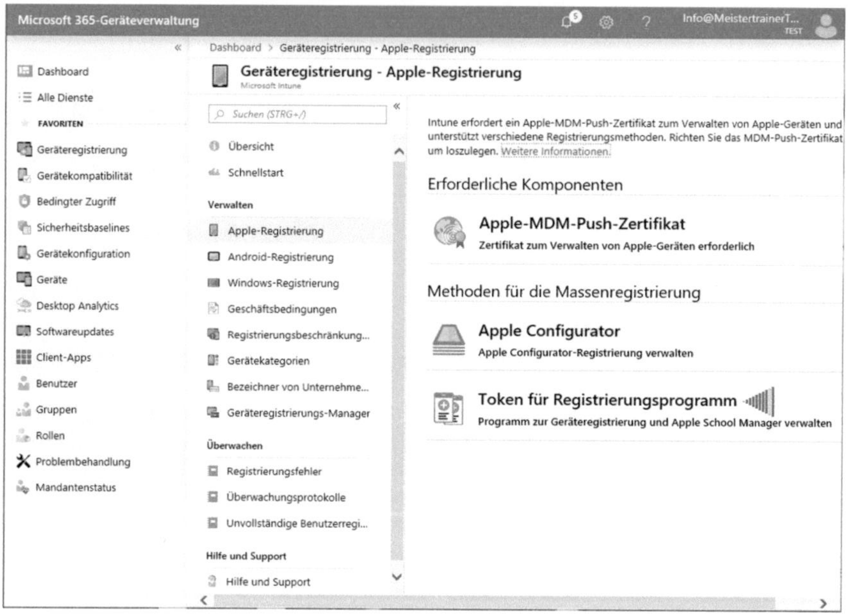

Abbildung 3.59: Token erstellen

Erteilen Sie wieder die Erlaubnis, Daten zu senden und laden Sie den öffentlichen Schlüssel herunter.

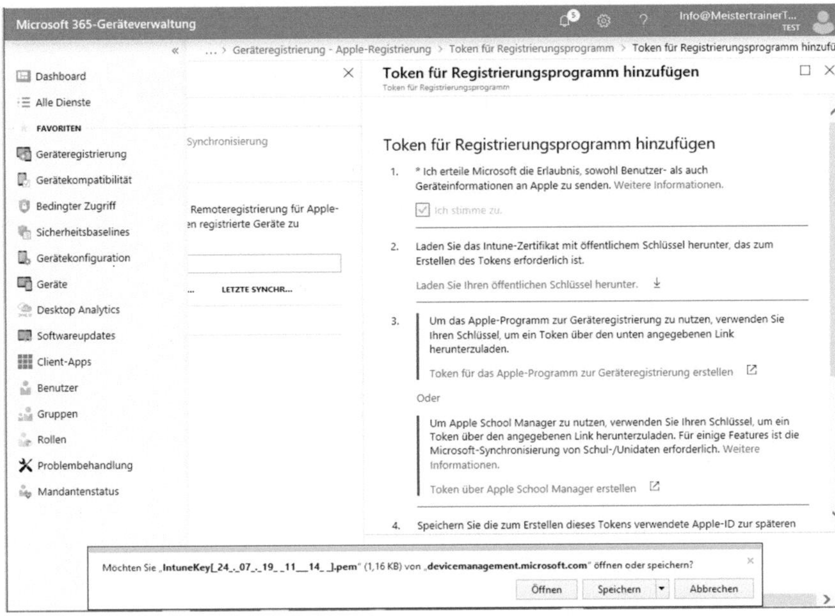

Abbildung 3.60: Herunterladen des öffentlichen Schlüssels

Er hat die Endung .pem.

Die weitere Konfiguration erfolgt auf der Apple-Seite und ist relativ komplex. Sie ist nicht Bestandteil dieses Kurses.

Nachdem Sie alle Schritte abgeschlossen haben, können Sie ein Apple-Token herunterladen.

Erstellen eines Apple-Registrierungsprofils

Nachdem Sie alle Schritte ausgeführt haben, und das DEP-Token auf dem Rechner installiert ist, können Sie ein Apple-Registrierungsprofil erstellen.

Dazu öffnen Sie im Microsoft Intune-Portal

- Geräteregistrierung
- Apple-Registrierung
- Token für Registrierungsprogramm

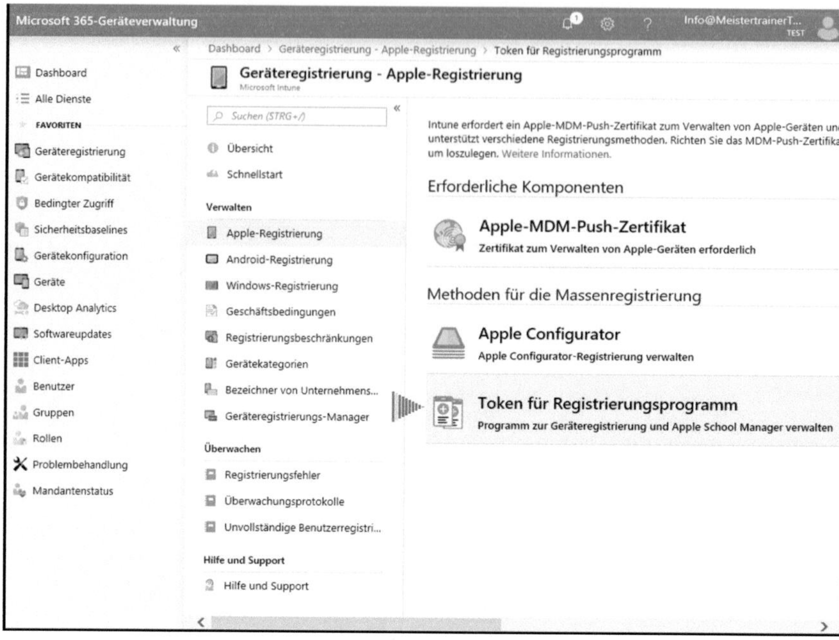

Abbildung 3.61: Token

Sie sehen nun alle verfügbaren Token. Wählen Sie das Token aus, das Sie benutzen wollen und klicken Sie auf „Profile-Profil erstellen".

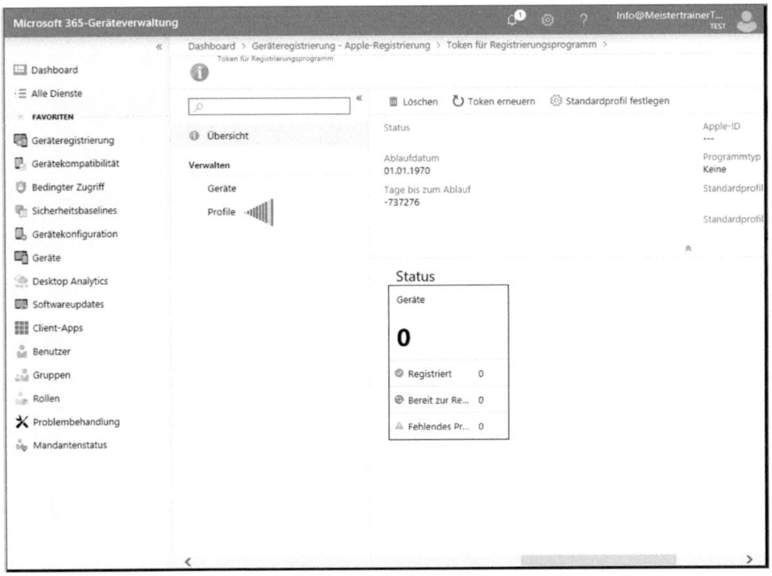

Abbildung 3.62: Profil

Hier wählen Sie „macOS“ aus.

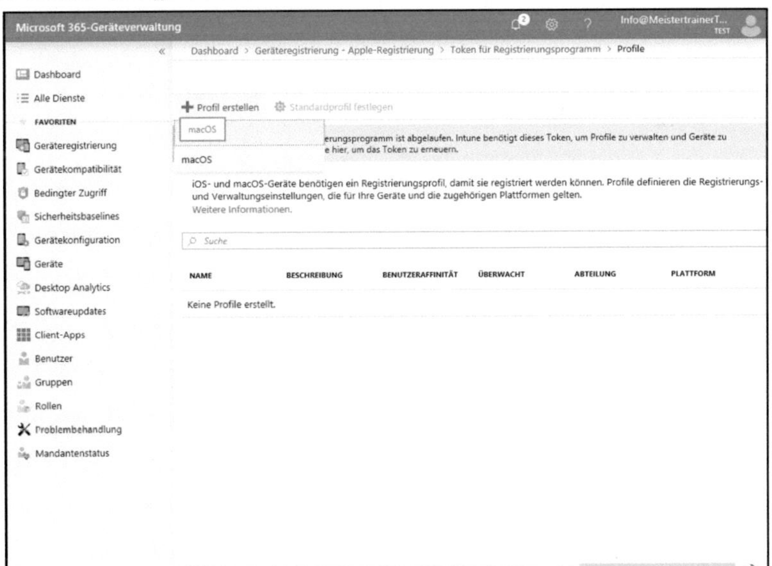

Abbildung 3.63: macOS

Nun geben Sie dem Profil einen Namen.

Danach wechseln Sie auf „Geräteverwaltungseinstellungen“.

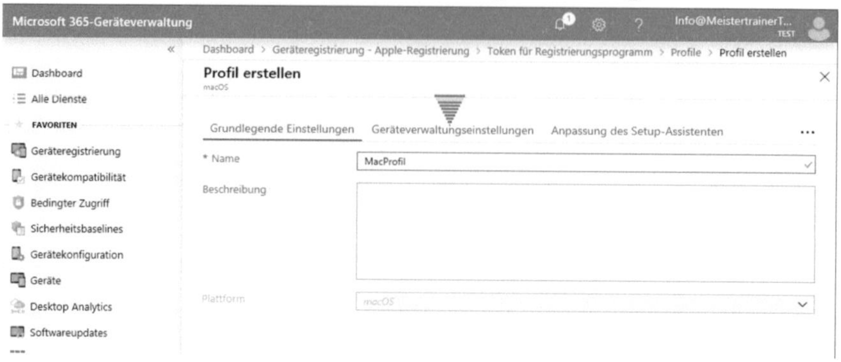

Abbildung 3.64: Geräteverwaltungseinstellungen

Hier können Sie wählen, ob Sie mit oder ohne Benutzeraffinität registrieren möchten.

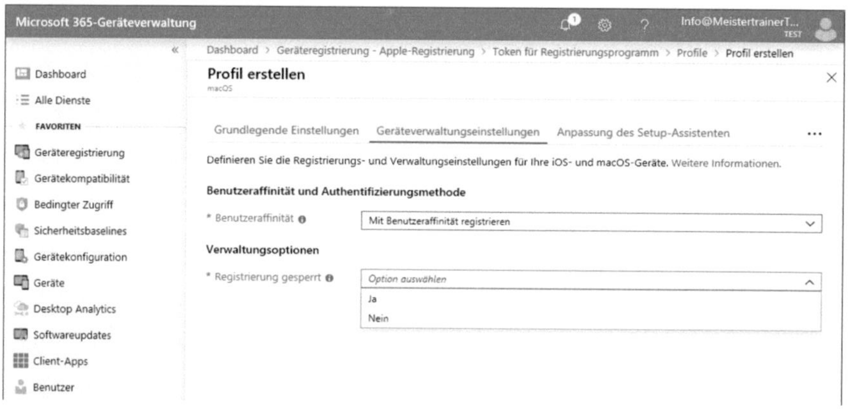

Abbildung 3.65: Benutzeraffinität

Mit Benutzeraffinität registrieren:

Das bedeutet, dass diese Einstellungen für Geräte gelten, die bestimmten Benutzern zugeordnet sind.

Ohne Benutzeraffinität registrieren:

Dies gilt für Geräte, die keinem Benutzer zugewiesen sind.

Sie können noch wählen, ob die Registrierung gesperrt sein soll.

Dies verhindert, dass ein Benutzer dieses Profil entfernen kann.

Im letzten Schritt legen Sie noch die Anpassungen für den Setup-Assistenten fest.

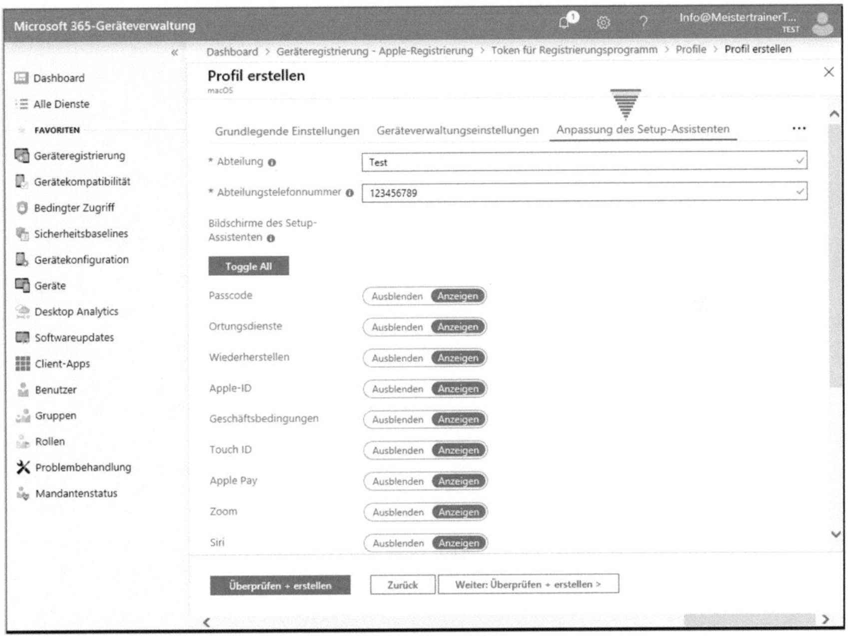

Abbildung 3.66: Anpassungen

Dies sind die Einstellungen, die der Benutzer sehen wird, wenn er sein Gerät anmeldet.

Klicken Sie nun auf „Überprüfen und erstellen", damit das Profil erstellt wird.

Zuweisen des Registrierungsprofils an Geräte

Dies ist der letzte Schritt, den Sie ausführen müssen, Sie müssen das erstellte Profil an die gewünschten Geräte zuweisen.

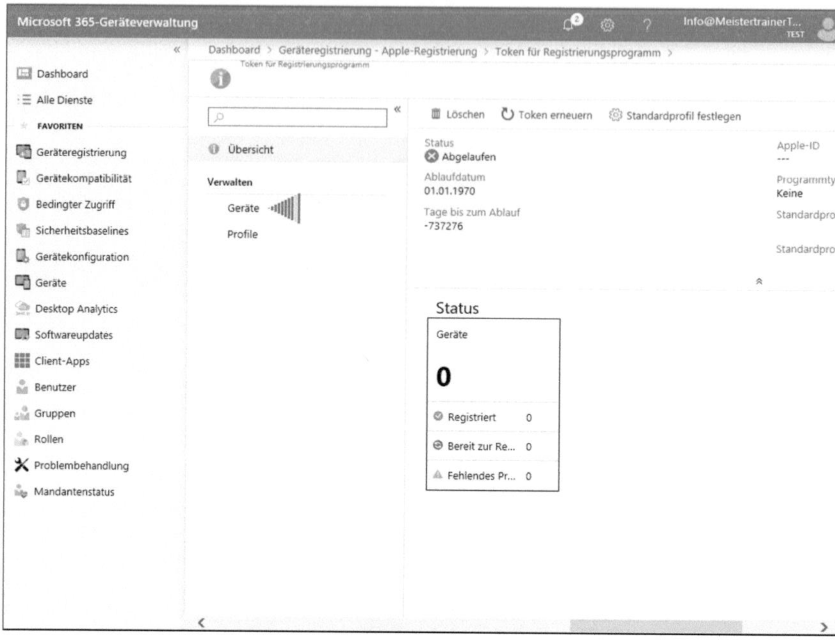

Abbildung 3.67: Zuweisen des Profils

Im Endeffekt gibt es drei wichtige Punkte, die Sie bearbeiten müssen, wenn Sie ein Apple-Gerät registrieren möchten:

- Erstellen eines Device Enrollment Program (DEP)-Token
- Erstellen eines Apple-Registrierungsprofils
- Zuweisen des Apple-Registrierungsprofils

Eine letzte Frage stellt sich:

Wie können sich die Geräte registrieren?

Ganz einfach, dafür laden Sie auf die Geräte aus den jeweiligen App-Stores die „Microsoft Intune-Unternehmensportal-App" herunter.

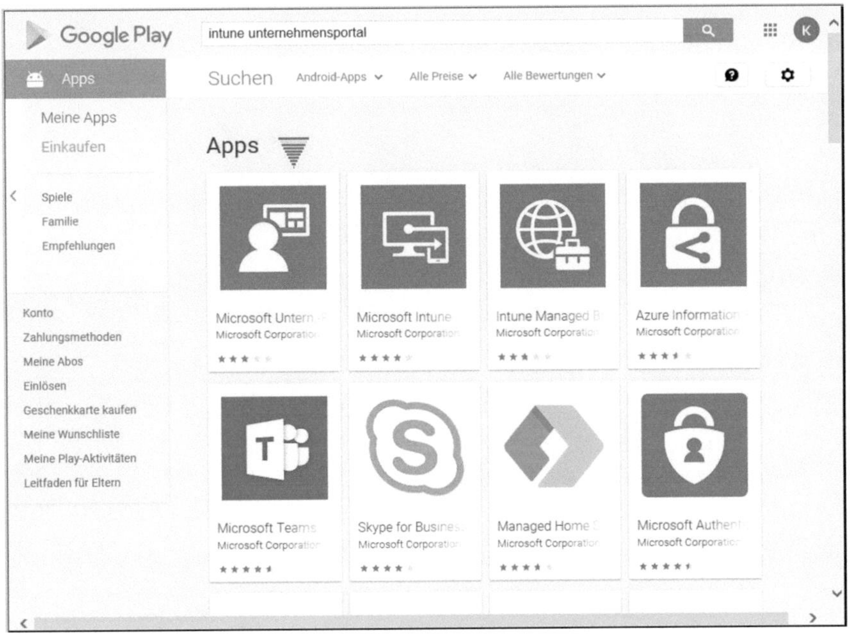

Abbildung 3.68: App

Diese können Sie auf den Geräten starten und Sie werden mit einem Assistenten durch die Registrierung geleitet.

Geräteinventar prüfen

Ein kleiner Tipp:

Wenn Sie wissen möchten, welche Geräte angemeldet sind und ob sie kompatibel sind, können Sie dies an folgender Stelle überprüfen:

- Gerätekompatibilität
- Gerätekompatibilität

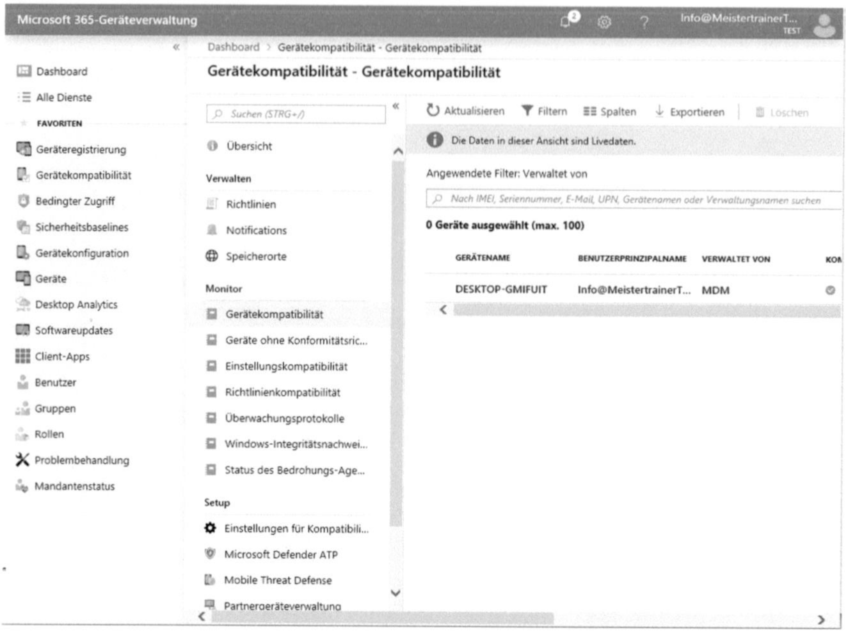

Abbildung 3.69: Gerätekompatibilität

Hier sind alle angemeldeten Geräte aufgelistet und Sie können alle relevanten Informationen erkennen.

3.4 Überwachung der Clients mit Windows Analytics

Azure bietet ein interessantes Analysetool mit Namen „Analytics“.

Hierbei werden aus den verwalteten Betriebssystemen alle Arten von Informationen ausgelesen und Sie können die Log-Dateien betrachten.

Microsoft kann durch diese Art der Cloud-Analyse auf viele Daten von vielen Kunden zugreifen und hat dadurch viele Auswertungsmöglichkeiten, die Sie alleine On-Premise gar nicht haben können.

In den Windows Analytics gibt es verschiedene Möglichkeiten.

Die wichtigsten sind

- Update Konformität (Update Compliance)
- Upgrade Bereitschaft (Upgrade Readiness)
- Integrität für Geräte (Device Health)

3.4.1 Voraussetzungen für die Benutzung von Microsoft Analytics

Die erste Voraussetzung ist natürlich ein Zugang. Die Erstellung sehen Sie in Anhang B.

Im nächsten Schritt muss ein Azure Log Analytics Arbeitsbereich erstellt werden.

Dafür wählen Sie „Alle Dienste“ und tippen in den Suchbereich „Log Analytics“ ein.

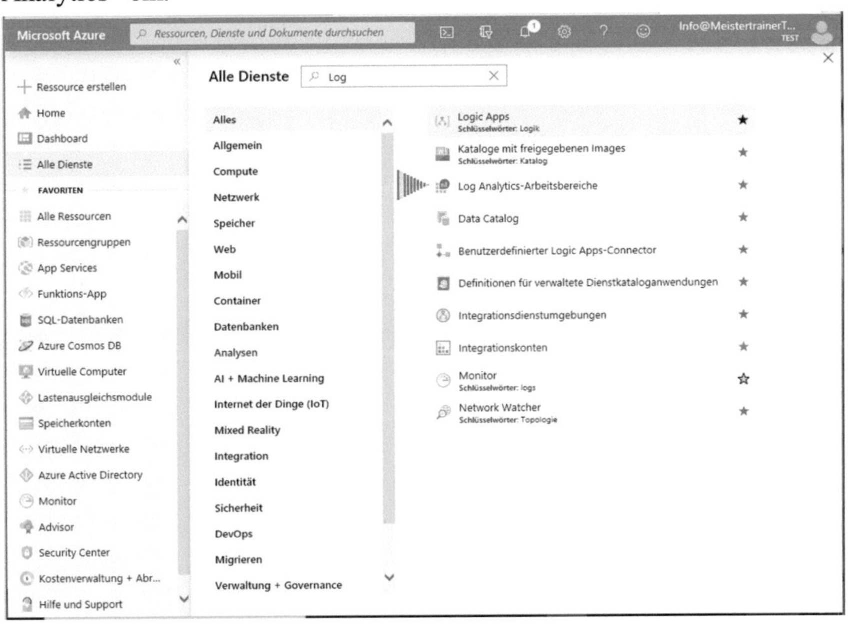

Abbildung 3.70: Auswahl Log Analytics-Arbeitsbereiche

Nun können Sie auf der rechten Seite „Log Analytics-Arbeitsbereiche“ auswählen.

Um einen Arbeitsbereich zu erstellen, wählen Sie „Hinzufügen“.

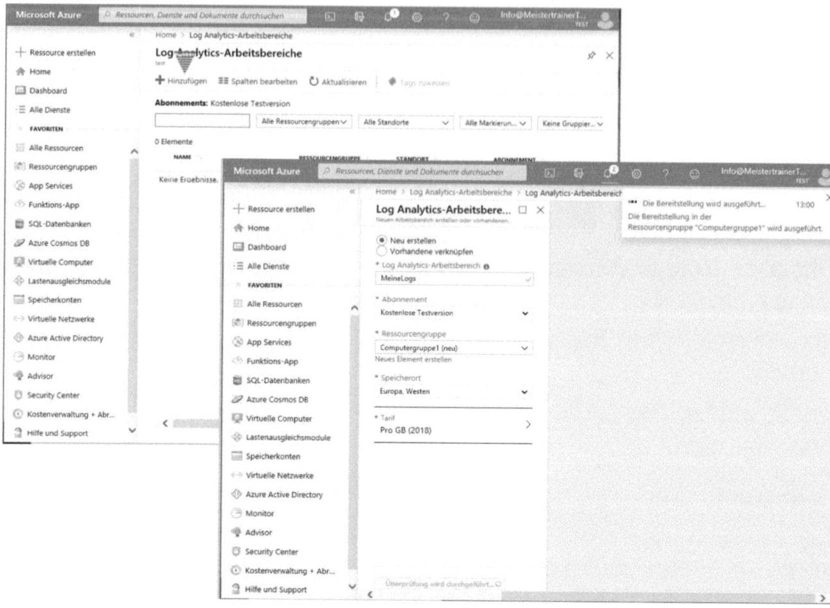

Abbildung 3.71: Arbeitsbereich erstellen

Geben Sie dem Arbeitsbereich einen Namen, und erstellen Sie eine Ressourcengruppe.

Der dritte Schritt ist die Installation des Microsoft Operation Management Agents auf den zu überwachenden Rechnern. Auf welche Art Sie den Agent installieren, ist völlig egal, wichtig ist nur, dass Sie den richtigen aussuchen und die Arbeitsbereich-ID und den Schlüssel für Ihren Log Analytics-Arbeitsbereich kennen.

Auslesen von Arbeitsbereich-ID und -Schlüssel

Damit der Agent später die Daten korrekt übermitteln kann, müssen Sie die Arbeitsbereich-ID und den Schlüssel auslesen und später bei der Installation angeben.

Dafür wählen Sie bei „Log Analytics-Arbeitsbereich" Ihren Arbeitsbereich aus und klicken dann auf „Erweiterte Einstellungen".

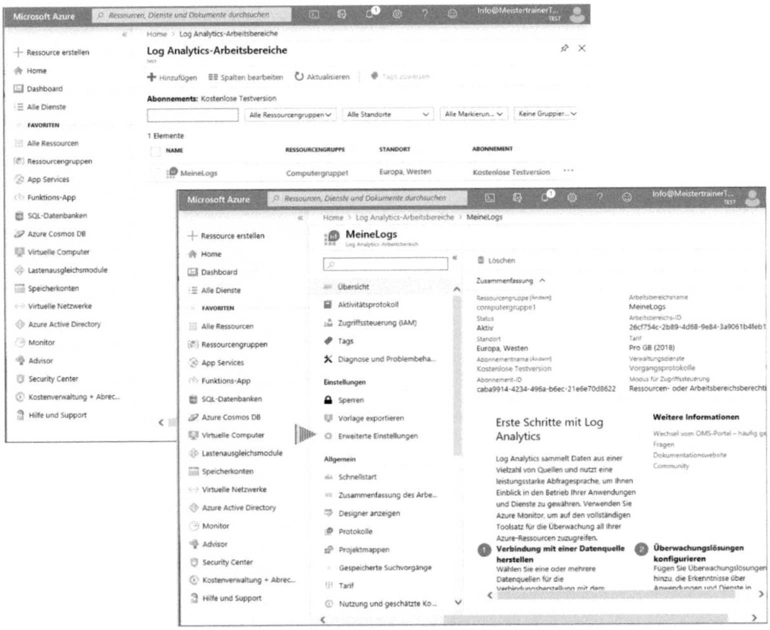

Abbildung 3.72: Erweiterte Einstellungen

Hier können Sie nun wählen „Connected Sources – Windows Servers".

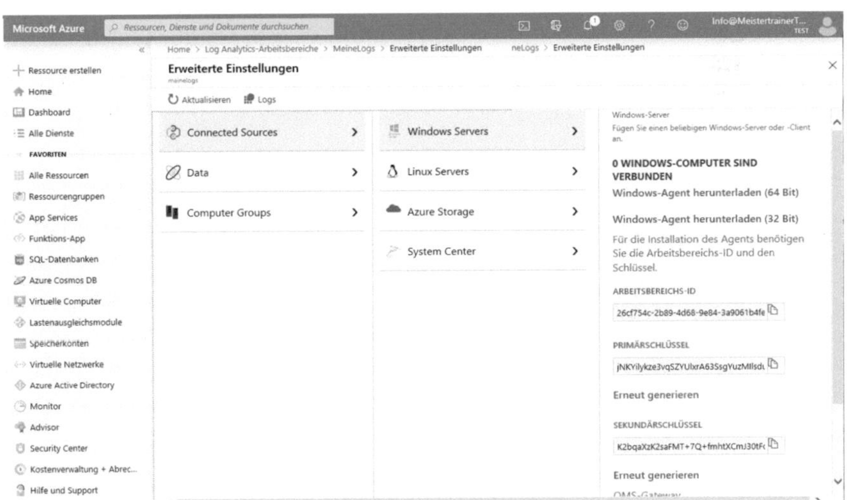

Abbildung 3.73: Relevante Informationen

Im rechten Teil finden Sie nun folgende Informationen:

- Arbeitsbereich-ID
- Primärschlüssel

Diese beiden Werte kopieren Sie für die spätere Verwendung

Installation des Agents

An derselben Stelle können Sie die Agents für die Clients herunterladen. Wählen Sie den richtigen Agent aus und starten Sie den Download.

Danach starten Sie die Installation und bestätigen Lizenzbedingungen und Zielordner.

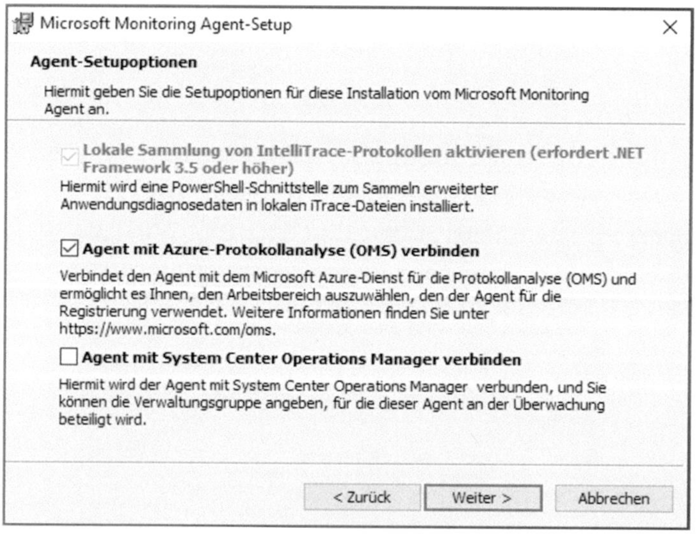

Abbildung 3.74: Verbindung

Bei der Abfrage nach der Verbindung wählen Sie „Agent mit Azure-Protokollanalyse verbinden“.

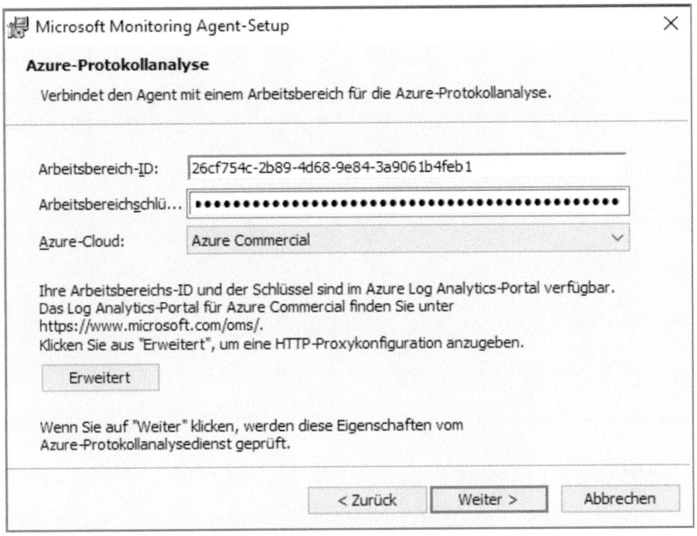

Abbildung 3.75: Eingabe

Danach werden Sie um die Eingabe von Arbeitsbereich-ID und Primärschlüssel gebeten. Diese Daten haben Sie zuvor ausgelesen.

Nun können Sie noch wählen, ob Sie das Windows-Update benutzen möchten. Danach wird die Installation abgeschlossen.

> **Übrigens:**
> Die Kombination aus „Arbeitsbereich-ID" und „Arbeitsplatzschlüssel" wird auch „Commercial-ID" genannt.

Überprüfen der Installation

Danach sollten Sie überprüfen, ob der Agent mit Azure verbunden ist und funktioniert.

Dafür gehen Sie auf dem Client folgenden Weg:

- Systemsteuerung
- System und Sicherheit

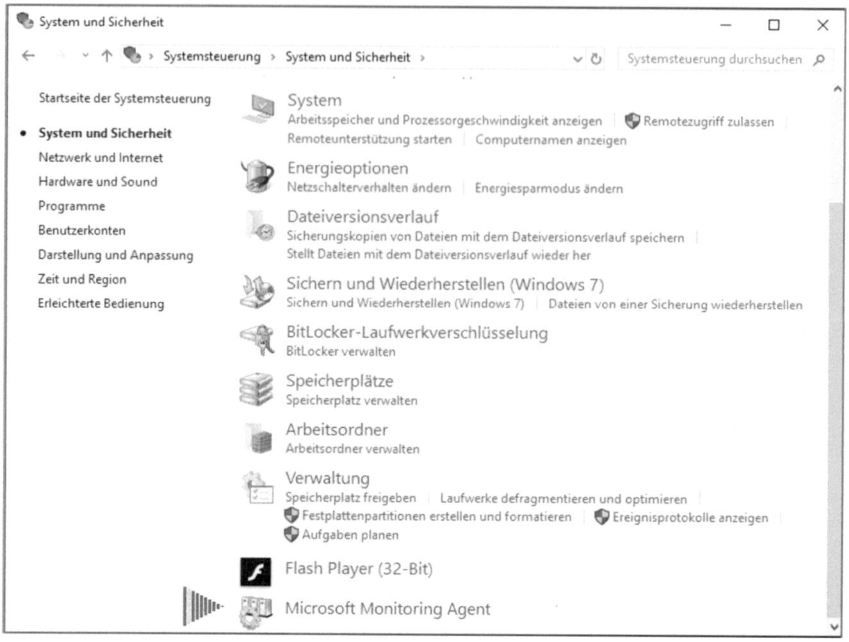

Abbildung 3.76: Microsoft Monitoring Agent

Hier finden Sie nun einen neuen Punkt: Microsoft Monitoring Agent. Diesen öffnen Sie.

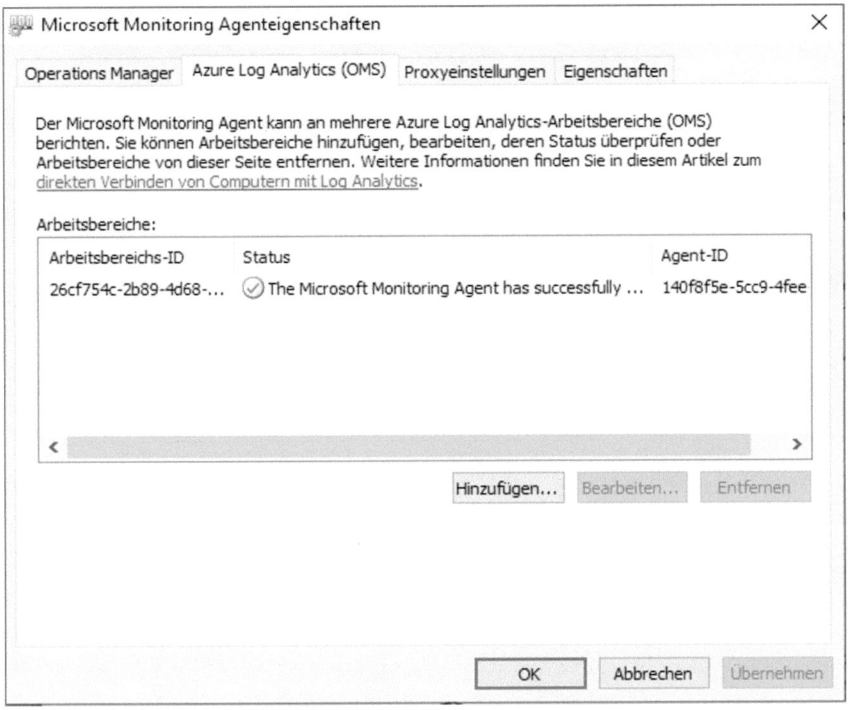

Abbildung 3.77: Azure Log Analytics

Hier sollten Sie auf der Registerkarte „Azure Log Analytics“ einen positiven Status erkennen können.

3.4.2 Analysen mit Azure Log Analytics

Nun können Sie mit den Auswertungen beginnen.

Generell legen Sie alle Abfragen auf die gleiche Art und Weise an.

Sie wählen „Ressource erstellen“ und wählen dann die gewünschte Auswertung aus, hier beispielsweise „Update Compliance“.

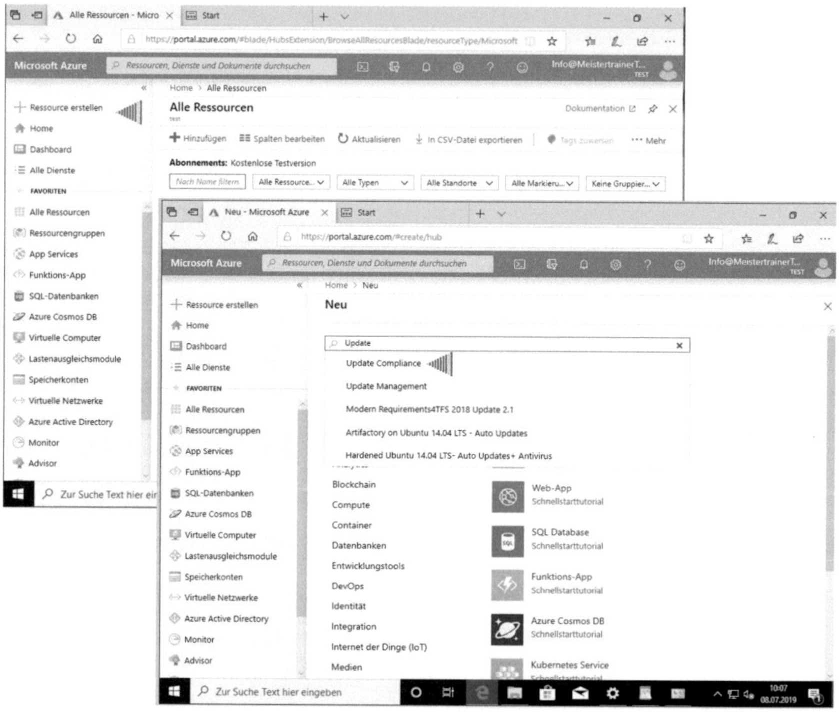

Abbildung 3.78: Auswahl Analyse

Hier wählen Sie nur den gewünschten Arbeitsbereich aus und klicken auf „Erstellen“.

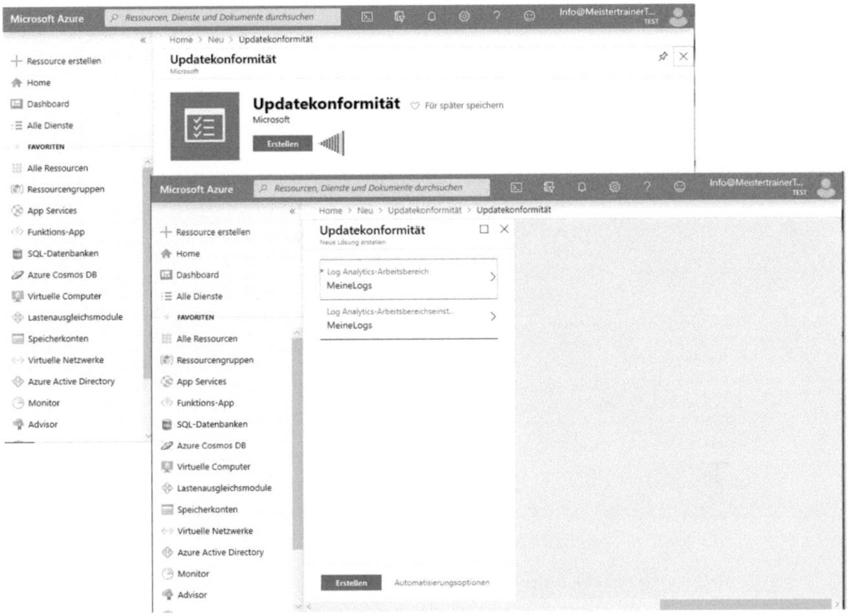

Abbildung 3.79: Erstellen der Auswertung

Nach der Einrichtung kann es bis zu 48 Stunden dauern, bis die ersten Analysen zur Verfügung stehen.

Abfragen

Azure Log Analytics speichert die Ereignisprotokolle der analysierten Rechner.

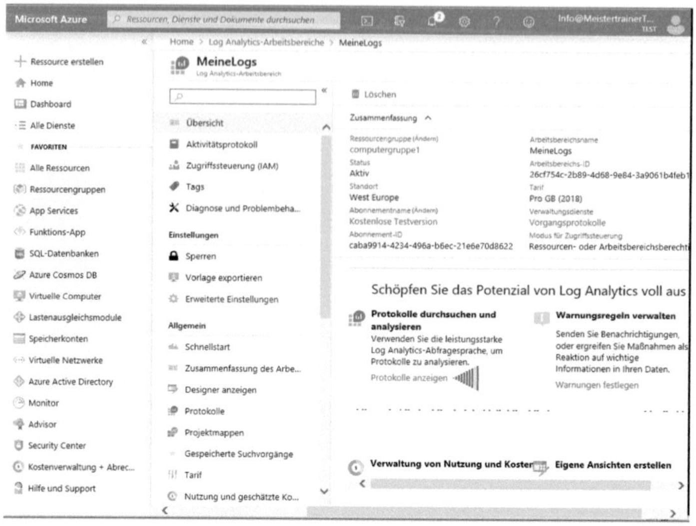

Abbildung 3.80: Ereignisprotokolle

Das kann eine erhebliche Menge an Daten sein.

Aus diesem Grund gibt es eine Möglichkeit, Abfragen zu erstellen.

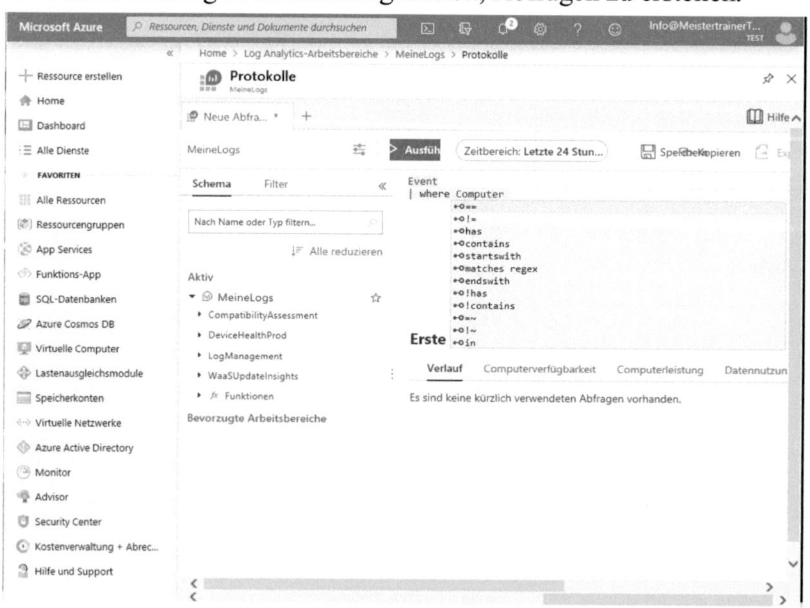

Abbildung 3.81: Abfrage

Klicken Sie dafür auf „Protokolle anzeigen".

Sie erhalten nun die Möglichkeit, Abfragen zu erstellen.

Wenn Sie beginnen, eine Abfrage zu tippen, erhalten Sie Auswahlmöglichkeiten.

Dadurch müssen Sie die Syntax nicht genau kennen.

3.5 Zusammenfassung, Übungen / Aufgaben

3.5.1 Zusammenfassung

Schutz gegen Angriffe ist gerade in einer Unternehmensumgebung von extremer Bedeutung.

Microsoft bietet hierfür den „Windows Defender“ oder auch „Windows-Sicherheit“.

Generell basiert der Schutz, den Windows Defender anbietet, auf dem „Virtual Secure Mode“.

Der „Virtual Secure Mode” ist eine Funktion, die die Virtualisierungserweiterungen des Prozessors benutzt, um die Sicherheit zu erhöhen.

Hierbei werden Funktionen des Chips benutzt. Dafür muss der Hypervisor installiert werden. Die anderen Komponenten von Hyper- V, wie Hyper-V Dienste müssen dafür nicht aktiviert werden.

Die Hardwarevoraussetzungen für den Virtual Secure Mode sind nicht besonders hoch:

- UEFI läuft im einheitlichen Modus (nicht Kompatibilität / CSM / Legacy-Modus)
- Windows 64-bit und seine zugehörigen Anforderungen
- Second Layer Address Translation (SLAT) und Virtualisierungserweiterungen (z.B. Intel VT oder AMD V)
- Ein Trusted Platform Module (TPM) wird empfohlen

Danach muss der Hypervisor aktiviert werden.

Windows Defender Application Guard

Für die Browser Edge und Internet Explorer konzipiert ist die Funktion „Application Guard“.

Hierbei definieren Sie vertrauenswürdige Webseiten. Alle Webseiten, die nicht in dieser Liste aufgeführt sind, werden als „Nicht vertrauenswürdig“ bewertet.

Windows Defender Credential Guard

Auch „Windows Defender Credential Guard“ setzt auf die „virtualization based security“.

In den Versionen vor Windows 10 wurden alle geheimen Anmeldeschlüssel in der lokalen Sicherheitsautorität (LSA) abgelegt.

Bei aktiviertem Credential Guard werden alle „Secrets”, also alle Passworthashes, Kerberos Ticket im virtualisierten Bereich abgelegt, der getrennt vom Betriebssystem ist.

Um dennoch die Anmeldeinformationen zu verifizieren, verwendet die LSA Remoteprozeduraufrufe.

Dadurch ist ein Ausspähen der Anmeldeinformationen nicht mehr möglich.

Windows Defender Antivirus

Diese Funktion schützt gegen Malware

Windows Defender Exploit Guard

Ein Exploit ist ein Schadprogramm, das einen ausführbaren Code enthält. Er kann über Sicherheitslücken in Programmen in den Computer eindringen.

Mit dem eingeschleusten Code kann ein Rechner manipuliert werden.

Viele Sicherheitslücken werden mit Patches geschlossen, deswegen ist es wichtig, für alle Programme zeitnah alle veröffentlichten Patches zu installieren.

Eine weitere Möglichkeit für den Schutz gegen Exploits wird von Microsoft bereitgestellt, nämlich der „Windows Defender Exploit Guard“.

Windows Defender Application Control

Eine weitere Einstellung innerhalb der „App- & Browsersteuerung“ im Windows Defender ist die „Application Control“.

Wenn sie aktiviert ist, werden alle Apps und Dateien auf eventuelle Probleme überprüft.

Windows Defender Advanced Threat Protection

In Microsoft 365 Business integriert ist eine Cloud-Funktion mit Namen „Windows Defender Advanced Threat Protection (ATP)“.

Es handelt sich hierbei um ein Tool, das Informationen Ihrer lokalen Rechner oder Domänenrechner sammelt und analysiert.

Der Vorteil dieser Lösung ist, dass alle Daten aller Rechner an einem zentralen Sammelpunkt ausgewertet werden und so eventuelle Bedrohungen sehr schnell erkannt werden.

Eine der wichtigsten Funktionen von Microsoft Intune ist, dass Sie die Geräte Ihrer Mitarbeiter und deren Zugriff auf die Firmenressourcen verwalten können.

Wir haben zuvor schon ein Rollout mithilfe von Autopilot betrachtet, dabei wird das Gerät in Microsoft Intune registriert und kann danach verwaltet werden.

Die Registrierung der Geräte ist die Grundvoraussetzung für die Verwaltung.

Die Vielfalt an benutzten Geräten ist enorm, angefangen bei den verschiedenen Betriebssystemen, wie

- Windows
- iOS
- Android
- macOS

bis hin zur Unterscheidung, ob ein Gerät

- Eigentum der Firma

  oder

- persönliches Eigentum des Benutzers

ist.

Um Geräte bei Microsoft Intune registrieren zu können, müssen die Benutzer die entsprechenden Berechtigungen erhalten.

Wenn eine oder mehrere Personen sehr viele Geräte in Microsoft Intune registrieren sollen, besteht die Möglichkeit, diesen Personen die Berechtigung „Device Enrollment Manager, DEM“ zuzuweisen.

Mit dieser Berechtigung können Sie bis zu 1.000 Geräte registrieren.

Um Einschränkungen für Benutzer zu definieren, erstellen Sie im Azure-Portal eine Registrierungsbeschränkungsrichtlinie, die Sie dann einer Gruppe zuweisen können. Wählen Sie, ob Sie eine „Gerätelimiteinschränkung“ oder eine „Gerätetypeinschränkung“ definieren wollen.

Sie können bei mehreren Richtlinien die Prioritäten ändern.

Im Idealfall muss der Benutzer nicht viel tun, um seine Geräte bei Microsoft Intune zu registrieren.

Zunächst konfigurieren Sie den MDM (Mobile Device Management) Bereich.

Sie können festlegen, dass „Keine Geräte", „Einige" oder „Alle Geräte" von Microsoft Intune verwaltet werden.

Android ist bekanntlich das Betriebssystem von Google.

Um die automatische Registrierung von Android-Geräten zu aktivieren, wählen Sie „Android-Registrierung".

Hier ist selbstverständlich, dass Sie zunächst ein Google-Play Konto benötigen, das Sie mit Microsoft Intune verknüpfen müssen.

Mit Microsoft Intune können Sie natürlich auch iOS-Geräte automatisch registrieren.

Die Vorgehensweise umfasst mehrere Schritte.

- Erstellen eines Device Enrollment Program (DEP)-Token
- Erstellen eines Apple-Registrierungsprofils
- Zuweisen des Apple-Registrierungsprofils

Von den verschiedenen Endgeräten aus können Sie die „Microsoft Intune-Unternehmensportal-App" benutzen, um die Geräte zu registrieren.

Microsoft kann durch diese Art der Cloud-Analyse auf viele Daten von vielen Kunden zugreifen und hat dadurch viele Ausweitungsmöglichkeiten, die Sie alleine On-Premise gar nicht haben können.

In den Windows Analytics gibt es verschiedene Möglichkeiten.

Die wichtigsten sind

- Update Konformität (Update Compliance)
- Upgrade Bereitschaft (Upgrade Readiness)
- Integrität für Geräte (Device Health)

Die gesammelten Daten der Ereignisprotokolle können mit Abfragen gefiltert werden.

3.5.2 Übungen

1. Starten Sie die virtuellen Maschinen „DC", „W10" und „W10-Azure".
2. Betrachten Sie auf „W10-Azure", wo Sie den Virtual Secure Mode konfigurieren können. Beachten Sie, dass es sich um eine virtuelle Maschine handelt.
3. Versuchen Sie, auf „W10" den „Windows Defender Application Guard" manuell zu aktivieren.
4. Konfigurieren Sie in Microsoft Intune ein Geräteprofil für den „Windows Defender Application Guard".
5. Konfigurieren Sie in Microsoft Intune ein Geräteprofil für den „Windows Defender Credential Guard".
6. Betrachten Sie auf „W10" alle Einstellungsmöglichkeiten des „Windows Defender Antivirus".
7. Aktivieren Sie auf „W10" den „Windows Defender Exploit Guard".
8. Erstellen Sie auf „DC" eine Gruppenrichtlinie, in der Sie den „Windows Defender Exploit Guard" aktivieren können.
9. Konfigurieren Sie in Microsoft Intune ein Geräteprofil für den „Windows Defender Exploit Guard".
10. Aktivieren Sie auf „W10" den „Windows Defender Application Guard".
11. Richten Sie auf „W10-Azure" „Windows Defender Advanced Threat Protection" ein.
12. Betrachten Sie die Auswertungen.
13. Erstellen Sie einen „Device Enrollment Manager, DEM".
14. Erstellen Sie Einschränkungen für Benutzer bezüglich „Gerätelimiteinschränkung" und „Gerätetypeinschränkung".
15. Betrachten Sie die Prioritäten.
16. Überprüfen Sie die automatische Geräteregistrierung.
17. Wenn Sie ein Google-Play Konto besitzen: erstellen Sie eine Android Registrierung.
18. Betrachten Sie die Schritte, iOS Geräte zu registrieren.
19. Überprüfen Sie das Geräteinventar. Betrachten Sie, welche

Informationen Sie erhalten können.

20. Erstellen Sie einen Zugang für Windows Analytics.
21. Erstellen Sie einen Arbeitsbereich.
22. Konfigurieren Sie „W10-Azure“ für Windows Analytics, indem Sie den Agent installieren und konfigurieren.
23. Erstellen Sie auf Windows Microsoft Intune eine beliebige Auswertung.

3.5.3 Aufgaben

1. Sie sind der Administrator der Firma Meistertrainer. Die On-Premise-Domäne heißt Meistertrainer.info.

   Alle Computer sind auch im Azure Active Directory gemeldet. Für die Verwaltung der Clients benutzen Sie Microsoft Intune.

   Sie möchten sicherstellen, dass nur vertrauenswürdige Websites auf den Rechnern Ihrer Firma geöffnet werden können.

   Was verwenden Sie?

2. Sie sind der Administrator der Firma Meistertrainer. Die On-Premise-Domäne heißt Meistertrainer.info.

   Alle Computer sind auch im Azure Active Directory gemeldet. Für die Verwaltung der Clients benutzen Sie Microsoft Intune.

   Sie möchten auf Ihren Windows 10 Rechnern sicherstellen, dass Secure Boot verwendet werden kann.

   Was sind die Voraussetzungen?

3. Sie sind der Administrator der Firma Meistertrainer. Die On-Premise-Domäne heißt Meistertrainer.info.

   Alle Computer sind auch im Azure Active Directory gemeldet. Für die Verwaltung der Clients benutzen Sie Microsoft Intune.

   Sie möchten Windows Defender Credential Guard benutzen.

   Was müssen Sie im ersten Schritt installieren?

4. Sie sind der Administrator der Firma Meistertrainer. Die On-Premise-Domäne heißt Meistertrainer.info.

   Alle Computer sind auch im Azure Active Directory gemeldet. Für die Verwaltung der Clients benutzen Sie Microsoft Intune.

   Sie möchten für die Zukunft verhindern, dass ein Rechner durch einen eingeschleusten Code beeinträchtigt wird.

   Was installieren Sie?

5. Sie sind der Administrator der Firma Meistertrainer. Die On-Premise-Domäne heißt Meistertrainer.info.

   Alle Computer sind auch im Azure Active Directory gemeldet. Für die Verwaltung der Clients benutzen Sie Microsoft Intune.

   Sie möchten Windows Defender Exploit Guard einrichten.

   a) Wo können Sie die Einstellungen konfigurieren?

b) Wie wenden Sie die Einstellungen an?

6. Sie sind der Administrator der Firma Meistertrainer. Die On-Premise-Domäne heißt Meistertrainer.info.

   Alle Computer sind auch im Azure Active Directory gemeldet. Für die Verwaltung der Clients benutzen Sie Microsoft Intune.

   Sie erstellen ein Microsoft Intune-Gerätekonfigurationsprofil, in dem Sie folgende Anforderungen erfüllen möchten:

   - FTP ist für Benutzer verboten

   - Office darf keine untergeordneten Prozesse starten

   Sie konfigurieren den Abschnitt „Endpoint Protection". Welche Einstellungen bearbeiten Sie?

7. Sie sind der Administrator der Firma Meistertrainer. Die On-Premise-Domäne heißt Meistertrainer.info.

   Alle Computer sind auch im Azure Active Directory gemeldet. Für die Verwaltung der Clients benutzen Sie Microsoft Intune.

   Sie verwenden Windows Defender Advanced Threat Protection (ATP).

   Sie öffnen das „Microsoft Defender Security Center".

   An welcher Stelle können Sie eine Bewertung der Geräte erkennen?

8. Sie sind der Administrator der Firma Meistertrainer. Die On-Premise-Domäne heißt Meistertrainer.info.

   Alle Computer sind auch im Azure Active Directory gemeldet. Für die Verwaltung der Clients benutzen Sie Microsoft Intune.

   Wie viele Geräte kann ein Geräteregistrierungs-Manager registrieren?

9. Sie sind der Administrator der Firma Meistertrainer. Die On-Premise-Domäne heißt Meistertrainer.info.

   Alle Computer sind auch im Azure Active Directory gemeldet. Für die Verwaltung der Clients benutzen Sie Microsoft Intune.

   Wie können Sie Benutzer so einschränken, dass sie nur eine bestimmte Anzahl an Geräten registrieren können?

10. Sie sind der Administrator der Firma Meistertrainer. Die On-Premise-Domäne heißt Meistertrainer.info.

    Alle Computer sind auch im Azure Active Directory gemeldet. Für die Verwaltung der Clients benutzen Sie Microsoft Intune.

    Wie können Sie Benutzer so einschränken, dass sie nur eine bestimmte Art von Geräten registrieren können?

11. Sie sind der Administrator der Firma Meistertrainer. Die On-Premise-Domäne heißt Meistertrainer.info.

    Alle Computer sind auch im Azure Active Directory gemeldet. Für die Verwaltung der Clients benutzen Sie Microsoft Intune.

    Wie gehen Sie vor, wenn Sie IOS-Geräte registrieren wollen?

12. Sie sind der Administrator der Firma Meistertrainer. Die On-Premise-Domäne heißt Meistertrainer.info.

    Alle Computer sind auch im Azure Active Directory gemeldet. Für die Verwaltung der Clients benutzen Sie Microsoft Intune.

    Was ist der erste Schritt, um ein iOS Gerät zu registrieren?

13. Sie sind der Administrator der Firma Meistertrainer. Die On-Premise-Domäne heißt Meistertrainer.info.

    Alle Computer sind auch im Azure Active Directory gemeldet. Für die Verwaltung der Clients benutzen Sie Microsoft Intune.

    Wo können Sie die Konformität der angemeldeten Geräte überprüfen?

14. Sie sind der Administrator der Firma Meistertrainer. Die On-Premise-Domäne heißt Meistertrainer.info.

    Alle Computer sind auch im Azure Active Directory gemeldet. Für die Verwaltung der Clients benutzen Sie Microsoft Intune.

    Sie möchten dem Benutzer eines Android –Geräts die Registrierung erlauben.

    Was sollte benutzt werden?

15. Sie sind der Administrator der Firma Meistertrainer. Die On-Premise-Domäne heißt Meistertrainer.info.

    Sie haben ein Microsoft Azure-Abonnement, das einen Azure Log Analytics-Arbeitsbereich enthält.

    In einer Arbeitsgruppe haben Sie einen Windows 10 Computer.

Was müssen Sie tun, um Log Analytics verwenden zu können, um Ereignisse von Computer1 abzufragen?

16. Sie sind der Administrator der Firma Meistertrainer. Die On-Premise-Domäne heißt Meistertrainer.info.

    Alle Computer sind auch im Azure Active Directory gemeldet. Für die Verwaltung der Clients benutzen Sie Microsoft Intune.

    Sie möchten Log-Analytics installieren.

    Welche Schritte führen Sie aus?

17. Sie sind der Administrator der Firma Meistertrainer. Die On-Premise-Domäne heißt Meistertrainer.info.

    Alle Computer sind auch im Azure Active Directory gemeldet. Für die Verwaltung der Clients benutzen Sie Microsoft Intune.

    Sie möchten die aus den Ereignisprotokollen eines bestimmten Rechners aufgezeichneten Daten sehen.

    Was machen Sie?

4 Verwalten von Apps und Daten

Prüfungsanforderungen von Microsoft:

- Co-Management planen und implementieren
- Apps bereitstellen und aktualisieren
- Mobile Application Management implementieren (MAM)

Quelle: Microsoft

4.1 Einführung

In einer funktionierenden Unternehmensumgebung wird mit Apps gearbeitet, die Daten erzeugen.

In diesem Kapitel betrachten wir, wie Sie Apps auf den verschiedenen Geräten installieren können und deren Daten auch aus der Ferne verwalten und gegebenenfalls löschen können.

4.2 Co-Verwaltung mit Microsoft Intune und SCCM

In vielen Unternehmen wird bereits die Software „System Center Configuration Manager" eingesetzt, die im Grunde genommen die gleichen Möglichkeiten bietet, die Sie mit Microsoft Intune auch zur Verfügung haben.

Lediglich die Ausrichtung der Software auf nicht-cloudbasierte Verwaltung ist eine andere.

Idealerweise gibt es die Möglichkeit, den System Center Configuration Manager in Microsoft Intune zu integrieren. Dadurch haben Sie die

Möglichkeit, sowohl die lokale Verwaltung der Geräte als auch die cloudbasierte in einer Verwaltungskonsole vorzunehmen.

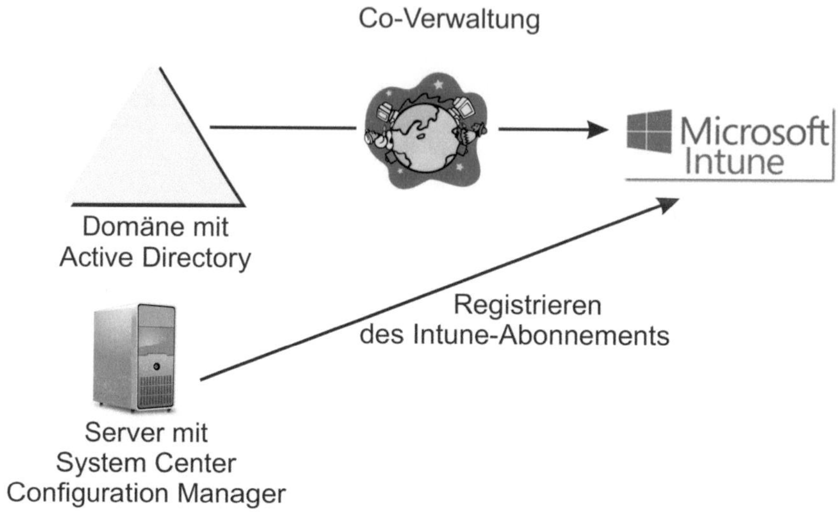

Abbildung 4.1: Prinzip Co-Verwaltung

Die Konfiguration des System Center Configuration Managers ist nicht Bestandteil dieses Kurses.

Alle, die Interesse an der Installation des System Center Configuration Managers haben können im Anhang C die Vorgehensweise betrachten.

Sie sollten immer die aktuellste Version des System Center Configuration Managers benutzen (Current Branch).

Wenn Sie den System Center Configuration Manager ganz normal offline verwenden möchten, können Sie damit Apps zuweisen.

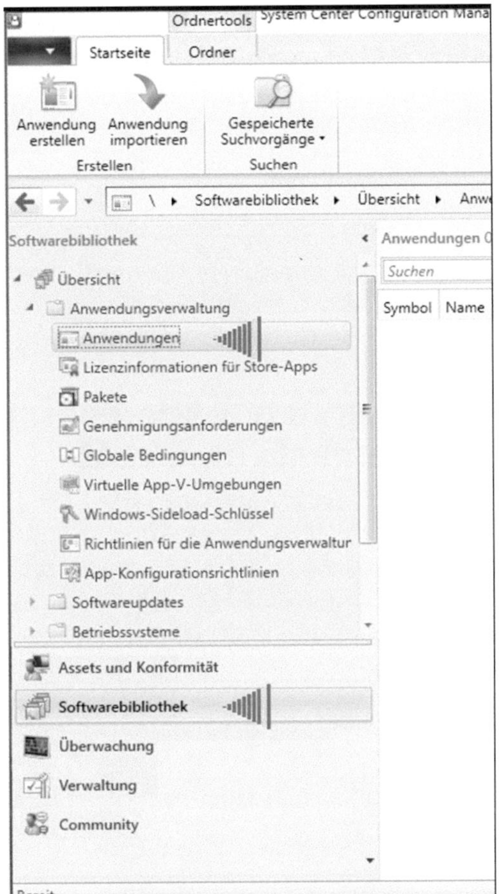

Abbildung 4.2: Apps zuweisen

Dafür müssen Sie natürlich den System Center Configuration Manager zuvor konfiguriert und Apps für die Zuweisung bereitgestellt haben, dann können Sie über

- Softwarebibliothek
- Anwendungsverwaltung
- Anwendungen

die Apps für die Installation zuweisen.

Wenn Sie eine Co-Verwaltung von System Center Configuration Manager und Microsoft Intune einrichten möchten, also die Verwaltung teilweise mit dem System Center Configuration Manager und teilweise mit Microsoft Intune konfigurieren möchten, ist das natürlich auch möglich.

Sie benötigen dafür lediglich ein aktives Microsoft Intune Abonnement, das Sie mit dem System Center Configuration Manager verbinden.

4.2.1 Registrieren des Microsoft Intune Abonnements im SCCM

Wenn Sie Ihr Microsoft Intune Abonnement mit dem System Center Configuration Manager verbinden, haben Sie damit die Voraussetzung geschaffen, Ihre Geräte sowohl mithilfe von Microsoft Intune als auch mit dem System Center Configuration Manager verwalten zu können.

Die Vorgehensweise ist sehr einfach, Sie wählen

- Verwaltung
- Clouddienste
- Microsoft Intune-Abonnements
- Microsoft Intune-Abonnement hinzufügen

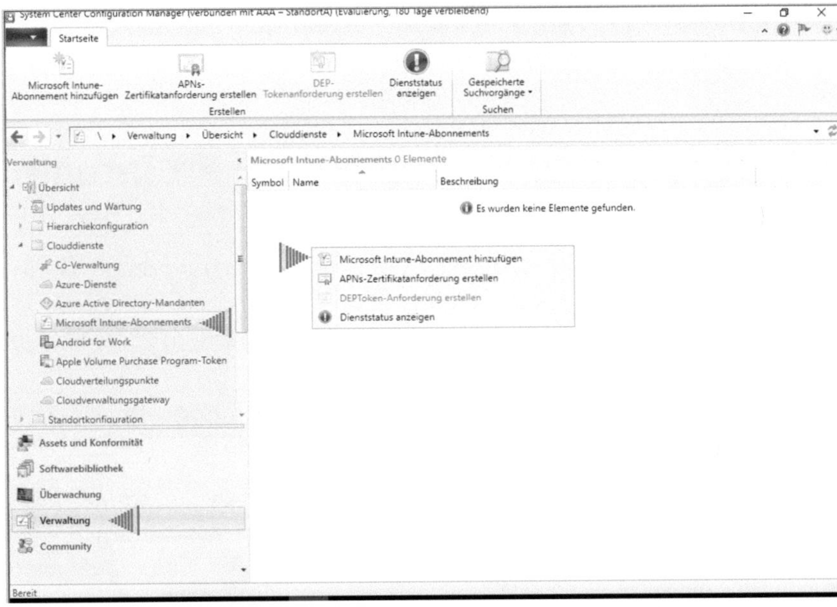

Abbildung 4.3: Microsoft Intune Abonnement hinzufügen

Folgen Sie dem Assistenten.

Danach können Sie für alle Geräte auswählen, mit welchem Tool Sie sie verwalten möchten.

4.2.2 Vorteil des Co-Managements

Das Co-Management von System Center Configuration Manager und Microsoft Intune soll die Vorteile beider Welten miteinander verbinden.

Betrachten wir kurz einen großen Vorteil des System Center Configuration Manager: die Verteilungspunkte.

Verteilungspunkte sind im SCCM definierte Orte, an denen die zu installierende Software gehostet wird.

Das ist gerade bei größeren Firmen eine sehr gute Lösung, da eine Masseninstallation dadurch sehr beschleunigt werden kann.

Das Einrichten von Verteilungspunkten und die Konfiguration des SCCM sind sehr komplex, ich möchte Ihnen nur prinzipiell erklären, wie Verteilungspunkte eingerichtet werden.

Im ersten Schritt benötigen Sie mehrere SCCM Server, denn Sie können Verteilungspunkte nur auf bereits installierten SCCM Servern anlegen.

Danach können Sie Verteilungspunkte definieren, von denen aus die Software später installiert werden kann.

4.3 Apps mithilfe von Microsoft Intune bereitstellen

Die Verwaltung von Apps in einem Unternehmen ist eine zeitaufwändige Aufgabe.

Es ist nicht nur die Vielfalt der Anwendungen, die in einem Unternehmen benötigt werden, sondern auch die Diversität.

Nicht alle Anwendungen werden auf allen Windows Rechnern benötigt, oft gibt es gravierende Unterschiede je nach Abteilung.

Und es gibt auch viele Nicht-Windows Geräte, auf denen bestimmte Apps ebenfalls installiert werden müssen.

Ein wichtiger Aspekt ist natürlich auch, dass die Apps und deren Daten sicher vor unberechtigtem Zugriff geschützt werden müssen.

Bei all diesen Herausforderungen kann Ihnen Microsoft Intune eine große Hilfe sein.

Abbildung 4.4: Prinzip Apps bereitstellen

4.3.1 Definieren einer App

Für den ersten Schritt einer Bereitstellung öffnen Sie die Microsoft Intune-Konsole.

- Client-Apps
- Apps
- Hinzufügen

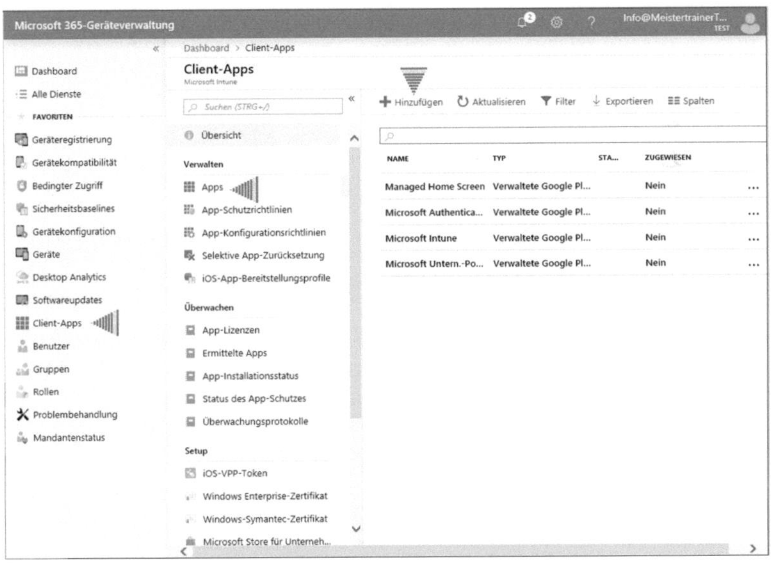

Abbildung 4.5: Apps hinzufügen

Nun wählen Sie aus, welche Art von App Sie hinzufügen wollen.

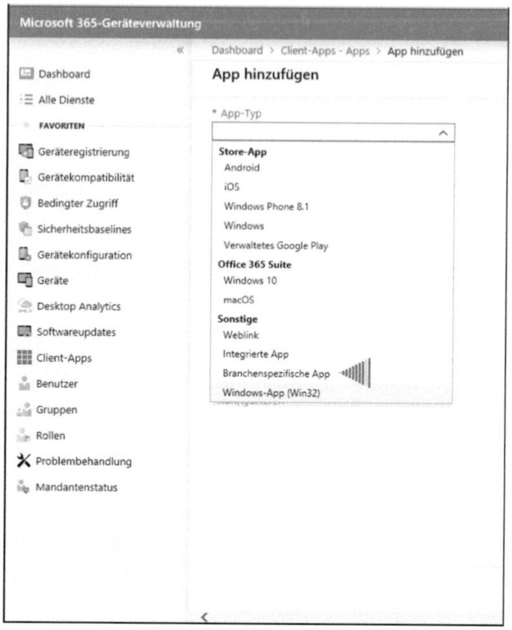

Abbildung 4.6: Auswahl App

Für dieses Beispiel wähle ich eine „Branchenspezifische App" aus.

Hierfür können Sie Installationsprogramme mit den Endungen

*.ipa

*.apk

*.msi

*.xap

*.appx

*.appxbundle

*.Microsoft Intunemac

*.msix

*.msixbundle

verwenden.

In unserem Beispiel habe ich eine .msi-Datei für den Browser Firefox ausgesucht.

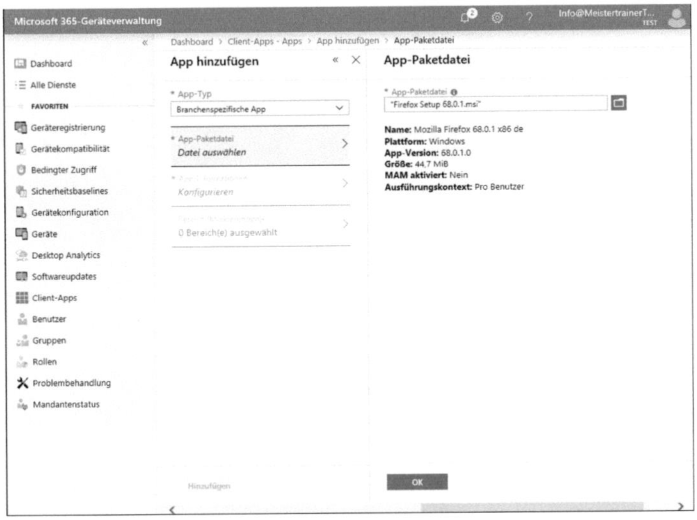

Abbildung 4.7: App

Sie können noch Konfigurationseinstellungen machen, indem Sie auf „Konfigurieren“ klicken.

Sobald Sie die Zuweisung der App bestätigen, wird sie in die Cloud heraufgeladen und steht nach einer Weile zur weiteren Konfiguration zur Verfügung.

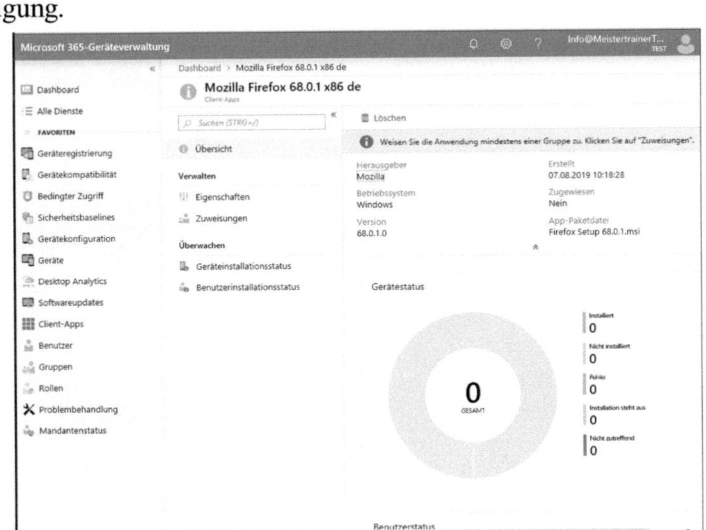

Abbildung 4.8: Bereit für die Konfiguration

4.3.2 Zuweisen zu Gruppen

Nachdem die App definiert ist, müssen Sie sie noch zu mindestens einer Gruppe zuweisen.

Dazu klicken Sie innerhalb der App auf „Zuweisungen“.

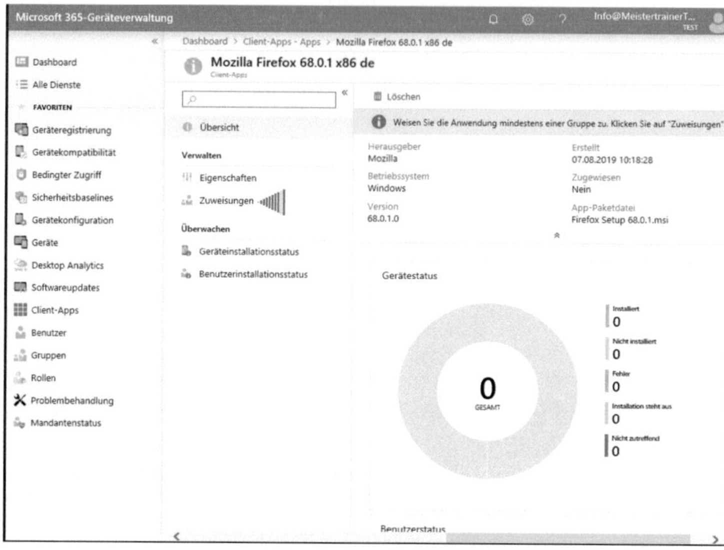

Abbildung 4.9: Zuweisungen

Wählen Sie „Gruppe hinzufügen“.

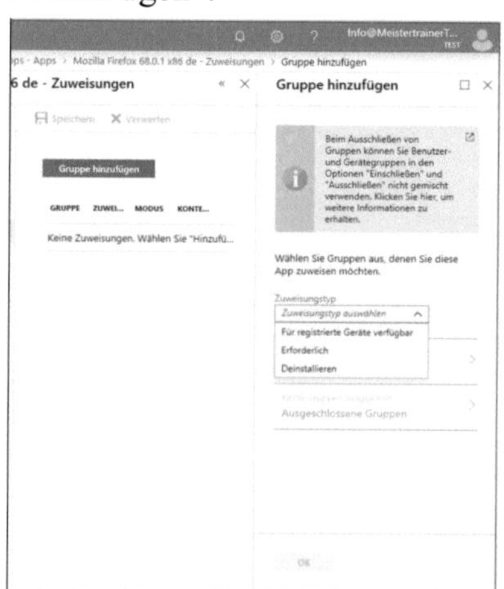

Abbildung 4.10: Zuweisungstyp

Im nächsten Schritt wählen Sie den Zuweisungstyp aus.

Für registrierte Geräte verfügbar

Hierbei wird die App einer oder mehreren Benutzergruppen zugewiesen, die die App über die Unternehmensportal-App oder -Website installieren.

Erforderlich

In diesem Fall wird die App auf den Geräten der Benutzer der ausgewählten Gruppen installiert.

Deinstallieren

Mit dieser Auswahl wird die App auf den Geräten der Benutzer der ausgewählten Gruppen deinstalliert. Dies setzt voraus, dass die App zuvor auch mithilfe von Microsoft Intune installiert worden ist.

Nun können Sie entweder die Gruppe „Alle Benutzer" auswählen oder bestimmte Gruppen definieren.

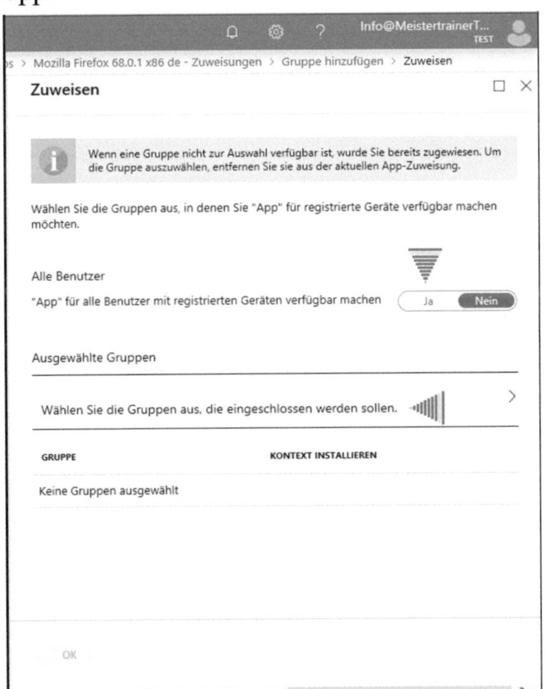

Abbildung 4.11: Gruppen auswählen

Nachdem Sie Ihre Auswahl getroffen haben, müssen Sie nur noch auf „Speichern“ klicken, damit die Konfiguration aktiv wird.

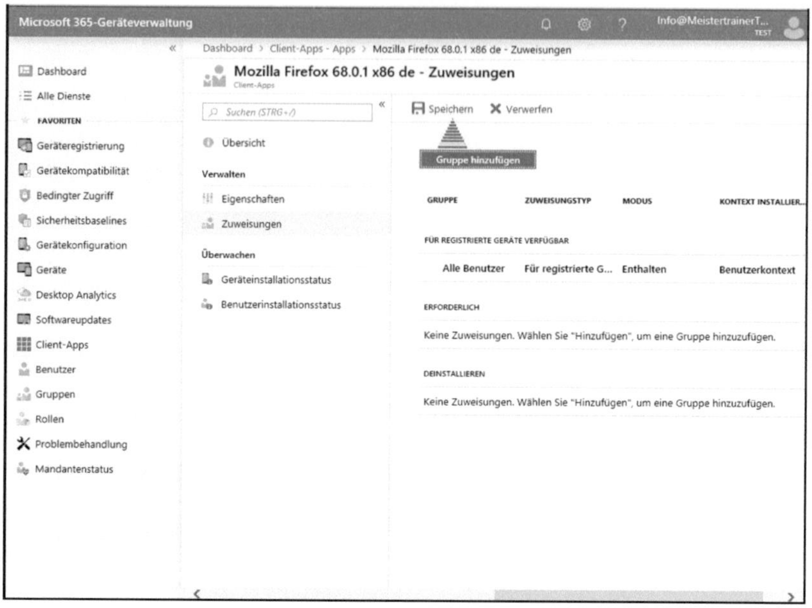

Abbildung 4.12: Speichern

4.3.3 Installation der Apps

Nun kann die App installiert werden.

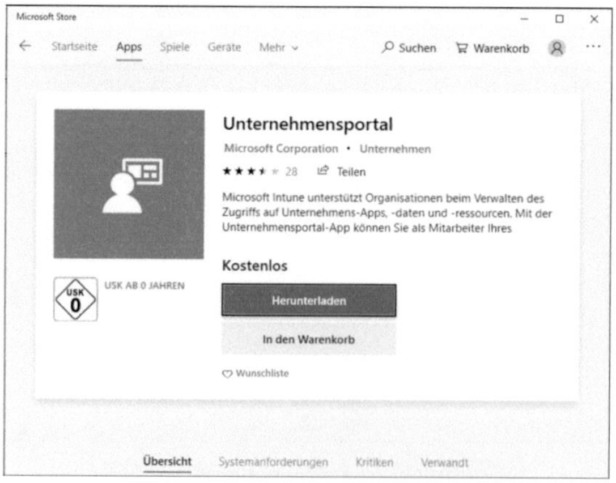

Abbildung 4.13: Unternehmensportal

Wenn Sie als Zuweisungstyp „Für registrierte Geräte verfügbar“ gewählt haben, können Sie dies mithilfe des Unternehmensportals vornehmen.

Falls Sie es noch nicht getan haben, installieren Sie das Unternehmensportal aus dem App-Store.

Nun sehen Sie alle Apps, die Ihnen zur Verfügung stehen und können sie installieren.

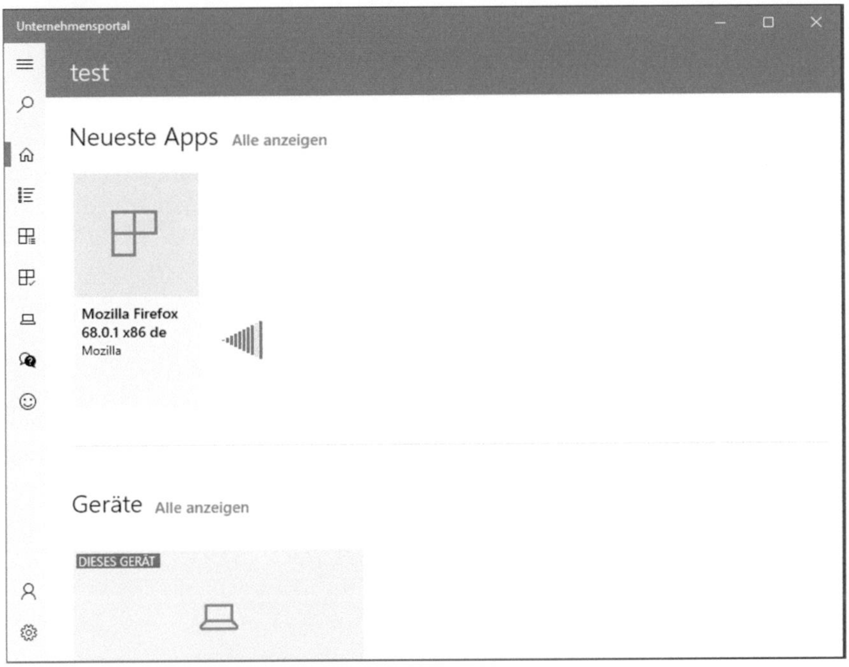

Abbildung 4.14: Installation der App starten

4.3.4 App-Schutzrichtlinien

Wenn Mitarbeiter Apps benutzen, müssen Sie sich immer Gedanken über die Sicherheit von App und Daten machen. Dies gilt umso mehr, als viele mobile Geräte benutzt werden, bei denen der Schutz noch viel wichtiger ist als bei den internen Desktopgeräten.

Noch größer ist die Gefahr, dass Mitarbeiter Geräte benutzen, die nicht unter Ihrer Verwaltung stehen, also mit ihren eigenen Geräten arbeiten (BYOD).

Hier kommen die App-Schutzrichtlinien ins Spiel. Mit ihnen können Sie Regeln für Apps festlegen, die unabhängig von der Geräteverwaltung agieren.

Damit können Sie auf Ebene der App Zugriff auf Unternehmensressourcen einschränken.

Abbildung 4.15: Prinzip App-Schutzrichtlinie

App-Schutzrichtlinien erstellen

Im ersten Schritt muss eine App-Schutzrichtlinie erst einmal erstellt werden, danach kann sie konfiguriert werden.

Zum Erstellen wählen Sie in der Microsoft Intune-Konsole

- Client Apps
- App-Schutzrichtlinie

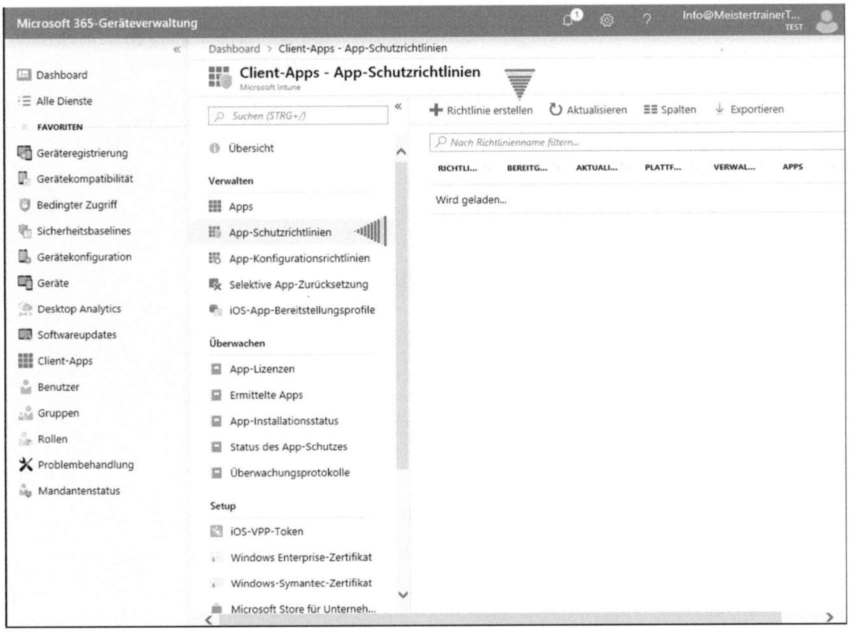

Abbildung 4.16: Schutzrichtlinie erstellen

Nun geben Sie der neu zu erstellenden Schutzrichtlinie einen Namen und wählen die gewünschte Plattform aus.

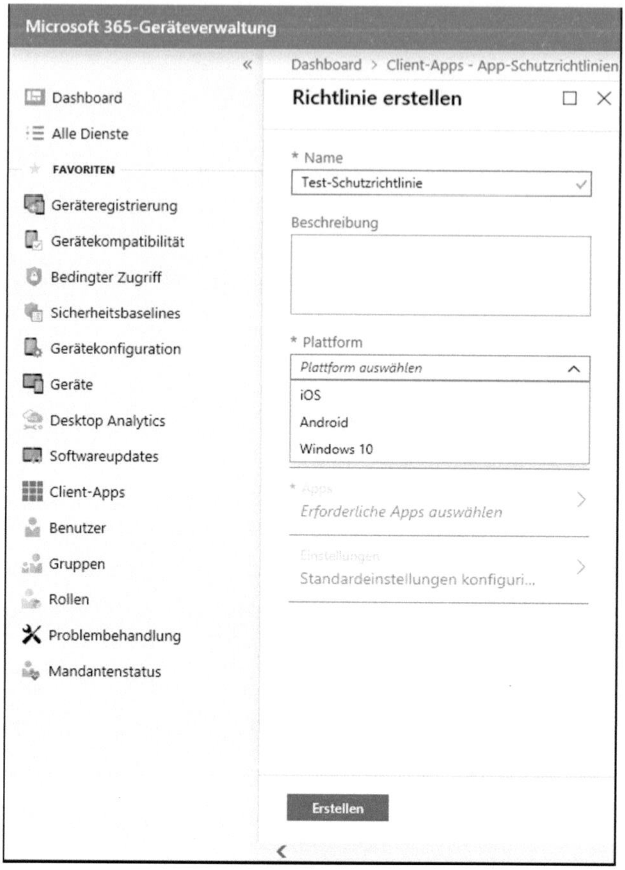

Abbildung 4.17: Name und Plattform

Sie können wählen zwischen

- iOS
- Android
- Windows

Nun wählen Sie die Apps aus, für die diese Richtlinie gelten soll.

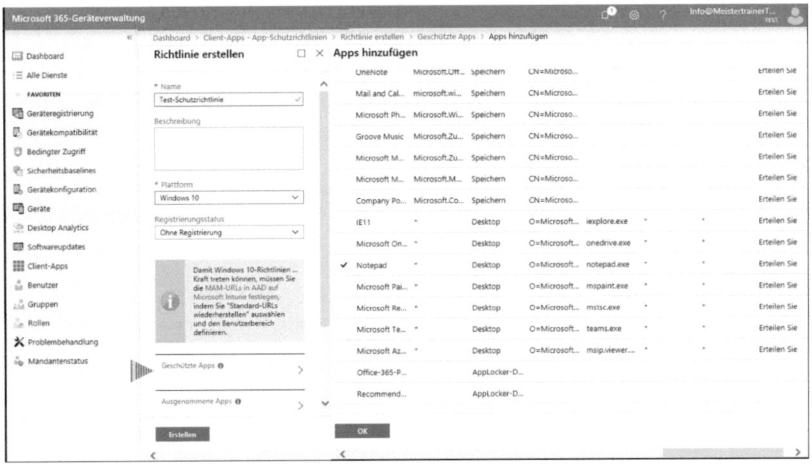

Abbildung 4.18: Auswahl App

Nach dem Bestätigen der Auswahl wird die Richtlinie erstellt.

Erforderliche Einstellungen

Nun können Sie die Richtlinie konfigurieren.

Im ersten Schritt können Sie die „Erforderlichen Einstellungen“ festlegen.

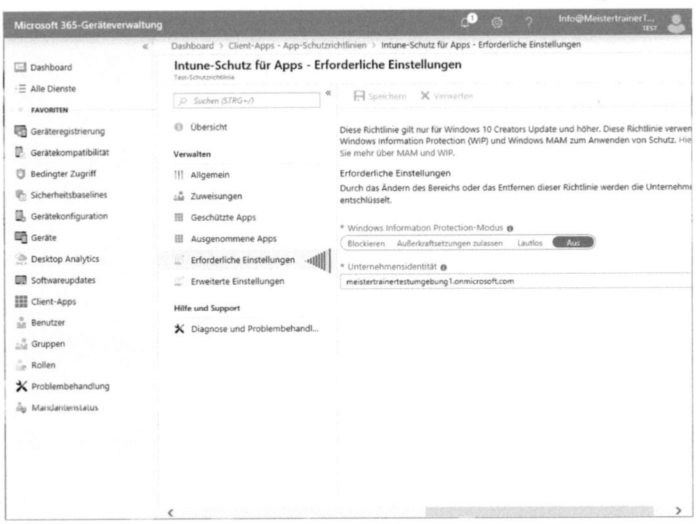

Abbildung 4.19: Erforderliche Einstellungen

An dieser Stelle können Sie folgende Einstellungen vornehmen:

Windows Information Protection-Modus:

Mit Windows Information Protection können Sie verhindern, dass unternehmensinterne Daten, die mit bestimmten Programmen erstellt worden sind, nach außen gelangen können, beispielsweise als Anhang einer E-Mail.

An dieser Stelle legen Sie fest, wie mit solchen Daten umgegangen werden soll.

Blockiert:

Geschützte Daten können das Unternehmen nicht verlassen, der Schutz ist vollständig.

Außerkraftsetzen zulassen:

In diesem Fall wird der Benutzer beim Versuch, Daten aus einer geschützten App zu verschieben, gefragt, ob er das wirklich tun will.

In diesem Fall wird ein Protokoll erstellt.

Im Hintergrund

Bei dieser Auswahl ist ein Verschieben von geschützten Daten möglich, der Vorgang wird aber protokolliert.

Manchmal wird diese Auswahl auch „Lautlos“ genannt.

Aus

Windows Information Protection ist inaktiv, Daten können verschoben werden.

Eine weitere Festlegung an dieser Stelle ist die Unternehmensidentität.

Hier wird die aktuelle Azure-Domäne als Ausdehnung des Unternehmens eingetragen, andere Eintragungen sind hier nicht zulässig.

Erweiterte Einstellungen

Im nächsten Schritt können Sie die erweiterten Einstellungen konfigurieren.

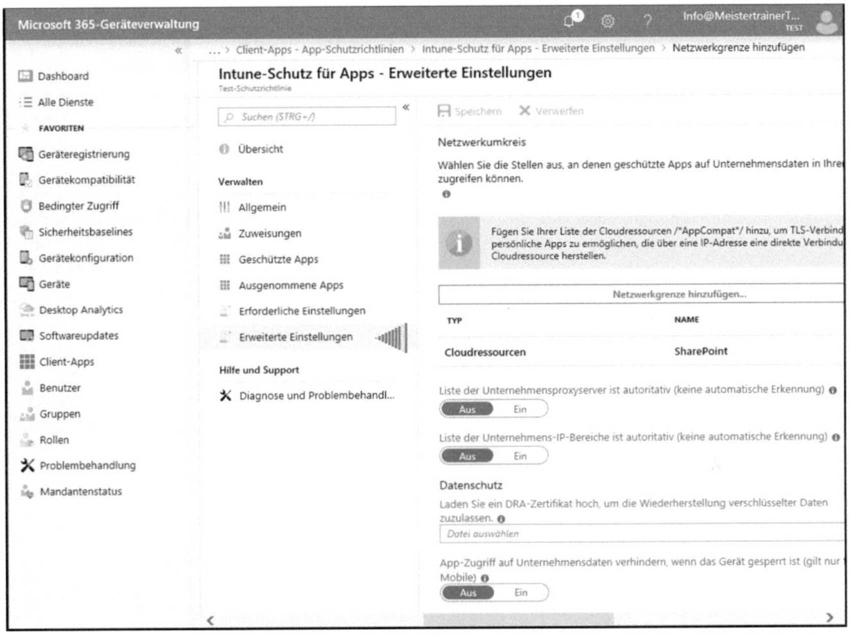

Abbildung 4.20: Erweiterte Einstellungen

Hier können Sie viele weitere Einstellungen vornehmen, wie zum Beispiel:

- Definition des geschützten Firmennetzwerks über IP-Bereiche
- Verschlüsselung
- Einstellungen für „Hello For Business“, wie Länge der PIN
- Und einiges mehr

Sie sollten alle Einstellungen einmal betrachten.

4.4 Office 365 ProPlus bereitstellen

Eine Bereitstellung von Office 365 ProPlus über Microsoft Intune ist genauso einfach einzurichten wie das Bereitstellen anderer Programme.

Wichtig zu wissen ist, dass Office 365 Apps nur für Windows 10 und MacOS bereitgestellt werden können. Natürlich müssen Sie im Besitz einer gültigen Lizenz sein.

ACHTUNG!
Über Microsoft Intune kann nur Office 365 ProPlus bereitgestellt werden, Office 365 Business Edition wird nicht unterstützt!

Auch sollten Sie daran denken, dass bereits auf den Geräten installierte Office Versionen vor der Bereitstellung von Office 365 ProPlus rückstandslos entfernt werden müssen, da sonst die Zuweisung über Microsoft Intune nicht funktionieren wird.

Readiness Toolkit for Office

Wenn Sie von einer älteren Version von Office auf Office 365 ProPlus migrieren wollen, und Sie benutzen viele VBA-Makros, sollten Sie den „Readiness Toolkit for Office add-ins and VBA“ herunterladen, den Microsoft kostenlos anbietet. Mit ihm können Sie für alle Office-Versionen seit 2003 nach VBA-Makros suchen.

Diese Daten werden dann untersucht und auf Kompatibilität zu Office 365 ProPlus überprüft.

Wenn Inkompatibilitäten erkannt werden, können Sie diese lösen.

4.4.1 Einrichtung der Zuweisung von Office 365 ProPlus

Um Office 365 ProPlus zuzuweisen, öffnen Sie wie zuvor die Microsoft Intune Konsole und wählen

- Client-Apps
- Apps
- Hinzufügen

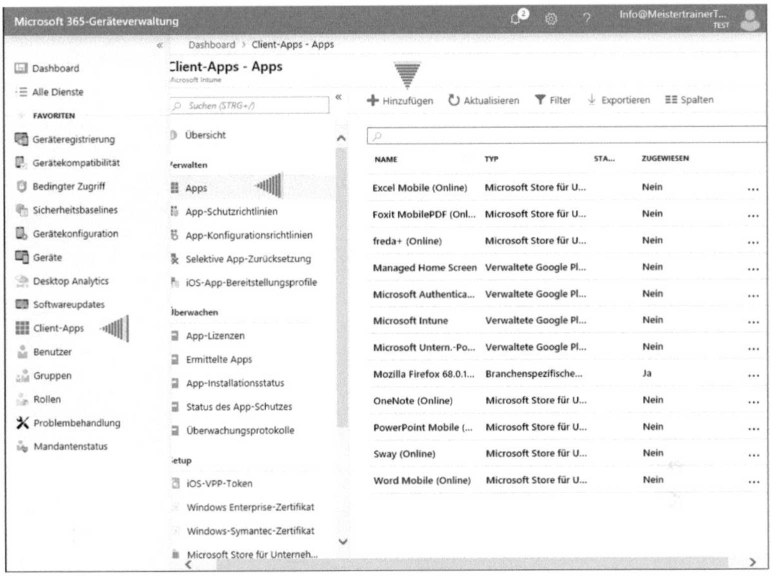

Abbildung 4.21: App hinzufügen

Bei App-Typ wählen Sie „Office 365 Suite“ aus und das Betriebssystem.

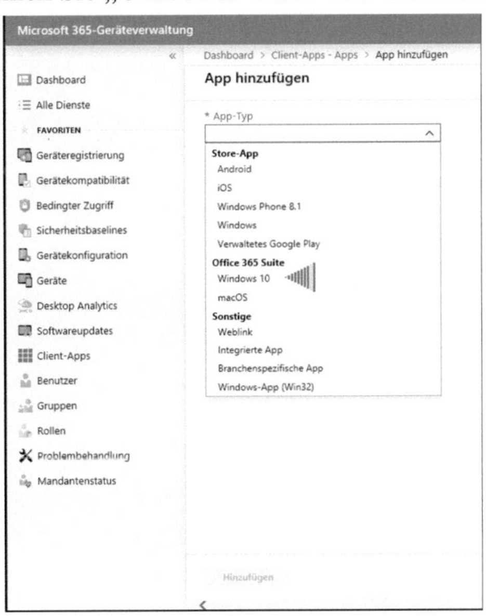

Abbildung 4.22: Office 365 Suite

Nun entscheiden Sie sich, ob Sie die Konfigurationseinstellungen mithilfe einer xml-Datei vornehmen möchten, oder mit einem Assistenten.

Abbildung 4.23: Einstellungsformat

In den meisten Fällen werden Sie den Konfigurations-Designer wählen, nur wenn Sie besondere Einstellungen haben, ist die xml-Datei besser.

Wenn Sie sich für den Konfigurations-Designer entschieden haben, können Sie nun die Einstellungen vornehmen.

Informationen zur App-Suite konfigurieren

Hier definieren Sie zunächst einen Namen und eine Beschreibung der Suite.

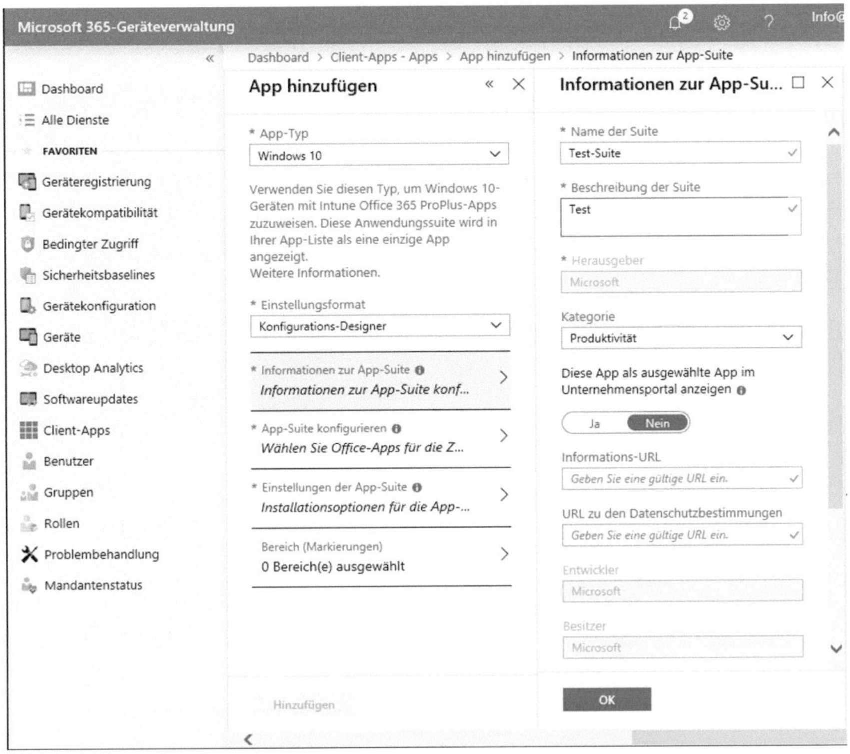

Abbildung 4.24: Informationen konfigurieren

Es macht Sinn, hier einen sprechenden Namen und eine gute Beschreibung einzugeben, die auch alle vorhandenen Komponenten enthält, denn all dies wird im Unternehmensportal für die Benutzer angezeigt.

Als Herausgeber wird „Microsoft“ angezeigt, das können Sie auch nicht ändern.

Falls Sie im Unternehmensportal Kategorien verwalten möchten, können Sie die Suite an dieser Stelle einer Kategorie zuteilen.

Wenn Sie „Ja“ wählen bei „Diese App als ausgewählte App im Unternehmensportal anzeigen“, wird diese App auf der Hauptseite angezeigt.

Die Informations-URL und die URL zu den Datenschutzbestimmungen sind optional.

Nachdem Sie alle Einstellungen vorgenommen haben, klicken Sie auf „OK“.

App-Suite konfigurieren

Hier legen Sie alle Apps fest, die in der Suite enthalten sein sollen.

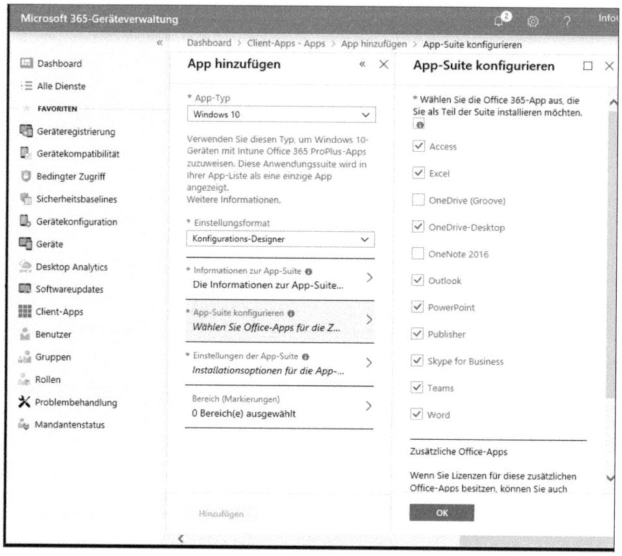

Abbildung 4.25: Festlegen der Apps

Einstellungen der App-Suite

Hier legen Sie die Details der Installation fest.

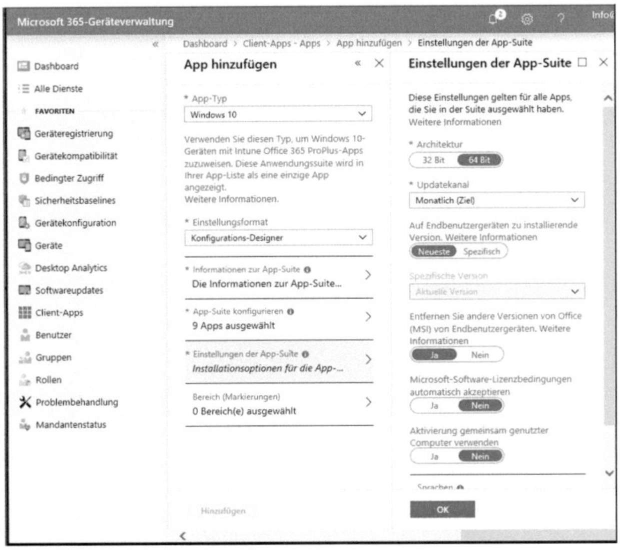

Abbildung 4.26: Details

So definieren Sie beispielsweise, ob der 32-Bit oder die 64-Bit Variante installiert werden soll

Außerdem legen Sie den Updatekanal fest. Hier haben Sie folgende Auswahlmöglichkeiten:

- Monatlich
- Monatlich (Ziel)
- Halbjährlich
- Halbjährlich (Ziel)

Die weiteren Einstellungen betreffen alle zusätzlichen Installationsvorgaben.

Nachdem Sie alle wichtigen Einstellungen getätigt haben, wird das Paket gespeichert und kann wieder einer oder mehreren Gruppen zugewiesen werden.

4.4.2 Apps über Microsoft Store für Unternehmen bereitstellen

Wenn Sie das Azure Active Directory benutzen, steht Ihnen der „Microsoft Store für Unternehmen" kostenlos zur Verfügung. Sie können sich einfach mit Ihrem Azure Active Directory Konto anmelden.

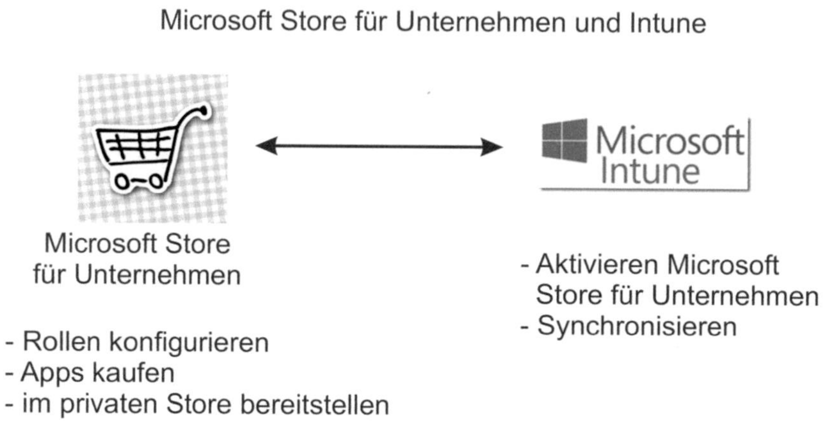

Abbildung 4.27: Prinzip Microsoft Store für Unternehmen

Dazu öffnen Sie folgende URL: https://businessstore.microsoft.com/de-de/store

Melden Sie sich mit Ihrem globalen Azure Active Directory Administratorkonto an.

Rollen

Nun können Sie beginnen, den Store zu verwalten.

Da Sie mit dem globalen Administratorkonto angemeldet sind, haben Sie natürlich alle Berechtigungen.

Alle Benutzer können im Store nach Anwendungen suchen und Apps installieren, haben aber keine verwaltungstechnischen Rechte.

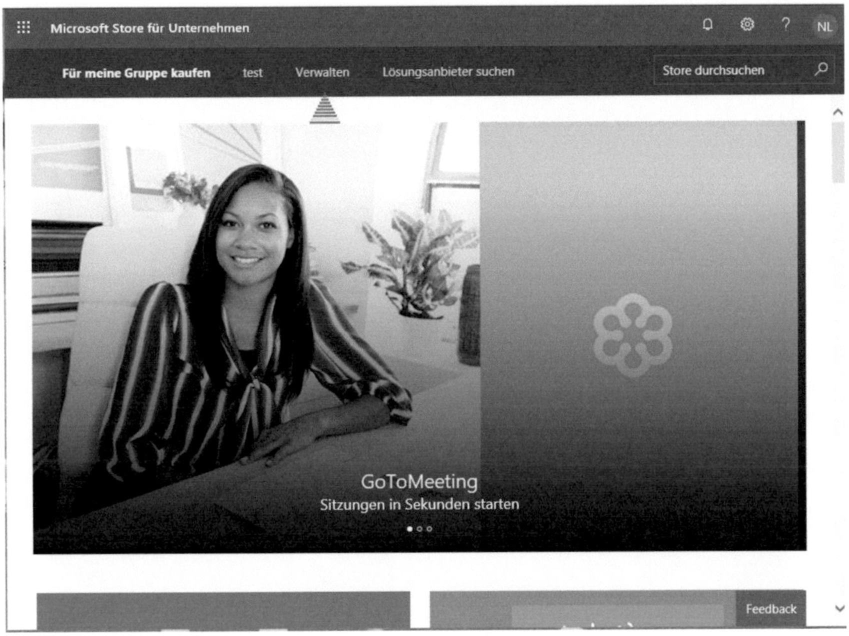

Abbildung 4.28: Verwalten

Um die Lücke zwischen dem globalen Administrator und den Benutzern zu schließen, gibt es hier die Möglichkeit, bestimmten Benutzern Rollen zuzuweisen und Ihnen damit mehr Rechte im Store zu geben.

Dafür klicken Sie im oberen Teil des Stores auf „Verwalten".

Hier sind alle Verwaltungseinstellungen zu finden, unter anderem auch „Benutzerberechtigungen ändern".

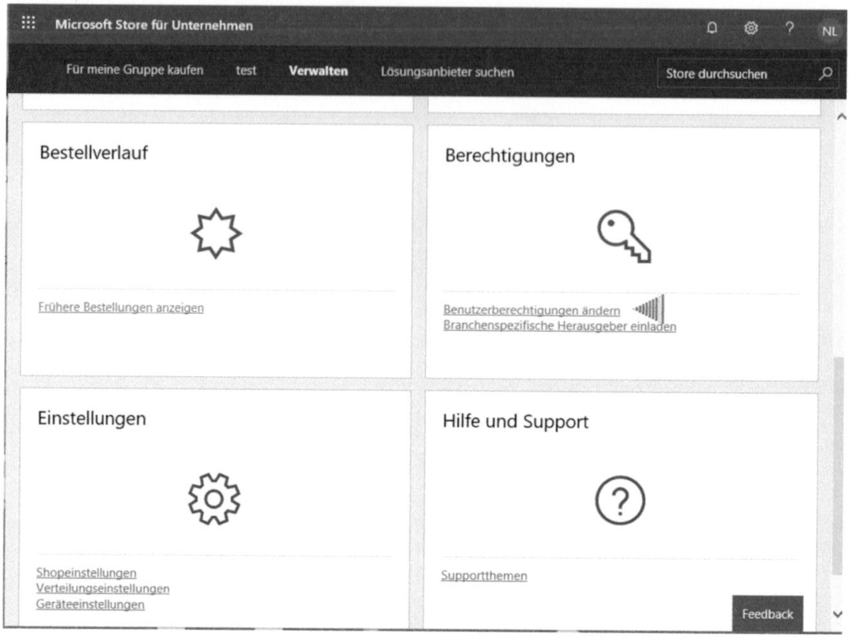

Abbildung 4.29: Benutzerberechtigungen ändern

Sie erreichen nun die Aufstellung der Berechtigungen.

Wie Sie sofort erkennen können, hat das Konto, mit dem Sie angemeldet sind, die Rolle „Globaler Administrator“.

Klicken Sie auf „Rolle zuweisen“.

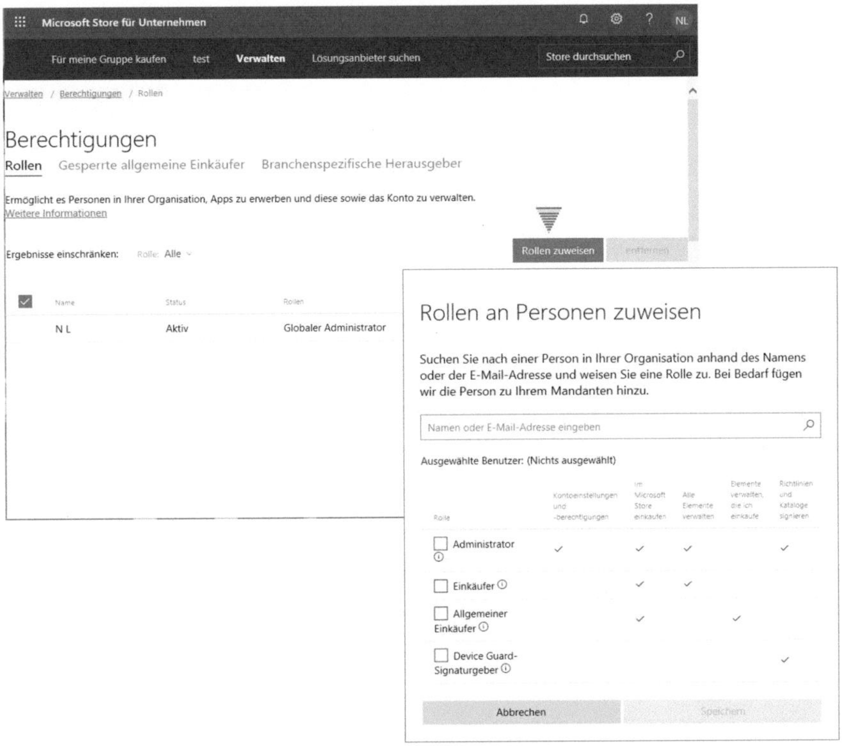

Abbildung 4.30: Rollen zuweisen

Hier können Sie nun bestimmte Kollegen auswählen, entweder über ihren Namen oder über ihre E-Mail-Adresse.

Danach weisen Sie eine Rolle zu. Sie haben folgende Rollen zur Auswahl:

Administrator

Diese Rolle kann alle administrativen Aufgaben erfüllen und auch weitere Rollenzuweisungen vornehmen.

Einkäufer

Diese Rolle kann Produkte für die Firma einkaufen und alle Apps auch verteilen, auch die, die sie nicht selber eingekauft haben.

Allgemeiner Einkäufer

Diese Rolle kann Produkte einkaufen und diese dann verteilen.

Device Guard-Signaturgeber

Diese Rolle kann nur die Einstellungen des Device Guards verwalten.

Apps einkaufen

Im Microsoft Store für Unternehmen können Sie universelle Windows-Apps zur Verfügung stellen, allerdings nur für Windows 10-Geräte.

Der Einkauf einer App ist sehr einfach. Sie klicken auf „Für meine Gruppe kaufen".

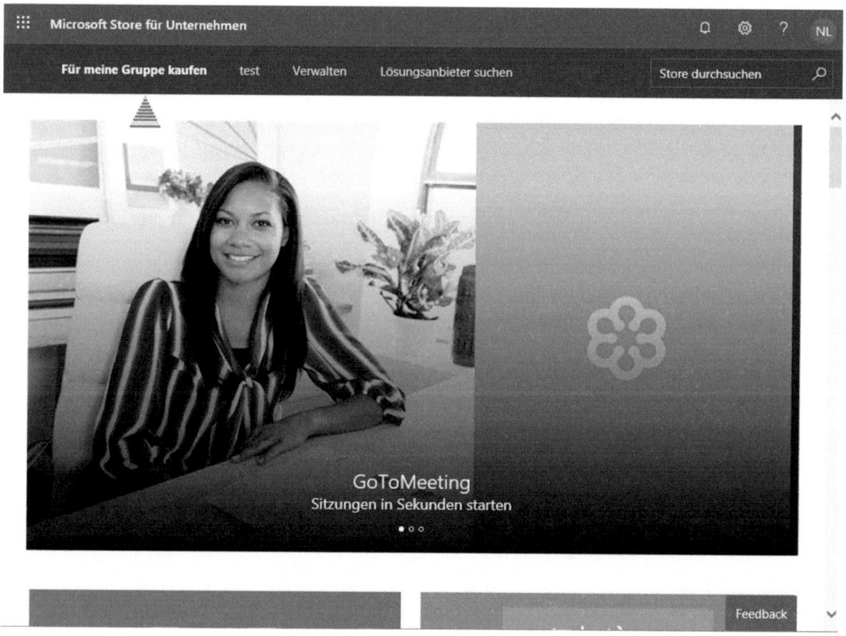

Abbildung 4.31: App kaufen

Dann scrollen Sie nach unten und wählen die gewünschte App aus.

Wenn Sie eine kostenlose App wählen, wird diese unter „Verwalten – Produkte und Dienste" hinzugefügt.

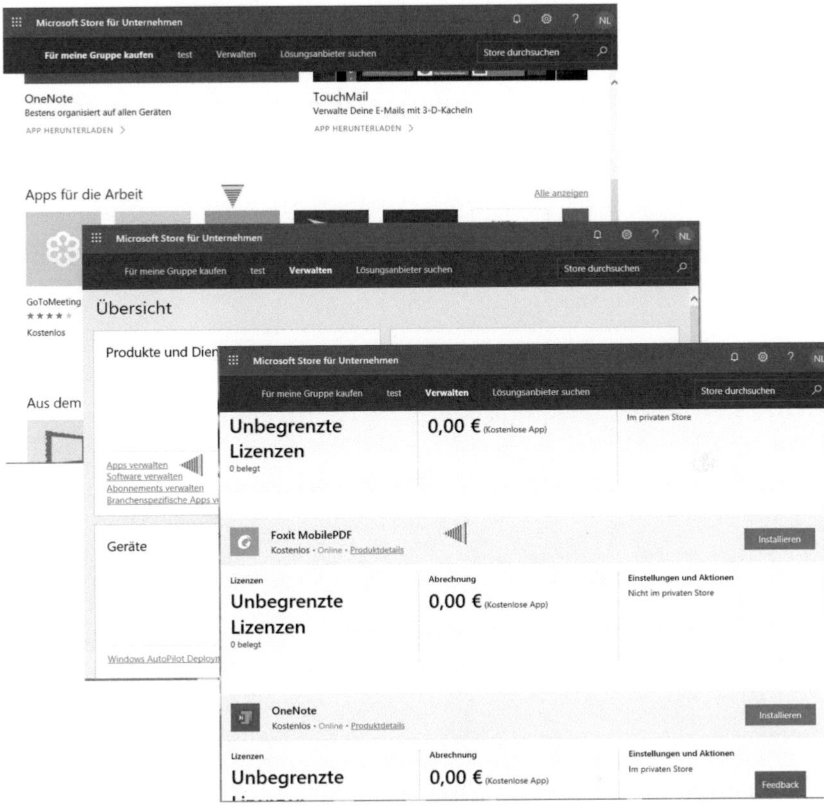

Abbildung 4.32: Kostenlose App

Bei kostenpflichtigen Apps müssen Sie zunächst die Anzahl der Lizenzen wählen.

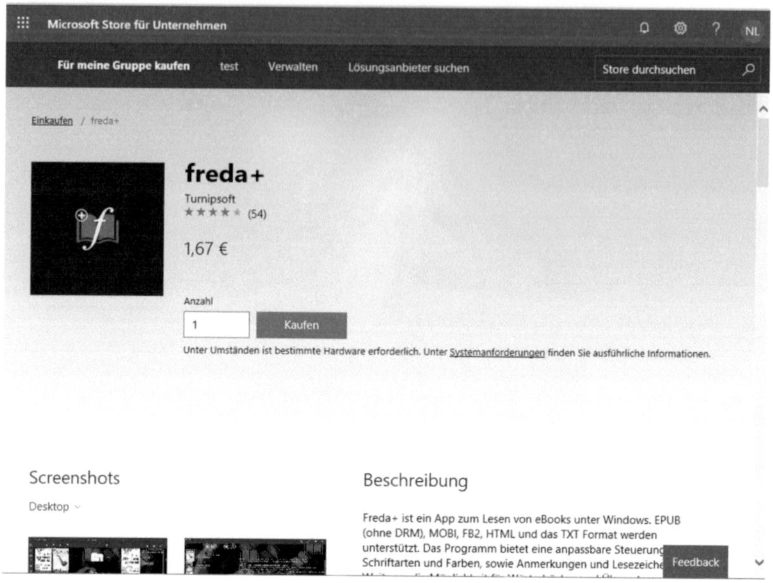

Abbildung 4.33: Anzahl der Lizenzen

Danach können Sie den Betrag über eine Kreditkarte bezahlen und die App kann weiter konfiguriert werden.

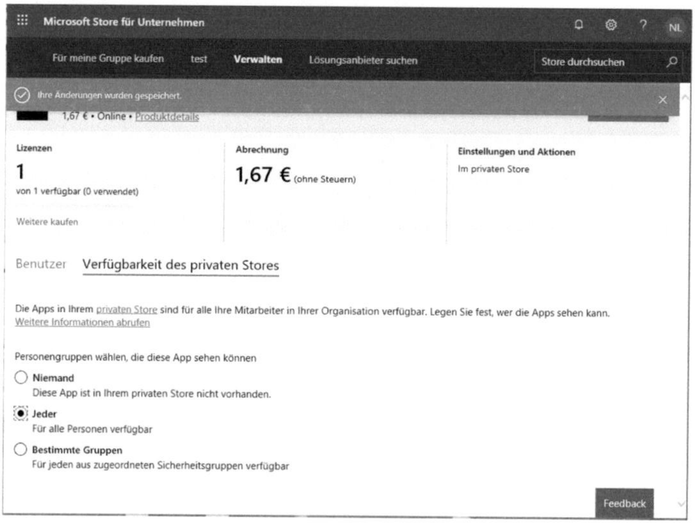

Abbildung 4.34: App in den privaten Store

Sie können sie im privaten Store zur Verfügung stellen.

Den privaten Store finden Sie, indem Sie in der Titelzeile auf den Namen der Organisation klicken.

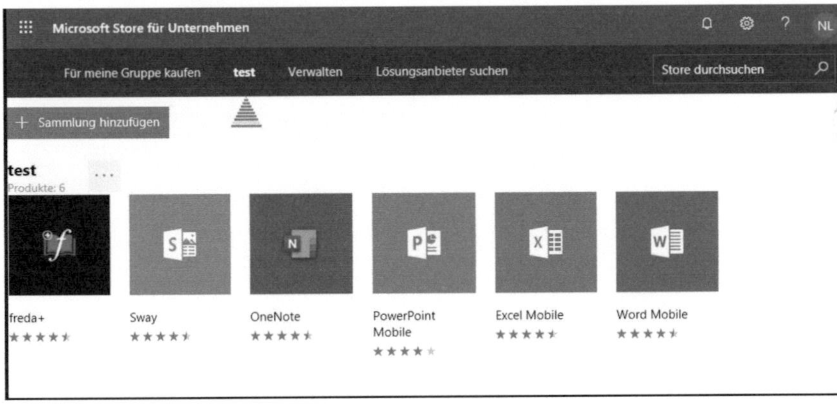

Abbildung 4.35: Privater Store

Vom privaten Store aus können die Apps auf den Rechnern der Kollegen installiert werden.

4.4.3 Gemeinsame Verwaltung von Apps aus dem Microsoft Store für Unternehmen mit Microsoft Intune

Der Microsoft Store für Unternehmen ist eine eigene Verwaltungsplattform für die Zuweisung von Apps.

Wenn Sie bereits mit Microsoft Intune arbeiten, möchten Sie vielleicht, dass Sie die Apps über das Microsoft Intune-Portal verwalten können.

Dadurch könnten Sie die erworbenen Apps komplett mit Microsoft Intune an Benutzer zuweisen und die Möglichkeiten benutzen, die Ihnen Microsoft Intune bietet.

Verknüpfen des Kontos für den Microsoft Store mit Microsoft Intune

Der erste Schritt ist sehr einfach. Sie müssen lediglich im Microsoft Store für Unternehmen angeben, dass Sie die Verteilung über Microsoft Intune vornehmen wollen.

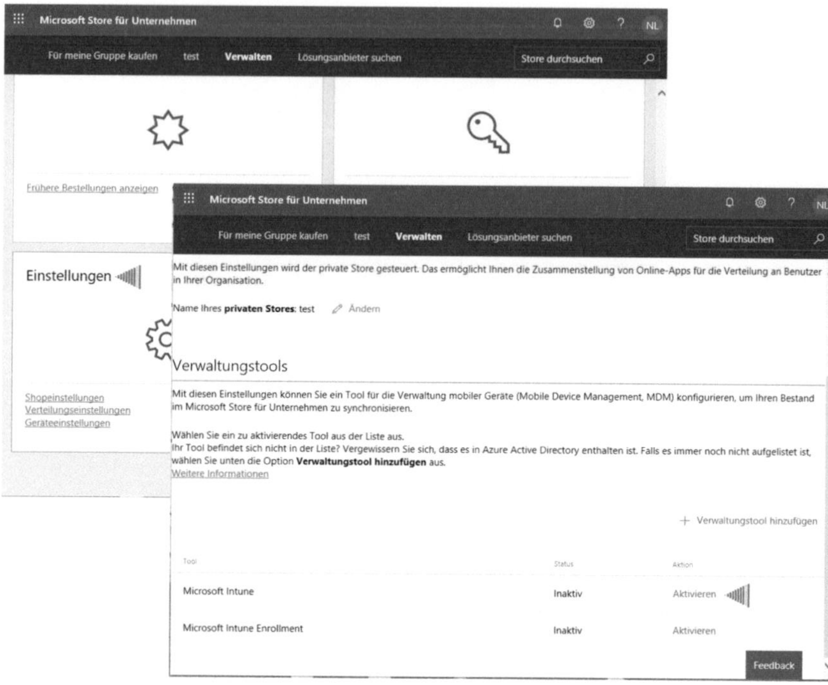

Abbildung 4.36: Verteilung über Microsoft Intune

Dazu wählen Sie

- Verwaltung
- Einstellungen
- Registerkarte „Verteilen“

Wenn Sie hier „Microsoft Intune“ als Verwaltungstool nicht finden, müssen Sie es zunächst hinzufügen.

Dann wählen Sie das gewünschte Tool aus und klicken auf „Aktivieren“.

Einrichten der Synchronisation mit Microsoft Intune

Die Synchronisationseinstellungen nehmen Sie in der Microsoft Intune-Konsole vor.

Hier navigieren Sie zu

- Client-Apps
- Microsoft Store für Unternehmen

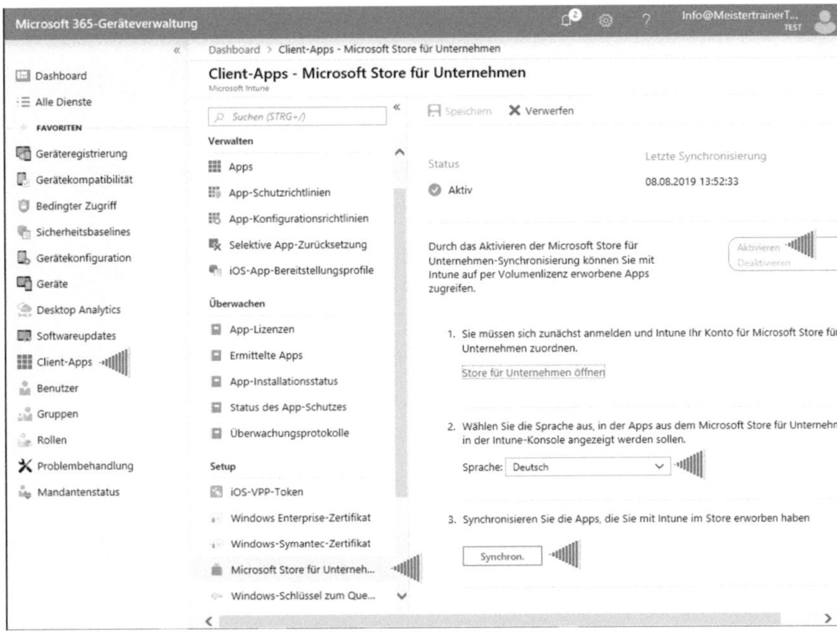

Abbildung 4.37: Synchronisation einrichten

Klicken Sie zunächst auf „Aktivieren“.

Fall Sie im Store für Unternehmen noch keine Verbindung mit Microsoft Intune eingerichtet haben, können Sie das jetzt noch tun, indem Sie auf den Link klicken und dann die Einstellungen vornehmen.

Danach wählen Sie Ihre Sprache aus und klicken dann auf „Speichern“.

Im letzten Schritt klicken Sie auf „Synchronisieren“, damit die im Store erworbenen Apps auch in Microsoft Intune zur Verfügung stehen.

Danach können Sie alle Apps, die Sie im Microsoft Store für Unternehmen gekauft haben, wie alle anderen Apps in Microsoft Intune verwalten.

4.4.4 Querladen von Apps

Apps können normalerweise nur aus dem App Store oder mithilfe von Microsoft Intune geladen und installiert werden.

Allerdings ist es manchmal nötig, auch Apps zu installieren, die von anderer Quelle kommen. Dies kann der Fall sein, wenn man eine App selber entwickelt hat und erst einmal testen möchte.

Für diesen Fall gibt es eine Einstellung, die es erlaubt, auch Apps, die nicht aus dem App Store kommen, zu installieren. Diese Funktion heißt „Apps querladen".

Dazu öffnen Sie die App „Einstellungen".

Gehen Sie zu „Update und Sicherheit".

Es öffnet sich ein weiteres Fenster, in dem Sie auf „Für Entwickler" klicken.

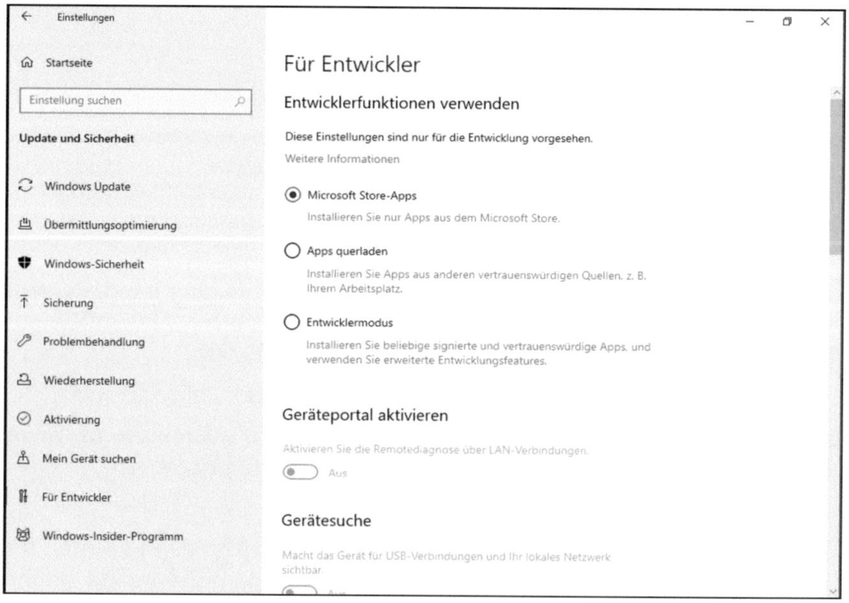

Abbildung 4.38: Für Entwickler

Hier wählen Sie „Apps querladen".

Es erscheint eine Warnmeldung.

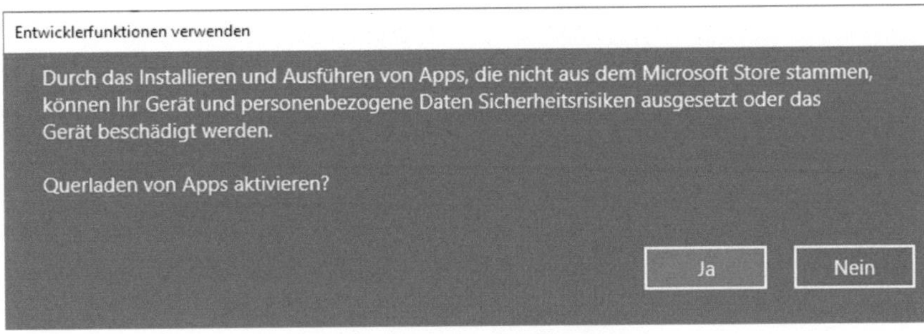

Abbildung 4.39: Warnmeldung

Nach Klicken auf „Ja" ist der Modus aktiviert und Sie können auch unsichere Apps installieren.

In einer Domäne müssen Sie noch eine Gruppenrichtlinie konfigurieren. Dazu gehen Sie in der gewünschten Gruppenrichtlinie folgenden Pfad:

- Computerkonfiguration
- Richtlinien
- Administrative Vorlagen
- Windows Komponenten
- Bereitstellung von App-Paketen

Hier aktivieren Sie die Einstellung „Installation aller vertrauenswürdigen Apps zulassen".

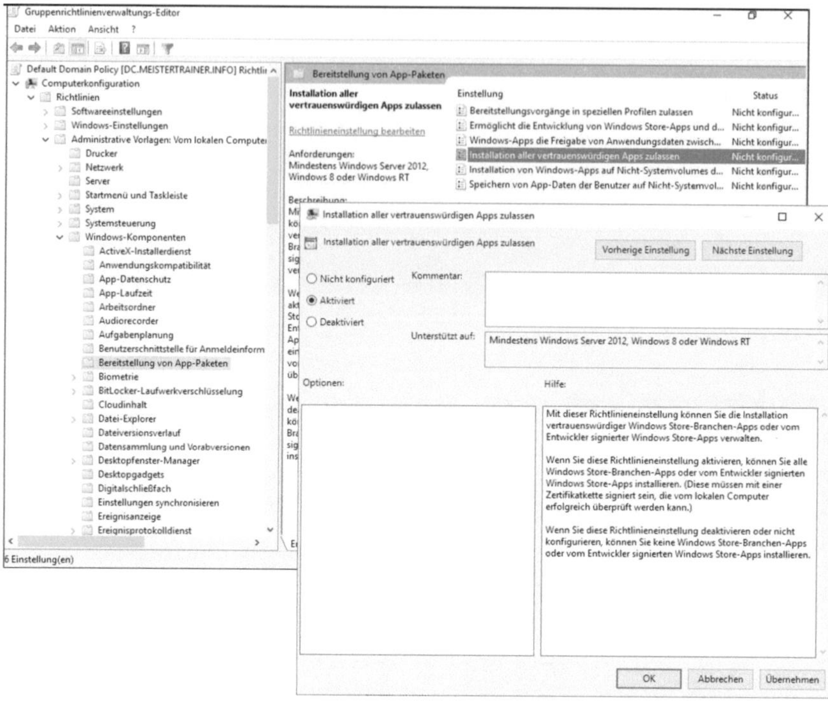

Abbildung 4.40: Installation aller vertrauenswürdigen Apps zulassen

Mit dieser Einstellung wird folgender Registry-Key geändert:

HKEY_LOCAL_MACHINE\Software\Policies\Microsoft\Windows\Appx\AllowAllTrustedApps = 1

Sollten Sie eine App mit dem PowerShell-Befehl add-appxpackage installieren, benötigen Sie diese Einstellung nicht.

4.5 Softwareinstallation mit Gruppenrichtlinien

Wenn Sie eine On-Premise Domäne betreiben und keine Cloud-Lösung für die Installation von Software benutzen möchten, gibt es eine weitere Möglichkeit, Software auf den Clients zu installieren.

Sie können im Active Directory eine Gruppenrichtlinie erstellen, mit der Sie festlegen können, welche Software auf Clients in der Domäne installiert wird.

4.5.1 Voraussetzungen für die Softwareinstallation über Gruppenrichtlinien

Windows bietet eine Möglichkeit, diese Schritte zu automatisieren, indem die Softwareverteilung von GPO gesteuert wird.

Nur wenige Voraussetzungen müssen erfüllt sein, damit die automatisierte Softwareverteilung möglich ist:

Clientseitig:

Für die Clients ist nur der Windows-Installer Dienst Voraussetzung, ein Dienst, der inzwischen auf allen Windows Rechnern integriert ist. Für ältere Clients gibt es Updates.

Serverseitig:

Hier wird eine Windows Domäne zwingend vorausgesetzt, da die Softwareverteilung mit GPO gesteuert wird.

Softwareseitig:

Die zu installierende Software muss ein Windows Installer Paket enthalten, eine .MSI-Datei. Dies ist ein Paket, das eine komplette Installation ohne Benutzereingriffe ermöglicht.

MSI Pakete

Normalerweise installieren wir Software mithilfe der Datei „Setup.exe“. Wenn wir aber eine automatisierte Installation von Software möchten, können wir auch die Installationsdatei mit der Endung .MSI benutzen.

MSI-Dateien sind vorgefertigte Installationsroutinen, die keinen Benutzereingriff bei der Installation verlangen. Um Software mithilfe einer .MSI Datei zu installieren, muss auf dem Client der „Windows Installer Dienst“ laufen. Alle modernen Windows Computer beinhalten diesen Dienst.

Da Benutzer eine Software, die „zwangsinstalliert“ wird, normalerweise auch nicht konfigurieren können, ist eine Installation ohne Benutzereingriff sinnvoll.

Erstellen einer Freigabe

In der Gruppenrichtlinie muss nun ein „Paket“ erstellt werden. Dies bedeutet, dass die Installationsdateien in einer Netzwerkfreigabe zu finden sind, wobei immer auch die .MSI Datei dabei ist.

> **ACHTUNG!**
>
> Wenn Sie eine komplette Installations-CD in eine Netzwerkfreigabe kopieren, ist die .MSI Datei immer dabei.

Die Software, die auf den Clients installiert werden soll, muss in einem Netzwerkpfad freigegeben werden. Kopieren Sie die ganze CD in diesen Netzwerkpfad.

> **ACHTUNG!**
>
> Sie sollten zwei Dinge beachten: Geben Sie den Benutzern nur Leseberechtigung auf diesen freigegebenen Ordner, und deaktivieren Sie die Offlineverfügbarkeit. Sonst wäre es theoretisch möglich, dass Anwender den kompletten Installationspfad offline verfügbar machen, und damit eine Installations-CD erstellen könnten.

Erstellen einer GPO

In jeder GPO gibt es sowohl in der Computerkonfiguration als auch in der Benutzerkonfiguration eine Einstellung für die Softwareinstallation. Somit kann Software Computerkonten oder Benutzerkonten zugewiesen werden.

Als Beispiel betrachten wir eine beliebige Gruppenrichtlinie.

Zudem gibt es zwei Möglichkeiten, Software an die Clients zu verteilen: Zuweisen oder Veröffentlichen.

Zuweisen bedeutet, dass dem Benutzer keine Wahlmöglichkeit bleibt, ob die Software installiert werden soll oder nicht. Veröffentlichen dagegen, dass der Benutzer die Installation selber entscheiden kann.

Zuweisen von Software

EINEM BENUTZERKONTO ZUWEISEN:

Die Software wird nach Anmelden des Benutzers auf dem Desktop mit einem Icon angekündigt. Die eigentliche Installation findet erst statt, wenn der Benutzer das Programm starten will. Damit wird der Zeitpunkt der Installation nach hinten verschoben, und die Netzwerklast wird entzerrt.

Außerdem wird die Software gar nicht installiert, wenn der Benutzer keine Aktivierung startet.

Die Software wird auch installiert, wenn der Benutzer eine Datei mit der entsprechenden Endung öffnen will. Diese Vorgehensweise nennt sich *Dokumentenaktivierung*.

EINEM COMPUTERKONTO ZUWEISEN:

Ein Computer hat keine Möglichkeit zu einer Dokumentenaktivierung oder einer gewünschten Installation. Aus diesem Grund wird Software, die einem Computerkonto zugewiesen ist, sofort bei Systemstart komplett installiert.

ACHTUNG!
Es ist nicht möglich, dem Computerkonto eines Domänencontrollers Software zuzuweisen. Das ist eine Vorsichtsmaßnahme, um die Systemintegrität eines Domänencontrollers in jedem Fall zu garantieren.

Veröffentlichen von Software:

EINEM BENUTZERKONTO VERÖFFENTLICHEN:

Bei Veröffentlichung von Software wird keine Ankündigung auf dem Desktop gemacht, sondern nur in der „Software“ bzw. „Programme beziehen“ in der Systemsteuerung wird das Paket veröffentlicht.

EINEM COMPUTERKONTO VERÖFFENTLICHEN:

Dies ist nicht möglich, da ein Computer keine Entscheidung treffen kann.

Erstellen eines Softwarepakets

Wenn Sie die „Zwangsinstallation“ einer Software wünschen, müssen Sie nun ein Softwarepaket erstellen.

Ein Beispiel:

In der OU „Einkauf“ soll eine Software mit Namen MBSA installiert werden. Sie soll den Benutzern zugewiesen werden, und nicht den Computerkonten.

Als erstes wird ein Netzwerkordner erstellt, der MBSA hineinkopiert, und der Ordner mit allen Sicherheitseinstellungen freigegeben.

Dann wird in der OU „Einkauf" ein GPO erstellt. Dieses GPO bekommt einen aussagekräftigen Namen, zum Beispiel Softwareinstallation.

In der Benutzerkonfiguration erweitern Sie die Softwareeinstellungen und klicken mit der rechten Maustaste auf

- Softwareinstallation
- Neu
- Paket

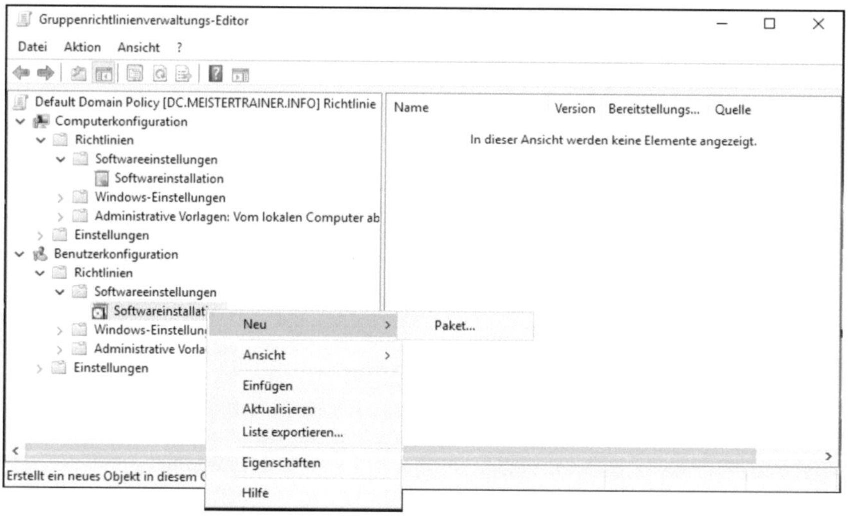

Abbildung 4.41: Beginn der Softwareinstallation

Nun entscheiden Sie sich für das dementsprechende .MSI-Paket, das die Installation veranlasst.

> **ACHTUNG!**
> Geben Sie die Freigabe immer als Netzwerkpfad an! Wenn Windows den Pfad als lokalen Pfad erkennt, bekommen Sie eine Fehlermeldung.

Wenn das Paket erkannt ist, werden Sie gefragt, ob Sie das Paket veröffentlichen oder zuweisen möchten. Wenn Sie „Erweitert" wählen, haben Sie die Wahl, ob Sie die Dokumentenaktivierung aktivieren möchten oder nicht.

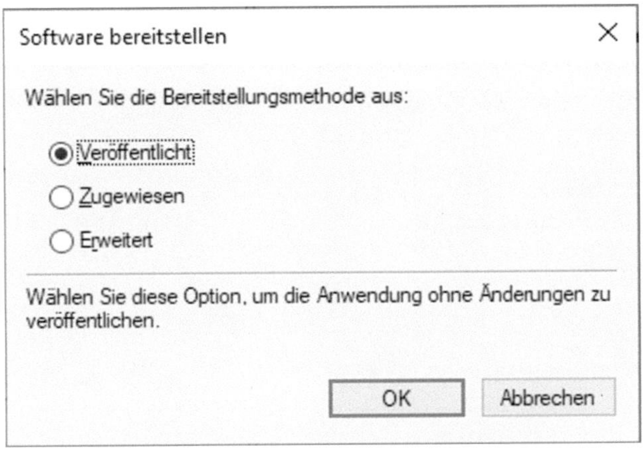

Abbildung 4.42: Zuweisen oder veröffentlichen

Das Erstellen des Pakets kann sehr lange dauern! In unserem Beispiel ist es ein sehr großes Paket und kann mehrere Minuten dauern. Bei der nächsten Anmeldung bekommen alle Benutzer der OU Einkauf den MBSA auf den Desktop angekündigt.

Wenn sich ein User der OU Einkauf anmeldet, bekommt er während der Startphase eine kurze Ankündigung, dass die Softwareeinstellungen übernommen werden.

Wenn er sein Startmenü öffnet, sind alle Verknüpfungen bereits angelegt.

Der MBSA ist aber noch nicht installiert.

Erst wenn der User das Programm benutzen möchte, beginnt die Installation.

Konfigurieren der allgemeinen Einstellungen

Sie können natürlich mit jeder Gruppenrichtlinie mehrere Softwarepakete installieren. In manchen Fällen ist das sogar sehr sinnvoll, nämlich, wenn die Softwarepakete zusammengehören, und auch zusammen installiert werden sollen.

Die Konfiguration nehmen Sie in der entsprechenden Gruppenrichtlinie vor. Klicken Sie mit der rechten Maustaste auf „Softwareinstallation“ und wählen Sie „Eigenschaften“.

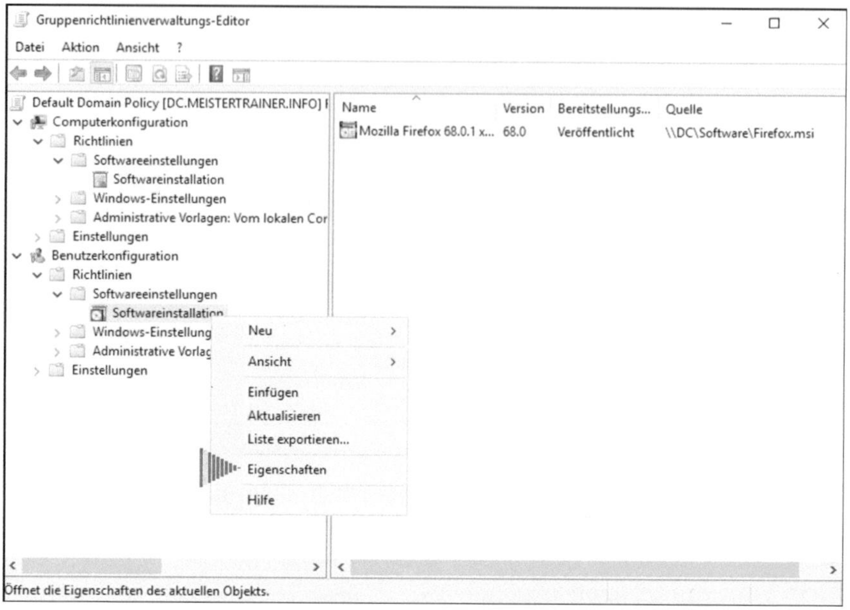

Abbildung 4.43: Konfiguration der allgemeinen Einstellungen

Registerkarte „Allgemein“

Hier können Sie allgemeine Einstellungen machen, die sich auf alle Softwarepakete in dieser Gruppenrichtlinie beziehen.

Sie können einen Standardpfad für Pakete angeben.

Bei den Einstellungen für neue Pakete können Sie wählen zwischen

- Dialogfeld „Software bereitstellen“ anzeigen
- Veröffentlichen
- Zuweisen
- Erweitert

Normalerweise lässt man sich das Dialogfeld anzeigen, damit man für jedes Paket einzeln wählen kann.

Abbildung 4.44: Registerkarte „Allgemein“

Benutzeroberfläche für die Installation

Hier haben Sie die Wahl zwischen

- Einfach
- Maximum

Bei der einfachen Einstellung bekommen die Benutzer nur einen Fortschrittsbalken angezeigt, bei der Einstellung „Maximum“ werden zusätzliche Installationsinformationen angezeigt.

Registerkarte „Erweitert“

Anwendung deinstallieren, wenn sie außerhalb des Verwaltungsbereichs liegt

Die Anwendung wird immer deinstalliert, wenn sich ein Benutzer anmeldet, für den diese Anwendung nicht verfügbar sein soll.

OLE-Informationen beim Bereitstellen von Anwendungen

einbeziehen

Mit dieser Einstellung können Sie OLE (Object Linking and Embedding) Informationen bei der Installation benutzen.

32-Bit-X86-Windows Installer-Anwendungen für Win64-Computer zur Verfügung stellen

Diese Funktion erlaubt es Ihnen, Anwendungen, die für eine 32-Bit Plattform geschrieben worden sind, auch auf einem 64-Bit Computer zu installieren.

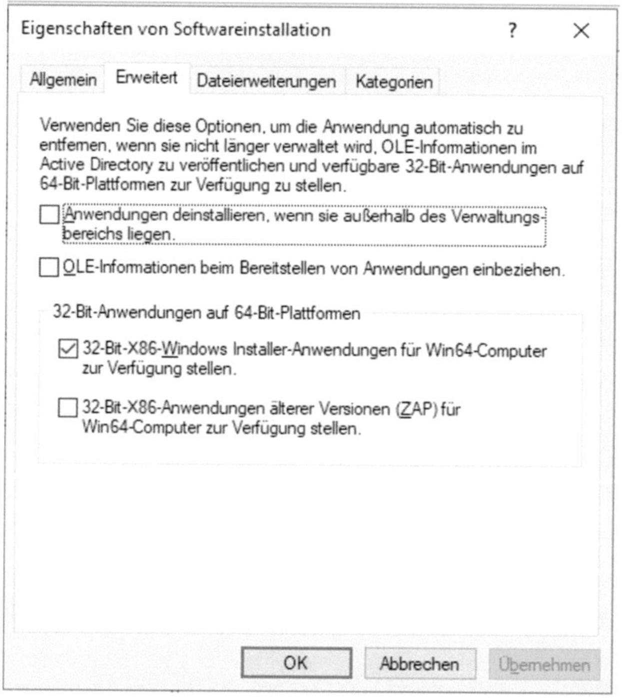

Abbildung 4.45: Registerkarte „Erweitert“

32-Bit-X86-Anwendungen älterer Versionen (ZAP) für Win64-Computer zur Verfügung stellen

Hier können Sie ältere 32-Bit Programme, die mit einer ZAP-Datei arbeiten, auf einer 64-Bit Maschine installieren.

Anwendungen müssen entweder mit einer .MSI-Datei installiert werden, oder mithilfe einer .zap-Datei.

.zap-Dateien sind einfache Textdateien mit Installationsanweisungen für die Applikation. Allerdings gibt es bei .zap-Dateien folgende Einschränkungen:

1. Die Applikationen verfügen nicht über den Selbstreparaturmechanismus.
2. Die Installation erfolgt meist nicht als silent-Installation im Hintergrund, sondern erfordert Eingaben des Benutzers. Zudem muß der Benutzer über die entsprechenden Berechtigungen für die Installation verfügen.
3. Die Applikationen können nur veröffentlicht, nicht jedoch Benutzern oder Computern zugewiesen werden.

Registerkarte „Dateierweiterungen"

Auf dieser Registerkarte können Sie bestimmen, auf welche Dateiendungen die Software reagieren soll.

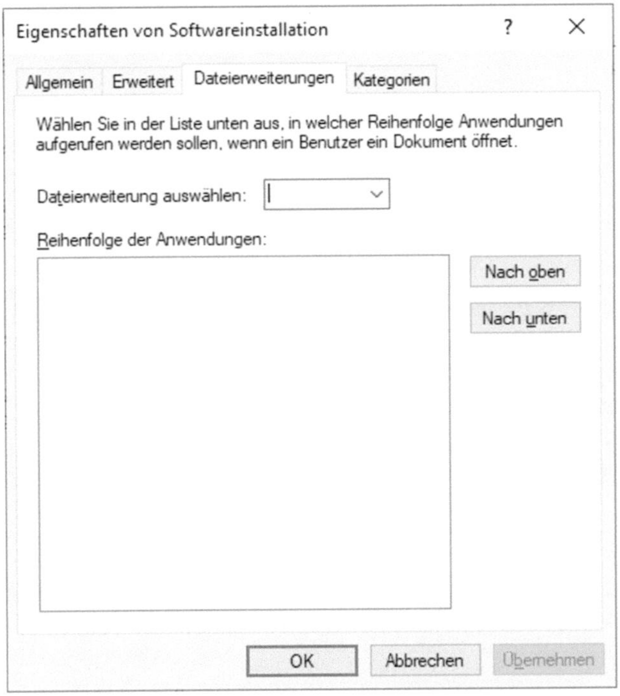

Abbildung 4.46: Registerkarte „Dateierweiterungen"

Registerkarte „Kategorien“

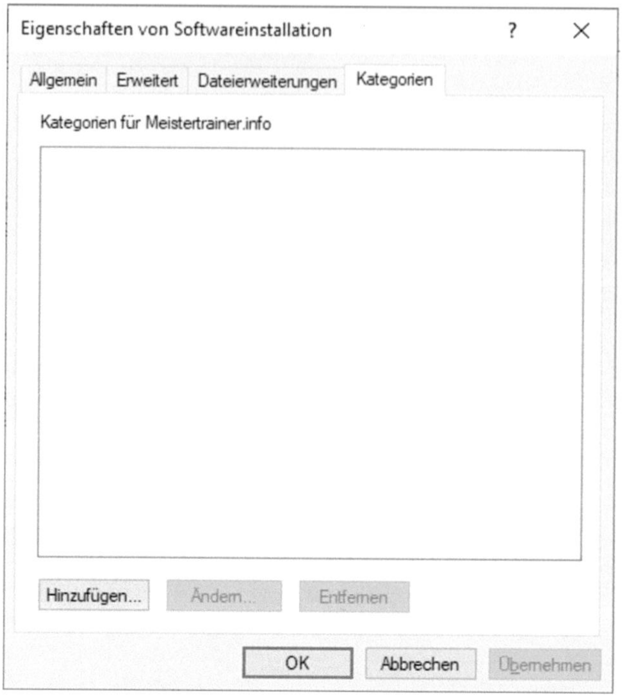

Abbildung 4.47: Registerkarte „Kategorien“

Hier können Sie Kategorien festlegen, die dann später in der Abteilung „Programme aus dem Netzwerk hinzufügen“ angezeigt werden.

Konfiguration des Softwarepakets

Natürlich können Sie auch jedes einzelne Softwarepaket nach Ihren Wünschen konfigurieren.

Registerkarte „Bereitstellen von Software“

Hier können Sie in erster Linie die Verteilungsart ändern, von Veröffentlichen auf Zuweisen und umgekehrt.

Abbildung 4.48: Bereitstellung

Registerkarte „Aktualisieren"

In dieser Registerkarte geben Sie .MSI Pakete an, die das momentan installierte Paket aktualisieren sollen, wie beispielsweise neuere Versionen.

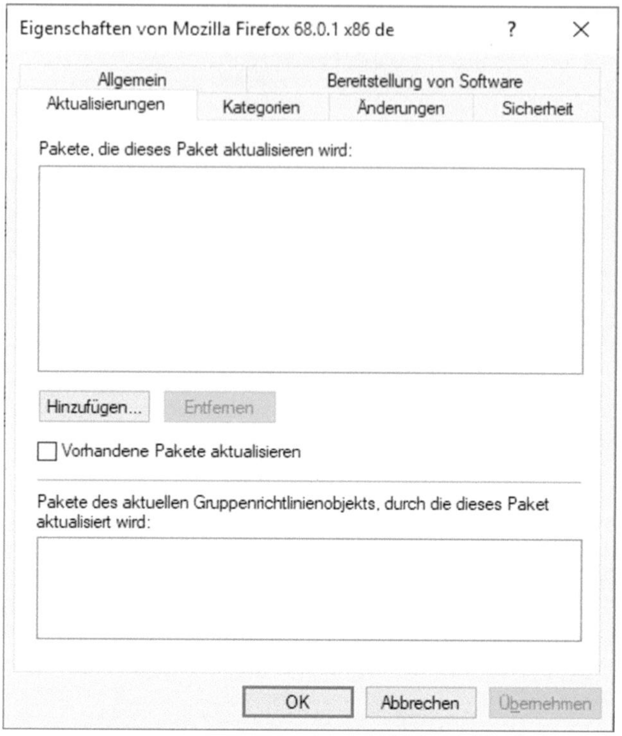

Abbildung 4.49: Aktualisieren

Pakete, die dieses Paket aktualisieren wird

Hier geben Sie das neue Softwarepaket an, mit dem Sie das bestehende Paket aktualisieren werden. Klicken Sie auf „Hinzufügen…“.

Dort können Sie wählen, ob das neue Paket, (Version 2) in diesem Gruppenrichtlinienobjekt oder in einem anderen zu finden ist.

Außerdem können Sie festlegen, ob die Aktualisierung

- Verbindlich (Bestehendes Paket deinstallieren, Aktualisierungspaket installieren) oder
- Freiwillig (Paket kann über das vorhandene Paket aktualisieren)

sein soll.

Registerkarte „Kategorien“

Hier können Sie Kategorien für die Software festlegen, unter denen Sie dann in der Systemsteuerung / Software angezeigt wird. Dies klappt aber nur, wenn zuvor Kategorien definiert worden sind.

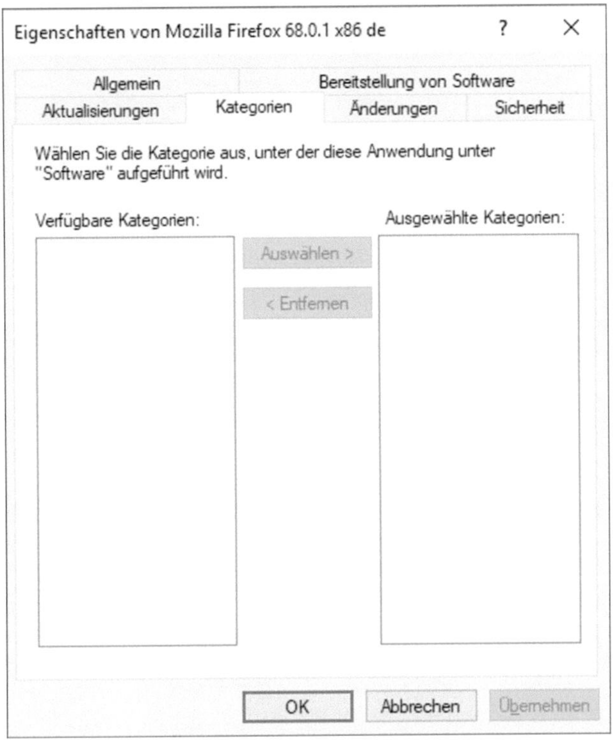

Abbildung 4.50: Kategorien

Wählen Sie eine Kategorie aus, und unter dieser Kategorie wird das Paket später angezeigt.

Registerkarte „Änderungen"

Wenn Sie Änderungen an der Standardinstallation vornehmen wollen, können Sie diese Änderungen hier angeben. So können Sie zum Beispiel ein zusätzliches Wörterbuch in einer anderen Sprache installieren, oder andere individuelle Anpassungen machen.

Um Änderungen durchzuführen benutzen Sie oder erstellen Sie eine .MST-Datei, die Sie hier angeben.

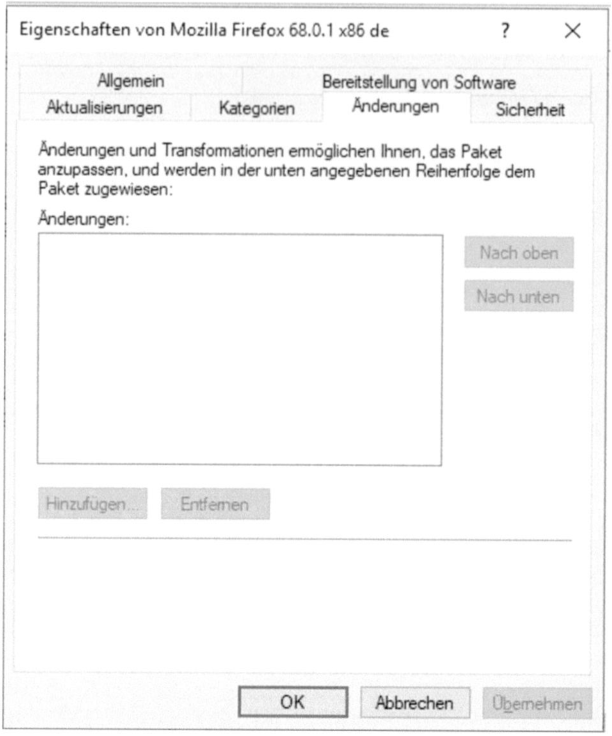

Abbildung 4.51: Änderungen

.MST-Dateien werden für die meisten Programme mit dem Ressource-Kit erstellt, und sollten im Installationspfad gespeichert werden.

4.6 RemoteApps

Eine weitere Lösung für eine On-Premise Domäne sind die Remote Apps.

RemoteApps sind Anwendungen, die auf einem Remotedesktopserver laufen. Auf ihm müssen die Remotedesktopdienste installiert sein.

Clients können auf diese Anwendungen zugreifen, indem sie sich mit dem Remotedesktop zu diesen Programmen verbinden.

Die Anwendungen laufen nicht auf dem Client, es ist vielmehr so, als ob der Client den Server „fernbedient".

Das hat den Vorteil, dass die RemoteApps nicht mit lokal installierten Programmen kollidieren können, da sie nicht lokal ausgeführt werden.

4.6.1 Die Installation der Remotedesktopdienste

Die Remotedesktopdienste werden als Rolle auf einem Server installiert.

Wählen Sie „Rollen und Features hinzufügen“ und im nächsten Schritt „Installation von Remotedesktopdiensten“.

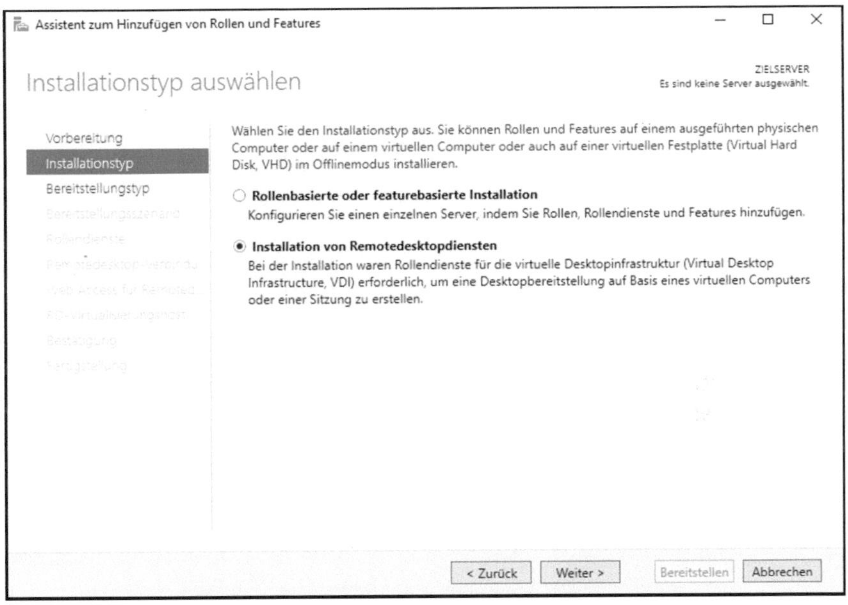

Abbildung 4.52: Installation von Remotedesktopdiensten

Nun wählen Sie die Standardbereitstellung.

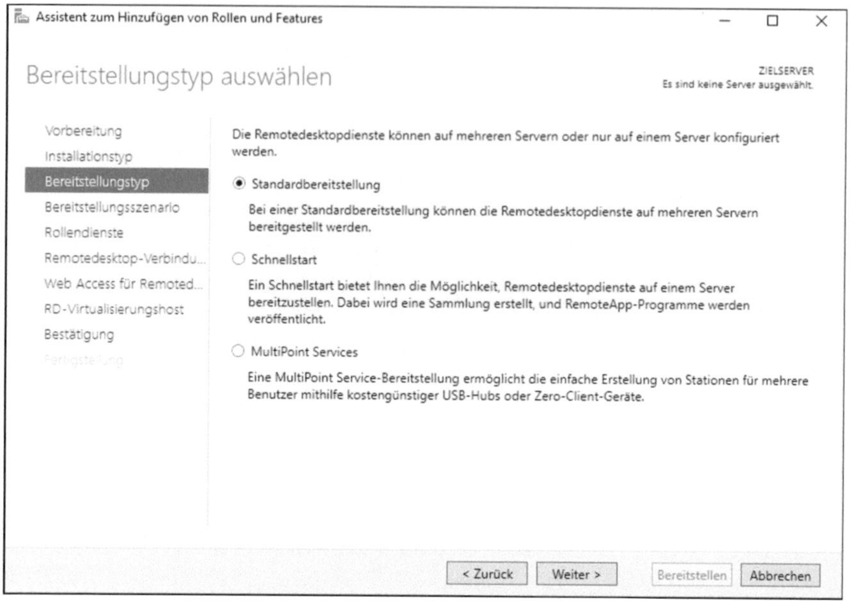

Abbildung 4.53: Standardbereitstellung

Der nächste Schritt ist das Bereitstellungsszenario.
Hier haben Sie zwei Auswahlmöglichkeiten:

Auf virtuellen Computern basierende Desktopbereitstellung
Dies ist die Desktopvirtualisierung, die hier nicht thematisiert wird.

Sitzungsbasierte Desktopbereitstellung
Diesen Menüpunkt wählen wir an.

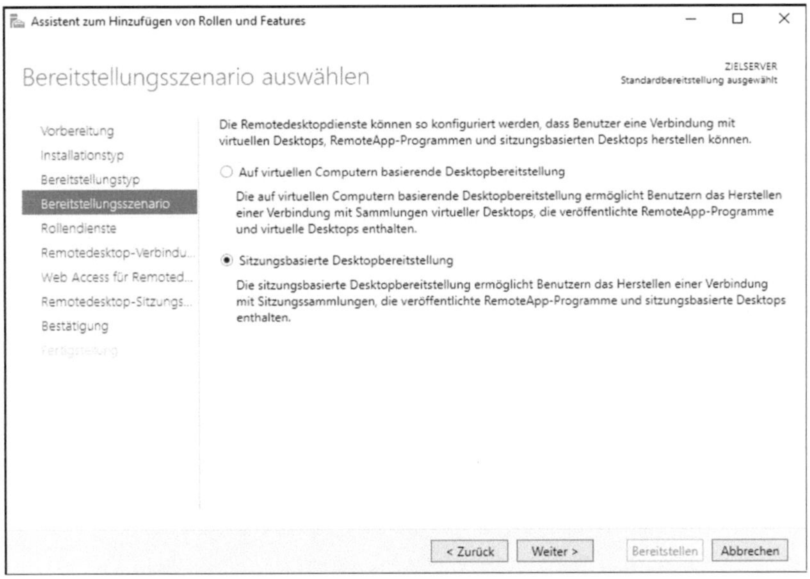

Abbildung 4.54: Sitzungsbasierte Desktopbereitstellung

Den Bildschirm „Rollendienste" können Sie einfach bestätigen, da alle drei Rollen installiert werden müssen.

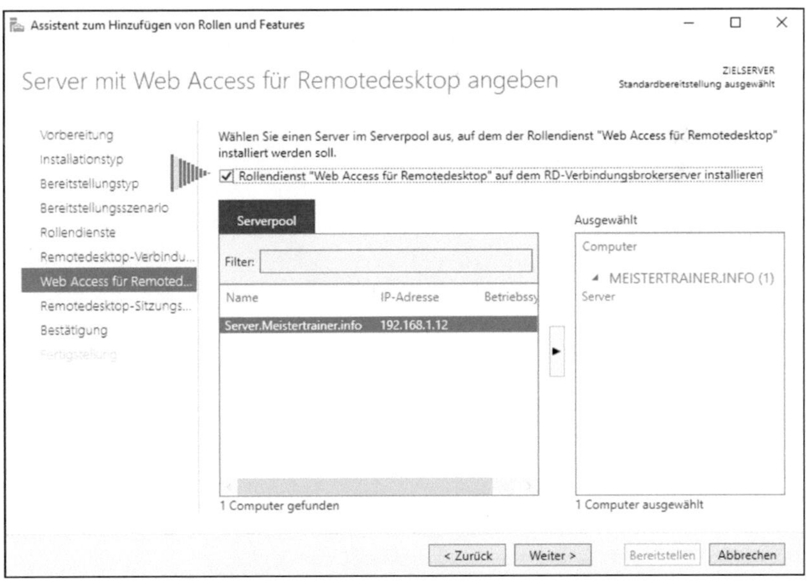

Abbildung 4.55: Dieser Haken ist wichtig

Bestätigen Sie bei „Remotedesktop-Verbindung“ einen Server.

Wichtig ist, dass Sie auf der Seite „Web Access für Remotedesktop“ den Haken vor „Rollendienst „Web Access für Remotedesktop auf dem RD-Verbindungsbroker installieren“ setzen, denn das ist eine Voraussetzung für RemoteApps.

Nun wählen Sie noch den RD-Sitzungshost aus, und die Installation der Rolle beginnt.

Der Rechner wird während der Installation neu gestartet.

Melden Sie sich nach dem Neustart auf jeden Fall mit dem gleichen Benutzerkonto an, mit dem Sie die Installation gestartet haben, denn die Installation wird noch beendet!

Eine wichtige Warnmeldung erscheint nach dem Neustart:

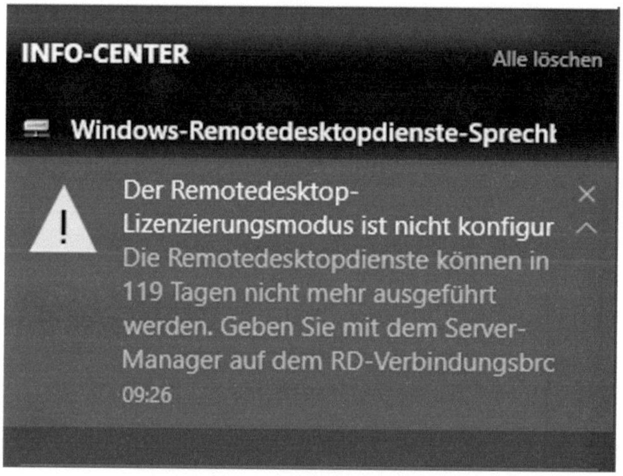

Abbildung 4.56: Warnmeldung

Der Terminalserver versucht, einen Lizenzserver zu finden. Da der Lizenzserver zwar installiert ist, aber keinerlei Konfiguration hat, ist ein Arbeiten mit dem Terminalserver zwar möglich, aber nur für 120 Tage.

Für eine Testumgebung ist das völlig ausreichend, und im wirklichen Leben werden Sie innerhalb dieser Zeitspanne den Dienst konfigurieren können…

Nun ist die Installation eigentlich abgeschlossen. Sie erkennen im Servermanager eine zusätzliche Konsole „Remotedesktop-Dienste".

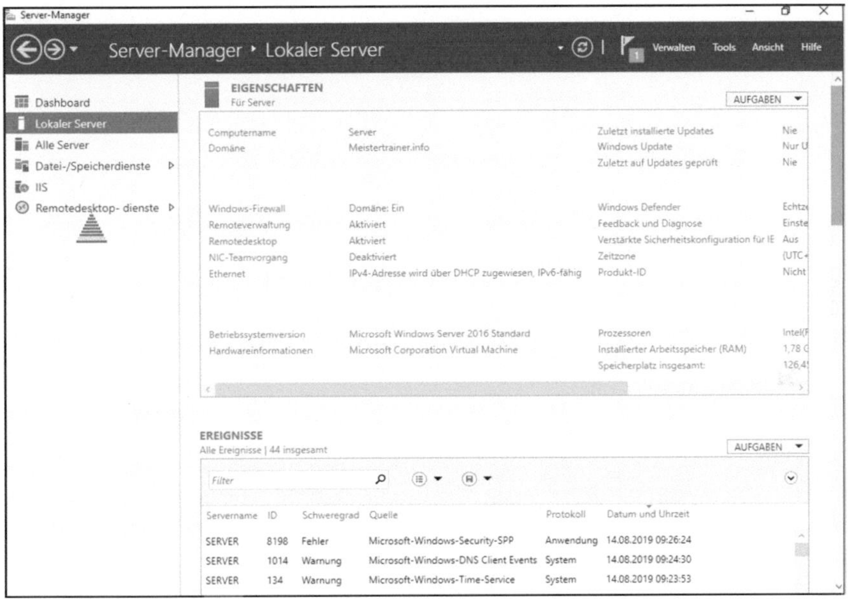

Abbildung 4.57: Remotedesktop-Dienste

4.6.2 Sitzungssammlung erstellen

Der nächste Schritt ist, eine Sitzungssammlung zu erstellen. Benutzer können später nur auf Sitzungssammlungen zugreifen.

Eine Sitzungssammlung ist eine Plattform, die für bestimmte Benutzer zur Verfügung gestellt wird. Sie kann mehrere Anwendungen enthalten.

Klicken Sie auf „Sitzungssammlungen erstellen".

Abbildung 4.58: Sitzungssammlungen erstellen

Es startet ein Assistent, in dem Sie der Sammlung zunächst einen Namen geben.

In der Folge legen Sie den RD-Sitzungshostserver fest, auf diesem wird die Sammlung verwaltet.

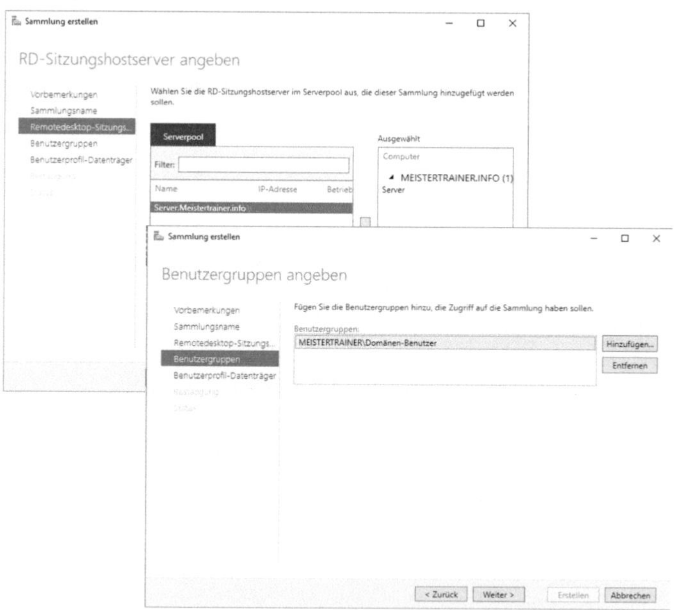

Abbildung 4.59: Remotesitzungshost und Benutzergruppe

Auch die Benutzergruppe, die später Zugriff auf die Sammlung haben soll, legen Sie fest.

4.6.3 RemoteApps erstellen

Nach dem Erstellen einer Sammlung erscheint diese in der Konsole des Servermanagers.

Abbildung 4.60: RemoteApp-Programme veröffentlichen

Wenn Sie im nächsten Schritt RemoteApps bereitstellen wollen, klicken Sie auf „RemoteApp-Programme veröffentlichen“.

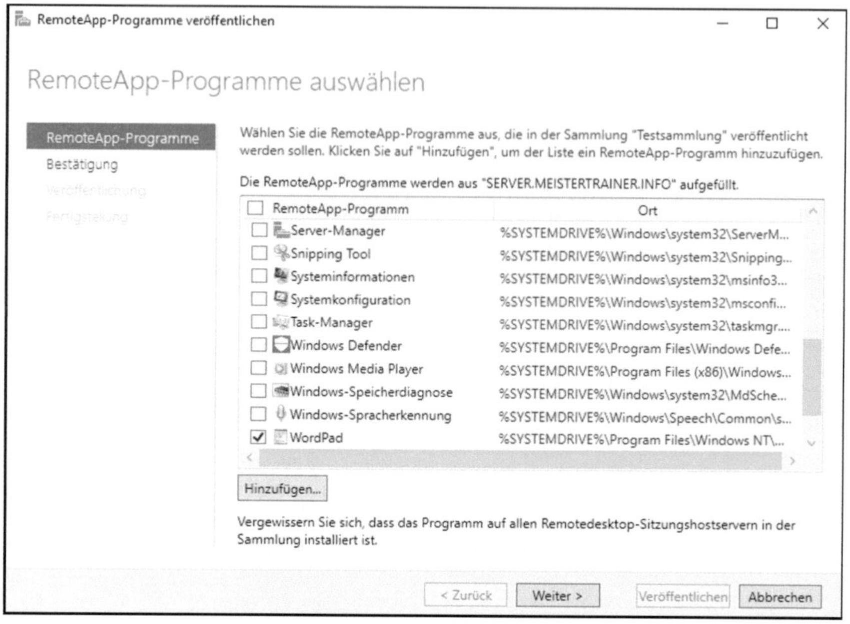

Abbildung 4.61: Auswahl der Programme

Wählen Sie die Programme aus, die Sie in dieser Sammlung veröffentlichen möchten.

Damit sind RemoteApps in einer Sammlung veröffentlicht.

Natürlich können Sie alle Befehle auch in PowerShell ausführen:

New-RDRemoteApp –CollectionName<NameDerSammlung> -DisplayName<NameDerAnwendung> -FilePath<PfadZurAusführbarenDatei>

4.6.4 Zugriff auf RemoteApps

Der Zugriff auf die RemoteApps ist einfach. Sie öffnen am Client einen Browser und geben folgendes ein

<NameDes RDSitzungshostservers >/RDWeb

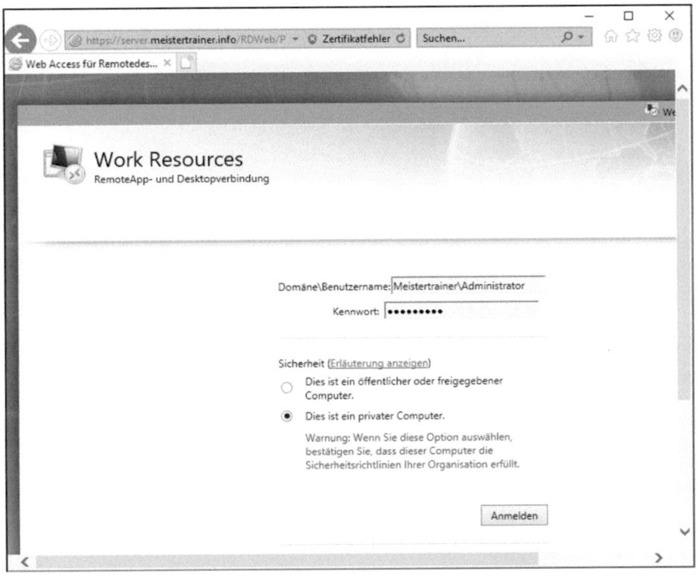

Abbildung 4.62: Anmelden am RD-Sitzungshostserver

Es öffnet sich ein Fenster, an dem Sie sich anmelden müssen.

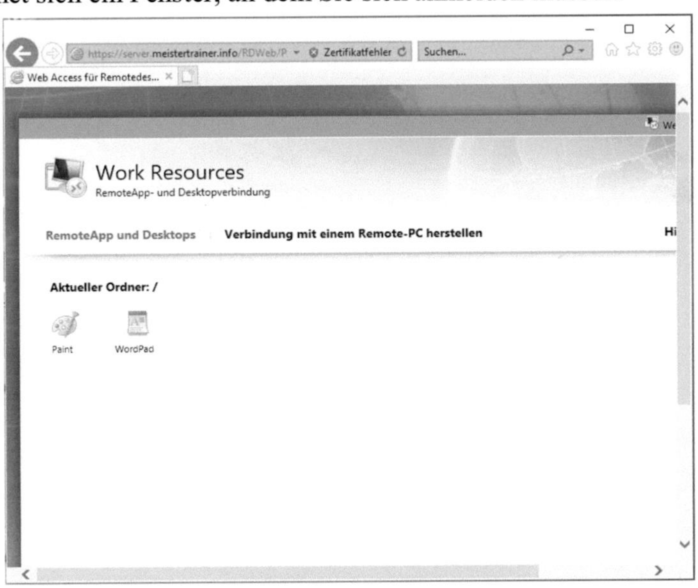

Abbildung 4.63: Sammlung

Nun sehen Sie die Sammlung, die für Ihre Benutzergruppe freigegeben ist.

Sie können die Programme starten, wobei eine RDP-Sitzung aufgebaut wird.

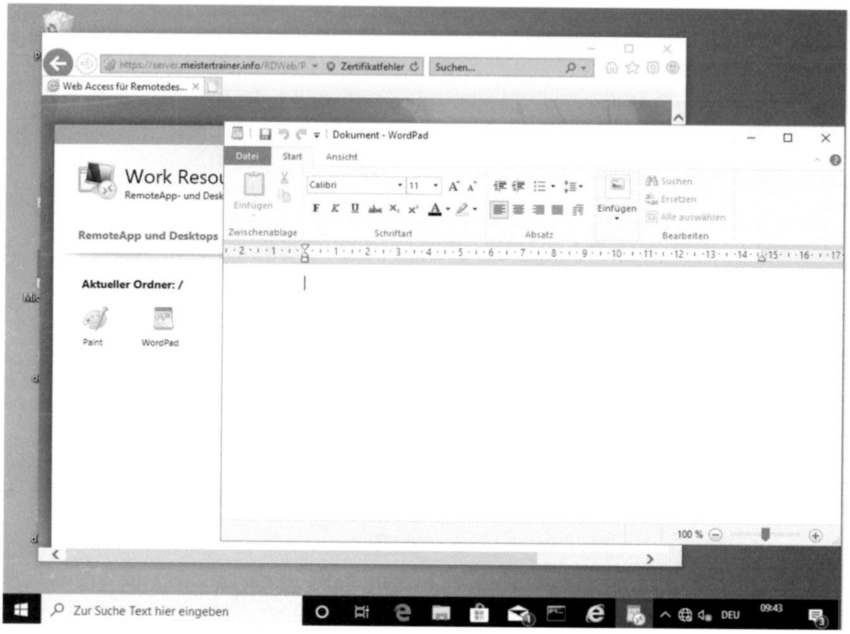

Abbildung 4.64: RemoteApp ist gestartet

4.7 Internet Explorer Unternehmensmodus konfigurieren

Beim Thema Apps darf auch eine der wichtigsten Apps nicht fehlen: Der Browser.

Dieser muss zwar nicht installiert werden, denn er ist bei jeder Installation bereits vorhanden, aber Sie sollten dennoch einige Gedanken für ihn übrig haben.

Wenn Sie im Internet unterwegs sind, gibt es dort viele moderne Seiten, aber auch viele ältere Seiten und Apps, die nicht mit einem modernen

Browser wie Microsoft Edge zusammenarbeiten.

In diesem Fall gibt es eine Möglichkeit, diese älteren Seiten automatisch im Internet Explorer 11 zu öffnen, der einen Kompatibilitätsmodus zur Verfügung stellt. Dies ist der Unternehmensmodus.

Dadurch funktionieren viele ältere Webseiten und Web-Apps fehlerfrei.

In der Praxis muss ein Unternehmen eine Liste erstellen, in der alle Edge-kompatiblen Websites eingetragen sind, und eine Liste, in der nur Websites engetragen sind, die älter sind und im Internet Explorer 11 geöffnet werden sollen.

In der Praxis sieht die Vorgehensweise dann folgendermaßen aus:

Alle Anwendungen werden im Browser Edge geöffnet. Wenn Sie auf eine Seite browsen, die auf der Liste der älteren Seiten steht, wird diese automatisch mit dem Internet Explorer im Kompatibilitätsmodus geöffnet.

Einrichten des Unternehmensmodus

Der Unternehmensmodus wird in einer Gruppenrichtlinie aktiviert. Dies kann über eine Domänenrichtlinie oder eine lokale Richtlinie geschehen.

Sie navigieren zu

- Computerkonfiguration
- Administrative Vorlagen
- Windows-Komponenten
- Internet Explorer

und wählen „Die Website-Liste für den Unternehmensmodus IE verwenden".

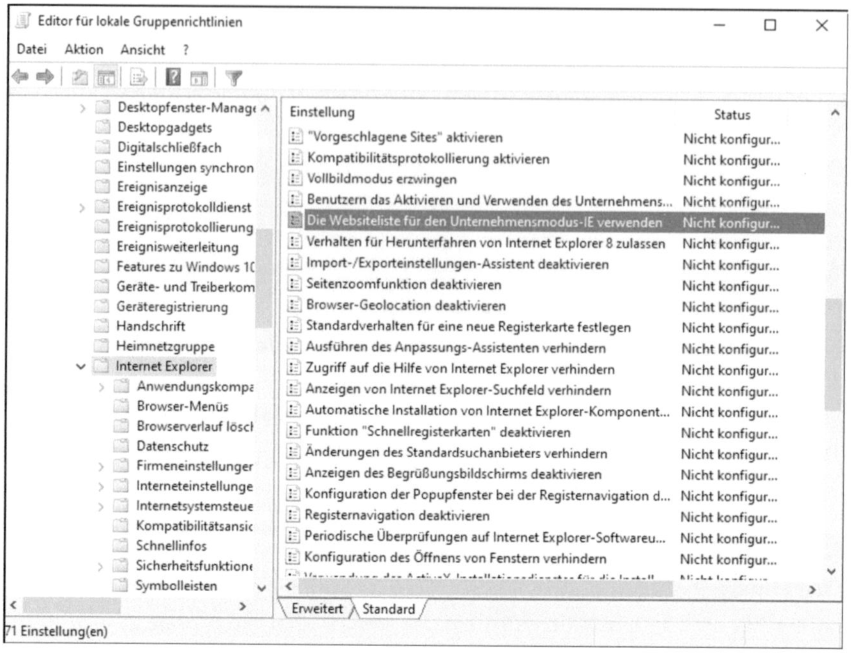

Abbildung 4.65: Unternehmensmodus aktivieren

Diese Funktion aktivieren Sie.

Im nächsten Schritt muss eine Liste mit den gewünschten Seiten angegeben werden, die im Internet Explorer geöffnet werden sollen.

Diese Liste muss im xml-Format sein und im Idealfall zentral auf einem Webserver im Unternehmen liegen.

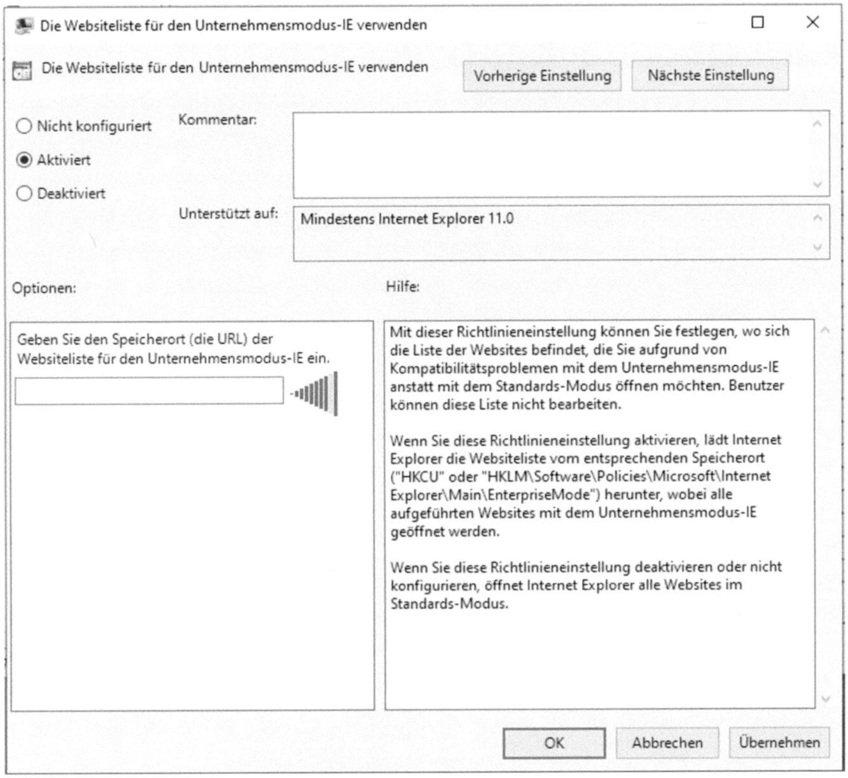

Abbildung 4.66: Liste der URL

4.8 Überwachung der App-Zuweisungen

Es gibt einige Stellen, an denen Sie den Status der zugewiesenen Apps überwachen können.

Dazu öffnen Sie in der Microsoft Intune Konsole

- Client-Apps
- Apps

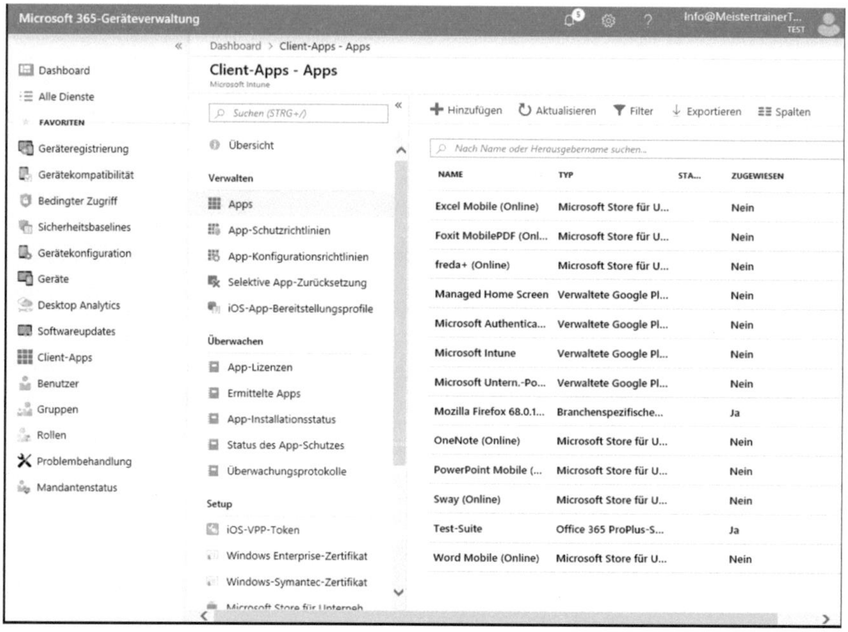

Abbildung 4.67: Status

Auf der rechten Seite sehen Sie die einzelnen Apps. Wenn Sie auf eine dieser Apps einen Doppelklick setzen, sehen Sie weitere Details.

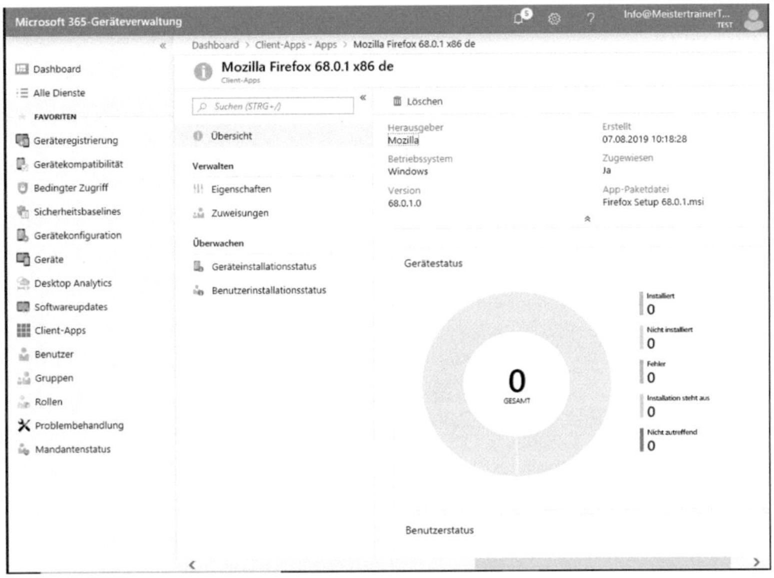

Abbildung 4.68: Details

Den Status der Lizenzen können Sie unter „App-Lizenzen“ betrachten.

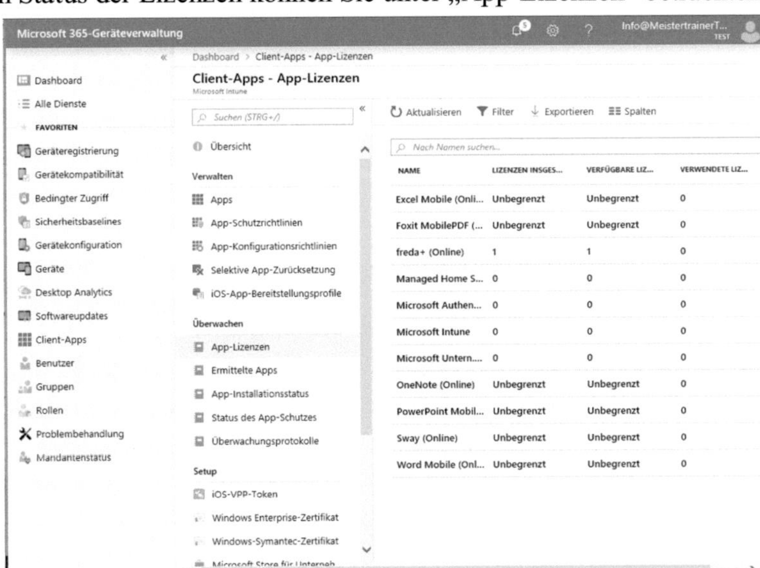

Abbildung 4.69: App-Lizenzen

Informationen über den Status der ausgeführten Installationen können Sie unter „App-Installationsstatus“ abrufen.

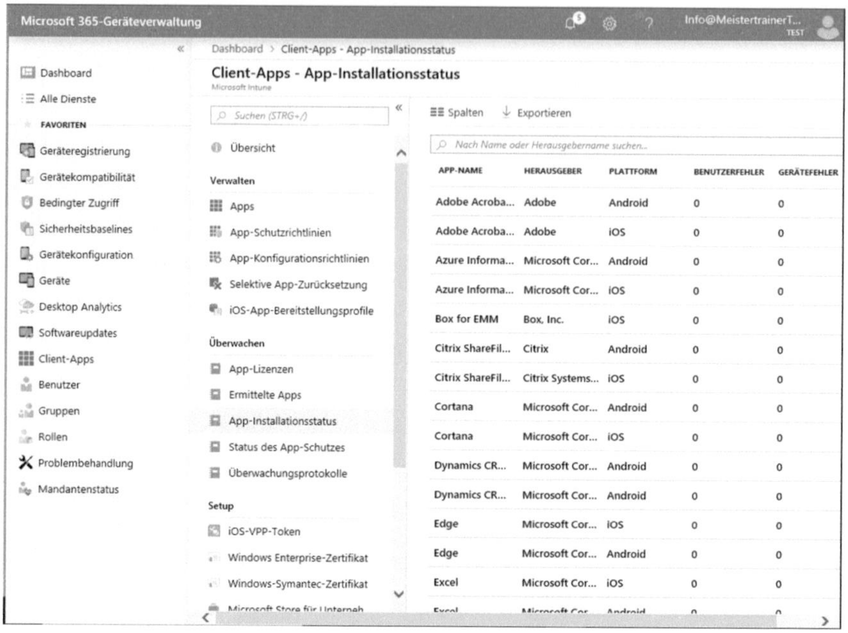

Abbildung 4.70: App-Installationsstatus

Hier können Sie natürlich nur die Informationen über die Apps sehen, die auch mithilfe von Microsoft Intune verwaltet werden.

4.9 Zurücksetzen von Unternehmensdaten

„Bring your own Device“ ist eine gute Funktion und kann auch mithilfe von Microsoft Intune gut verwaltet werden.

Allerdings muss man auch daran denken, was geschieht, wenn ein Kollege das Unternehmen verlässt oder ein solches Gerät gestohlen oder verloren wird.

In diesem Fall müssen Sie dafür sorgen, dass alle Unternehmensdaten vom Gerät gelöscht werden.

Allerdings sollten im Idealfall die persönlichen Daten auf dem Gerät erhalten bleiben.

Diese Anforderungen können Sie mithilfe von Microsoft Intune erfüllen, wenn das Gerät entweder iOS, Android oder Windows 10 als Betriebssystem benutzt.

Sie erstellen eine Zurücksetzungsanforderung, in der Sie definieren, welches Gerät welcher Person zurückgesetzt werden soll.

Beim nächsten Ausführen der entsprechenden App werden die Unternehmensdaten entfernt.

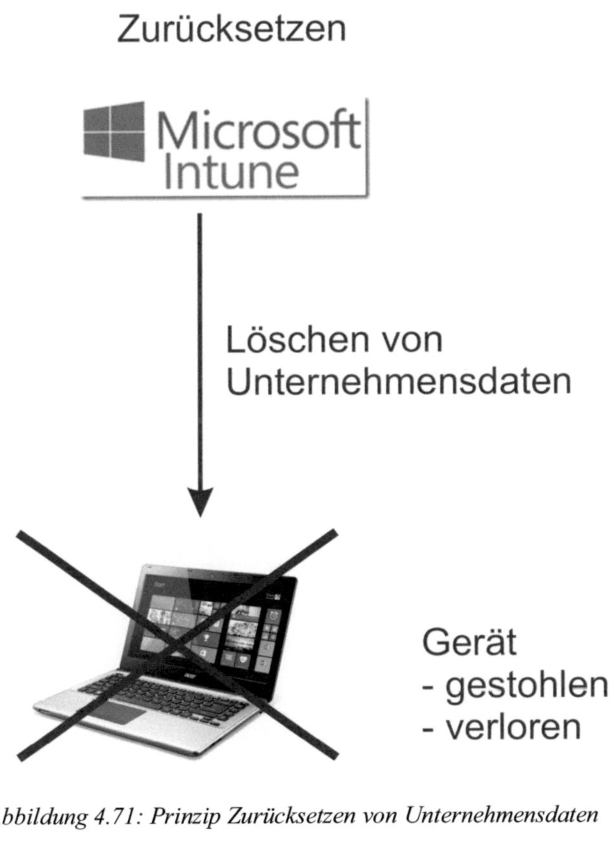

Abbildung 4.71: Prinzip Zurücksetzen von Unternehmensdaten

4.9.1 Erstellen einer Zurücksetzungsanforderung

Um eine Zurücksetzungsanforderung zu erstellen, öffnen Sie die Microsoft Intune Konsole und wählen

- Client-Apps
- Selektive App-Zurücksetzung
- Zurücksetzungsanforderung erstellen

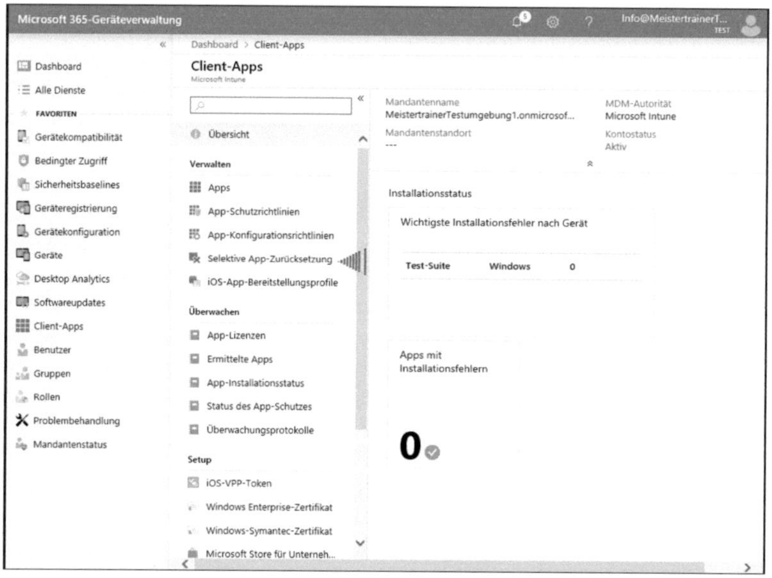

Abbildung 4.72: Zurücksetzungsanforderung erstellen

Hier wählen Sie im ersten Schritt den Benutzer aus, dessen Gerät Sie zurücksetzen wollen.

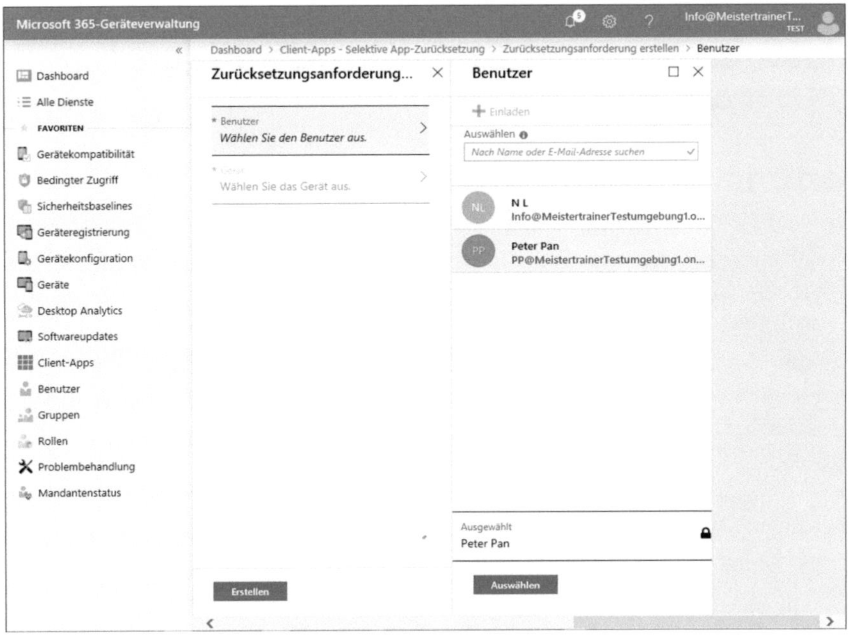

Abbildung 4.73: Auswahl Benutzer

Danach wählen Sie das entsprechende Gerät aus.

Danach wird für jede geschützte App auf dem Gerät eine Rücksetzungsanforderung erstellt, damit beim Start jeder App alle Firmendaten gelöscht werden.

4.10 Zusammenfassung, Übungen / Aufgaben

4.10.1 Zusammenfassung

In vielen Unternehmen wird bereits die Software „System Center Configuration Manager" eingesetzt, die im Grunde genommen die gleichen Möglichkeiten bietet, die Sie mit Microsoft Intune auch zur Verfügung haben.

Wenn Sie Ihr Microsoft Intune Abonnement mit dem System Center Configuration Manager verbinden, haben Sie damit die Voraussetzung geschaffen, Ihre Geräte sowohl mithilfe von Microsoft Intune als auch mit dem SCCM verwalten zu können.

Sie können Ihre Apps auch komplett mithilfe von Microsoft Intune bereitstellen. Nachdem die App definiert ist, müssen Sie sie noch zu mindestens einer Gruppe zuweisen.

Wenn Sie als Zuweisungstyp „Für registrierte Geräte verfügbar" gewählt haben, können Sie dies mithilfe des Unternehmensportals vornehmen.

Wenn Mitarbeiter Apps benutzen, müssen Sie sich immer Gedanken über die Sicherheit von App und Daten machen. Dies gilt umso mehr, als viele mobile Geräte benutzt werden, bei denen der Schutz noch viel wichtiger ist als bei den internen Desktopgeräten.

Noch größer ist die Gefahr, dass Mitarbeiter Geräte benutzen, die nicht unter Ihrer Verwaltung stehen, also mit ihren eigenen Geräten arbeiten (BYOD).

Hier kommen die App-Schutzrichtlinien ins Spiel. Mit ihnen können Sie Regeln für Apps festlegen, die unabhängig von der Geräteverwaltung agieren.

Damit können Sie auf Ebene der App Zugriff auf Unternehmensressourcen einschränken.

Zum Erstellen wählen Sie in der Microsoft Intune-Konsole

- Client Apps
- App-Schutzrichtlinie

Sie können wählen zwischen

- iOS
- Android
- Windows

Danach wählen Sie die Apps aus, für die diese Richtlinie gelten soll.

Sie können nun den Windows Information Protection Modus auswählen. Mit Windows Information Protection können Sie verhindern, dass unternehmensinterne Daten, die mit bestimmten Programmen erstellt worden sind, nach außen gelangen können, beispielsweise als Anhang einer E-Mail.

Eine Bereitstellung von Office 365 ProPlus über Microsoft Intune ist genauso einfach einzurichten wie das Bereitstellen anderer Programme.

Wichtig zu wissen ist, dass die Office 365 Apps nur für Windows 10 und MacOS bereitgestellt werden können. Natürlich müssen Sie im Besitz einer gültigen Lizenz sein.

Wenn Sie das Azure Active Directory benutzen, steht Ihnen der „Microsoft Store für Unternehmen" kostenlos zur Verfügung. Sie können sich einfach mit Ihrem Azure Active Directory Konto anmelden.

Dazu öffnen Sie folgende URL: https://businessstore.microsoft.com/de-de/store

Melden Sie sich mit Ihrem globalen Azure Active Directory Administratorkonto an.

Da Sie mit dem globalen Administratorkonto angemeldet sind, haben Sie natürlich alle Berechtigungen.

Alle Benutzer können im Store nach Anwendungen suchen und Apps installieren, haben aber keine verwaltungstechnischen Rechte.

Um die Lücke zwischen dem globalen Administrator und den Benutzern zu schließen, gibt es hier die Möglichkeit, bestimmten Benutzern Rollen zuzuweisen und Ihnen damit mehr Rechte im Store zu geben.

Im Microsoft Store für Unternehmen können Sie universelle Windows-Apps zur Verfügung stellen, allerdings nur für Windows 10-Geräte.

Der Microsoft Store für Unternehmen ist eine eigene Verwaltungsplattform für die Zuweisung von Apps.

Wenn Sie bereits mit Microsoft Intune arbeiten, möchten Sie vielleicht, dass Sie die Apps über das Microsoft Intune-Portal verwalten können.

Dadurch könnten Sie die erworbenen Apps komplett mit Microsoft Intune an Benutzer zuweisen und die Möglichkeiten benutzen, die Ihnen

Microsoft Intune bietet.

Apps können normalerweise nur aus dem App Store oder mithilfe von Microsoft Intune geladen und installiert werden.

Allerdings ist es manchmal nötig, auch Apps zu installieren, die von anderer Quelle kommen. Dies kann der Fall sein, wenn man eine App selber entwickelt hat und erst einmal testen möchte.

Für diesen Fall gibt es eine Einstellung, die es erlaubt, auch Apps, die nicht aus dem App Store kommen, zu installieren. Diese Funktion heißt „Apps querladen".

Dies können Sie sowohl in der App „Einstellungen" oder auch in einer Gruppenrichtlinie konfigurieren.

Wenn Sie eine On-Premise Domäne betreiben und keine Cloud-Lösung für die Installation von Software benutzen möchten, gibt es eine weitere Möglichkeit, Software auf den Clients zu installieren.

Sie können im Active Directory eine Gruppenrichtlinie erstellen, mit der Sie festlegen können, welche Software auf Clients in der Domäne installiert wird.

Eine weitere Lösung für eine On-Premise Domäne sind die Remote Apps.

RemoteApps sind Anwendungen, die auf einem Remotedesktopserver laufen. Auf ihm müssen die Remotedesktopdienste installiert sein.

Clients können auf diese Anwendungen zugreifen, indem sie sich mit dem Remotedesktop zu diesen Programmen verbinden.

Die Anwendungen laufen nicht auf dem Client, es ist vielmehr so, als ob der Client den Server „fernbedient".

Wenn Sie im Internet unterwegs sind, gibt es dort viele moderne Seiten, aber auch viele ältere Seiten und Apps, die nicht mit einem modernen Browser wie Microsoft Edge zusammenarbeiten.

In diesem Fall gibt es eine Möglichkeit, diese älteren Seiten automatisch im Internet Explorer 11 zu öffnen, der einen Kompatibilitätsmodus zur Verfügung stellt. Dies ist der Unternehmensmodus.

„Bring your own Device" ist eine gute Funktion und kann auch mithilfe von Microsoft Intune gut verwaltet werden.

Allerdings muss man auch daran denken, was geschieht, wenn ein Kollege das Unternehmen verlässt oder ein solches Gerät gestohlen oder verloren wird.

In diesem Fall müssen Sie dafür sorgen, dass alle Unternehmensdaten vom Gerät gelöscht werden.

Allerdings sollten im Idealfall die persönlichen Daten auf dem Gerät erhalten bleiben.

Diese Anforderungen können Sie mithilfe von Microsoft Intune erfüllen, wenn das Gerät entweder iOS, Android oder Windows 10 als Betriebssystem benutzt.

Sie erstellen eine Zurücksetzungsanforderung, in der Sie definieren, welches Gerät welcher Person zurückgesetzt werden soll.

Beim nächsten Ausführen der entsprechenden App werden die Unternehmensdaten entfernt.

4.10.2 Übungen

1. Starten Sie die virtuellen Maschinen „DC“, „Server1“, „W10“ und „W10-Azure“.
2. Wenn Sie Zeit und die entsprechende Hardware haben, installieren Sie einen zusätzlichen Server in der Domäne und installieren Sie auf ihm den System Center Konfiguration Manager.
3. Betrachten Sie alle Einstellungen auf diesem Server.
4. Beginnen Sie eine Registrierung des Microsoft Intune Abonnements, führen Sie es aber nicht zu Ende!
5. Öffnen Sie auf „W10-Azure“ die Microsoft Intune Konsole und erstellen Sie eine App-Richtlinie.
6. Weisen Sie diese Richtlinie einer Gruppe zu.
7. Wenn möglich, installieren Sie diese App auf „W10-Azure“.
8. Erstellen Sie eine App-Schutzrichtlinie.
9. Betrachten Sie alle Einstellungen, die „Windows Information Protection“ betreffen und entscheiden Sie sich für eine Einstellung.
10. Wählen Sie auch „Erweiterte Einstellungen“.
11. Stellen Sie Office 365 ProPlus bereit.
12. Konfigurieren Sie im „Microsoft Store für Unternehmen“ Rollen.
13. Stellen Sie eine App über den „Microsoft Store für Unternehmen“ bereit.
14. Verknüpfen Sie den „Microsoft Store für Unternehmen“ mit Microsoft Intune für eine gemeinsame Verwaltung.
15. Aktivieren Sie auf „W10-Azure“ das Querladen von Apps.
16. Konfigurieren Sie auf „DC“ eine Softwareinstallation mithilfe einer Gruppenrichtlinie.
17. Installieren Sie auf „Server1“ RemoteApps.
18. Greifen Sie von „W10“ aus auf diese Apps zu.
19. Überlegen Sie, wo der Unternehmensmodus für den Internet Explorer konfiguriert wird.
20. Erstellen Sie eine Zurücksetzungsanforderung.

4.10.3 Aufgaben

1. Sie sind der Administrator der Firma Meistertrainer. Die On-Premise-Domäne heißt Meistertrainer.info.

   Sie benutzen den System Center Configuration Manager, mit dem Sie die Software der Abteilung „Buchhaltung" verwalten.

   Nun möchten Sie in der Abteilung „Buchhaltung" eine neue App ausrollen, und in der Abteilung „Vertrieb" eine andere App.

   Wie gehen Sie vor?

2. Sie sind der Administrator der Firma Meistertrainer. Die On-Premise-Domäne heißt Meistertrainer.info.

   Sie benutzen den System Center Configuration Manager.

   Nun möchten Sie ein Co-Management mit Microsoft Intune konfigurieren.

   Was ist der erste Schritt?

3. Sie sind der Administrator der Firma Meistertrainer. Die On-Premise-Domäne heißt Meistertrainer.info.

   Sie benutzen den System Center Configuration Manager. Ein Co-Management mit Microsoft Intune ist bereits eingerichtet.

   Sie möchten nun eine sehr große App auf allen Rechnern installieren. Wie gehen Sie am besten vor, um den Datenverkehr im Unternehmen für die Installation zu reduzieren?

4. Sie sind der Administrator der Firma Meistertrainer. Die On-Premise-Domäne heißt Meistertrainer.info.

   Alle Computer sind auch im Azure Active Directory gemeldet. Für die Verwaltung der Clients benutzen Sie Microsoft Intune.

   Sie möchten, dass auf allen Geräten von neuen Kollegen einer bestimmten Abteilung eine App installiert werden kann.

   Wie stellen Sie diese App bereit?

5. Sie sind der Administrator der Firma Meistertrainer. Die On-Premise-Domäne heißt Meistertrainer.info.

   Alle Computer sind auch im Azure Active Directory gemeldet. Für die Verwaltung der Clients benutzen Sie Microsoft Intune.

   Sie haben eine App-Schutzrichtlinie erstellt, die nur für Windows 10 Geräte gilt und der Gruppe 1 zugewiesen ist. Gruppe 2 ist ausgeschlossen.

Gilt diese Richtlinie in folgenden Fällen:

a) Plattform: Windows 10, Mitglied von Gruppe 2

b) Plattform: Android, Mitglied von Gruppe 1

c) Plattform: Windows 10, Mitglied von Gruppe 1

6. Sie sind der Administrator der Firma Meistertrainer. Die On-Premise-Domäne heißt Meistertrainer.info.

   Alle Computer sind auch im Azure Active Directory gemeldet. Für die Verwaltung der Clients benutzen Sie Microsoft Intune.

   Sie haben eine App-Schutzrichtlinie für App 1 erstellt, in der Sie den Windows Information Protection Modus auf „Im Hintergrund“ definiert haben.

   Was bedeutet das, wenn Sie Daten mit dieser App öffnen?

7. Sie sind der Administrator der Firma Meistertrainer. Die On-Premise-Domäne heißt Meistertrainer.info.

   Alle Computer sind auch im Azure Active Directory gemeldet. Für die Verwaltung der Clients benutzen Sie Microsoft Intune.

   Sie möchten eine App ausrollen, bei der die Benutzer auf keinen Fall Daten per E-Mail verschicken dürfen.

   Was müssen Sie erstellen?

8. Sie sind der Administrator der Firma Meistertrainer. Die On-Premise-Domäne heißt Meistertrainer.info.

   Alle Computer sind auch im Azure Active Directory gemeldet. Für die Verwaltung der Clients benutzen Sie Microsoft Intune.

   Was müssen Sie tun, damit Benutzer eine App aus dem Microsoft Store für Unternehmen installieren können?

9. Sie sind der Administrator der Firma Meistertrainer. Die On-Premise-Domäne heißt Meistertrainer.info.

   Alle Computer sind auch im Azure Active Directory gemeldet. Für die Verwaltung der Clients benutzen Sie Microsoft Intune.

   Sie benutzen den „Microsoft Store für Unternehmen“.

   Sie möchten nun eine gemeinsame Verwaltung der Apps in Microsoft Intune konfigurieren.

   Welche Schritte müssen Sie ausführen?

10. Sie sind der Administrator der Firma Meistertrainer. Die On-Premise-Domäne heißt Meistertrainer.info.

Alle Computer sind auch im Azure Active Directory gemeldet. Für die Verwaltung der Clients benutzen Sie Microsoft Intune.

Wo konfigurieren Sie das Querladen von Apps?

Anhang A:

Lösungen zu den Aufgaben

Lösungen Kapitel 1

1. 10
2. MT-%RAND:3%
3. Mit einer MDT-Tasksequenz
4. Extrahieren Sie die Hardware-ID-Informationen jedes Computers in eine CSV-Datei und laden Sie die Datei mithilfe der Geräteeinstellungen im Microsoft Store for Business oder zu Microsoft Intune hoch.
5. Install-Script Get-WindowsAutoPilotInfo
6.
   a) Microsoft Store for Business oder Microsoft Intune
   b) Geräte-Seriennummer und Hardwarehash
7. Unternehmensbranding
8. Erstellen einer CSV-Datei mit den Computerinformationen

   Hochladen der Datei mithilfe Microsoft Store for Business oder Microsoft Intune

   Zurücksetzen des Computers
9. a
10. Nein
11. Windows 7 64 bit

    Windows 8.1 64 bit
12. Softwareupdates – „Bereitstellungsstatus pro Updatering“
13. Automatisches Updateverhalten

    Downloadmodus für Übermittlungsoptimierung
14. Mit einer Gruppenrichtlinie
15. Gesichtserkennung

PIN

16. Windows Hello for Business

Lösungen Kapitel 2

1. Mit einer Gerätekonfiguration
2. Im Azure AD Gruppen mit dynamischer Mitgliedschaft
3.
   a) Richtlinie für bedingten Zugriff
   b) Gerätekompatibilitätsrichtlinie
4. Gerätezustand
5. Kiosk
6. Gerätekonfigurationsprofil
7. Benutzerdefiniert
8.
   a) Windows Defender-SmartScreen
   b) Windows Defender Antivirus
9. Gerätekonfigurationsprofil
10. Plattformtyp: Windows 10 und höher

    Profiltyp: Identity Protection
11. Das Profil „Default“ wird kopiert

    Die Daten aus dem Profil „all Users“ stehen immer zur Verfügung.
12. Überprüfen der Einstellungen für das Entfernen der Richtlinie, gegebenenfalls ändern

    Deaktivieren der Ordnerumleitung

    Neuerstellen der Umleitung
13. Nein, die Ordner „Musik“ und „Videos“ können nicht nach „OneDrive for Business“ umgeleitet werden
14. Nein, es ist nicht im Ordner „Dokumente“ und wird deswegen mit einem Standardprofil erstellt
15. Erstellen eines Profils, benutzerdefiniert.

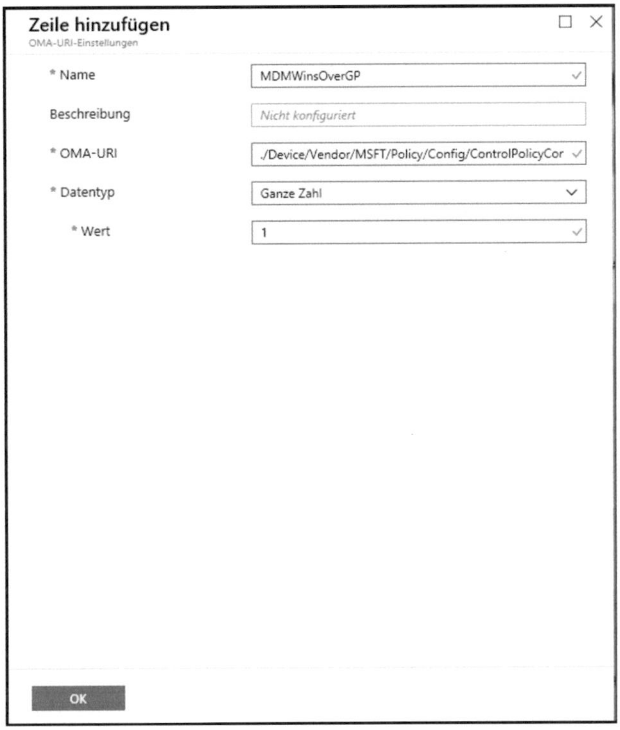

16. Ein Gerätekonfigurationsprofil

Lösungen Kapitel 3

1. Windows Defender Application Guard
2. GPT-Datenträger
   UEFI
3. Hyper-V
4. Windows Defender Exploit Guard
   - 5a) Windows Defender Sicherheitscenter
   - 5b) Mit einer Gruppenrichtlinie
6. Windows Defender Exploit Guard
   Windows Defender Firewall
7. Secure Score

8. 1000
9. Erstellen einer Registrierungsbeschränkungsrichtlinie mit Gerätelimiteinschränkung und Zuweisen zu einer Gruppe
10. Erstellen einer Registrierungsbeschränkungsrichtlinie mit Gerätetypeinschränkung und Zuweisen zu einer Gruppe
11. Erstellen eines Device Enrollment Program (DEP)-Token

    Erstellen eines Apple-Registrierungsprofils

    Zuweisen des Apple-Registrierungsprofils
12. Erstellen eines Device Enrollment Program (DEP)-Token
13. Gerätekompatibilität - Gerätekompatibilität
14. Die Microsoft Intune Unternehmensportal-App aus dem App-Store
15. Installation des Microsoft Monitoring Agents auf dem Client
16. Erstellen eines Azure Log Analytics-Arbeitsbereichs

    Installation des Microsoft Monitoring Agents auf dem Client

    Konfigurieren der Commercial ID auf den Clients
17. Eine Abfrage

Lösungen Kapitel 4

1. Abteilung Buchhaltung: SCCM neue App

   Abteilung Vertrieb: Microsoft Intune App-Zuweisung
2. Sie fügen im SCCM ein Microsoft Intune-Abonnement hinzu
3. Sie benutzen den SCCM und erstellen Verteilungspunkte
4. App-Bereitstellung in Microsoft Intune und Zuweisung an bestimmte Gruppe
5.
   a) Nein

   b) Nein

   c) Ja
6. Die Aktionen werden protokolliert.

   Achtung! Der Modus „Im Hintergrund“ wird oft auch mit „Lautlos“ übersetzt!

7. Eine App-Schutzrichtlinie
8. Sie fügen sie zum privaten Store hinzu
9. Wenn Microsoft Intune nicht vorhanden ist, fügen Sie im „Microsoft Store für Unternehmen“ dies als Verwaltungstool hinzu

   Aktivieren Sie den „Microsoft Store für Unternehmen“ in Microsoft Intune

   Synchronisieren Sie die Apps
10. App „Einstellungen“

Anhang B:

Einrichten Zugang Office 365

Um mit Microsoft 365 arbeiten zu können, wird im ersten Schritt ein Zugang für Azure Active Directory benötigt.

Diesen können Sie beispielsweise erlangen, indem Sie sich einen Testzugang für Office 365 erstellen.

Zunächst öffnen Sie folgende Webseite:

https://businessstore.microsoft.com/en-us/create-account/signup?OfferId=101bde18-5ffb-4d79-a47b-f5b2c62525b3&dl=ENTERPRISEPREMIUM&culture=en-US&country=US&ali=1&alo=1&products=cfq7ttc0k5jn:0005

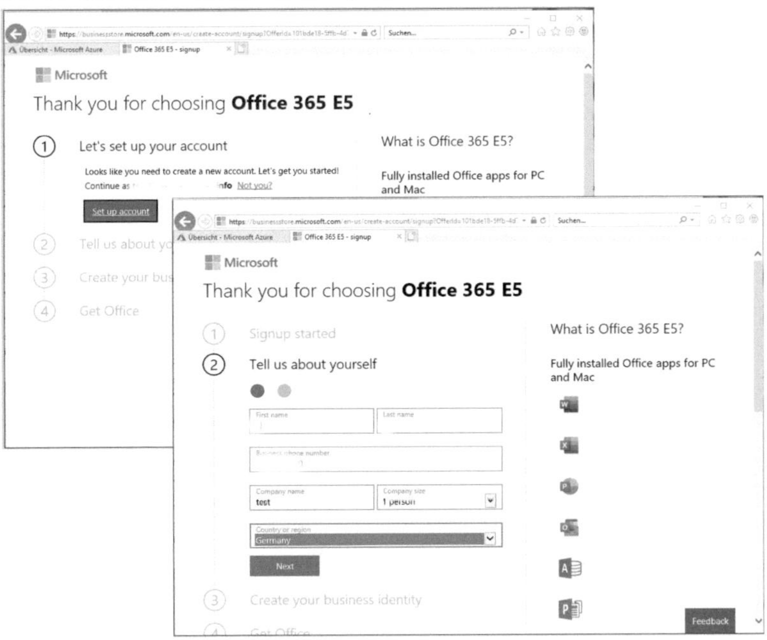

Abbildung 0.1: Zugang

Sie benötigen eine E-Mail-Adresse, an die Informationen geschickt werden können und eine Telefonnummer. Dies ist im Idealfall eine Handynummer, mit der Sie dann einen Freischaltcode empfangen können.

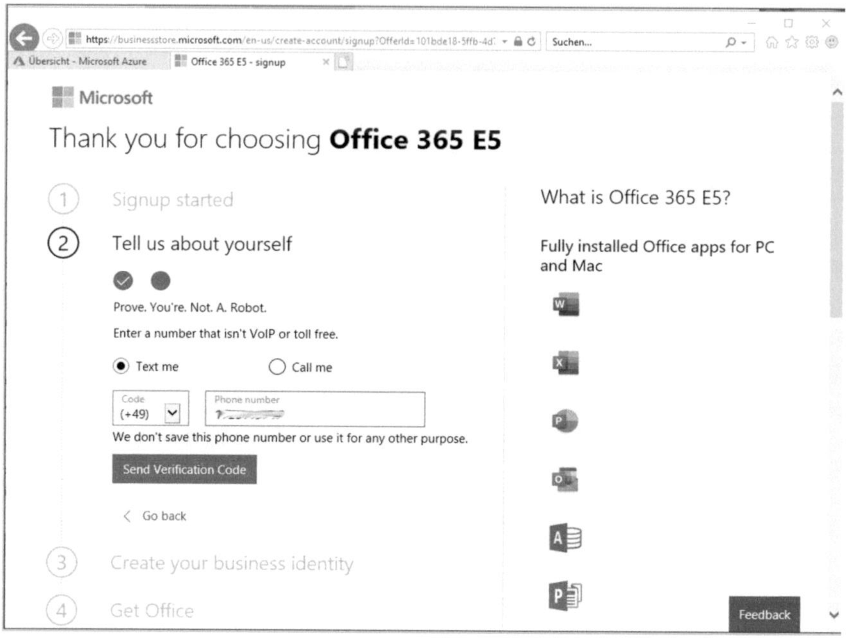

Abbildung 0.2: Verifikation

Nachdem Sie einen Code empfangen und eingegeben haben, wählen Sie einen Domänennamen aus. Damit haben Sie den Namen Ihres Azure Active Directorys definiert.

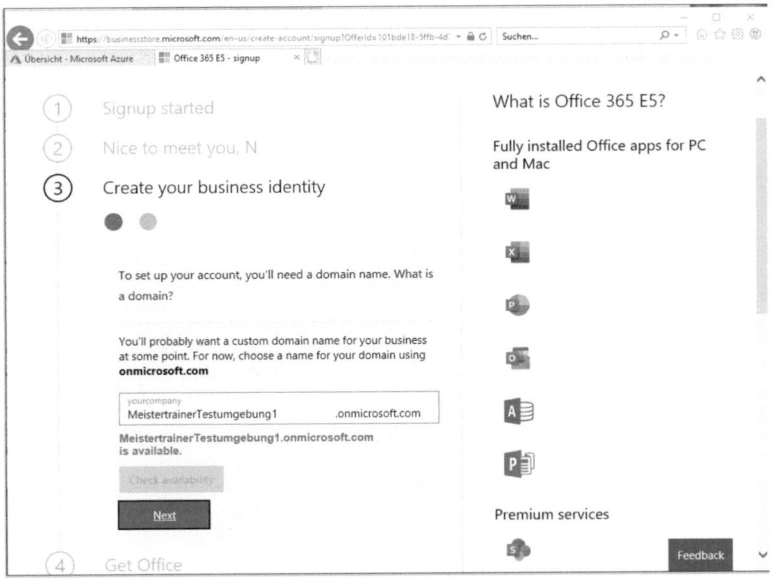

Abbildung 0.3: Domänenname

Nun können Sie einen Benutzer erstellen, in Form einer E-Mail-Adresse.

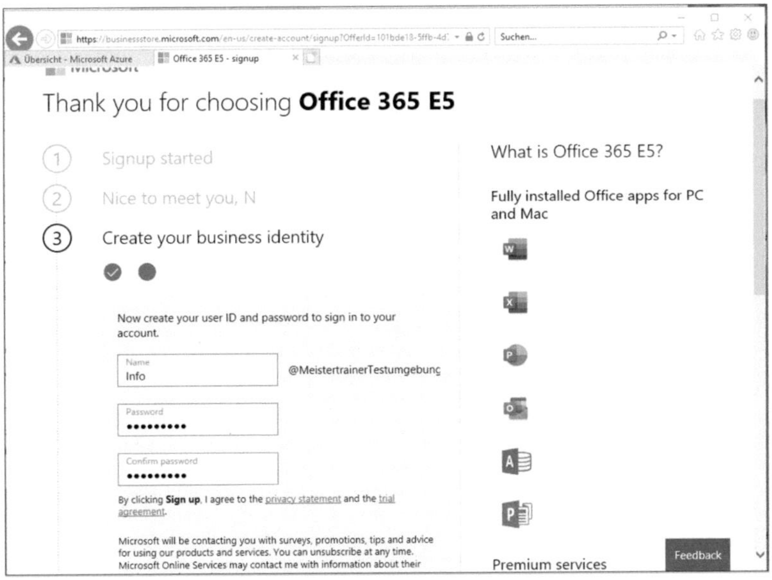

Abbildung 0.4: Benutzer

Dieser Benutzer hat administrative Rechte, mit diesem Namen und diesen Anmeldeinformationen melden Sie sich in Zukunft an.

Einrichten Testzugang „Microsoft 365“

Mit genau diesen Anmeldeinformationen melden Sie sich nun an folgender URL an:

https://admin.microsoft.com

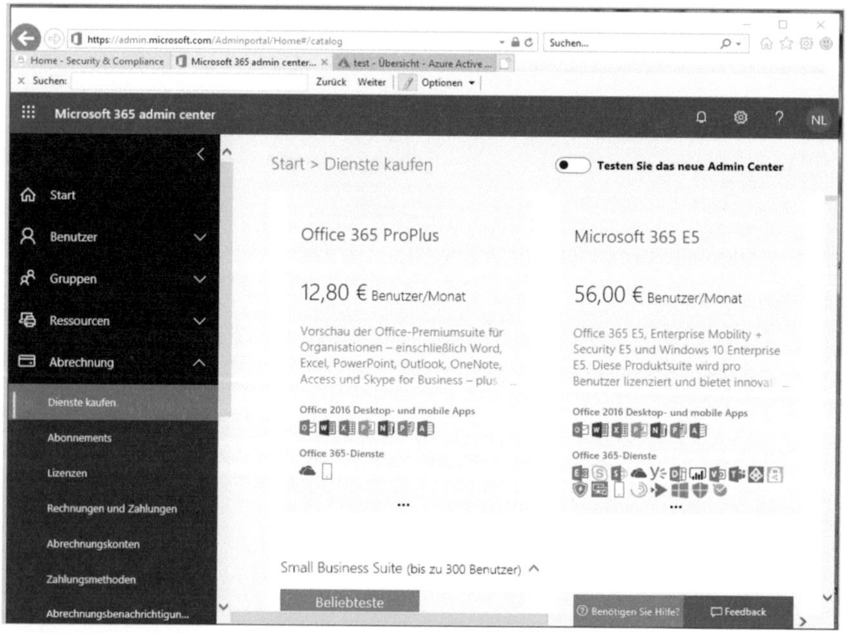

Abbildung 0.5: Microsoft 365

Hier wählen Sie

- Abrechnung
- Dienste kaufen
- Microsoft 365 E5 Testzugang

Auch hier erfolgt wieder eine Abfrage mit einem Freischaltcode.

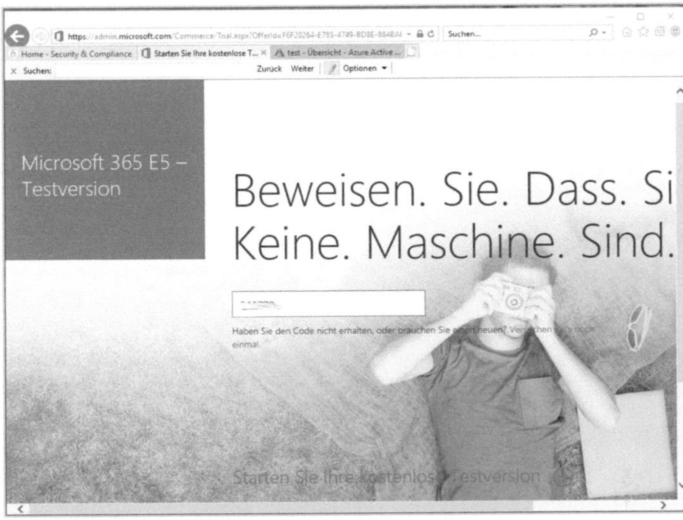

Abbildung 0.6: Freischaltcode

Danach haben Sie Zugriff auf das Microsoft 365 Center mit allen Funktionen.

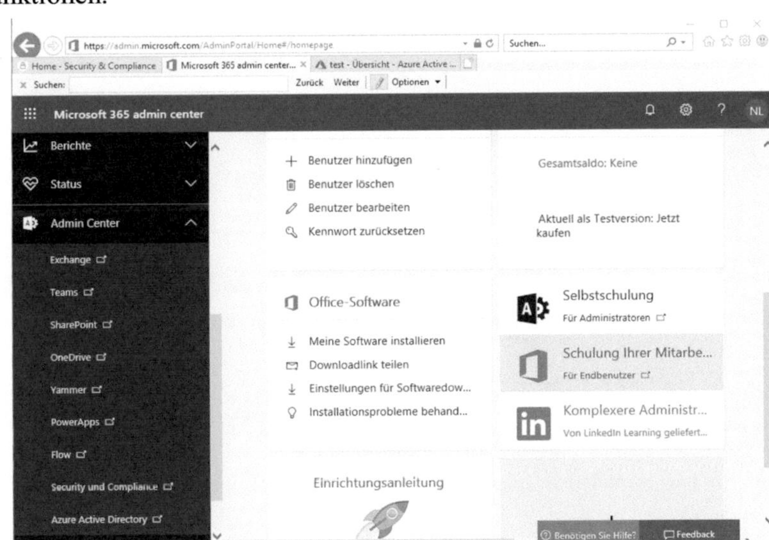

Abbildung 0.7: Zugang ist erstellt

Einrichten Microsoft Store für Unternehmen

Um Zugriff auf den Microsoft Store für Unternehmen zu erlangen, gehen Sie auf die Seite https://www.microsoft.com/business-store .

Dort melden Sie sich mit den gleichen Anmeldedaten, wie für das Microsoft 365 Center an.

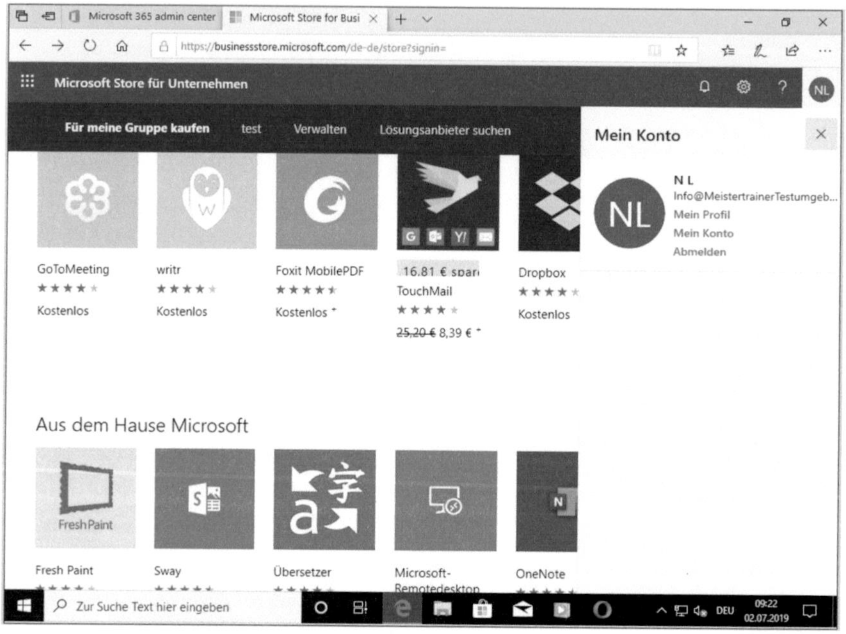

Abbildung 0.8: Anmeldung am Store für Unternehmen

Einrichten Microsoft Intune

Microsoft Intune wird zunächst im Azure Active Directory aktiviert.

Dazu wählen Sie

- Mobilität (MDM und MAM)
- Microsoft Intune

Abbildung 0.9: Microsoft Intune aktivieren

Hier stellen Sie alle Auswahlmöglichkeiten auf „Alle“.

Danach können Sie die Microsoft Intune Konsole öffnen unter https://aka.ms/Microsoft Intuneportal

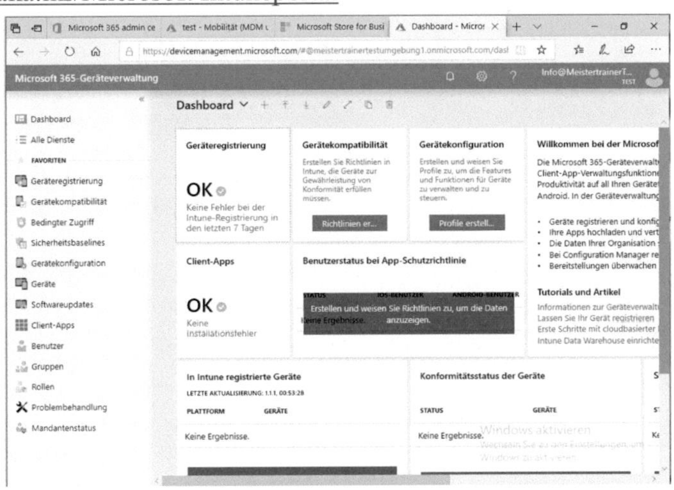

Abbildung 0.10: Konsole

Hier melden Sie sich ebenfalls mit den gleichen Anmeldedaten wie für das Microsoft 365 Center an.

Einrichten von Azure Log Analytics

Um Log Analytics einzurichten, gehen Sie zur Website https://azure.microsoft.com/de-de/pricing/details/monitor/

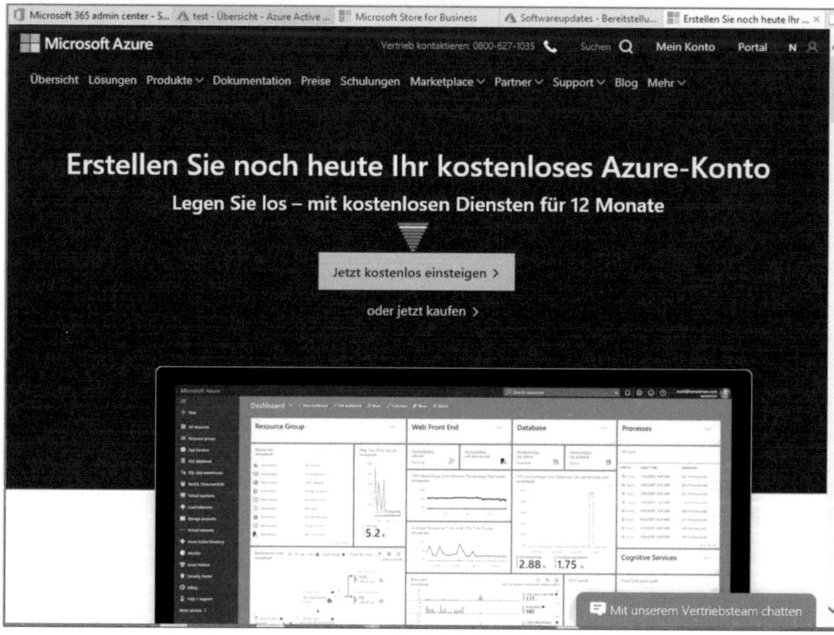

Abbildung 0.11: Log Analytics

Sie melden sich wieder für einen Testzugang an, bestätigen die SMS-Abfrage.

Diesmal müssen Sie allerdings eine Kreditkarte angeben, die aber nicht belastet wird, wenn Sie nach Ablauf von 30 Tagen kein Upgrade buchen.

Achten Sie deshalb auf eventuelle Anfragen, ob Sie das kostenlose Abo verlängern möchten, denn dann kann es kostenpflichtig werden!

Zugriff erhalten Sie danach unter der URL:

https://aad.portal.azure.com/#blade/Microsoft_AAD_IAM/ActiveDirectoryMenuBlade/Overview

Anhang C:

Installation des System Configuration Managers

Für die Installation eines System Configuration Managers müssen einige Voraussetzungen erfüllt sein.

Es wird mindestens ein Windows Server 2008 vorausgesetzt, der in einer Domäne läuft.

Er muss 8 GB RAM besitzen, da auch ein SQL-Server (mindestens 2012) installiert werden muss. Der SCCM selber verlangt nicht einen so großen Arbeitsspeicher, aber für den Betrieb des SQL-Servers ist es notwendig.

Installation des Betriebssystems und Beitritt zur Domäne

Installieren Sie einen Windows Server.

Nach der Installation vergeben Sie eine statische IP-Adresse, einen aussagekräftigen Computernamen und treten der Domäne bei.

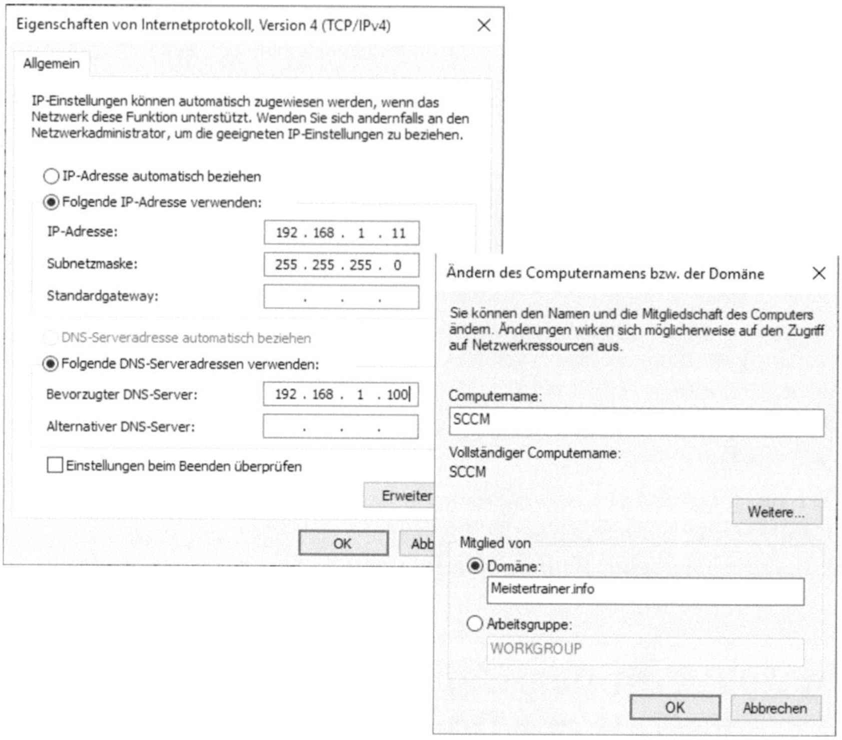

Abbildung 0.1: Einstellungen

Erweitern des Active Directory Schemas

Wechseln Sie auf den Domänencontroller.

Dort müssen Sie eine Schemaerweiterung vornehmen.

Führen Sie dazu auf dem Installationsmedium vom SCCM die Datei \SMSSetup\Bin\x64\Extadsch.exe aus.

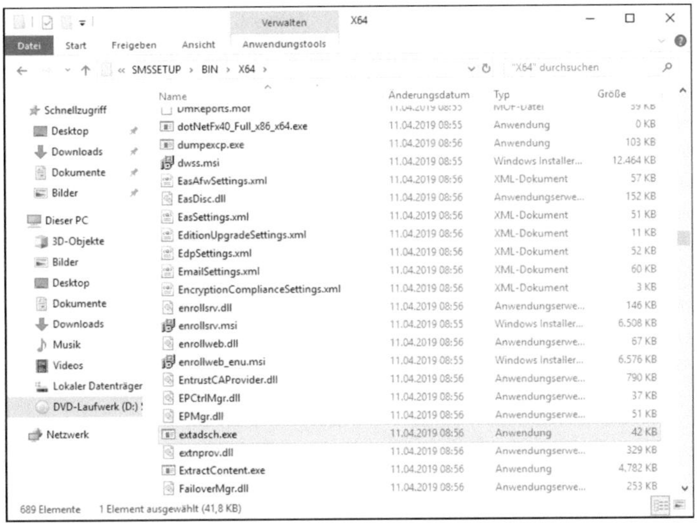

Abbildung 0.2: Datei ausführen

Es wird eine Log-Datei erstellt: C:\ExtADSch.log.

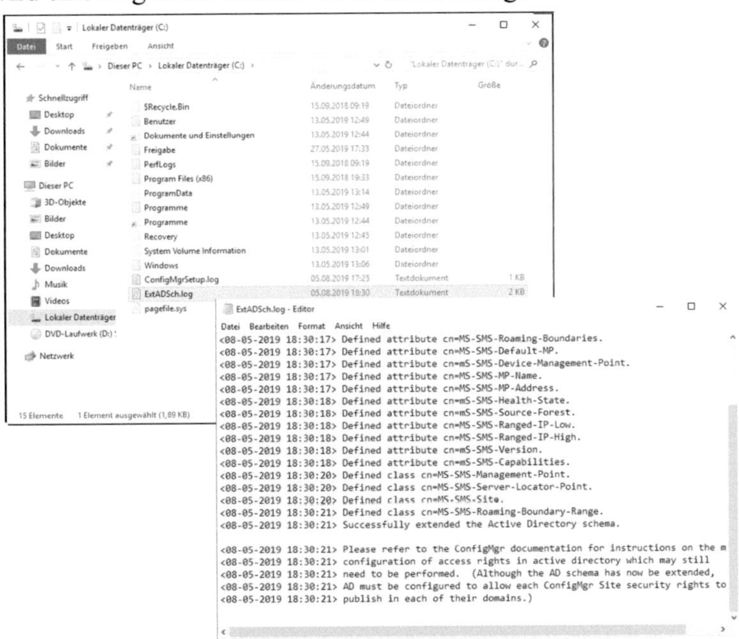

Abbildung 0.3: Log-Datei

Erstellen eines Active-Directory Containers

Öffnen Sie auf dem Domänencontroller das Tool ADSI-Edit.

Fügen Sie unter der OU „System" ein neues Objekt vom Typ „Container" hinzu.

Geben Sie ihm die Bezeichnung „System-Management".

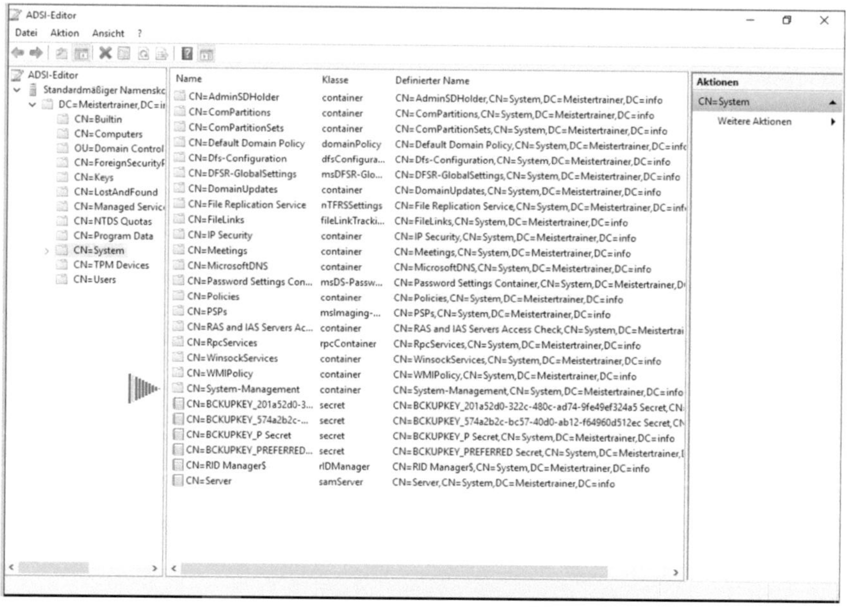

Abbildung 0.4: Container hinzufügen

Öffnen Sie die Eigenschaften des eben erstellten Containers und wechseln Sie auf die Registerkarte „Sicherheit".

Fügen Sie das Computerkonto des Rechners, auf dem SCCM installiert werden soll, hinzu.

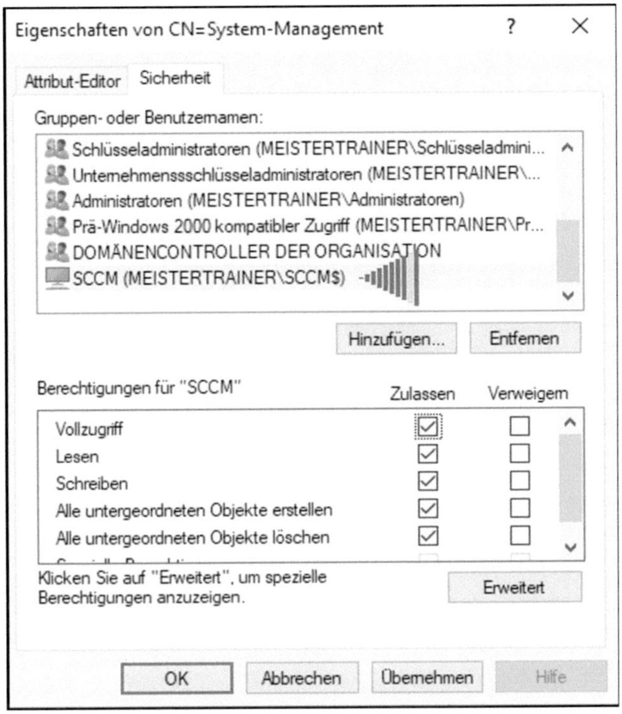

Abbildung 0.5: Computerkonto

Gewähren Sie dem Konto „Vollzugriff".

Klicken Sie auf „Erweitert".

Öffnen Sie das Computerobjekt und wählen Sie bei „Anwenden auf" „Dieses und alle untergeordneten Objekte" aus.

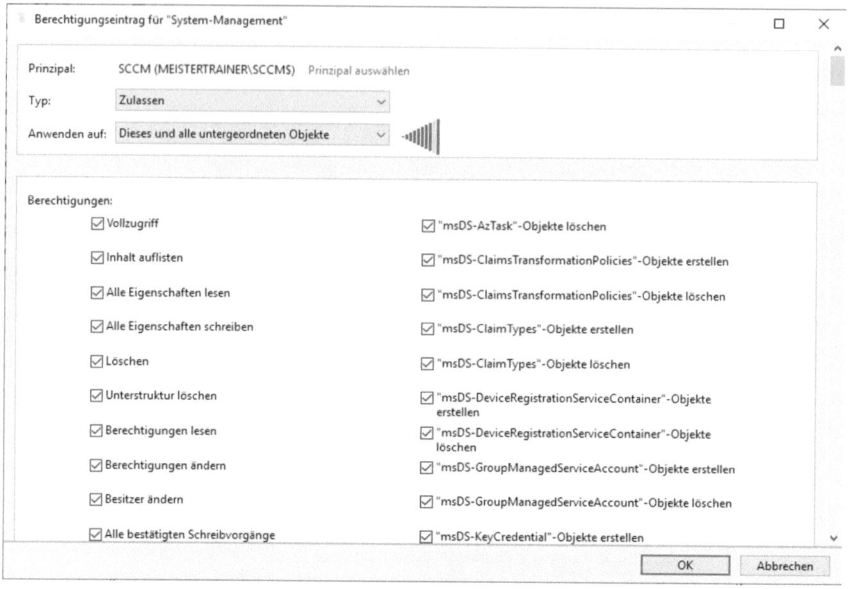

Abbildung 0.6: Dieses und alle untergeordneten Objekte

Installation der benötigten Features und Rollendiensten

Auf dem Rechner, der als SCCM arbeiten soll, müssen Sie noch folgende Rollen und Features installieren:

- Remotedifferenzialkomprimierung
- Intelligenter Hintergrundübertragungsdienst (Background Intelligent Transfer Service, BITS)
- .NET Version 3.5 und 4.5
- ASP.NET

Bitte alle abhängigen Features mitinstallieren!

Nach dem klicken auf „Weiter“ werden die Rollendienste für den IIS gewählt.

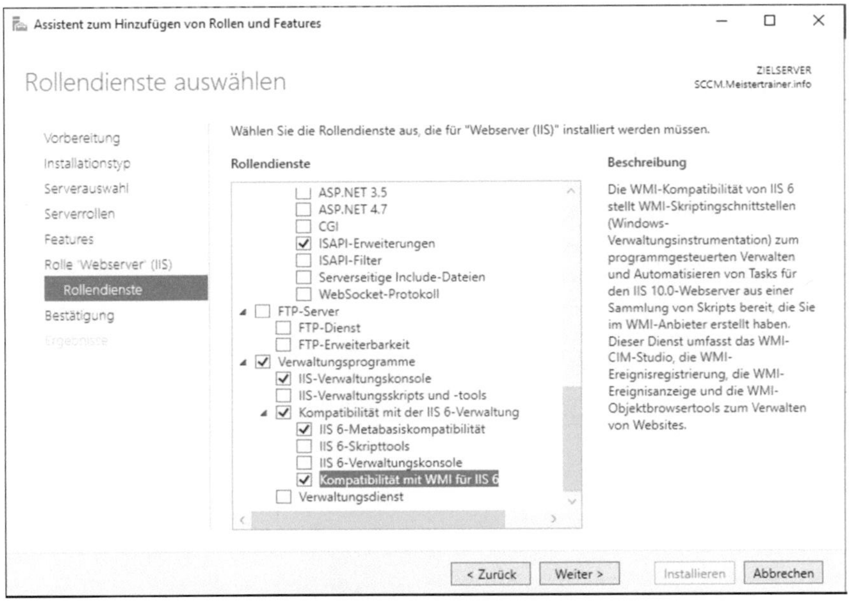

Abbildung 0.7: Rollendienste

- ASP.NET
- Windows-Authentifizierung
- Verwaltungsprogramme => Kompatibilität mit der IIS-6-Verwaltung => IIS-6-Metabasiskompatibilität und Kompatibilität für WMI für IIS 6

Installation des ADK

Im nächsten Schritt muss das Windows Assessment and Deployment Toolkit (ADK) auf dem zukünftigen SCCM-Server installiert werden.

Sie können das ADK komplett installieren, mindestens müssen folgende Komponenten vorhanden sein:

- Bereitstellungstools
- Windows-Vorinstallationsumgebung (Windows PE)
- EasyTransfer (USMT)

Installation des SQL-Servers

Nun wird auf dem zukünftigen SCCM-Server der SQL-Server installiert.

Sie können eine Standardinstallation vornehmen, lediglich bei der Sortierung müssen Sie darauf achten, dass „SQL_Latin1_General_CP1_CI_AS" eingestellt ist.

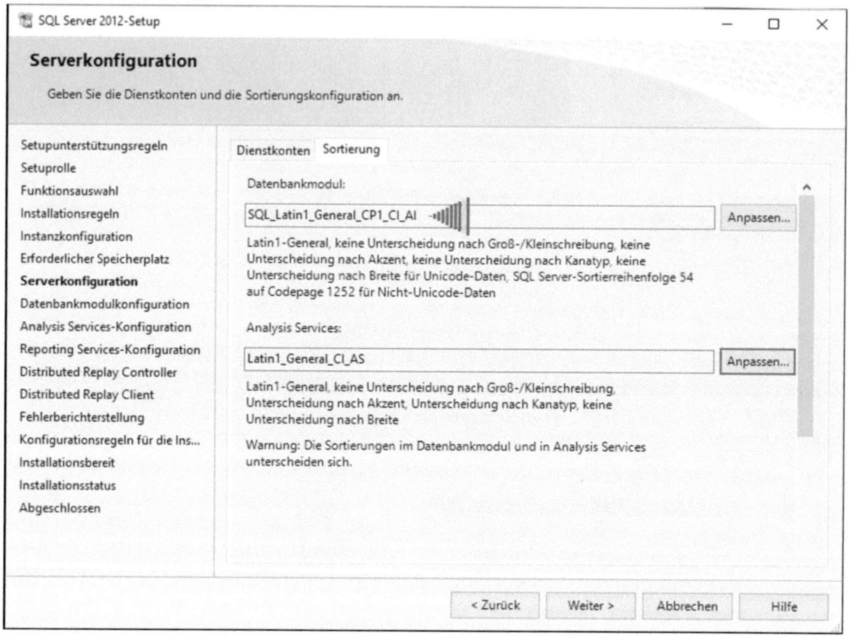

Abbildung 0.8: Sortierung

Nach der Installation muss der SQL-Server so eingerichtet werden, dass er mit einem Systemkonto läuft.

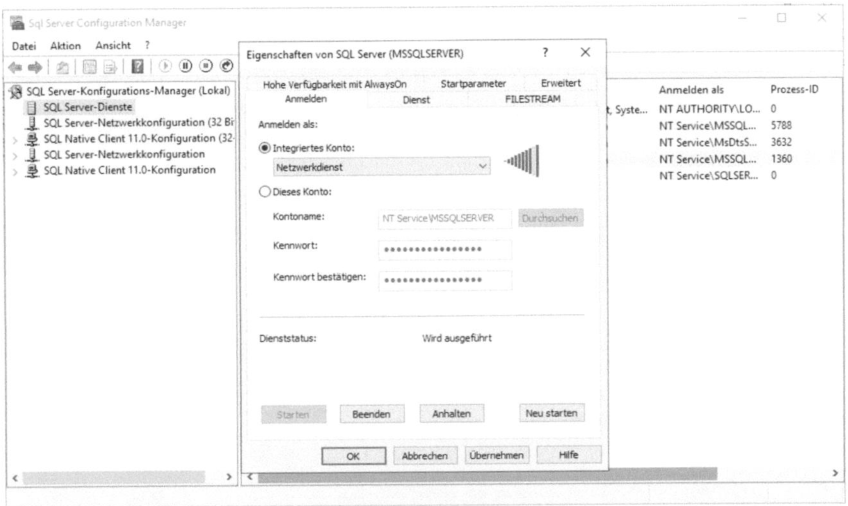

Abbildung 0.9: Konto

Dazu öffnen Sie den SQL Server Configuration Manager und ändern die Eigenschaften des SQL Server Diensts auf „Integriertes Konto-Netzwerkdienst".

Installation des SCCM

Nun können Sie endlich beginnen, den SCCM zu installieren.

Sie starten die Datei „Splash.htm" auf der Installations-DVD und wählen „Installieren".

Dann wählen Sie „Typische Installationsoptionen für eigenständigen primären Standort verwenden".

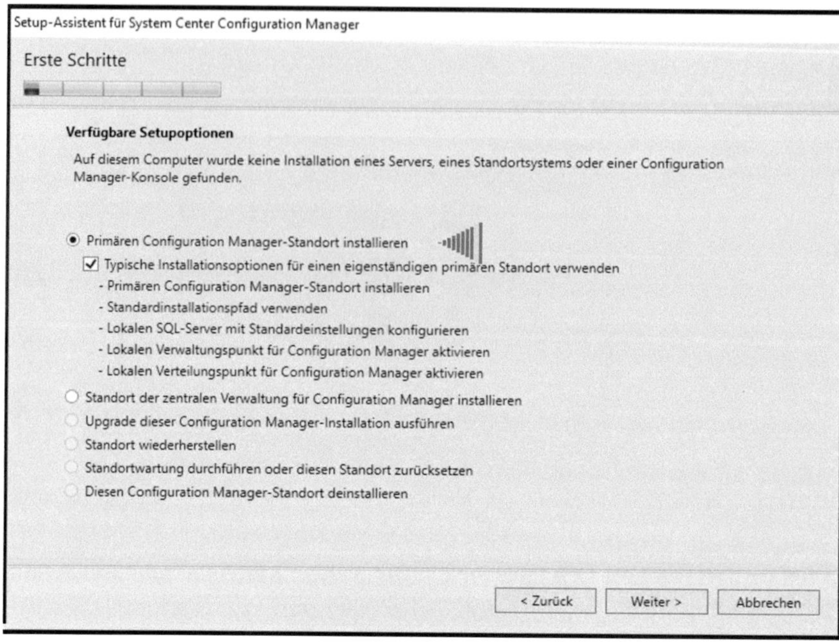

Abbildung 0.10: Auswahl

Nun werden die Installationsdateien heruntergeladen.

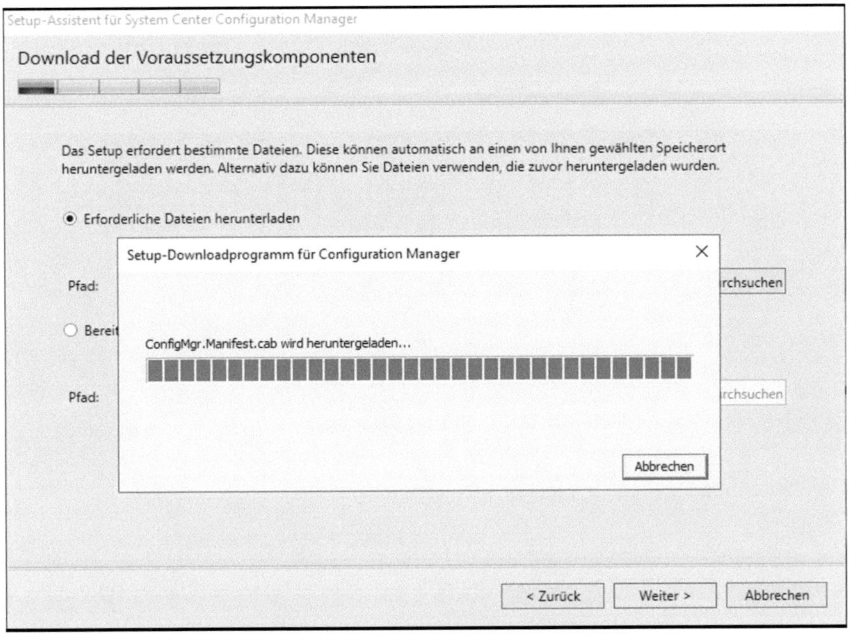

Abbildung 0.11: Download der Dateien

Das hat den Vorteil, dass Sie auf diese gespeicherten Dateien zugreifen können, falls Sie die Installation erneut starten müssen.

Auf der nächsten Seite geben Sie einen dreistelligen Standortcode und den Namen des Standorts ein.

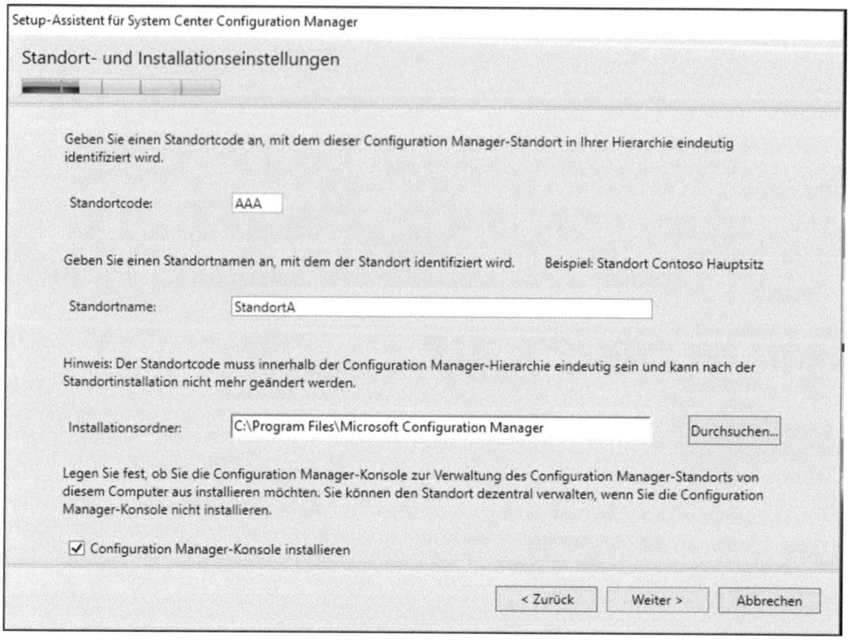

Abbildung 0.12: Standort

Wichtig ist, dass der Haken vor „Configuration Manager-Konsole installieren“ gesetzt ist.

Wenn alle Voraussetzungen erfüllt sind, können Sie die Installation starten.

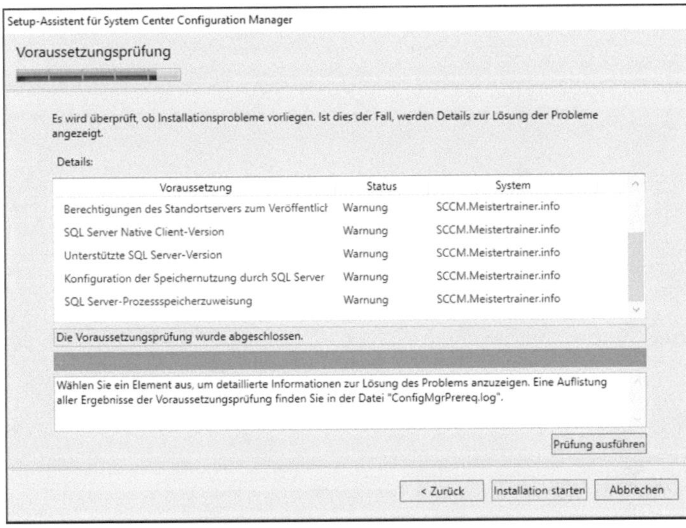

Abbildung 0.13: Start der Installation

Nach einer Weile ist die Installation abgeschlossen und Sie können die Konsole des Configuration Managers starten.

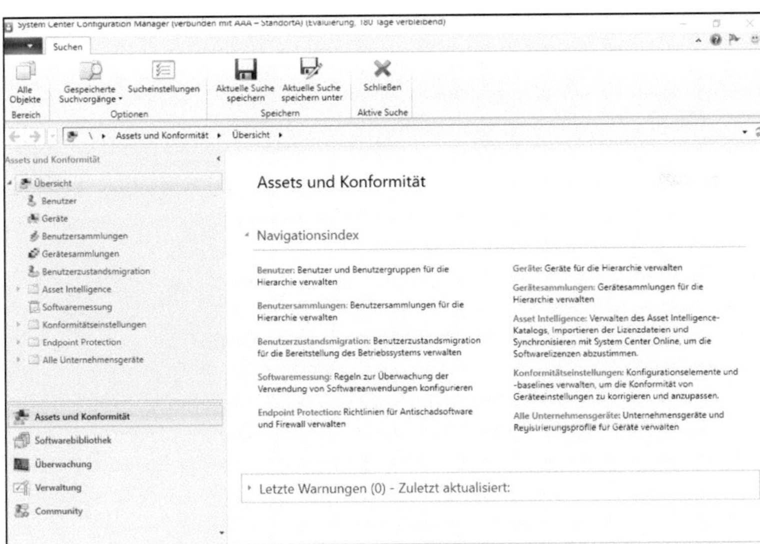

Abbildung 0.14: Konsole

Index

-

32-Bit.................................... 344
Advanced Threat Protction.. 239
aktualisieren 98
Aktualisieren 347
All Users............................. 186
Änderungen......................... 349
Anmelden von Android-Geräten 259
Anmelden von iOS-Geräten 263
Anmelderisiko..................... 170
Antivirus............................. 225
Antwortdatei............ 45, 48, 140
Apple-DEP-Tokens 263
Apple-MDM-Push-Zertifikat 264
Apple-Registrierungsprofil.. 269
Application Guard............... 220
Apps mithilfe von Intune bereitstellen 304
App-Schutzrichtlinien 312
ATP 239
auditSystem........................... 49
Automatische Updates......... 123
Automatisches Registrieren. 256
Autopilot Reset...................... 91
autounattend.xml 44
Azure AD Hybrid Join 131
Azure AD Join.................... 131
Azure Log Analytics 284
Benutzeraffinität.................. 272
Benutzerprofil............. 185, 208
Benutzerprofile.................... 185
Bereitstellen von Software .. 346
Boot.WIM 19
Boot-Images 63
BYOD................................. 149
Cloudbasiert 15
Copype 39
Co-Verwaltung.................... 299
Credential Guard 223
Dateierweiterungen 345
Datenausführungsverhinderung 233
Default User 186
DEM................................... 248
DEP 263
Device Enrollment Manager 248
Device Enrollment Program 263
DISM.EXE 32, 140
DOS-Modus 19
Dynamic Deployment............ 17
Eigene Dateien 186
Einbinden von Geräten.......... 89
Einstellungen...................... 154
Endpoint Protection............. 178
Enterprise State Roaming.... 193
Erkennungsmerkmale............ 37
Exploit 231

Funktionsupdates 106
generalize 49
Geräteanmeldung 247
Geräteauthentifizierung 130
Geräteeinschränkungen 176
Gerätekonformitätsrichtlinie 164
Geräteplattformen 170
Geräteprofile 173
Geräteregistrierung 247
Gruppe Intune 160
Gruppen mit dynamischen Mitgliedern 162
Gruppen mit zugewiesenen Mitgliedern 160
Gruppenrichtlinien 150
Hello for Business 133
Hintergrundbild 186
Hypervisorschicht 216
ICD 20
Icons 186
Identity Protection 178
im Windows Store für Unternehmen 78
Image 19
imagebasiert 19
Install.WIM 19
Inventar 247
Katalogdatei 46
Kategorien 346, 348
Kernel 20
Kiosk 179
klonen 42, 140
Klonen 36
Kompressionsrate 19
Konfigurationsdatei 74
Lizenz 157
Loadstate 102
Lokales Benutzerprofil 186
Mailprogramm 186
Mandanten 17
Massenrollout 18
MDT 2013 Update 1 51
Menüleisten 186
Microsoft Store für Unternehmen 324
Mobilität (MDM und MAM) . 82
mounten 34
MSI 337
NTUSER.DAT 191
NTUSER.MAN 191
Nutzungszeit ändern 108
Office 365 ProPlus 317
offlineServicing 49
On-Premise 15
oobeSystem 50
Ordnerumleitung zu „OneDrive for Business"" 202
Ordnerumleitungen 197
PE 20
Phasen 49
Prioritäten 255
Profil 86
verbindlich 190
Programme 186
Qualitätsupdates 106
Querladen 334

Readiness Toolkit for Office 318
Registrierungseinschränkungen 250
RemoteApps 350, 372
Remotedesktopdienste......... 351
Richtlinie für den bedingten Zugriff 168
Richtlinien 154
Richtlinien in Intune............ 150
Scanstate 101
SCCM 302
Servergespeichertes Benutzerprofil................. 188
Sicherheitsupdates 106
SID 37
Sitzungssammlung 355
Softwareinstallation............ 336
Softwarepaket............. 339, 346
sources 46
specialize 49
sprachneutral 19
Standardprofil..................... 186
Synchronisation 332
Sysprep 42, 140
SYSPREP 38, 140
System Center Configuration Manager.......................... 299
Task Sequenz........................ 61
Übermittlungsoptimierung .. 177
Überschneidung.................. 182
Überwachung 364
Unternehmensbranding 85
Updatepause 107
User State Migration Tool ... 101
USMT 101
Veröffentlichen von Software 339
Virtual Secure Mode ... 216, 288
VPN 180
WIM 19
Windows Analytics 276
Windows Autopilot 72
Windows Defender............. 215
Windows Defender Advanced Threat Protection 239
Windows Defender Application Control............................ 237
Windows Defender Application Guard.............................. 220
Windows Defender ATP 181
Windows Defender Credential Guard.............................. 223
Windows Defender Exploit Guard.............................. 231
Windows Imaging and Configuration Designer 20
Windows Imaging Microsoft. 19
Windows PE 19
Windows Preinstallation Environment 53
Windows System Image Manager.................... 45, 144
Windows Updates für Unternehmen 126
Windows-Installer 337
windowsPE 49
Windows-Update................ 105
WinPE 53
WSUS 122

xml 44
ZAP..................................... 344
Zurücksetzen von
Unternehmensdaten 366
Zurücksetzungsanforderung. 368
Zuweisen von Software 338